Fiéis às nossas emoções

Robert C. Solomon

Fiéis às nossas emoções

O que elas realmente nos dizem

Tradução de
Miriam Raja Gabaglia de Pontes Medeiros

2ª edição

CIVILIZAÇÃO BRASILEIRA
Rio de Janeiro
2015

Título original
True to our feelings – What our emotions are really telling us

CIP-BRASIL. CATALOGAÇÃO NA FONTE
SINDICATO NACIONAL DOS EDITORES DE LIVROS, RJ

Solomon, Robert C.
S674f Fiéis às nossas emoções – O que elas realmente nos dizem / Robert
2ª ed. C. Solomon; tradução de Miriam Raja Gabaglia de Pontes Medeiros.
– 2ª ed. – Rio de Janeiro: Civilização Brasileira, 2015.

Tradução de: True to our feelings
Inclui índice
ISBN 978-85-200-0947-5

1. Emoções (Filosofia). I. Título.

CDD: 128.37
09-5128 CDU: 17

EDITORA AFILIADA

Este livro foi revisado segundo o novo Acordo Ortográfico da Língua Portuguesa.

Direitos desta edição adquiridos pela
EDITORA CIVILIZAÇÃO BRASILEIRA
Um selo da
EDITORA JOSÉ OLYMPIO LTDA.
Rua Argentina, 171 – Rio de Janeiro, RJ – 20921-380 – Tel.: (21) 2585-2000

Impresso no Brasil
2015

Para Kathleen,
meu amor,
guia espiritual da minha mente,
minha meiga, porém ardente companheira,
meu modelo de integridade emocional

Sumário

PREFÁCIO *11*

AGRADECIMENTOS *13*

INTRODUÇÃO *15*

PARTE 1 Estratégias emocionais: uma perspectiva existencialista *29*

CAPÍTULO I
A raiva como forma de engajar o mundo *31*

CAPÍTULO II
Por que é bom ter medo *55*

CAPÍTULO III
Variações de medo e raiva: emoções e estados de espírito *71*

CAPÍTULO IV
Lições de amor (e *O banquete* de Platão) *91*

CAPÍTULO V
Não estamos sós: compaixão e simpatia *109*

CAPÍTULO VI
Extremos de emoção: luto, riso e felicidade *123*

LUTO *127*

RISO *134*

FELICIDADE *141*

CAPÍTULO VII

Autorrecriminação na culpa, na vergonha e no orgulho *151*

EMBARAÇO, ARREPENDIMENTO E REMORSO *157*

VERGONHA *VERSUS* CULPA *160*

DEFININDO O MAL *164*

ORGULHO *165*

CAPÍTULO VIII

Emoções sórdidas: inveja, rancor, ciúme, ressentimento e vingança *169*

INVEJA *171*

RANCOR *174*

CIÚME *176*

RESSENTIMENTO *182*

VINGANÇA *183*

PARTE 2 A caminho de uma teoria geral: mitos sobre as emoções *189*

CAPÍTULO IX

Como deveria ser uma teoria da emoção *191*

CAPÍTULO X

Mito um: emoções são indescritíveis *207*

CAPÍTULO XI

Mito dois: emoções são sentimentos *223*

CAPÍTULO XII

Mito três: o modelo hidráulico *231*

CAPÍTULO XIII

Mito quatro: emoções estão "na" mente *243*

CAPÍTULO XIV

Mito cinco: emoções são estúpidas (não têm inteligência) *257*

CAPÍTULO XV
Mito seis: duas qualidades de emoção, positiva e negativa 273

CAPÍTULO XVI
Mito sete: emoções são irracionais 289

CAPÍTULO XVII
Mito oito: as emoções nos acontecem (são "paixões") 305

PARTE 3 A ética da emoção: à procura da integridade emocional 321

CAPÍTULO XVIII
Emoções como julgamentos avaliativos 323

CAPÍTULO XIX
Emoções, *self* e consciência 345

CAPÍTULO XX
Experiência emocional ("sentimentos") 365

CAPÍTULO XXI
A universalidade das emoções: evolução e condição humana 385

CAPÍTULO XXII
Emoções em diferentes culturas 397

CAPÍTULO XXIII
Felicidade, espiritualidade e integridade emocional 413

BIBLIOGRAFIA COMENTADA 427

ÍNDICE 439

Prefácio

Sempre fui fascinado por emoções: observando-as e lidando com elas nos outros, enfrentando as minhas e muitas vezes me aventurando inconsequentemente com elas. Para ser totalmente honesto, elas também me apavoravam. Em criança, tinha um temperamento terrível (embora raramente violento). Quando jovem, apaixonei-me intensamente muitas vezes. À medida que amadureci, aprendi a amar realmente, embora talvez de modo mais lento e desajeitado do que gostaria de admitir. E, durante todo esse tempo, me vi meditando, especulando a respeito, deleitando-me e assustando-me com as minhas disposições, reações e preferências emocionais. Já era (embora na época não o soubesse) um filósofo.

Quando vim para a filosofia (oriundo da biologia e da medicina, em que havia desenvolvido interesse pela psicanálise), trouxe a fascinação muito pessoal pela natureza das emoções, agora como uma questão científica, é verdade, mas muito mais como uma questão filosófica prática. O que eram minhas emoções, minhas paixões ou — de forma mais vaga — meus "sentimentos"? Será que elas — como às vezes parecia — simplesmente me aconteciam — "me arrebatavam" — ou até me possuíam, "assumiam o controle da minha personalidade"? Ou seriam elas — como também pareciam — aquilo que era *essencialmente* eu, essencialmente meu, o que melhor (ou pior) me definia? Eram minhas emoções boas, e boas para mim, ou seriam ruins, e ruins para mim (como repetidamente me advertiam meus amigos menos emotivos)? O que significava — aquela expressão dos anos 1960 — estar "em contato com os próprios sentimentos"? O que era ser uma pessoa "autêntica"? (Havia começado a ler Jean-Paul Sartre e estava cativado por ele e pelos existencialistas.) O que era, em outras palavras, ser *fiel aos próprios sentimentos*?

Nos 30 anos que se seguiram, explorei essas questões por meio da filosofia, psicologia, antropologia e biologia. (Continuei fascinado pelos animais e seu comportamento, bem como pelo comportamento dos meus companheiros humanos.) Havia muito tempo vinha me indignando com o fato de as emoções serem tão negligenciadas na filosofia — disciplina que se autodesignava como partidária da "racionalidade". Comecei, entretanto, a defender (como, anos antes de mim, Pascal e Nietzsche haviam feito) a tese de que as emoções têm racionalidade própria, as próprias razões, a própria *inteligência*. Naqueles anos 1970, essa era uma opinião que atraía pouca simpatia dos meus colegas. Atualmente, a filosofia das emoções e a ideia de que razão e emoções são parceiras, em vez de ser antagonistas, constituem uma importante área de pesquisa, na psicologia e nas neurociências, que avança rapidamente. Incorporei essas bem-vindas investigações científicas e, consequentemente, ao longo dos anos, mudei minhas opiniões sobre o que é uma emoção. (Embora, sem dúvida, meus amigos e críticos alegarão que nem tanto assim.) No entanto, mantive a preocupação que originalmente fez com que me interessasse pelas emoções: seu papel intrigante e frequentemente perturbador em nossas vidas. Isso significa que, pelo menos para mim, as emoções são de interesse pessoal, isto é, uma questão *ética* (no velho sentido clássico que tem a ver com viver a vida boa,[1] mais do que uma questão moral, de certo ou errado). A questão é, mais uma vez, como podemos ser fiéis aos nossos sentimentos. Como alcançar o que, agora, chamo de integridade emocional? Como ter prazer e sucesso por meio de nossas emoções, em vez de ser atormentado ou perseguido por elas? Foi sobre isso que escrevi aqui

Nota

1. De forma bastante simplificada e resumida: o conceito de "vida boa" pertence ao estudo aristotélico da ética, como algo a que, segundo Aristóteles, todo ser humano almeja. Esse conceito é frequentemente associado ao de felicidade (*eudaimonia*), mas não correspondem exatamente à mesma coisa. "Vida boa" refere-se a uma certa forma de viver — vida digna — que envolve um equilíbrio que, para Aristóteles, consiste em ter a *virtude*, componente essencial da felicidade. Os conceitos de "vida boa" e de *eudaimonia* serão empregados pelo autor, várias vezes, ao longo do livro. (*N. do T*)

Agradecimentos

Desejo agradecer e expressar meu reconhecimento a duas notáveis companhias, com as quais, orgulho-me de dizer, trabalho há décadas. A primeira é a Teaching Company, de Chantilly, Virginia, que iniciou o presente projeto com uma série de conferências, em um curso intitulado *As paixões*, lançado em março de 2006. Trabalhar com ela nesse e em vários outros cursos, ao longo dos anos, está entre as atividades mais gratificantes na minha longa carreira de ensino de filosofia. A outra é a Oxford University Press, de Nova York, que me encorajou a desenvolver o mesmo tema, apresentado de modo bastante diferente em forma de livro. Quero agradecer à Oxford University Press não apenas pelo apoio neste projeto, mas em todo o meu trabalho, ao longo de muitos anos. Este livro é o produto da colaboração e do apoio pouco comuns dessas duas companhias.

Introdução

Não somos criaturas unicamente "racionais", como Aristóteles nos definiu. Temos também emoções. Vivemos por meio delas e são elas que conferem sentido a nossas vidas. O que nos interessa ou fascina, quem amamos, o que nos enfurece, o que nos mobiliza, o que nos entedia — tudo isso nos define, dota-nos de personalidade, constitui o que somos. Entretanto, essa verdade óbvia contradiz um antigo preconceito e precisa enfrentar o entusiasmo de uma nova tendência. De acordo com o velho preconceito, nossas emoções são irracionais, interrompem nossas vidas e as perturbam. Segundo o entusiasmo da nova tendência, as emoções serão em breve inteiramente compreendidas pela ciência (especialmente as neurociências), que tornará arcaica nossa costumeira forma humanística de pensá-las, ironicamente chamada de "psicologia do senso comum". Ao longo de boa parte deste livro combaterei o velho preconceito, mas, ao fazê-lo, recorrerei também a contribuições da nova pesquisa científica. Isoladamente, porém, a psicologia experimental, a neurologia e os novos métodos da "ciência cognitiva" tendem a destituir nosso pensamento do que considero ser a dimensão mais importante da nossa vida emocional: a conexão com a ética, com os valores, assim como com o viver de modo feliz e saudável. Nesse, mas só nesse sentido, serei crítico a respeito do novo entusiasmo pelas pragmáticas (*hard-wired*[1]) perspectivas de pesquisa. É como seres humanos vivos, não apenas como cientistas, que desejamos compreender e apreciar nossa vida emocional.

Quero defender uma visão marcadamente *ética* de nossas emoções, em contraposição — como muitos diriam, embora eu não o faça — a uma análise estritamente científica de sua natureza. Deixem-me, porém, dizer-lhes rapidamente o que isso *não* significa. Não significa compreender nossas emoções em termos que alguns rotulariam como morais ou moralistas, isto é, condenando algumas como más ou pecaminosas e elogiando outras. Isso é o que certamente encontramos em boa parte da filosofia medieval, culminando na famosa lista, do Papa Gregório, dos sete pecados capitais (entre eles, orgulho, raiva, luxúria e inveja) e o trio das virtudes cristãs, fé, esperança e caridade. Considerar as emoções através das lentes da ética não implica maldizer ou enaltecer, mas envolve sobretudo apreciar os *insights*, valores e as sutis nuances da emoção e seus vários papéis, que tornam nossas vidas significativas e valendo a pena ser vividas. Emoções, para usar a já batida expressão da ética popular, não são uma questão de preto ou branco; apresentam todos os tipos de complexos padrões de cores (detesto a imagem insípida de "tons de cinza"). Nossas vidas emocionais não são diferentes das representações expressionistas abstratas das emoções, presentes na pintura americana de meados do século XX: ricas, complexas e coloridas. E é assim que gostaria de retratá-las aqui.

Pascal escreveu que "o coração tem razões que a própria razão desconhece". Neste livro, desejo explorar essa sabedoria do coração e ir atrás de uma nova forma de pensar as emoções e nossa apaixonante vida de um modo geral. Recorrerei tanto às diversas fontes clássicas, tais como a sabedoria dos antigos e os *insights* dos existencialistas, como a algumas das mais recentes teorias da pesquisa sobre emoções. Mas, principalmente, desejo apelar para nossa experiência coletiva — mesmo que frequentemente pouco percebida e valorizada —, a chamada "fenomenologia", a fim de compreender a riqueza de nossas vidas emocionais. Nossas emoções vão além de "meros sentimentos".

A raiva, por exemplo, não é apenas uma explosão de maldade e, como tal, não é pecaminosa nem, necessariamente, uma emoção "negativa". Pode ser "legítima" e, às vezes, correta. O amor não é sempre bom e virtuoso e nem sempre é "melhor ter amado". O amor tanto pode ser bobo e destrutivo como pode ser maravilhoso. Vergonha e embaraço envolvem autoimagens rigorosas e humilhantes e, no entanto, são essenciais à nossa consciência e ao nosso bem-estar sociais. Tais emoções podem ser mais ou menos adequadas e eticamente corretas, dependendo da pessoa e de suas circunstâncias, e são complexas de um modo que seria impossível se as considerássemos apenas como "sentimentos". As emoções, segundo muitos teóricos recentes e, resumidas em um conhecido livro de Daniel Goleman, são imbuídas de *inteligência*, isto é, são formas mais ou menos perspicazes e sábias de enfrentarmos nosso mundo. Nos capítulos que se seguem, gostaria de explorar o que isso significa. Quero mostrar como as emoções proporcionam *insights* e significado a nossas vidas, não apenas em casos especiais (apaixonar-se, sentir temor diante de Deus), mas ao longo do espectro emocional e praticamente em cada momento da vida que passamos acordados (e em ao menos alguns que passamos dormindo). Com isso em mente, desejo defender um conceito de *integridade emocional*, ou o que se pode chamar de "ser fiel às próprias emoções". Mas que tipo de "emoções" são essas a que podemos ou devemos ser "fiéis" e por que isso deveria ser tão importante para o significado de nossas vidas?

Desejo, também, defender a tese de que não somos meras vítimas passivas de nossas emoções; somos bastante ativos quando as constituímos e cultivamos. Em outras palavras, não podemos simplesmente usar nossas emoções como desculpas para nosso mau comportamento. ("Não pude evitar, estava com raiva." / "Sinto muito, só estava com ciúme quando disse aquilo.") *Somos* nossas emoções, tanto quanto somos nossos pensamentos e ações. Além disso, desejo argumentar que emoções não só são inteligentes como intencionais, em um sentido surpreendentemente forte. São, às vezes, talvez até com frequência, *estratégias* para avançar no mundo. São um meio de motivar, guiar, influenciar e, por vezes, manipular nossas ações e atitudes, bem como influenciar e manipular ações e atitudes dos outros. Desse modo, somos em grande medida *responsáveis* por nossas emoções, algo que geralmente negamos, pela mais interesseira das razões — criar desculpas para nós. Desejo, portanto, passar uma boa parte do livro examinando e, até certo ponto, rejeitando as desculpas teóricas com as quais tentamos nos "safar", sugerindo, por exemplo, que nossas emoções são "forças psíquicas internas a nós" ou que "emoções são essencialmente irracionais." Compreender verdadeiramente a natureza de nossas emoções e como expressam e corporificam nossos mais profundos valores constitui o começo da integridade emocional.

Na maior parte da história, entretanto, tanto a opinião comum como a ortodoxia científica trataram as emoções humanas como essencialmente irracionais, se não por definição, então pelos efeitos distorcivos sobre os julgamentos e suas consequências, na maioria das vezes desastrosas. Supostamente, nossas emoções nos levam a não perceber corretamente como as coisas realmente são, a fazer coisas que, após um único momento de pensamento lúcido, certamente não faríamos. No entanto, esse quadro foi dramaticamente alterado a partir de recentes pesquisas e reflexões sobre as emoções. Falar a respeito da "inteligência" das emoções é falar que há bons argumentos que defendem a tese de que sem nossas emoções não seríamos capazes de tomar nenhuma decisão racional. Existe, também, a séria questão se nossas emoções distorcem nossos julgamentos a respeito do mundo ou, pelo contrário, os tornam significativos. (Quem ama acha o ser amado belo, mas ele é belo porque é amado, e não amado simplesmente porque é belo.) Além disso, a própria ideia de que nossas emoções "nos levam" a fazer isso e aquilo está, acertadamente, sendo minuciosamente examinada. Em proporção muito maior do que imaginamos, devemos assumir responsabilidade por nossas emoções. Elas nos orientam para o mundo e nos fornecem *insights*, e até conhecimento, sobre nosso lugar no mundo. Entretanto, muito desse conhecimento é nossa própria contribuição. Nossas vidas não acontecem, simplesmente, para nós.

Os principais temas do livro são os seguintes: inteligência, intencionalidade, funcionalidade estratégica e integridade de nossas emoções. Escrever desse modo focal sobre as emoções e tentar teorizar a respeito já é, porém, uma parte significativa de um *boom* de pesquisa em filosofia e ciência que inclui não apenas psicologia e ciências sociais, mas biologia e ciência do cérebro. Até poucas décadas atrás, as emoções eram o filho pródigo da psicologia, a ruína da filosofia racionalista, a suposta fraqueza do "sexo frágil" e um empecilho, quando não um destruidor de carreira, para os homens, supostamente mais racionais. Lágrimas destruíram campanhas políticas, presidenciais e outras. Legítimas explosões de raiva acabaram com relações de todos os tipos. Mesmo quando estavam em jogo emoções positivas, tais como o amor, o sábio conselho era "é melhor não falar sobre isso". Entretanto, as pessoas, sem dúvida, sempre falaram sobre suas emoções. Só não viam muita finalidade nisso, a não ser, talvez, como forma de "dar vazão" a suas emoções ou simplesmente "expressá-las" ou como um veículo para fofocas. Afinal, falar sobre uma emoção era considerado muito semelhante a falar sobre o clima. Nada se podia fazer realmente a respeito. E nas ciências sociais reinava o silêncio. Sob a nuvem escura do modismo pseudocientífico do assim chamado "behaviorismo", emoções não deviam ser absolutamente mencionadas. E a filosofia continuava a se considerar como a disciplina da razão, da lógica e da argumentação — como uma "ciência" na qual a emoção não só era irrelevante como fonte de muita confusão e muitas falácias.

No entanto, muita coisa séria e apropriada sobre as emoções começou a ser dita e atingiu a maioridade. Emoções são, atualmente, um legítimo projeto de pesquisa. Isso é fantástico. Desejo, porém, ser muito cuidadoso para que, no nosso entusiasmo pela ciência, não lancemos ao mar a tradição humanística dentro da qual as emoções sempre foram avaliadas e compreendidas. O interesse pelas emoções tem uma história muito mais remota, com a nossa antiga preocupação com ética e a vida boa remontando a Platão e Aristóteles, na filosofia ocidental, e até a upanixades, budistas, Confúcio e taoístas, na Ásia. Já era claro para Aristóteles, por exemplo, que as emoções (ou o que ele chamava de *pathé*,[2] paixões) desempenhavam um papel essencial na vida boa e eram a chave para as virtudes. Era igualmente claro para os estoicos, que se seguiram a Aristóteles, que as paixões eram importantes, mas muito perigosas. Segundo os estoicos, as emoções distorcem nossa razão, corrompem nossa virtude e nos fazem infelizes. (Entretanto, defenderei alguns de seus brilhantes *insights* sobre a natureza da emoção no capítulo 14.) As emoções também desempenham um enorme papel na tradição judaico-cristã-islâmica, e não apenas em termos da paixão, supostamente única, chamada "fé", e dos "sete pecados capitais" do papa Gregório. No século XVIII, a ética era dominada pelos "teóricos do sentimento moral" David Hume, Adam Smith e Jean-Jacques Rousseau, e a moralidade voltou a ser, mais uma vez, uma questão de ter os tipos certos de emoções.

Foi apenas próximo ao fim do século XIX que o estudo das emoçoes tornou-se um sério e amplamente discutido assunto científico, com as obras de William James e Sigmund Freud, em particular. Essa nova atenção às emoções na ciência provou ser, ao mesmo tempo, uma bênção e um problema. Do lado da bênção, a nova pesquisa, especialmente nas ciências neurológica e cognitiva, foi nada menos do que fascinante e progride a passos largos a cada dia. As contribuições potenciais para a psiquiatria e as terapias médicas são nada menos do que miraculosas. Porém, do lado do problema, sob a forma de um reducionismo infeliz, encorajou nossa criação de desculpas, a tendência a "primitivizar" as emoções, a arrancá-las dos contextos humanistas em que desempenharam um papel tão grande e importante e examiná-las clinicamente através de um microscópio, por assim dizer, com pinças e luvas de borracha ou, falando em termos mais atuais, considerá-las como pontos na tela de um aparelho de ressonância magnética. Conforme argumentarei, o que se sacrifica em termos de compreensão humanística não é compensado pelos ganhos em conhecimento tecnológico. Mas nem por isso — quero deixar claro desde já — significa que podemos ou devemos ignorar os *insights* que a nova pesquisa pode trazer à nossa compreensão.

No presente livro, consequentemente, enfocarei as emoções principalmente sob o contexto da ética e do bem-viver. Darei também considerável ênfase às compreensões equivocadas das nossas emoções que se prestam a desculpas que usamos para nos esquivar de responsabilidade. Finalmente, encerrarei com o que chamo de *integridade emocional* e que tem muito a ver com superar tais desculpas e assumir a responsabilidade. Tentarei dizer algo de forma modestamente informativa a respeito das novas descobertas em neurologia e um pouco sobre o papel das emoções no mundo mais vasto da biologia evolutiva, mas há muitos livros recentes sobre emoção que se ocupam dessa tarefa (ver bibliografia comentada). Do mesmo modo, também pouco direi a respeito da psicopatologia e das complicações médicas envolvendo as diferentes formas em que as emoções podem não funcionar adequadamente, já que também isso é detalhadamente abordado pelos meus colegas na psiquiatria e nos campos afins. Os leitores que estejam em busca de conforto psiquiátrico devem provavelmente dirigir-se a outras fontes. Estou, aqui, preocupado apenas com as vicissitudes mais "normais" das emoções, como e por que podem nos deixar infelizes, como e por que são, às vezes, irracionais, mas também como e por que são essenciais para a felicidade e centrais para a racionalidade — à qual são frequentemente consideradas como genericamente opostas. De fato, paradoxalmente, sugeriria que as emoções são até mais centrais à racionalidade do que a razão e o raciocínio, porque sem elas (como argumentou David Hume, alguns séculos atrás, no *Tratado sobre a natureza humana*) a razão não tem objetivo ou foco. A recente pesquisa psiquiátrica e neurológica tende a confirmar isso.

A perspectiva humanística ou ética também define um modo de delimitar o campo das emoções. Na pesquisa científica atual, com sua ênfase em expressões mais ou menos involuntárias, neurologia e processos cerebrais, uma emoção é definida como um evento fisiológico de curtíssima duração, "deflagrado" por algum acontecimento. Isso faz muito sentido considerando-se as medidas de emoção atualmente em voga — desde um foco em fotografias e reconhecimento de expressões faciais momentâneas até o uso de aparelhos caros e, portanto, inevitavelmente restritos, que fazem ressonâncias magnéticas e *PET scan*. Com frequência, a tecnologia determina o âmbito da investigação. (A história da microbiologia, por exemplo, define-se tanto a partir da história da descoberta de várias formas de tornar visíveis organelas e tecidos minúsculos quanto pela descoberta de novos micróbios.) Entretanto, as emoções que importam em nossas vidas perduram de formas difíceis de ser medidas por meio dessas técnicas. Nossas paixões podem durar um tempo bastante longo. O amor, por exemplo, pode durar uma vida inteira. O mesmo pode acontecer com a raiva e o ódio. Algumas vezes a explicação que se dá para isso é dizer que tais emoções são disposições, isto é, propensões a ter emoções, mas não são as próprias emoções. Não creio, porém, que isso esteja certo. Duas pessoas apaixonadas durante 20 anos não têm meramente uma contínua disposição para amar. Dirão corretamente que amam uma a outra a cada minuto de cada dia, acordadas ou dormindo, em clima romântico e até durante brigas. Um homem que odeia o pai desde jovem, quando sofreu abusos por parte dele, não tem apenas a disposição de odiar o pai. Realmente odeia o pai, o tempo todo. As emoções de que me ocuparei neste livro não serão, portanto, as súbitas "explosões" que tanto fascinam os neurocientistas e alguns psicólogos, mas as emoções e obsessões de longo prazo que nos têm fascinado através da história, tanto na literatura como da vida: o amor de Abelardo por Heloísa, a inveja conspiratória do Iago de Shakespeare, o ciúme assassino de Otelo, o ressentimento subjacente do Hickey de O'Neill, em *The Iceman Cometh*, as paixões explosivas mas que duram uma vida inteira do agora clássico casamento de aparências de Edward Albee em *Quem tem medo de Virginia Woolf?*

Amor, ódio e muitas outras emoções permanecem ativas, quer tenhamos ou não consciência de agir sob sua influência em um determinado momento. Desse modo, vou insistir que emoções são *processos* que, pela própria natureza, levam tempo e podem, de fato, continuar ininterruptamente. Não são necessariamente conscientes. Também se transformam, de todas as maneiras possíveis, em desejos e modos de ação (como, por exemplo, casamento e vingança), bem como em outras emoções. Por exemplo, o amor dá lugar ao ciúme e ao luto e o processo de luto envolve negação, raiva e o sentimento de depressão que identificamos especificamente como luto. O ódio também pode dar lugar à culpa e até mesmo asco de si próprio. Um grande problema é nossa tendência a pensar em uma emoção como um evento psicológico separado, uma vez que, afinal, temos nomes distintos para nossas emoções ("raiva", "amor", "ciúme", "vergonha" etc). Uma emoção é um processo complexo que engloba vários e diferentes aspectos da vida de uma pessoa, incluindo interações e relações com outras pessoas, bem como seu bem-estar físico, ações, gestos, expressões, sentimentos, pensamentos e experiências semelhantes.

O que é uma emoção? Por razões que se tornarão claras no livro, essa é, em si, uma questão altamente controvertida. Muitos pesquisadores científicos discordariam veementemente do que eu acabei de dizer acima e não há dúvida de que, à medida que for prosseguindo, a oposição se intensificará. Entretanto, as definições estipulativas que iniciam a maioria dos debates sobre emoções tendem a impedir a discussão, ao invés de prosseguir com ela, e são, além disso, tendenciosas, na maior parte. Portanto, desejo dizer já de início que essa será, em diferentes sentidos, uma discussão *política*. Ou seja, é parte de uma discussão muito mais ampla a respeito de como as pessoas se relacionam e reagem umas às outras, como compreendem a si mesmas, como se manipulam e também aos outros, em parte por meio da própria linguagem que empregam ao atribuir e descrever as emoções (Pense na diferença entre chamar um sentimento afetivo de "amor" em vez de "paixonite" ou entre chamar um sentimento de hostilidade de "ódio" em vez de "ressentimento".)

De fato, o próprio termo "emoção" é relativamente novo e ainda instável e a natureza essencial da emoção, se existir, ainda é muito controvertida. Chamar uma pessoa de "emocional" pode ser um insulto ou uma forma de não levá-la a sério. Em contrapartida, dizer que alguém é "apaixonado" sugere uma espécie de elogio, até uma recomendação. Entretanto, a instabilidade no uso desses termos também aponta para algo sério a respeito de como pesquisamos as emoções. As emoções podem ser estudadas de várias perspectivas diferentes: filosófica, ética, psicológica, fisiológica, biológica, para enumerar apenas as categorias disciplinares usuais. A disciplina a que pertence a pessoa que tenta definir as emoções está sujeita a circunscrever a perspectiva, e seus instrumentos de pesquisa, necessariamente, determinarão o tipo de coisas que serão observadas, notadas e medidas. Do mesmo modo, o objetivo do estudo — clínico, profissional, interpessoal, romântico, farmacêutico — levará a uma enorme diferença nos resultados. Isso também é "político", no sentido bastante conhecido de que essas disciplinas estão frequentemente disputando, entre si, competitivas verbas de pesquisa de universidades, subvenções, além de atenção pública. Não existe, porém, uma via única para a compreensão da emoção, e desejo não perder isso de vista ao longo do livro. Sou um filósofo, e portanto meu interesse pela ética e o bem-viver governará o uso que farei da psicologia, biologia, história e literatura.

E ainda é especialmente importante para a minha argumentação aqui a ideia de que, em filosofia, a definição de um termo controvertido vem no *fim* da discussão, não no começo. A "dialética" de posições opostas, mesmo se apresentada por um defensor de uma dessas visões, produz uma definição muito mais refletida e abrangente do que a definição estipulativa usual. Quando o autor de uma edição recente da prestigiada *Enciclopédia Britânica* inicia seu verbete com a definição "Uma emoção é 'uma breve resposta subjetiva, comportamental e fisiológica que ocorre rapidamente quando uma pessoa é confrontada com uma situação de grande significação pessoal,'" já estreitou o foco, fechou muitas portas e restringiu seriamente a análise. Muita coisa depende de a emoção ser ou não considerada como uma rápida reação involuntária ou como um processo construtivo que se desenvolve ao longo do tempo. Também depende de quais emoções são escolhidas como casos paradigmáticos, curtas explosões de raiva ou ressentimento que vai cozinhando lentamente; flashes de afeição ou amor e compromisso de longo prazo; simples tristeza ou as complexidades de culpa e vergonha. Portanto, gostaria de iniciar com a opinião — hesitante e irônica que possa ser — de que nós não sabemos o que é uma emoção e que é realmente um assunto a ser explorado com curiosidade e expectativa.

No entanto, não se trata apenas de uma vã atitude socrática. O filósofo Nietzsche alertou-nos de que é muito mais frequente sermos ignorantes a respeito do que está mais próximo de nós — e eu diria que nada está mais próximo de nós do que nossas emoções. No entanto, não as compreendemos. É, surpreendentemente com muita frequência, que estamos equivocados a respeito delas e que podemos estar erroneamente nos autoenganando a respeito do que são. Todos sabemos, a partir de nossas experiências bem como de grandes obras da literatura, que raiva e amor, por exemplo, podem governar nosso comportamento e definir nossos sentimentos durante semanas, meses ou anos sem que reconheçamos o que nos move. As pessoas constantemente negam estar com raiva, ódio ou ciúme, quando seu comportamento mostra, muito claramente, que o estão. De modo mais sutil, uma mudança na pressão atmosférica ou uma música de fundo suave, quase imperceptível, pode produzir profundos efeitos no nosso estado de espírito e no nosso comportamento. De forma mais teórica, a maioria de nós assume que sabe o que é uma emoção, mas uma pequena discussão pode ser suficiente para nos convencer de que não sabemos; que aceitamos, sem pensar, clichês e metáforas, em lugar de cuidadosa observação e análise; e que muito do que dizemos sobre as emoções não só é enganador, mas falso, deturpando tanto a visão que temos de nós mesmos como a que os outros têm de nós. Temos de aprender como reconhecer nossas emoções, como lidar com elas, como usá-las, e isso é um conjunto de habilidades que a maioria de nós reuniu apenas acidentalmente, sem pensar e de forma inadequada.

Não quero, entretanto, causar mais confusão do que já existe. Por agora, deixem-me contornar a questão, como fez Aristóteles em sua introdução ao assunto, e dizer apenas que sabemos mais ou menos sobre o que estamos falando quando falamos a respeito de emoções, ou seja, raiva, medo, tristeza, amor, "ficar aborrecido", alegria e outras equivalentes. Há em andamento sérios debates sobre se as emoções formam uma classe unificada e se são "realmente" fisiológicas, como alguns argumentariam, ou se assemelham-se mais a julgamentos de valor ou tendências comportamentais. No entanto, não é como se não tivéssemos ideia do que estamos examinando aqui. Entretanto, compreender é muito mais do que meramente ser capaz de concordar a respeito de um assunto.

Em um influente livro recente, Paul Griffiths sugeriu que nossos modelos de emoção são tão antiquados quanto a astronomia de Aristóteles, atualmente ultrapassada em 2.500 anos. Entretanto, como estou principalmente interessado em emoções e ética, demonstrarei um especial interesse pela sabedoria dos antigos, em particular Aristóteles e outros pensadores, tanto da Grécia e Roma antigas como da Ásia. É verdade que conheciam pouco o cérebro, mas eram perspicazes e sábios a respeito do papel das emoções na vida boa e disseram muitas coisas em defesa da sabedoria das emoções. Aristóteles reagia contra algumas das advertências lançadas por seus mestres, Sócrates e Platão, mas eles também tinham coisas sábias a dizer sobre as emoções, especialmente a de *eros*, ou amor erótico. Na Ásia, a sabedoria sobre as emoções desenvolveu-se muito antes. Enquanto os gregos estavam massacrando-se em Troia, os primeiros hindus distinguiam, de um lado, as *bhavas* e *klesas*, bastante primitivas, e, do outro, as *rasas*, mais refinadas e estéticas. Desenvolveram esquemas inteiros de transformação das primeiras nas segundas, por meio da arte, do teatro e da música. Mais ao oriente, Confúcio concebeu uma cultura de virtude (não diferente de Platão e Aristóteles, no ocidente), na qual o sentimento correto tinha função central. Compaixão, de uma forma ou outra, também desempenhou um papel central no pensamento asiático, séculos antes de se tornar um dos sentimentos constitutivos da ética cristã.

No entanto, mais perto do meu coração está a moderna filosofia europeia, especialmente o existencialismo e o movimento chamado "fenomenologia", que produziu destacados fenomenologistas existenciais, como Martin Heidegger e Jean-Paul Sartre. Farei referência, também, ao famoso e popular romance de Albert Camus *O estrangeiro*, que tem muito a dizer sobre as emoções (e sua espantosa ausência no personagem título). A fenomenologia é um movimento, fundado pelo matemático Edmund Husserl, que alcança a realização nos trabalhos de Heidegger e Sartre. Eles consideraram os estados de espírito[3] e as emoções como a chave da fenomenologia, como nossas formas de "estar sintonizado" com o mundo. Sartre sugere ainda o que eu considerarei uma das reivindicações mais radicais do presente livro, a ideia de que as emoções são intencionais. Baseado em Sartre, argumentarei que nossas emoções são estratégias por meio das quais nos tornamos felizes ou infelizes e que dão significado a nossas vidas. Ao cultivar nossas emoções, determinamos as virtudes e os vícios que nos fazem pessoas melhores ou piores.

Mais recentemente, tem-se produzido uma rica literatura tanto em teoria da personalidade e psicologia social como nos novos campos da neurobiologia e da psiquiatria. Entretanto, o atual interesse pelas emoções começou, conforme sugeri, no início do século passado, com William James e Sigmund Freud — dois nomes que aparecerão com frequência neste livro —, e renovou-se aproximadamente nas últimas três décadas com o reaparecimento do interesse pela emoção, que é nada menos do que notável. Quando, há 30 anos, comecei a escrever sobre "paixões", minha reclamação era que as emoções haviam sido totalmente ignoradas tanto por filósofos como por psicólogos. Hoje, pode-se dizer tudo menos isso. Os enérgicos esforços de pesquisa de pessoas como Paul Ekman, Carroll Izard, Nico Frijda, Richard Lazarus e muitos outros abriram novos campos de interesse e estabeleceram as emoções como uma legítima e valorizada dimensão da psicologia. A sua meticulosa pesquisa sobre emoção e "avaliação" redefiniu um campo que era de interesse científico marginal nos séculos anteriores.

Concluo esta introdução com um ponto sobre o qual insistirei muitas vezes no que vem a seguir: *vivemos em nossas emoções e por meio delas*. Nossas vidas não apenas *incluem* episódios de raiva, medo, amor, luto, gratidão, felicidade, humor, vergonha, culpa, embaraço, inveja, ressentimento e vingança: são *definidas* por tais emoções. Alguns leitores poderão querer protestar que muitas das emoções sobre as quais falarei são "negativas". Mais adiante desafiarei essa noção — na medida em que me parece que um dos problemas que atrapalham nossa compreensão das emoções é que pensamos em tantas delas como "negativas", quando não o são. Por ora, porém, deixem-me salientar, sem fazer disso uma grande questão, que a maioria das nossas emoções, ou pelo menos a maioria das emoções que nos são familiares, *é* negativa, em um sentido óbvio. Têm a ver com nossas vulnerabilidades, nossa mortalidade, nossas perdas, nossas desagradáveis surpresas e decepções na vida. Em contraposição, nosso contentamento e nossa satisfação tendem a ser emocionalmente muito menos dramáticos, manifestando-se, geralmente, em animação ou serenidade. Momentos de verdadeira alegria são raros para a maioria das pessoas, e a felicidade é mais um murmúrio contínuo de uma vida bem-vivida do que um importante sentimento em uma dada ocasião. Se alguém se importa com alguma coisa — e é virtualmente impossível imaginar alguém que com nada se importe —, esse alguém terá emoções. Há sempre a possibilidade — e, para a maioria de nós, a probabilidade — de que o mundo, de algum modo, vá nos decepcionar ou ofender. Como Camus escreveu, o mundo é "gentilmente indiferente" às nossas preocupações, e isso nos enfurece. Com isso em mente, gostaria de voltar-me para uma das mais humanas, porém frequentemente mais execradas, das nossas emoções, o monstro de olhos vermelhos: a raiva.

Notas

1. *Hard-wired* é um termo de computação, normalmente não traduzido, que define um circuito integrado fixo. Refere-se a uma capacidade fisicamente implementada por meio de um sistema lógico de circuito elétrico que é conectado de modo permanente dentro de um computador e, portanto, não suscetível de alteração via programação. Por extensão, tem sido empregado na neurofisiologia, referindo-se a redes ou circuitos neurais fixos e inflexíveis, estruturais e rigidamente integrados na arquitetura do cérebro. Optamos por manter a expressão em inglês (em itálico), ao longo do livro. (*N. do T.*)
2. Termo grego tradicionalmente traduzido como "paixões" e que em releituras mais recentes aparece traduzido como "emoções". (*N. do T.*)
3. Optamos pela expressão "estado de espírito" para traduzir o vocábulo *mood*, aqui e em todo o livro. (*N. do T.*)

PARTE 1 Estratégias emocionais: uma perspectiva existencialista

CAPÍTULO I

A raiva como forma de engajar o mundo

A raiva é uma emoção muitas vezes inteligente, às vezes enganadora, quase sempre destrutiva. É a emoção que com mais frequência nos vem à mente quando se levanta o assunto — especialmente o da irracionalidade emocional. Tem a merecida reputação de ser a mais explosiva e perigosa. Portanto, é geralmente o principal exemplo de uma emoção "negativa". É um dos sete pecados capitais. É demonizada pelos antigos estoicos, rejeitada pelos budistas como uma das piores "agitações" e, na melhor das hipóteses, ocupa um estranho lugar na tradição cristã. ("Irai-vos, mas não pequeis; não se ponha o sol sobre a vossa ira nem deis lugar ao diabo." [Efésios 4: 26-27]) É também uma emoção que muito nitidamente parece estar fora do nosso controle, e expressões tais como "perder a calma" e "explodir de raiva" deixam isso bastante claro. Portanto, é contra a raiva que se põe em formação todo o exército da sabedoria histórica — de Buda e dos estoicos até o mais recente livro sobre "inteligência emocional".

Mas nem Aristóteles, que, nesses assuntos, é geralmente uma voz sábia e apaziguante, está tão seguro. Em *A ética*, insiste em que um homem que não fica com raiva na ocasião certa (do modo certo, com a pessoa certa e em uma situação apropriada) é um *tolo*. A incapacidade de se enraivecer é um defeito tão grande quanto o é enraivecer-se facilmente (embora Aristóteles admita que é muito mais fácil conviver com a primeira do que com a segunda). Os cristãos não descartam totalmente a raiva, independentemente do status de pecado, mas preferem repassá-la para Deus, que, nessas questões, tem um juízo muito melhor do que o nosso. Entretanto, enquanto as passagens do Novo Testamento sobre vingança divina foram sistematicamente ignoradas ou negadas, o Deus hebreu do Antigo Testamento é cheio de "ira".

Até mesmo o budismo endossa vívidas histórias sobre a justa indignação e existe um papel central para a vingança divina tanto no hinduísmo como no islamismo. É fácil considerar o importante papel que a raiva desempenha na vida, quando os outros nem sempre se conduzem conforme as normas, quando o território e a dignidade de alguém são frequentemente violados, quando nossas necessidades e desejos são muitas vezes frustrados. De fato, dado o notório "livre-arbítrio" do homem, podemos até calcular por que um deus amoroso ficaria com raiva. Não ficar com raiva pode até ser virtuoso, mas a raiva é também às vezes *justificada*, significando não só que a outra pessoa a merecia, mas que ficar com raiva pode ser bom para a alma. Devoção pode fazer de alguns de nós santos, mas diante do insulto e da ofensa, a timidez pode nos transformar em tolos frustrados.

Para apoiar o argumento de que ser humano é estar sujeito à raiva, a atual pesquisa científica sobre os fundamentos fisiológicos e biológicos das emoções sugere que a raiva, com o medo, é emoção "básica". Corresponde a dizer que não se trata apenas de um vício ou uma fraqueza de determinadas pessoas, mas algo comum a toda a humanidade (e também a muitos animais). Da forma como os teóricos atuais empregam o termo, emoção básica é aquela essencialmente neurológica (ou melhor, neuro-hormono-muscular). Consiste em uma resposta complexa mais ou menos fixa, uma síndrome que envolve certas partes do cérebro e do sistema endócrino e características expressões comportamentais *hard-wired*, especialmente faciais. Tudo isso é "deflagrado" por algum evento provocador. Como se trata de fisiologia, é "naturalmente" transcultural e universal. É um produto da evolução, e não da aprendizagem ou cultura. Portanto, a raiva, como emoção básica, apresenta uma expressão facial característica (que inclui franzir a testa e ranger os dentes), assim como respostas típicas do sistema nervoso autônomo (batidas mais fortes e aceleradas do coração, transpiração, faces enrubescidas, respostas cutâneas mais sensíveis, tensionamento e enrijecimento do corpo etc). Tudo isso ocorre espontaneamente, e não como produto de pensamento ou deliberação. E, obviamente, respostas similares são vistas em animais, com diferenças anatômicas próprias. (Pensem nos movimentos característicos do rabo de um gato com raiva ou na atitude de rosnar de um cachorro cujo território acabou de ser invadido.)

Se a raiva é uma emoção básica — no sentido de que suas manifestações e expressões são mais ou menos automáticas —, é nisso que ela consiste, é essa sua essência? Eis uma questão que levantarei ao longo de todo o livro, mas minha resposta, por agora, é categoricamente *não*! Nenhuma emoção, e especialmente a raiva, é apenas uma resposta neurológica fruto de evolução. Não há dúvida de que a raiva (e algumas outras emoções) é parte da nossa herança evolucionária e inclui respostas fisiológicas que compartilhamos com outros animais. Isso é, porém, apenas uma parte da história.

Para começar, qual o lugar dos *sentimentos* na raiva? A maioria das pessoas diria, como uma questão de senso comum, que a raiva *é* um sentimento. (Até o verbete "sentindo raiva" assim o sugere.) Mas os sentimentos são essenciais (como os teóricos tradicionais e a maior parte de nós habitualmente pensa)? Ou são ornamentos "epifenomenais", algo como o termômetro que salta quando o peru está cozido, mas que nada tem a ver com o cozimento ou com o peru em si? No que vem a seguir, terei muito a dizer sobre a relação entre emoções e sentimentos; portanto, deixem-me começar reafirmando que, em um certo sentido, é perfeitamente plausível insistir que as emoções são sentimentos, no sentido de que são tipicamente *experimentadas*. (Deixando de lado, ao menos temporariamente, a difícil questão das emoções inconscientes.) Entretanto, existe outra compreensão, facilmente confundida com a primeira, de que os sentimentos são essencialmente sensações não inteligentes ou muito parecidos com sensações, mesmo se essas não são fisicamente localizadas (como uma dor, por exemplo) ou indicativas dos desejos físicos (como fome, por exemplo). Entre tais sensações pode-se talvez incluir sentir uma "queimação" — na raiva ou na paixão — ou um "murchar," no caso de uma súbita humilhação ou decepção. À medida que prosseguirmos, terei muito mais a dizer a respeito do lugar que esses sentimentos — que se assemelham a sensações — ocupam na experiência emocional, mas deixem-me começar assinalando, grosso modo, esta distinção muito importante, segundo a qual uma emoção é (pelo menos em grande parte) uma experiência (um "sentimento"), mas não deve ser, de modo algum, identificada com algo semelhante a uma sensação ("sentimento" nesse outro sentido).

Além disso, que lugar ocupam pensamentos, planos e vigorosas formas de ação — por exemplo, esquemas e comportamentos de retaliação e vingança — em uma concepção adequada de raiva? São parte da raiva ou consequências comuns dela? A raiva é uma *experiência* claramente interior ou é um forte engajamento no mundo? Em outras palavras, a raiva é apenas uma emoção "básica", uma síndrome meramente corporal, ou é muito, muito mais do que isso?

Atualmente, acirra-se um importante debate a respeito da "verdadeira" natureza das emoções. Do ponto de vista prático, muito discutido tanto na mídia como entre médicos e funcionários de saúde pública, o debate é entre terapia interpessoal, psicológica e comportamental, de um lado, e tratamento farmacológico e bioquímico, do outro (o fato de as drogas em questão serem vitaminas e ervas orgânicas e "naturais" ou medicamentos de prescrição altamente restrita é uma questão totalmente secundária). Crianças hiperativas ter mais tempo para brincar e ser reorientadas para a prática de atividades mais dinâmicas? Ou deveriam tomar Ritalina ou outras drogas poderosas (e possivelmente perigosas)? Pessoas moderadamente deprimidas deveriam tomar Prozac ou outro antidepressivo, imediatamente, ou deveriam ser encorajadas a conversar mais com os amigos sobre aquilo que as está incomodando? Entretanto, esse debate popular reflete-se em uma discussão teórica muito mais profunda a respeito da natureza da emoção. À medida que os problemas se tornam menos obviamente patológicos, o debate passa a ocupar um lugar muito mais pessoal. Um modo muito simplista de formular a questão seria: as pessoas com raiva deveriam comer menos carne vermelha ou aprender a controlar suas explosões?

Muitos pesquisadores ilustres, neurocientistas, psiquiatras, psicólogos e até alguns filósofos atualmente insistem em que a essência da raiva é apenas o seu núcleo neurológico-hormonal-muscular. Alguns filósofos negariam isso, mas fariam distinção entre os aspectos da emoção que são parte imediata da emoção e os que são consequência, tais como os atos de retaliação e esquemas de vingança (ver Goldie, 2000). Em contraposição, não creio que a raiva seja apenas o núcleo neurológico-hormonal-muscular e incluiria, como parte dela, tanto pensamentos duradouros como ações de longo prazo. E, é claro, há a riqueza de experiência que é a emoção. Aceito a evidência neurológica e clínica tal como é: a raiva é, em parte, um fenômeno fisiológico. Mas nem diria que isso é o "núcleo" da raiva, que, então, vem a ser moldado pela cultura e pela experiência e está sujeito às restrições que a cultura exerce sobre a expressão emocional, o que Paul Ekman chama de "regras de exibição." (Peter Goldie refere-se a isso, depreciativamente, como o "modelo abacate" de emoção, um núcleo neurológico sólido, envolto por uma fruta macia, feita de cultura, experiência e personalidade individual.) Também considero esse modelo insustentável, ao negligenciar tanto a maleabilidade do cérebro como o alcance da cultura no desenvolvimento humano.

A raiva (como todas as emoções) é um fenômeno cognitivo e impregnado de valores, não apenas um estado ou evento momentâneo, mas um processo complexo que prossegue através do tempo e pode durar muito. Envolve necessariamente sentimento e julgamento, bem como fisiologia, e, às vezes, especialmente depois de um certo período, pode haver pouca resposta fisiológica evidente. Entretanto, a pessoa pode continuar com muita raiva. Na verdade, desejo pelo menos levantar a questão sobre se mesmo emoções básicas (especialmente raiva e medo) sempre precisam de tal aparato neurológico. O que dizer de medos duradouros, claramente não instintivos (por exemplo, medo do aquecimento global) e raiva duradoura (por exemplo, diante da contínua corrupção e dos apadrinhamentos governamentais)? Certamente *algo* está acontecendo no sistema nervoso, mas será suficientemente dramático ou característico a ponto de ocupar um lugar central na cena e definir o que é emoção? Ou é apenas um entre tantos processos no substrato neurológico subjacente a toda a nossa atividade mental mas que, com certeza, não a define?

Se existem emoções básicas, a própria fisiologia determinaria que não poderiam durar muito tempo. Desse modo, mencionei na introdução que uma das divergências principais envolvendo as emoções, em geral, e a raiva, em particular, é: quanto tempo dura uma emoção? Uma explosão de fúria ou de pânico pode durar apenas um ou dois minutos e, devido às limitações temporais e às medidas de curto prazo disponíveis no ambiente de laboratório, existe um evidente *bias* no sentido de se considerar a raiva e outras emoções básicas como apenas esses fenômenos de curta duração. Psicólogos que se seguiram a Ekman e estudam as expressões faciais da emoção procuram pela reação imediata — antes que entrem em ação as influências interpessoais e as incômodas preocupações com a exibição. A própria natureza das emoções básicas sugere, porém, que tais respostas rápidas e espontâneas não perduram com facilidade. Pode-se ficar verdadeiramente admirado, digamos em uma festa surpresa, apenas por um segundo. O que se segue não é parte da surpresa em si. (De modo previsível, a surpresa também é frequentemente identificada como uma emoção básica, mas há uma considerável controvérsia se ela consiste em um mero reflexo, como numa ocasião em que se leva um susto, ou se é mais duradoura, com curiosidade ou admiração — que é sobre o que antigos filósofos, como Descartes, tinham curiosidade. Às vezes é sugerido, mas com previsível hesitação, que apenas essas emoções — as básicas — são emoções *reais*. As outras, que se prolongam por mais tempo, que são menos espontâneas, mais moldadas pela cultura e altamente autoconscientes e "inteligentes", não são verdadeiras emoções, e sim alguma outra coisa (vagamente sintetizada em expressões tais como "funções cognitivas superiores").

Considero tudo isso muito errado. Primeiramente, como já reafirmei, a maioria das emoções não é medida em frações de segundo, mas em horas, dias e semanas. Algumas duram anos. A raiva é uma delas. (O amor é outra, mas falaremos mais sobre isso adiante.) Sem dúvida há explosões de raiva que são breves. Todos já vivenciamos isso. Alguém nos dá um empurrão enquanto estamos aguardando educadamente na fila, voltamo-nos com raiva e aí vemos que fora um pobre coitado que havia tropeçado. (Paul Griffiths [1997] imagina que se trata de uma atraente jovem, encantada em chamar nossa atenção, e nossa raiva cessa repentinamente.) Entretanto, a raiva não é só isso. Pode-se ter raiva de um vizinho ofensivo durante todo o tempo em que continua nosso vizinho e ainda por muito tempo depois disso. Não se trata apenas de uma disposição para ficar com raiva, ou seja, sempre que nos fazem lembrar do vizinho, *aí* sente-se raiva. Pelo contrário, a raiva torna-se uma estrutura contínua da vida da pessoa, sempre no *background* mas facilmente trazida ao centro da atenção. Entretanto, a estrutura aqui não é apenas uma via neurológica (embora isso possa também acontecer. É assim que o cérebro se "vicia" em certas emoções). É uma estrutura que inclui o pensamento e o comportamento da pessoa, aquilo a que ela presta atenção, do que se lembra, o que imagina, até com o que sonha, as metáforas que emprega e a forma como se engaja na vizinhança. A raiva pode ser "básica" na medida em que é uma emoção comum, poderosa, dramática e praticamente universal, mas não é, nem de perto, tão primitiva como estão sugerindo alguns teóricos. Nesse sentido, nem mesmo a raiva é uma emoção básica.

No que se refere à ética e à vida boa, não seria errado simplesmente desconsiderar — por serem insignificantes — essas explosões de raiva que se encaixam no modelo de emoção básica. Ninguém se preocupa com uma rápida explosão de raiva (exceto, talvez, tratando-se de maníacos homicidas). Pouco significa e quase nada diz a respeito da pessoa que "explode" ou de como ela vê o mundo. A síndrome de Tourette, por exemplo, caracteriza-se por essas breves explosões de raiva manifesta, tipicamente expressa por obscenidades e insultos grosseiros, mas que nada indica a respeito da personalidade, das atitudes ou dos pontos de vista do paciente. O que nos preocupa é a raiva prolongada, que tende para o ódio, e se manifesta por meio de esquemas de retaliação e vingança. Mesmo deixando retaliação e vingança à parte, a raiva tem uma natureza julgadora hostil e esses julgamentos são muito raramente únicos ou isolados.

Sustentarei que a raiva é, basicamente, um julgamento de que alguém foi prejudicado ou ofendido. Tipicamente (embora nem sempre) dirige-se a outra pessoa, geralmente com base em uma ofensa específica ou, talvez, uma sequência de ofensas. Muitas vezes, também, é dirigida a uma situação ou tarefa que é contrariada, como a frustração, por exemplo, que sinto quando tento enfiar traspassar a agulha ou quando o meu voo está atrasado de forma inaceitável. No entanto, mesmo em uma manifestação relativamente breve e impessoal de raiva, por exemplo, quando tento sem sucesso a linha na agulha, haverá quase sempre uma série de pensamentos e julgamentos (assim como sentimentos que se alternam), desde insultos monossilábicos até perguntas (provavelmente dirigidas a mim mesmo) tais como "por que fazem isto tão difícil?" ou "por que sou tão desajeitado?". Em outras palavras, mais uma vez, a raiva é um processo e quando envolve outra pessoa tais pensamentos e julgamentos (e até os insultos monossilábicos) ficam muito mais complicados. Além disso, quando essa raiva é expressa, as reações do receptor (seja um impenetrável silêncio, um medo ou uma reação de raiva) provocam um processo adicional (incluindo outras emoções).

Por que a raiva inspira tais reações? Por que uma pessoa deveria se preocupar com a raiva de outra? Parece uma pergunta simplória até que levemos em conta o modelo de emoção básica ou a sua versão mais simples e de senso comum, a do sentimento. Se a raiva fosse simplesmente uma síndrome neurológica ou algo como uma simples sensação, por que pensaríamos nela como algo diferente de um breve problema médico, tal como uma coceira ou dor de cabeça? É claro, pode-se argumentar que tais síndromes ou sensações levam, às vezes, ao comportamento violento, mas, para começar, isso normalmente não é verdade. A maioria do comportamento diretamente causado pela raiva não só não é violento como nem mesmo é hostil. (A raiva leva muito mais vezes a desculpas, cartas e olhares empedernidos do que a atos de violência, mesmo que moderados.) Em segundo lugar, mesmo quando a raiva realmente leva à violência (e, muito mais provavelmente, a um xingamento ou um tapa do que um soco), não é como se o comportamento fosse meramente "desencadeado" pela neurologia ou pela sensação. (Nico Frijda, como veremos, insiste em que todas as emoções — e não apenas as básicas — são identificáveis por "tendências à ação" características, que podem ser bem menos do que ações completas mas que "apontam na direção" de certos tipos de comportamento.) Entretanto, é o conteúdo da emoção que explica tanto o comportamento como nossas subsequentes reações a ele (novamente, quer seja silêncio, medo, raiva ou o que for). Entretanto, esse conteúdo não é neurológico nem nada que se pareça com uma sensação. É o modo pelo qual os pensamentos e julgamentos nos engajam no mundo.

Se, tipicamente, a raiva é dirigida à pessoa que cometeu a ofensa, é mais provável que o conteúdo dos pensamentos e julgamentos enraivecidos diga respeito à natureza da ofensa e ao caráter do ofensor. E isso, por sua vez, nos dá uma imagem clara do porquê de respondermos à raiva — ou até à ameaça de raiva — do modo como fazemos. Quando uma pessoa se enraivece conosco, rapidamente temos noção de que ofendemos (ou, pelo menos, frustramos) alguém. Para a maioria de nós, na maior parte do tempo, isso é o suficiente para nos fazer sentir mal, mesmo quando sabemos que se trata de um mal-entendido ou de um engano e que nada fizemos de errado. Porém, a acusação dói. A ameaça de retaliação ou vingança, mesmo em se tratando de um comentário mordaz ou um "olhar de reprovação", nos torna ansiosos ou defensivos. Uma acusação injusta, mesmo que não seja plenamente articulada, pode muito bem provocar raiva como resposta. De qualquer modo, a raiva é muito mais do que uma emoção básica ou um conjunto de sentimentos. É uma forma de interagir com outra pessoa (situação ou tarefa) e um modo de situar-se no mundo. E uma ofensa não é apenas uma unidade particular de comportamento. É tipicamente definida e circunscrita pela cultura e pela linguagem da pessoa. (No mundo civilizado, a maioria das ofensas é verbal.) Se uma pessoa chama outra de "grandessíssimo FDP", faz uma enorme diferença se o chamado FDP tem uma autoimagem de "durão" e "intransigente" ou de "sensível" e "agradável", assim como o tipo de relação envolvida (cliente ou patrão, amigo ou rival). Em outras palavras, uma emoção é um engajamento autoconsciente no mundo e, para compreender a raiva, temos de compreender exatamente que tipo de engajamento é esse.

Muitos filósofos e psicólogos dizem, atualmente, que quase sempre o que falta ao modelo de emoções básicas da raiva são seus aspectos "cognitivos". Enquanto os teóricos das emoções básicas mais sofisticados reconhecem isso e tentam introduzi-los em seus modelos, muitos deles reclamam, com razão, que o que, por sua vez, está faltando nos modelos cognitivos das emoções é exatamente o que o modelo das emoções básicas e a teoria do senso comum enfatizam (eu diria "superenfatizam") e que é o *sentimento*. Embora isso não esteja desenvolvido na neurologia em si, a maioria dos teóricos das emoções não tem problema em admitir que algum tipo de sentimento ou de sensação acompanha ou se segue à breve explosão autonômica. (Uns poucos insistem em que tais sentimentos não são de modo algum necessários, por exemplo, Joseph LeDoux, da Universidade de Nova York.) Os teóricos da sensação (por exemplo, citarei com frequência William James) enfatizam claramente o aspecto de sentimento das emoções, mas ignoram (na minha opinião) os aspectos cognitivos. Dizendo de modo simples, o problema é que estas duas visões da raiva — a fisiológica e a da sensação — deixam de captar o fato essencial de que a raiva é sempre *a respeito de* alguma coisa. A raiva não é meramente uma comoção fisiológica. Não é só um sentimento. E não está apenas na mente da pessoa, mas, mais propriamente, no mundo e é a respeito do mundo.

Desde o fim da Idade Média, filósofos têm se referido como *intencionalidade* a essa característica das emoções (assim como de outros estados e processos mentais) de serem "a respeito de algo" (*aboutness*). Em outras palavras, as emoções são a respeito do mundo. Ainda não vou examinar esse conceito nem insinuar sobre sua considerável abrangência e suas limitações. Por enquanto, deixem-me ficar por aqui: a raiva é sempre, e necessariamente, um engajamento em uma situação ou relação. Envolve a percepção e o julgamento de um contratempo ou uma ofensa. Envolve também uma imputação de culpa (embora isso tenda a ser irracional quando dirigido a um objeto ou evento, por exemplo, quando se fica com raiva do clima por atrapalhar nossas férias). Ou, como há vários milênios Aristóteles definiu (na *Retórica*), "a raiva é um desejo aflito de clara vingança em resposta a um evidente e injustificável 'insulto' dirigido a uma pessoa ou seus amigos". Ele acrescenta que "a raiva é sempre dirigida a alguém em particular, por exemplo, Cleon, e não a toda a humanidade", e menciona, só de passagem, o mal-estar que, praticamente sempre, acompanha essa emoção. Entretanto, a chave para a análise de Aristóteles é a noção de um "insulto" como a causa da raiva, um complexo julgamento a propósito da relação de uma pessoa com outra; e portanto ele atribui um lugar central ao desejo de vingança, introduzindo, também, um componente comportamental exatamente no coração da emoção.

Acrescentaria que a raiva não só envolve julgamento, mas é uma emoção nítida e notoriamente julgadora. Por esse motivo, uma reação comum à raiva é "Não seja tão crítico!" Adiante, falarei muito mais sobre o contraste entre a raiva e alguma das emoções afins, tais como irritação e aborrecimento, indignação moral e fúria. Porém, antes mesmo de entrarmos nos detalhes, tais contrastes são instrutivos a respeito da natureza dos julgamentos envolvidos na raiva. A diferença entre raiva e uma "mera" irritação ou aborrecimento é que o último par raramente envolve culpa ou, se o faz, é uma culpa que não resistirá nem mesmo à mais leve reflexão ou a um escrutínio. ("Oh, não leve em conta o que eu digo. É só que estou realmente irritado [ou aborrecido] agora de manhã.") Por outro lado, a raiva é diferente da indignação moral porque a segunda — e não a primeira — necessariamente envolve um julgamento *moral*, isto é, muito mais do que uma sensação pessoal de frustração ou ofensa. Por sua vez, a fúria envolve uma cognição mínima (embora seja necessariamente sobre alguma coisa): tende a tratar com extrema hostilidade qualquer coisa que passe pela frente. Raramente a raiva é tão indiscriminada assim, e quando o é não a descrevemos apenas como uma emoção, mas como um estado de espírito, como uma disposição emocional ou, se for persistente, como um grave distúrbio de personalidade.

Na introdução, sugeri que as emoções são, ou pelo menos podem ser, *estratégias*. Antecipando um dos meus temas centrais, isso sugeriria que nossas emoções não nos acontecem, simplesmente, como forma de atrapalhar nossas vidas e distorcer nossa racionalidade. Pelo contrário, quero adotar uma perspectiva existencialista e falar sobre o que *fazemos* com nossas emoções, e não apenas sobre o que as causa. Deixem-me oferecer-lhes um exemplo provocador. Trabalhei, certa vez, com um colega arrogante — como já aconteceu com a maioria de nós — cujo "temperamento explosivo" era notório. Quando estava perdendo uma discussão, o que era frequente, levantava-se em toda a sua altura (bem mais do que 1,80m), apoiava-se na mesa de reunião com uma atitude intimidadora e ameaçava ficar muito enraivecido. Ao levantar a voz e franzir o cenho, fazia a maioria das pessoas acreditar que já estava com raiva. E a maior parte das pessoas, sendo como são, isto é, ansiosas por manter a paz e não desejando entrar em uma briga interminável, quase sempre recuava, pelo menos no momento. (Na votação que se seguia, calmamente se reafirmariam.) No momento, porém, o sujeito impunha sua vontade. Usava a raiva e a ameaça de raiva para intimidar e manipular os que estavam à volta.

Bem, agora, como ele aprendeu a fazer isso? Afinal de contas, uma emoção não é algo que se ligue e desligue ao bel-prazer. As circunstâncias precisam ser adequadas. E você não pode simplesmente "fingir", porque todos sabemos quão difícil é, até para um ator experiente, simular uma emoção de modo convincente. Portanto, para fazê-lo convincentemente, meu colega tinha de ficar realmente com raiva. Entretanto, com frequência, as emoções são hábitos, até certo ponto aprendidos, mas também fruto de prática e repetição. É muito raro uma pessoa ficar com raiva *só uma vez* (como o personagem de Camus em *O estrangeiro*). A raiva tende a ser recorrente e habitual. Esse é um dos muitos pontos em que podemos realmente aprender algo com os neurologistas. Hábitos emocionais são o produto de vias bastante usadas e dependências químicas bem-estabelecidas. Colocando a questão de forma um pouco dramática, nos tornamos viciados em nossas emoções. Passamos a precisar da "descarga" bioquímica. A raiva é um caso exemplar. Pessoas como o meu colega aprendem a se energizar, ficando com raiva. Realmente "sentem prazer" nisso (enquanto a maioria de nós é suficientemente afetada pela vergonha, pelo embaraço ou pelo medo das consequências, a ponto de não gostar absolutamente disso). Do mesmo modo, algumas pessoas podem literalmente ficar muito "viciadas em amor", como diz uma canção popular, e também funciona assim com a tristeza, o ciúme e muitas emoções. (A depressão clínica é um caso específico e extremo que escapa ao escopo do presente livro.)

Podemos fazer muitas coisas por meio da prática e do hábito, coisas que não podemos "fazer", digamos, seguindo as instruções de um manual ou simplesmente observando alguém. Os pragmatistas americanos William James e John Dewey apreciavam plenamente a importância do hábito, quer fosse o caso da aprendizagem de um idioma, de aprender a tocar um instrumento musical ou mesmo apenas de assistir à exibição de outra pessoa e apreciá-la. No entanto, os hábitos não são claramente voluntários ou involuntários. (É por isso que é tão difícil quebrar um hábito, por mais simples que seja.) Os hábitos emocionais ocupam o meio caminho entre ficar com raiva intencionalmente e ser vítima do próprio "temperamento explosivo". Aprende-se o hábito e aprende-se como e quando ficar com raiva. Eis um cenário imaginário que extraio de muitos exemplos atuais de práticas educativas. Imagino meu colega como uma criança de 2 anos — uma criança bastante difícil, imagino — fazendo o que crianças dessa idade fazem tão bem — tendo um acesso de birra. Imagino que a reação dos pais fosse de terror e, para interromper aquele comportamento insuportável, ofereciam toda sorte de presentes e súplicas. Dentro daquele cérebro de 2 anos, formou-se uma noção, algo como: "Uau! Vou tentar isso de novo." O hábito pode, em certo ponto, ter se tornado mais ou menos "automático", mas, no entanto, foi aprendido com um propósito e continua a ser motivado desse modo.

Agora, avancem no tempo algumas décadas e podemos compreender o comportamento adulto não como um "temperamento explosivo", mas como uma estratégia muito bem-sucedida e ensaiada, reforçada por anos de prática e hábitos arraigados. Bem, admito que esse modelo, meramente imaginado, da infância de uma outra pessoa pode, na verdade, não ser correto; há outros cenários plausíveis. Porém, realmente nos proporciona uma forma de compreender muito do comportamento emocional que pode ser espontâneo, sincero e — o que mais nos importa aqui — estrategicamente bem-sucedido. É verdade que nem todas as emoções são assim, mas muitas o são. E mesmo quando a noção de estratégia parece fora de propósito — como com o luto, por exemplo — pode ser um valioso exercício existencial levantar questões tais como "Por que estou fazendo isto? O que estou conseguindo com isto?" E até com uma emoção como o luto, a resposta nem sempre é a que gostaríamos, ou seja, que simplesmente "caiu sobre nós". Sem dúvida o luto é uma reação a uma tragédia indesejada, mas o tempo que perdura, o modo como se expressa e o quão debilitante é não são simplesmente reações a uma perda.

Estamos acostumados a pensar nas emoções como experiências na primeira pessoa, pessoais, íntimas, exclusivamente individuais. Daí o atrativo de expressões como "sinto raiva". Ou, ao contrário, a emoção é discutida na terceira pessoa, do ponto de vista da perspectiva científica e observacional, seja o estudo impessoal de cérebros no laboratório ou o voyeurismo ocasional que praticamos sentados em um café no aeroporto, observando o comportamento dos que se agitam à nossa volta. Fica em aberto a cética pergunta de *como* sabemos ou vemos que outras pessoas têm emoções ou têm aquelas emoções específicas. No entanto, a ideia de que as emoções são estratégias sugere que a perspectiva em que melhor aprendemos sobre as emoções é na *segunda* pessoa, na interação e troca interpessoais. Portanto, a raiva (e outras emoções) está menos "na" mente (nem no corpo ou no cérebro) e mais do lado de fora, no espaço social e interpessoal. A raiva, e a maioria das nossas emoções, geralmente surge com e na reação a outras pessoas. Ronald de Sousa (1987) captou esse aspecto de aprendizagem social das emoções em uma expressão provocante e fértil: "cenários paradigmas". É na interação social que *aprendemos* a nos enraivecer, independentemente dos mecanismos neurológico e hormonal subjacentes. E aquilo que aprendemos tem muito a ver com a visível conveniência das circunstâncias.

Sem o contexto social, a raiva na verdade seria pouco mais do que fúria e frustração sem sentido. Certamente nada haveria como raiva *justificada*. Como insistia Aristóteles, temos de aprender quando e onde ficar com raiva, com quanta raiva ficar, de quem e em quais circunstâncias. Ocasionalmente, achamos que acabamos compreendendo nossas emoções ao nos observar em ação e tomar consciência dos efeitos que causam nos outros. Portanto, aprendemos o que sentimos não apenas *sentindo*, mas, às vezes, a partir do *feedback* interpessoal, incluindo crítica e reações ruins por parte dos outros. Ficamos com raiva não apenas para intimidar os outros, mas para que nos respeitem. Do mesmo modo, em certos casos, fica-se embaraçado para provocar complacência (ver Leary et al., 1996). Podemos fomentar nossa tristeza para provocar simpatia nos outros. As emoções, mesmo as mais "pessoais", são geralmente uma forma de ação social. São, portanto, altamente sensíveis a determinadas culturas e sociedades e por elas estimuladas. A raiva, em especial, é uma emoção extremamente encorajada e na sociedade americana atualmente tornou-se o principal veículo de expressão emocional. (Se duvidarem disso, escutem aleatoriamente qualquer meia hora de *talk radio*,[1] seja de esquerda ou de direita, para ouvir o quanto a provocação de raiva e a afronta se tornaram populares e totalmente aceitáveis.)

A questão "por que ficamos com raiva?" tem uma resposta ainda mais fascinante e que aponta mais um outro sentido no qual a raiva (e as emoções, em geral) pode ser manipuladora. Antecipei isso, de forma bem geral, quando sugeri que algumas pessoas realmente sentem prazer na raiva, consideram que as energiza, proporcionando, portanto, uma experiência bastante positiva. Isso talvez possa não parecer verdade em se tratando da causa mais simples de raiva — a frustração — quando a pessoa percebe seus objetivos ou projetos bloqueados ou mais difíceis do que o esperado. Porém, até a frustração pode ser considerada sob esse prisma. Talvez seja da "natureza humana" procurar desafios. Começamos jogos de palavras cruzadas sabendo que, provavelmente, encontraremos obstáculos e talvez não consigamos terminar. Meus amigos escolhem vias de escalada difíceis, ignorando os acessos mais óbvios e fáceis (isso sem mencionar que poderiam nem tentar escalar ou, então, alcançar o topo pelas estradas). Seu objetivo, é claro, não é fracassar ou se frustrar, mas conseguir algo que, inicialmente, pode parecer árduo ou impossível. O que quero é propor a seguinte questão: se parte da explicação para esse típico comportamento humano (bem como algumas brincadeiras de animais) é a recompensa psicológica para a tentativa em si, mesmo na ausência do sucesso e na presença do fracasso. Isso explicaria muita coisa sobre as nossas emoções.

O valor estratégico da emoção fica extremamente aumentado quando vamos além da frustração, para o tipo mais comum de raiva humana, em que o objeto da emoção é a ofensa de um outro, alguém que pode *ser culpado* pelo bloqueio ou pela interferência. Não é apenas um modo de manipular a outra pessoa, mas uma excelente maneira de se *auto*manipular. Portanto, as pessoas podem ter prazer com a raiva não apenas porque as energiza, mas porque transforma a própria natureza do modo como veem o mundo. Concordaria com Jean-Paul Sartre que todas as emoções ("magicamente") transformam a maneira como vemos o mundo, mas o modo pelo qual a raiva transforma o mundo é, ao mesmo tempo, revelador e excepcional. Para começar, considerem como a raiva geralmente começa: algum tipo de fracasso ou humilhação pessoal, devido a uma ofensa, insulto ou desprezo. Portanto, pode-se dizer que, no caso da raiva, começamos em uma posição "por baixo". (Retiro o termo de um filme bem antigo, de 1960, com Alastair Sim e Terry-Thomas, *School for Scoundrels.*) Aqui, a natureza extraordinariamente *julgadora* da raiva torna-se particularmente importante. É julgadora em dois sentidos um tanto diferentes. O primeiro: como todas as emoções, ela é constituída ou estruturada por julgamentos, formas de perceber, conceber e considerar ("avaliar") o mundo. Em segundo lugar, porém, a raiva distingue-se entre as emoções por montar um cenário que envolve uma atitude particularmente julgadora (magistral) em relação ao mundo. Por sua vez, essa atitude julgadora ou magistral age no sentido de estrategicamente tirar a pessoa da posição "por baixo" e elevá-la a algo como um papel "por cima" na situação.

Lewis Carroll, em *Alice no país das maravilhas*, faz uma observação sarcástica ótima. No capítulo intitulado "O rabo do gato", ironiza: "Serei juiz e serei jurado, disse a velha astuta fúria."[2] Isso se revela uma brilhante análise da raiva. Além de ser estruturada por julgamentos, a raiva é uma emoção literalmente julgadora ou magistral. O sujeito ofendido vira a mesa em relação ao ofensor, salvando, assim, sua honra (pelo menos no que diz respeito ao sujeito). Na raiva, o indivíduo coloca-se no papel superior de juiz e jurado. Portanto, a fenomenologia da raiva envolve uma espécie de cenário de sala de tribunal, um "tribunal faz de conta", é verdade, no qual os julgamentos são categóricos, não existe defesa e poucas pessoas conseguem, alguma vez, um julgamento justo. Este é o ponto: na raiva, o outro é *levado a julgamento*. Ainda mais poderosa e mais julgadora é a indignação moral, uma emoção em que se acusa o outro não apenas em benefício próprio, mas em nome de um princípio moral. Dessa forma, o tribunal faz de conta expande seu alcance, tornando-se algo semelhante a uma corte suprema ou mundial, julgando não apenas o dano ou a ofensa de que a vítima foi alvo, mas os méritos judiciais de tal comportamento com base em uma escala global de justiça. A vantagem estratégica desse esquema deveria ser óbvia. Emergindo de uma situação em que foi ferida, ofendida ou humilhada, a pessoa se reposiciona como superior, até virtuosa. É uma posição psicológica poderosa. É também bastante presunçosa, motivo pelo qual a tradição cristã, justificadamente, faz advertências a respeito.

A raiva é tipicamente contrastada com a razão e com a sensatez. No nosso modo usual de falar, "não se deixe tomar pela emoção" significa normalmente "não fique com raiva" ou "seja sensato". Mas, fazendo uma pergunta básica, não existem momentos em que é perfeitamente adequado que se fique com raiva, que sejamos emocionais? Não há ocasiões em que a raiva é perfeitamente razoável? Um amigo meu perdeu a estabilidade no emprego na universidade, apesar da notável coleção de artigos publicados, do ótimo desempenho como professor e do devotado serviço à instituição. O problema, obviamente, foi político. Acabara de ter um atrito com alguém que estava no poder. Mas fiquei estarrecido quando meu amigo não ficou com raiva, aceitando ser humilhado e ter a vida modificada como "simplesmente uma dessas coisas que acontecem", uma boa atitude estoica. Então, fiquei com raiva no lugar dele, mas também fiquei com raiva (embora misturada com simpatia) *dele*. Pareceu-me que ele não só tinha total direito de ficar com raiva, mas *tinha a obrigação* de ter ficado com raiva. Do meu ponto de vista, a emoção era não apenas razoável, mas, de certa forma, obrigatória. Não se deixa administradores saírem, assim, impunes de um assassinato institucional.

Muitas pessoas não concordarão com isso. Dirão: "Não. A raiva *nunca* é a melhor estratégia." Admito que essa resposta tem muito a seu favor. Existe uma considerável virtude na reação do meu colega. Inicialmente, porém, quero defender o contrário e sugerir que a raiva pode ser, muitas vezes, uma resposta razoável e racional à adversidade. Quero, entretanto, ver também o que a resposta negativa tem a oferecer para a nossa compreensão da raiva. A ideia de que a raiva é sempre errada está codificada, mais diretamente, no heptálogo do papa Gregório dos pecados "capitais" ("mortais"). É uma ideia que impregna grande parte do pensamento cristão e de outras religiões (por exemplo, o budismo) e que pode ser corretamente contraposta às tradições religiosas mais antigas, que tendiam a santificar ou louvar a raiva, por exemplo, no Deus irado da Bíblia hebraica e no destrutivo Shiva do antigo hinduísmo. Sócrates e Platão também se afastaram da ira dos guerreiros e da justiça vingativa dos heróis homéricos em prol de uma concepção de justiça mais "civilizada", da qual a vingança não fazia parte. Portanto, a ideia de que é melhor evitar a raiva é muito antiga, com credenciais filosóficas impressionantes. Vamos ver, porém, por que essa emoção, durante tanto tempo ultrajada, exerce uma influência tão grande sobre nós e por que é tantas vezes atraente e até sensata.

Deixem-me começar repetindo aquilo com o que tanto os críticos da raiva como os supostos defensores devem concordar: a ideia de que a raiva é uma forma de engajamento no mundo. Ficamos com raiva *de* alguém, *de* alguma coisa. Consequentemente, a questão importante é se a raiva está corretamente dirigida, se escolheu o objeto certo (o ofensor) e se é justificada pela situação. (A pessoa-alvo pode ser de fato o ofensor, mas a ofensa ser tão insignificante que não justifica a raiva.) Se tanto o objeto está correto como se justifica a seriedade da acusação, então a raiva é racional e razoável. Certamente é possível que evidências e considerações futuras possam colocar em dúvida o julgamento inicial, mas, então, diríamos que "dado o que ele sabia na ocasião" ou "dado o que na ocasião parecia ser o caso", sua raiva era racional e razoável. Porém, se a raiva também pode ser uma *estratégia*, existe uma consideração adicional, além da precisão e da justiça, que governa a racionalidade da raiva. Em outras palavras, ficar com raiva serve aos objetivos finais da pessoa?

Ficar com raiva do patrão pode ser certo e até legítimo, mas só muito raramente é sensato. Ficar com raiva de um professor antes que tenha dado a nota da prova pode ser certo e justo, mas geralmente não é uma estratégia sensata. Portanto, a raiva é sensata dependendo de se encaixar ou não nos objetivos de longo prazo da pessoa. Daí segue-se que algumas formas de engajamento, algumas estratégias são melhores do que outras. Algumas são tolas. Algumas são estúpidas e injustificadas. A frustração de John porque não consegue provar uma hipótese matemática que há muito escapa aos melhores matemáticos é uma tolice. A raiva de John contra Sally pela desconsideração em um *testimonial dinner*,[3] em que ela deixa de mencionar que ele é o melhor amante do mundo, é pouco inteligente e inapropriada. (Mas talvez alguém possa pensar em circunstâncias específicas em que não o fosse.) Ficar com raiva de uma desconsideração meramente suposta é quase sempre uma estratégia ruim e, quando expressa, pode ser uma injustiça moral. No entanto, às vezes, *não* ficar com raiva pode ser uma tolice. Depois de ser publicamente humilhado, ser preterido em uma promoção claramente merecida ou ser repetidamente cutucado ou empurrado por um estranho enquanto está em uma fila, a pessoa tem o direito de ficar com raiva, independentemente de haver vias alternativas de expressão ou recurso. (A sabedoria do filme *Clube dos cafajestes*, "não fique furioso, vingue-se", presume que ficar furioso é o primeiro passo e, ao mesmo tempo, a motivação em andamento para o ajuste de contas.) Portanto, Aristóteles — de acordo com os heróis homéricos — insistia em que existem ocasiões em que a pessoa seria uma tola se *não* ficasse com raiva, não apenas porque a situação o pedia, mas porque, ao não fazê-lo, a pessoa degrada-se à condição de sub-humano.

É fácil calcular o valor da raiva para a sobrevivência, mesmo que seja apenas o meio de nos energizar para a briga que está prestes a acontecer. Porém a raiva parece ter uma explicação evolucionária mais complexa que também pode valer como um tipo de estratégia no nível da espécie. Na evolução da cooperação, segundo um modelo já clássico de Robert Axelrod (1985), a cooperação requer não apenas a boa vontade para fazer sacrifícios pelo grupo e trabalhar junto (e todas as outras coisas que louvamos nos nossos companheiros humanos), mas a disposição para ser sensível ao ultraje e para punir. De outro modo, os trapaceiros irão aproveitar-se dos cooperadores e o grupo todo ficará em desvantagem. (E as coisas ficarão piores à medida que mais cooperativos percebem a vantagem de trapacear e também se tornam trapaceiros.) Assim, a raiva, além de servir a estratégias individuais, serve também a estratégias mais amplas. Portanto, temos justificativa para sugerir que nossa capacidade de ficar com raiva dos ofensores e trapaceiros é parte integrante dos nossos genes. Devemos acrescentar a condição aristotélica de que precisamos ficar com raiva da pessoa certa, na hora certa e na intensidade certa. O argumento, porém, é que a raiva acaba sendo muito valiosa para uma vida social humana bem-sucedida.

Está na hora, portanto, de dizer alguma coisa mais geral sobre a ingênua e maniqueísta distinção entre emoções negativas e positivas — boas *versus* pecaminosas? Trata-se — como muitas das coisas que tanto pesquisadores sérios como pessoas comuns dizem e pensam a respeito das emoções — de uma supersimplificação grosseira de sua complexidade, sofisticação e inteligência. A raiva é um caso perfeitamente pertinente. Se a ideia for de que há formas melhores de se lidar com o mundo do que ficar com raiva, tudo bem. Mas isso só transforma a raiva em uma estratégia pior, não em uma "emoção negativa". Pode muito bem acontecer que ficar com raiva (ou ficar com raiva sem ter os meios adequados para expressá-la) faça mal à saúde e, nesse sentido, estaria no mesmo nível do excesso de trabalho, de preocupação ou de autogratificação. Mas não faz da raiva uma "emoção negativa" em si (não mais do que trabalhar, preocupar-se e gratificar-se são atos negativos em si mesmos). Pode ser que ficar com raiva faça a pessoa sentir-se mal, em parte, sem dúvida, em razão de séculos de condicionamento moral, segundo o qual ficar com raiva é pecaminoso. A raiva, entretanto, ao menos às vezes, faz a pessoa sentir-se bem e adequada, e isso não se deve necessariamente a alguma grave falta de caráter ou à falta de compreensão sobre a natureza do cosmos. A raiva transforma a situação a que fomos rebaixados ou humilhados em uma situação na qual somos os justos acusadores, sendo, portanto, fácil calcular como pode ser uma sensação boa, mesmo na falta de uma expressão externa. Também é verdade que a raiva, quando manifesta, muitas vezes provoca raiva como retaliação e os resultados disso (se da parte do chefe ou do professor) podem ser desastrosos. No entanto, não se conclui daí que a raiva seja uma "emoção negativa", apenas que nem sempre é a melhor estratégia.

Em vez de descartar a raiva, indiscriminadamente, como um todo, eis uma maneira melhor de pensar na raiva como uma estratégia. Vamos distinguir entre a raiva nas formas mais cruas ou mais vulgares, incluindo as formas de expressão também mais cruas e vulgares, e a raiva refinada e as formas mais refinadas de expressão. A obra *Guernica*, de Picasso, é uma dessas formas refinadas e, com isso, a raiva feroz que a inspirou torna-se também mais refinada. Ninguém pode dizer que Picasso não deveria ter ficado com raiva com o bombardeio de uma pequena e neutra cidade, nem que não deveria ter assim se expressado a respeito. Parte da poesia indignada de Baudelaire poderia, com pouca imaginação, ser expressa, de modo alternativo, em uma linguagem crua e vulgar, revelando emoções igualmente cruas. No entanto, Baudelaire expressa a fúria com o mundo de forma elegante e comovente. Em vez de falar sobre a "irracionalidade" da emoção (que — da forma como a maioria das pessoas emprega o termo — significa uma ausência de racionalidade em vez de uma fraca estratégia ou de uma estratégia mal-sucedida), faríamos muito melhor em explorar essas avaliações tanto estéticas como morais: cru *versus* refinado, adequado *versus* inadequado, vulgar e inculto em oposição a sagaz, fino, sensível e inteligente. Nossas emoções são tão complexas ou incipientes como são nossos engajamentos com o mundo e com outras pessoas. Nossa raiva pode ser tão elegante ou tão feia como a deixamos ser.

O que aprendemos, então? Que a raiva não é apenas um sentimento autocontido, mas um engajamento com outras pessoas e com o mundo, que pode ser mais ou menos justificado, mais ou menos primitivo ou refinado, mais ou menos gratificante e mais ou menos adequado moralmente. Como estratégia, não é apenas algo que nos acontece, mas algo que colocamos em ação, quer refletidamente, quer não. Isso levanta uma última questão que quero deixar pendente ao longo destes capítulos iniciais. Às vezes, talvez com frequência, aquilo que fazemos não é imediatamente óbvio para nós. Grande parte da nossa vida emocional é, como insistiu Freud, *inconsciente*. Como sou um filósofo — e filósofos adoram desvendar paradoxos —, deixem-me dizer isso por meio de um paradoxo: nada é mais imediato para nós do que nossas próprias emoções, mas nada em nós é mais suscetível a autoilusão, repressão, falta de percepção e até de franca negação do que nossas emoções. Considero o inconsciente não apenas como uma profunda descoberta psicanalítica, mas como um dado fundamental. As pessoas nem sempre sabem quando estão com raiva e nem sempre sabem o que sentem.

Notas

1. *Talk radio* é um formato de programa com a participação de entrevistados que falam sobre um determinado assunto e, em seguida, respondem a perguntas feitas por ouvintes mediante ligação telefônica ao vivo. (*N. do T.*)
2. Tradução livre. (*N. do T.*)
3. Jantar oferecido para alguém, no qual se fazem discursos dando testemunhos sobre o homenageado. (*N. do T.*)

CAPÍTULO II

Por que é bom ter medo

O medo talvez seja a emoção mais importante, por mais desagradável e embaraçosa que às vezes possa ser. Sem o medo, nos permitiríamos ser vulneráveis a toda espécie de perigo e enfrentaríamos, negligentemente, situações mortais sem hesitar e sem sequer pensar nas possíveis consequências desastrosas — a não ser, quem sabe, uma abstrata conjectura. ("Puxa, acho que poderia morrer fazendo isso".) O consultor de segurança Gavin de Becker escreve no livro *Virtudes do medo*[1] que a capacidade de ter medo é o nosso maior recurso. Podemos ocasionalmente pensar que gostaríamos de não sentir medo, mas essa é uma fantasia que não sobreviverá a um exame minucioso. O neurologista António Damásio (que aparecerá várias vezes neste livro) descreve o caso de uma jovem que estava sendo tratada por ele e que, em consequência de uma lesão cerebral, perdera totalmente o medo de estranhos. Para aqueles de nós que estamos sempre amedrontados, isso pode soar como uma bênção. A história dela, porém, sugere algo diferente. Privada do "radar" que a maioria de nós tem, confiava em todo mundo e deixava de perceber como os outros a estavam enganando ou manipulando. Além disso, não aprendia com as repetidas experiências ruins e sofreu uma previsível série de traições e tapeações. O medo nos fornece informação essencial sobre o mundo, especialmente a de que ele é, ao menos às vezes, *perigoso*.

O medo, como a raiva, é citado por praticamente todo teórico interessado nessas questões como uma emoção básica. É uma das que são universais em virtualmente todas as criaturas que têm qualquer emoção. E por um bom motivo. Estar vivo é estar vulnerável. O medo, como a raiva, é um engajamento no mundo. Não é apenas um "sentimento" autocontido. É *a respeito* de algo que nos coloca em perigo, alguma coisa *assustadora*. Certamente, os medos podem ser equivocados, exagerados e às vezes totalmente bobos. No entanto, muitos dos nossos medos são perfeitamente razoáveis e necessários para a sobrevivência e nos fornecem informação importante. Nossa intuição do perigo é raramente algo que compreendemos. Nós o *sentimos* antes de estar plenamente conscientes do que aquele perigo representa ou mesmo de que ali há um perigo. O mundo é perigoso e, enquanto a natureza dos perigos varia — uma caminhada, na selva ou em uma ruela na parte erma de uma das nossas cidades mais violentas, não é exatamente como encarar o chefe no meio de um período de "cortes de pessoal" —, algumas estruturas essenciais do medo parecem ser relativamente constantes. Algumas delas são inegavelmente neurológicas e *hard-wired*. As sensações de formigamento e a atenção nervosa a detalhes de sombras e sons, enquanto percorremos um beco escuro em uma vizinhança hostil, não são algo que planejamos, mas algo entranhado em nossos cérebros. Tendo à volta amigos e conhecidos que estão sendo demitidos, perde-se o sono e fica-se nervoso quando se pensa na reunião do dia seguinte no escritório do chefe e presta-se uma atenção especial aos detalhes (os olhares da secretária à medida que nos aproximamos do escritório, a conduta do chefe naqueles poucos primeiros segundos da reunião, as finanças da companhia). Não se trata apenas de questões de curiosidade, mas de alguma coisa muito mais primordial e pessoal, não muito diferente da caminhada na selva ou no beco escuro.

O medo, por ser tão primitivo, é facilmente provocado em laboratório. Em ratos e cães isso é feito com facilidade — embora sem compaixão — usando choques elétricos. Martin Seligman, que atualmente encabeça o campo da "psicologia positiva", construiu sua reputação inicial aplicando choques em cachorros, para provocar o estado neurótico de "desamparo aprendido". Pode-se forçar bebês a sentir medo se os obrigarmos a engatinhar sobre uma plataforma transparente (algo como o tampo de vidro de uma mesa de centro). Quando se conduzem pesquisas com estudantes universitários, em virtude de parâmetros éticos progressivamente mais rígidos, pesquisadores cada vez mais usam notas e artifícios que manipulam as expectativas dos pares. Entretanto, não é preciso muito para elevar o nível de medo no estudante comum. E as manifestações neurológicas do medo são facilmente mensuráveis, em geral usando-se apenas medidas-padrão de frequência respiratória e pulso acelerados, de condutibilidade e sensibilidade cutâneas. No entanto, agora que dispomos de um impressionante arsenal de tecnologia de ponta, com a aparelhagem neurológica de digitalização e testes que nos fornecem, de modo não invasivo, uma extraordinária imagem do cérebro em funcionamento, os centros cerebrais atuantes no medo tornam-se especialmente bem-identificados, e isso faz do medo um tópico privilegiado de investigação. Na realidade, em termos da neurologia, o medo tem sido muito mais bem-explorado do que praticamente qualquer outra emoção. Há certamente aqui um perigo, de que generalizemos rapidamente demais, a partir do que aprendemos nas condições cuidadosamente controladas do laboratório, para a natureza de todos os medos ou do medo em si e também de que generalizemos negligentemente para todas as emoções aquilo que aprendemos a respeito do medo. No entanto, o que os pesquisadores aprenderam sobre o medo, apenas na última década, desafiou consideravelmente nossas visões já estabelecidas a respeito das emoções e da sua natureza.

Um pouco mais de cem anos atrás, William James publicou seu agora clássico tratado sobre emoções, no qual o medo desempenhava um papel central. Seu exemplo foi o do encontro com um urso preto, no mato, e as violentas reações fisiológicas que imediatamente se seguiam. No relato, deu grande ênfase ao sistema nervoso autônomo e às mudanças endócrinas (hormonais) relacionadas. É por causa dessas reações "periféricas" que trememos de medo. (Na raiva, por outro lado, nossa face enrubesce e sentimos calor.) Tanto no medo como na raiva sentimos nosso coração bater mais rapidamente, no padrão geral de ativação que os psicólogos chamam de "excitação". Mas a explicação periférica das emoções de James foi logo alvo de ataques, e as teorias recentes concentraram-se muito mais no sistema nervoso central, particularmente no cérebro.

O neurologista Joseph LeDoux, por exemplo, sustentou que o medo pode ser especificamente localizado em uma curiosa área central do cérebro "inferior" (subcortical), com o formato de uma noz, chamada amígdala. Outros cientistas discordam a respeito da importância exclusiva da amígdala, mas é geralmente aceito que desempenha um importante papel, especialmente no medo. De acordo com LeDoux (1996), o medo e outras emoções são "funções biológicas do sistema nervoso." Isso é confirmado pelo fato de que o medo — por exemplo, nossa reação ao ver subitamente um urso — acontece tão rapidamente que não se tem tempo de pensar ou sequer processar a ideia "oh, meu Deus, é um urso". O tempo necessário para um impulso nervoso ir dos órgãos dos sentidos até os centros cerebrais responsáveis pelas respostas de medo é de uma pequena fração de segundo. Por outro lado, o tempo necessário para um impulso nervoso ir dos órgãos dos sentidos para as partes "superiores" ou "cognitivas" do cérebro, os hemisférios cerebrais, é muito maior. Pode-se comparar essa situação a uma decisão executiva que tem de ser tomada, rapidamente e sem obstáculo, diante de uma emergência, *versus* mandar-se um conjunto de propostas opcionais por meio de um comitê democraticamente eleito. Às vezes é importante ser rápido. (Filósofos não duram muito em trincheiras. Demoram muito para perceber que têm de se abaixar.)

Além do mais, nossa compreensão e nosso conhecimento podem estar errados. Portanto, LeDoux argumenta, de forma polêmica, que o medo nem precisa ser consciente, que o sentimento de medo é algo como "um toque final". Para mim, isso parece confundir sentimentos com consciência, mas a descoberta importante, aqui, é que o medo pode ter um disparador inato, um determinado "conjunto de células" governado por certos "temas" fundamentais (tal como uma sombra escura atravessando nosso caminho) que pode ser revestido de um número qualquer de variações aprendidas. O risco é que o fascínio com a rapidez e a espontaneidade da neurologia possa sugerir uma abordagem reducionista da emoção, em que até questões aparentemente tão básicas como sentimento e experiência emocional sejam tratadas como itens secundários. Sem dúvida, as emoções podem ser inconscientes (como ressaltei no fim do capítulo anterior) e podem não envolver, de início, o córtex cerebral. Mas dizer que uma emoção pode ser inconsciente e até mesmo "não cognitiva" não significa dizer que não é sentida. Pode não ser notada ou reconhecida ou admitida e o sentimento pode até aparecer em cena mais tarde (em milésimos de segundo neurológicos), mas, o que quer que seja, o sentimento de medo não é apenas um "toque final".

Essa fascinante pesquisa é muito promissora para a futura compreensão de emoções disfuncionais e os modos de lidar com elas e possivelmente curálas, desde aliviar ou eliminar ansiedade e ataques de pânico até tratar fobias e outros medos irracionais. Também nos revela muito a respeito do que não funciona nos trágicos pacientes com tumores, lesões cerebrais e ferimentos na cabeça e que sofrem de deficiências emocionais em vez de excessos emocionais. No entanto, o que se passa no cérebro é, quando muito, só uma parte da história. A outra parte tem a ver com o medo, como um engajamento no mundo.

Comecei insistindo em que o medo, assim como a raiva, é um engajamento no mundo, não um "sentimento" autocontido. É *sobre* alguma coisa que ameaça, algo que coloca em perigo. Desse modo, diria que não importa o que aconteça no cérebro (e muito pouco sabíamos sobre isso, até alguns anos atrás), o medo não é medo a não ser que seja em relação a um perigo percebido no mundo. As síndromes neurológicas relevantes, não importa o quão marcantes, não se manifestam como emoções, a não ser que tenham esse foco externo. (As síndromes neurológicas podem ser artificialmente estimuladas, mas sem um foco externo não significam emoção.) Normalmente, a ameaça ou perigo está fora de nós, no mundo. Às vezes, a ameaça pode ser meramente imaginada, ou pode-se estar equivocado, mas a respeito de alguma coisa no mundo (isto é, se ali existe ou não uma ameaça verdadeira). É, portanto, confuso, embora entendamos o que significa dizer "o perigo está todo na sua cabeça". O perigo é necessariamente percebido como *lá fora*, no mundo, mesmo que seja apenas nossa imaginação, projeção ou paranoia que o coloque lá. Algumas vezes a ameaça ou o perigo pode estar "em nós", em um sentido diferente, em nossos corpos ou mesmo nossas mentes, embora esse seja um assunto muito mais complexo do que, de início, possa parecer. Posso estar extremamente ansioso a respeito da minha doença cardíaca ou com o que pode parecer ser minha perda progressiva de memória. Meu coração e minha mente, porém, nos aspectos relevantes, também são parte do mundo. É quanto a eles que me sinto ansioso. O medo nunca é apenas autocontido.

A ideia de que o medo é dirigido para fora — mesmo quando a fonte é o nosso próprio corpo — encontra uma surpreendente forma de confirmação. Quando nos percebemos sentindo os sintomas físicos de medo, imediatamente olhamos para fora, para detectar a fonte do medo, sua causa, sobre o que ele pode ser. Dois psicólogos, Stanley Schachter e Jerome Singer

(1962), fizeram um famoso experimento, no início dos anos 1960, no qual ministravam aos pacientes uma droga estimulante, tal como a epinefrina, e os colocavam em uma variedade de situações. Como consequência, aqueles pacientes que não compreendiam a causa da excitação (lhes tinham dito que a droga era uma supervitamina) identificavam suas emoções de acordo com o contexto em que tinham sido colocados (enfurecedor, engraçado ou temível). O experimento sugeriu que as pessoas se atribuem emoções com base não apenas na excitação, mas também na percepção das situações. (O grupo-controle, que foi informado dos efeitos da droga, tendeu a não ver relação entre suas reações e qualquer emoção.) A ideia é a de que, mesmo quando a excitação é artificialmente estimulada, procuramos fora um objeto, uma ameaça, um perigo.

Portanto, também um cachorro que sofre uma dor aguda e súbita instintivamente ataca, tentando repelir o que considera um atacante. Não compreende, como podemos compreender, a ideia de que a dor não tem uma causa externa. Um paranoico que sofre de ilusões absurdas também as interpreta como realidade (e pode sofrer muito por causa disso). Um paranoico que ouve vozes ouve como vindas de fora. Porém, mesmo nesses casos, o medo diz respeito a um sentido de perigo ameaçador, quer literalmente fora, no mundo, quer em nossos corpos ou mentes, seja real ou imaginado. Suponho que os medos mais horrorosos são aqueles mais íntimos, os que afetam nossas capacidades mais básicas de suportar, por exemplo, o fato de não sermos mais aptos a confiar na própria mente, no próprio julgamento ou, no caso da senilidade incipiente, na própria memória. Dessa forma, creio que, em filmes de horror e em algumas religiões, os piores medos são gerados pela ameaça de *possessão*, isto é, de ter a mente possuída por um ser alienígena. Entretanto, isso não lança nenhuma dúvida sobre a ideia de que a emoção de medo é necessariamente *sobre* alguma coisa e é um engajamento no mundo. Isso só demonstra que, sofisticados como somos a respeito das noções de *self* e de "minha mente", nossos medos podem ser a respeito de um grande número de possibilidades inquietantes, inimagináveis para seres mais simples.

Entretanto, se o medo é sempre a respeito do mundo, é então uma questão de considerável interesse e preocupação que seja, às vezes, imune à informação relevante sobre o mundo, isto é, que o objeto do medo não seja realmente perigoso. Consequentemente, medos irracionais podem ser notoriamente difíceis de erradicar, mesmo na presença da informação relevante. Dizemos (insensivelmente) para um amigo "como é que você ainda pode ter medo de voar quando sabe que, estatisticamente, é muito mais seguro do que dirigir um carro para o aeroporto?" ou "como você pode ter medo desta minúscula aranha se sabe que ela não pica e o que ela mais quer é escapar de você?". Como é que o medo, que é sobre o mundo, se separa da própria informação à qual supostamente se refere? Fica cada vez mais evidente que o medo não é só a respeito do mundo; ele envolve também mais alguma coisa. E o candidato mais óbvio a sobre o que pode ser isso encontra-se nas descobertas dos neurocientistas que tão convincentemente mostraram que o medo envolve certas respostas cerebrais, mais ou menos autônomas ("*hard-wired*"), que podem ocorrer independentemente de *qualquer* informação sobre o mundo.

Medos irracionais, fobias e outros casos intratáveis podem ser assim explicados: às vezes, as respostas cerebrais autônomas ("*hard-wired*") ocorrem independentemente do que se sabe sobre o mundo. Devido a um desequilíbrio químico cerebral, ou devido a um trauma anterior, o cérebro de uma pessoa fica preso a um certo tipo de resposta, a partir do mais ínfimo estímulo. Assim, a pessoa que tem medo de voar pode ter ficado traumatizada ouvindo a respeito ou vendo uma imagem de um acidente de avião, e a resposta de medo assume o comando diante do simples pensamento de entrar em um avião. A pessoa que tem medo de aranhas bem pode ter sido, alguma vez, picada por uma aranha e ter tido uma má reação. Subsequentemente, tem uma resposta de medo à simples visão de uma aranha. William James (e muitos outros) sugeriram que há certas experiências primais às quais todos reagimos instintivamente e independentemente dos nossos processos de pensamento. (James cita como exemplo ver uma cobra ou um balde cheio de sangue.) Entretanto, seja a reação irracional aprendida, ou instintiva, há dois níveis de processamento em ação que nós, de modo típico mas equivocado, chamamos de o intelectual e o emocional. ("Intelectualmente eu sei disso, mas emocionalmente sinto...") Realmente existe aqui uma importante distinção a ser feita, mas precisamos ser muito cuidadosos a respeito de como e onde fazê-la.

Aqui, os "dois níveis" não são o do intelecto e o das emoções. Melhor dizendo, estamos falando de dois níveis de *crença* (ou melhor, "avaliação"). A partir do que aprendemos sobre o mundo, formamos crenças ou avaliações, mais ou menos bem-fundamentadas, sobre segurança e perigos de atividades tais como voar e dirigir e sobre animais tais como cobras e aranhas (e, de modo mais genérico, sobre seres que se arrastam ou rastejam). Formamos essas crenças com base em nossa experiência e nos testemunhos dos outros. Mas também temos crenças que não se baseiam em experiência ou testemunho ou o fazem de modo muito vago. Quando essas crenças são razoavelmente sofisticadas, nós as chamamos de "intuições". Quando são muito mais primitivas, como nos casos que mencionamos, referimo-nos a elas (equivocadamente) como "pressentimentos". Intuições e pressentimentos podem ou não ser facilmente articulados. (Geralmente não são articulados.) No entanto, ainda assim, são crenças ou avaliações do mundo ou sobre ele. O quanto são emocionalmente carregadas é outra questão que não se decide pela natureza da crença. Crenças ou avaliações sofisticadas, articuladas, fundamentadas e defendidas podem ser bastante carregadas emocionalmente. Considerem como as pessoas se sentem a respeito do aborto ou de outro tema "polêmico" sobre os quais, com frequência, brigaram e discutiram na política atual. Em contraposição, as crenças e avaliações mais básicas que temos sobre a natureza do mundo — por exemplo, a de que o chão é sólido, fixo e que nos aguentará (partindo do princípio de que não tenhamos sido recentemente uma vítima de terremoto ou que tenhamos acabado de assistir a uma palestra de geologia) — podem não envolver virtualmente nenhuma emoção visível, quer dizer, até que essas crenças adquiram evidência ao ser violadas.

O caso do medo irracional parece tornar ainda mais plausível a análise do medo como uma resposta *hard-wired* e não inteligente (mesmo que apropriada). Por que continuaríamos com medo mesmo sabendo que o objeto do nosso medo não é nada perigoso? Se o que LeDoux (1996) chama de processo de "via baixa" fica imobilizado, se a simples visão de uma aranha detona essa resposta automática, podemos compreender como nenhuma quantidade de informação alteraria a resposta de medo. Isso não quer dizer que nada possa ser feito a esse respeito. Apenas não podemos modificar nosso medo por meio do acúmulo de mais informação e conhecimento. Mas se, como sugeri acima, o problema em muitos desses casos de emoções irracionais e fobias é um conflito de crenças ou avaliações, em vez de um conflito entre medo e crença, podemos, então, compreender tais casos de uma forma muito mais humana e menos problemática. Algumas crenças ou avaliações são, realmente, "cognitivamente impenetráveis", difíceis de mudar pelo simples acréscimo de mais informação. Isso não significa, porém, que não possam ser mudadas por meio de experiência posterior, como, por exemplo, exposição repetida ao estímulo perturbador em questão. Além do mais, o que é de importância maior para a nossa análise geral, esses casos de medo são anômalos e não típicos.

Diria que a maior parte dos casos de medo não envolve conflitos com múltiplas camadas de crença ou avaliações (o que não significa negar que envolvem múltiplas camadas de crença ou avaliações). Mais propriamente, nossas intuições primitivas e nossos pressentimentos tendem a ser confirmados e reforçados em um exame mais focado, articulado e racional, feito por nossas articuladas e justificadas crenças e avaliações. Assim: inicialmente sentimo-nos desconfortáveis sozinhos em um caminho escuro, ouvindo estranhos rangidos à nossa frente; então, refletindo sobre o fato de que estamos em um beco escuro, em uma parte perigosa da cidade onde recentemente houve vários assaltos em becos como aquele, convencemo-nos de que estamos *certos* de estar com medo e que é razoável ficarmos apreensivos e atentos. É o caso excepcional de medo, não o costumeiro, que envolve um conflito de crenças ou avaliações. E também é o caso excepcional de medo, não o costumeiro, que é irracional, que barra investigações adicionais e se recusa a aceitar novas evidências ou testemunhos de outros.

Muitos medos, isso é óbvio, são claramente racionais. Ter medo de um urso-pardo se você, insensatamente, caminha sozinho pelas florestas de Montana não é absolutamente irracional (embora caminhar sozinho nas florestas de Montana possa ser bastante irracional). Ter medo do fiscal de renda quando você sonegou 80% da sua renda não é, de modo algum, irracional (embora diminuir em 80% sua renda seja muito irracional). Mesmo quando nossos medos não são tão obviamente racionais, podem, entretanto, ser razoáveis. Existe ou pode muito bem existir algo de que se tenha medo, embora possa haver muita discussão a respeito de quão real e quão sério é o perigo e de como se deve reagir e comportar-se em relação a ele. Não esperaríamos que uma figura do tipo de Davy Crockett reagisse ou se comportasse do mesmo modo que a maioria de nós o faria no caso do urso — ou, de fato, também no caso do imposto, se levarmos em conta sua história no Tennessee.

O problema é que os casos irracionais de medo foram considerados não como atípicos ou excepcionais, mas como paradigmáticos. Desse modo, os sintomas "inferiores" de medo foram considerados a essência do medo, enquanto os sentimentos e pensamentos que o acompanham — isso sem mencionar o raciocínio, a indagação e a investigação posteriores — foram relegados a meros pós-efeitos, concomitâncias ou consequências não essenciais do medo. No entanto, nenhum processo cerebral pode ser uma emoção se não envolver algum sentimento e algum engajamento com o mundo "externo". Isso não visa a negar que *todos* os medos têm base neurológica. (E também todas as emoções.) Pretende negar, porém, que, mesmo nos casos mais atípicos, isso não é tudo o que se tem a dizer a respeito deles. Não devemos muito precipitadamente generalizar, a partir do fato de que alguns casos de medo, por exemplo fobias, são irracionais, para a alegação de que o medo, em geral, é irracional, e muito menos fazer uma generalização, ainda maior, de que todas as emoções são irracionais.

Estamos tão acostumados a pensar em racionalidade e emoções como opostos que chegamos rapidamente demais à ideia irrefletida de que o medo, como tal, é irracional. Espero que, agora, já esteja bastante óbvio que não é sempre, e nem mesmo habitualmente, que acontece assim e que, mais frequentemente do que se pensa, o medo é apropriado, funcional e racional. Mas não é só isso. As emoções são necessárias à racionalidade. O eminente neurocientista António Damásio escreve sobre alguns de seus pacientes com lesões na amígdala que não só perderam a capacidade de sentir medo, mas também a de tomar decisões racionais. Perderam o senso de *relevância*, do que é e do que não é importante, o que é e o que não é um risco. Isso é uma fundamental evidência neurológica para a tese que defenderei ao longo de todo o livro, a de que emoções e racionalidade não são opostas, mas complementares e entrelaçadas. Ambas são necessárias para uma vida bem-vivida.

Há muitos tipos diferentes de medo. Alguns medos são, em grande medida, reações neurológicas "cegas", mas outros envolvem sofisticação e conhecimento consideráveis. Uma experiência de medo pode ser súbita e totalmente involuntária — como ocorre quando encontramos uma cascavel durante uma caminhada no jardim. Mas outros medos crescem com o tempo e duram bastante, até anos, tais como medo de autoridades governamentais ou de doenças hereditárias. Neste capítulo, estou discutindo ambos os tipos de medo. Mas, quando digo que o medo (e outras emoções) pode durar muito tempo, não estou só me referindo a *disposições* para sentir medo, como nos casos usuais de medo de voar e aracnofobia. Uma pessoa que tem medo de voar vai provavelmente sentir medo apenas quando tiver de se confrontar diretamente com a necessidade de entrar em um avião. Um aracnofóbico provavelmente só sentirá medo quando vir (ou parecer ver) uma aranha. Estou pensando muito mais no infeliz empregado que está permanentemente com medo do supervisor ou na mulher vítima de abuso que vive aterrorizada com o marido. Essas não são simplesmente tendências para ter medo que, ocasionalmente, são disparadas por uma circunstância específica. São estruturas contínuas da experiência e da personalidade de uma pessoa e que podemos afirmar que estão operando durante todos os momentos do dia enquanto permanece acordada.

Também o medo normal pode ser racional e razoável ou pode ser irracional e sem cabimento. O medo normal requer um objeto temido, algo ameaçador, alguma coisa perigosa. Qualquer outra coisa que esteja acontecendo no cérebro ou no corpo, se não for a respeito de algo — um perigo percebido ou sentido —, não conta como medo. Podemos, porém, estar equivocados quanto a esses medos. O que é considerado como conhecimento pode, na verdade, ser baseado em desconhecimento, informação incorreta ou tolices. O objeto, na realidade, pode não ser tão perigoso (é uma cobra-rei e não uma cascavel) ou pode apenas parecer perigoso (trata-se realmente de uma cascavel, mas que teve presas e veneno removidos) ou a situação pode envolver uma brincadeira em vez de um medo sem sentido (é uma cascavel morta, empalhada, animada por um mecanismo elétrico rudimentar). Mas o medo ignorante ou mal-informado pode, no entanto, ser razoável caso a pessoa, na ocasião, tenha bons motivos para acreditar no perigo. Por outro lado, raiva sem sentido significa que a crença ou a avaliação não se justificava e era desprovida de qualquer razão cabível para acreditar que o objeto em questão era perigoso.

O medo normal também pode ser subconsciente, despercebido, por assim dizer. Muitas vezes quando alguém se defronta com um perigo fica tão engajado no processo de livrar-se ou, de qualquer forma, de se salvar que nem presta atenção nos sintomas do medo. Ao escapar, por um triz, de um acidente de carro, pode parecer que o medo só começa depois de passado o perigo. Provavelmente é verdade que percebemos os sintomas físicos — o coração disparado, suor, falta de ar — só depois, quando houvermos parado em segurança. Mas não devemos confundir os sintomas físicos com o medo, como também não devemos equiparar o medo com nossa percepção de que estamos com medo. O medo foi o reconhecimento do perigo. Esse exemplo faz-nos lembrar o fato de que até mesmo o medo intenso poder ser inconsciente, principalmente quando sobrepujado por outro engajamento, nesse caso controlar o carro, ou, em um caso diferente, quando eclipsado por uma outra emoção, como a raiva. Entretanto, o fato de o medo ser inconsciente é totalmente diferente da questão de ele ser ou não racional. Uma emoção pode ser inconsciente, mas, ainda assim, racional se puder ser explicada com bons motivos. Quando, no entanto, uma emoção é consciente, o encargo da racionalidade passa para o sujeito que deve ser capaz de fornecer os motivos.

Podemos afirmar a respeito do medo, como fizemos com a raiva, que com uma grosseira supersimplificação é tido como uma "emoção negativa". A verdade é: o medo é inestimável. Não sobreviveríamos sem ele. Consultores de segurança insistem que é nossa primeira linha de defesa. ("Confie no seu medo.") O medo, portanto, não é uma emoção a ser evitada. "A única coisa a temer é o próprio medo" é um brilhante dito político no meio de uma depressão econômica, mas um mau conselho em termos de orientação psicológica genérica. Certamente, medo demais, gerando paralisia, é uma estratégia ruim. Mas o medo em si é uma de nossas formas mais essenciais de engajamento no mundo. Há, aqui, uma armadilha nos aguardando e devemos fazer uma distinção aparentemente inocente mas, de fato, muito importante. Existe a negatividade do perigo, o objeto da emoção como algo a ser evitado, mas isso não quer dizer que a emoção, em si, seja negativa. Um exemplo rápido e óbvio é o fato de que as pessoas, muitas vezes, não medem esforços para sentir medo e divertir-se com ele, seja indo assistir a um filme de terror ou, mais corajosamente, praticando *bungee-jumping*. Por um lado, existe o perigo a ser evitado, mas, do outro, há a emoção que pode ser buscada por si mesma.

Aristóteles se preocupou, com certa minúcia, com o paradoxo de que as pessoas apreciavam assistir a tragédias porque evocavam medo e piedade, duas emoções decididamente desagradáveis. Atualmente, é maior o número de pessoas que preferem evitar assistir a tragédias, mas bem que se colocam em situações em que o perigo é real porém minimizado. Com o *bungee-jumping* conseguem experimentar a total excitação de se encontrar caindo rapidamente no espaço, mas com a confiança (apenas eventualmente indevida) de que o equipamento vai desacelerar e interromper a queda e deixá-las prontas a tentar de novo ou a se inscrever para uma excursão de *rafting* rio abaixo. Suas próprias descrições da experiência (e as formas como essas experiências são produzidas) enfatizam a diversão, a *desejabilidade* de sentir medo — quanto mais, melhor. Como se explica isso? O medo, assim como a raiva, não pareceria, absolutamente, uma emoção "negativa", apesar do fato de que as situações que normalmente nos causam medo — isto é, perigos reais — não devam ser desejadas ou buscadas. Desse modo, Aristóteles sugeriu que o medo imaginado permitia-nos "descarregar" os medos que experimentávamos na vida ("catarse"), e Freud o seguiu não apenas no vocabulário, mas no modelo de liberação do medo: no caso, na terapia, e não um teatro público. Entretanto, isso levanta algumas questões instigantes. Como podemos obter prazer de uma emoção tão "negativa" e, se obtemos, isso não sugere que a emoção, afinal, não é tão negativa? Como compatibilizar medo e prazer ou terror e divertimento? Ou será que a emoção não é, na realidade, medo ou terror (ou não é realmente agradável)? Tais questões sugerem que ainda não nos aproximamos das complexidades do medo.

Notas

1. Edição brasileira: *Virtudes do medo*. Rio de Janeiro: Rocco, 1999. (*N. do T.*)

CAPÍTULO III

Variações de medo e raiva: emoções e estados de espírito[1]

Como disse, há vários tipos de medo e raiva. Só a gama das reações de medo é impressionante. Há o medo de cobras, de altura, de autoridade, de sucesso, de doença, de falar em público, de ficar sozinho, de multidões, de ficar constrangido ou de ser humilhado, de ser assaltado na mesma rua em que isso já aconteceu a outra pessoa, do estranho de aparência rude que olha para você de modo suspeito no metrô, do furacão que parece que vai cair sobre você por mais rapidamente que você dirija, no momento em que freia o carro, de repente, quando o sinal de trânsito fecha à sua frente, de um regime opressor, de ser preso por participar de um protesto político e aquele malfadado medo que, às vezes, parece ser medo de tudo. E ainda, é claro, há sempre o medo da morte, que parece afetar principalmente a nós, seres humanos. (Os animais certamente têm medo de ser feridos ou capturados por um predador, mas que sintam medo da *morte* é uma proposição muito diferente.) No entanto, além desses numerosos tipos e objetos, comentamos no capítulo anterior que o medo admite algumas angustiantes variações, quer sejam formas desviantes, quer, antes, exemplos mais básicos e paradigmáticos dessa emoção. Há medos e fobias totalmente irracionais. Existe medo que acontece tão rapidamente que nem chega a alcançar a consciência. Há o pânico, que é decididamente diferente do medo. E ainda existe o que podemos, por enquanto, chamar de "medo induzido", a experiência buscada justamente porque a pessoa sabe que não há motivo para medo (porque o monstro do filme não é real, porque a corda do *bungee* é garantidamente segura). E, além do medo, existem também a ansiedade e o pavor, que não parecem ter nenhum objeto, e o terror e o horror, que são, curiosamente, diferentes do medo, o primeiro mais semelhante ao pânico, o segundo algo de certo modo inteiramente diferente (talvez mais parecido com a repugnância, supostamente outra emoção básica.)

Além do mais, mencionei, de passagem, que para alguns desventurados espíritos o medo não é só uma emoção ocasional. É o que Heidegger chamaria de "um modo de ser". Nesses casos, o medo parece não ter objeto em particular. Ou melhor, parece fazer de *todas as coisas* seu objeto. Nessas circunstâncias, pode-se dizer que o medo é mais parecido com um estado de espírito, e os estados de espírito, como algumas emoções misteriosas, parecem não ter objeto ou, de qualquer modo, um objeto específico. Portanto, Heidegger diz que por meio do estado de espírito de *angst* (ou ansiedade) nos sintonizamos com a realidade de nossas vidas no mundo. Isso pode ser deflagrado pelo reconhecimento da morte iminente, a tomada de consciência de que somos mortais, mas sugere um vazio mais generalizado em nossas vidas, uma falta de um substancial ser "autêntico".

A raiva também admite vários tipos. Falamos rapidamente sobre contrariedade e irritação, como versões triviais ou minimamente acusatórias da raiva, e sugeri que a indignação moral é uma espécie de versão de suprema corte da raiva — raiva com uma influência moral suprapessoal. Do mesmo modo, sugeri que também a raiva pode ser ou se tornar um estado de espírito, por exemplo quando alguém "levanta com o pé esquerdo" e zanga-se com todo mundo, indiscriminadamente, ou quando a raiva a respeito de uma ofensa única, específica, se transforma em raiva contra o mundo inteiro. Nesses casos, a raiva parece ser contra tudo e nada em particular. É, também, uma forma de "estar sintonizado" com o mundo, uma forma de ser-no-mundo, de modo especialmente desagradável e manipulador. Precisamos, então, examinar um pouco mais essa distinção entre emoções e estados de espírito. Trata-se de uma distinção que é frequente e inconsistentemente mal compreendida. Às vezes, e por parte de alguns sérios teóricos, as emoções são tidas como explosões repentinas e de curta duração, enquanto estados de espírito são tidos como mais duradouros. Na cultura popular, pelo contrário, as emoções são muitas vezes levadas mais a sério (e mais prontamente temidas), enquanto estados de espírito são tidos como um clima mental passageiro em uma condição climática com mudanças rápidas. ("Agora, o estado de espírito de raiva já está passando, com alguns raios de sol no horizonte."). Paul Ekman sugere, então, que estados de espírito (ao contrário de emoções) podem ser desnecessários à sobrevivência humana e confidencia que ficaria bem contente abrindo mão dos estados de espírito bons em troca de se ver livre também dos ruins.

Duvido que a distinção seja tão nítida ou clara como sugere qualquer uma das opiniões. As emoções tendem a ter objetos específicos e relativamente distintos. Estados de espírito tendem a ter objetos indeterminados ou menos específicos. Creio, portanto, que é correto afirmar que o homem com raiva está com raiva de tudo ou, talvez, "com raiva do mundo". O personagem mitológico de Camus, Sísifo, expressa sua raiva contra o cosmos "com desprezo e afronta", embora, supostamente, sua ira seja dirigida aos deuses que ordenaram sua punição. Assim também a pessoa amedrontada pode fixar-se na fragilidade da sua própria saúde ou na probabilidade de um desemprego iminente, mas tem medo de toda e qualquer coisa, até da "própria sombra". Existem emoções, como a ansiedade (*angst*) e o pavor, que se diz não ter objetos, mas, de fato, têm objetos muito peculiares. Foi dito, por exemplo, pelo existencialista Søren Kierkegaard, que o objeto delas é o Desconhecido ou, mais diretamente, para muitos pensadores religiosos, Deus. Também foi dito, notadamente por Heidegger, que o objeto delas é o Nada. Entretanto, sem tentar determinar tais entidades metafísicas ambíguas, deveríamos observar cuidadosamente as variações de medo: as que não têm objetos distintos e as que têm objetos singulares, tais como o Desconhecido, Deus, o Cosmos ou o Nada.

Entretanto, a pessoa que tem medo da morte não parece ter medo de tudo, mas de alguma coisa; no entanto o objeto desse medo não é apenas a morte em si. A imagem medieval do "anjo da morte" nos permite focalizar algo em especial: sua caracterização costumeira, a imagem amedrontadora, embora típica de desenho animado, de um esqueleto vestido com um hábito de monge carregando uma horrível foice. Porém, o que nos amedronta na imagem do ceifador não é a morte. A morte em si não pode ser representada. Filósofos e pregadores vêm há muito tempo sendo eloquentes a respeito de como esse conceito pode ser ambíguo. Assim, faz bastante sentido dizer que uma pessoa tem medo do Desconhecido ou do Nada. Kierkegaard diz que o pavor ou a ansiedade (*angest*, em dinamarquês) abre as portas para a fé, bastando transpô-las, e Heidegger nos diz que *angst* não é apenas um estado de espírito, mas um profundo insight ontológico, se ao menos pudéssemos captá-lo. Faz-nos lembrar da nossa mortalidade, do nosso "ser-para-a morte" e, consequentemente, de nossas possibilidades para levar uma vida autêntica. Diz-se muitas vezes que o supremo medo, não apenas o derradeiro mas a base de todos, é o da morte; no entanto, isso sugeriria que até o medo da morte poderia, na realidade, ser o medo de alguma outra coisa.

A passagem de emoções para estados de espírito e vice-versa é tão comum como mudanças de foco do específico para o geral. Muitas vezes, quando estamos em meio a uma emoção — talvez medo da queda em uma aeronave em turbulência, raiva por termos sido interrompidos no meio de uma apresentação —, mudamos nosso foco para uma questão maior, a da mortalidade em si ou da crescente rispidez e hostilidade de colegas e da cultura em geral. Com a mesma frequência, a mudança ocorre na direção inversa, do geral para o específico, como em ocasiões em que, ao estarmos esbravejando contra o universo, um pobre coitado de um aluno coloca a cabeça na porta da sala de conferências e todo o peso da minha raiva concentra-se nele (durante o breve instante antes que suma de vista). O medo da própria mortalidade encontra facilmente um foco em qualquer fraqueza ou mal-estar passageiro, que pode, então, tornar-se uma obsessão com foco bem restrito.

Depressão e alegria são particularmente elucidativas quando enfocamos a distinção entre estados de espírito e emoções. A depressão (e não estou me referindo, aqui, à do tipo clínico bastante séria, que envolve desequilíbrios na química cerebral ou outra neuropatologia) implica uma atitude global em relação ao mundo. Ludwig Wittgenstein, que frequentemente sofria de depressão, disse acertadamente "que um homem deprimido vive em um mundo deprimido". A depressão, entretanto, pode ser "deflagrada" por um revés específico. Uma pessoa pode ficar deprimida *com* sua eliminação da faculdade de direito — uma emoção sobre um evento específico. A depressão, porém, ganha espaço, espalha-se para outros aspectos da experiência e começa então a afetar todas as coisas que a pessoa faz, que agora não parecem mais valer a pena, e seus relacionamentos — que passam a parecer inadequados para compensar seu desapontamento —, e logo ela está deprimida, não mais a respeito de alguma coisa, mas de tudo. Uma cura para a depressão (repito, não a de tipo clínico) pode ser enfrentar o incidente que iniciou a depressão e vir a compreender que não é tão sério ou prejudicial à vida. No entanto, isso pode envolver um sério autoexame e uma reavaliação dos objetivos de vida e das capacidades da pessoa.

Assim também, em tom mais animado, a emoção de alegria — em relação a um evento específico ou a alguma atividade em particular — pode muito bem expandir seu alcance para incluir outras coisas e pessoas, associadas àquele evento ou àquela atividade, e pode até tornar-se geral, abranger tudo. A alegria torna-se, então, um estado de espírito — realmente muito bom — e, com alguma sorte e treinamento, pode vir a definir a vida da pessoa. Esse estado de espírito expansivo é frequentemente mencionado como felicidade mas, como filósofo, preciso polidamente objetar. Felicidade não é só alegria, nem mesmo alegria expandida. A felicidade não é um estado de espírito ou uma emoção, mas um modo de viver, que envolve uma vida bem-vivida tanto como, obviamente, um substancial componente de alegria e uma sensação de bem-estar subjetivo. Mas a felicidade não é apenas uma sensação de bem-estar subjetivo e um sentimento "positivo". É possível drogar-se e iludir-se no sentido de acreditar que se está indo bem, mesmo quando fica ou logo ficará evidente que não é esse o caso, e é fácil induzir boas sensações mesmo que temporariamente. Entretanto, a ideia de pensar na felicidade em relação a estados de espírito é boa, até certo ponto, como veremos mais adiante. A felicidade não é só um sentimento bom ou emoção boa específicos, mas uma avaliação da vida da pessoa, que abrange tudo, que leva em consideração não apenas cada aspecto, mas a *gestalt* de uma vida inteira, não em determinado momento, mas ao longo do tempo, da vida toda. (Discutirei mais a respeito tanto no capítulo 6 como no 23.) Não se estaria, porém, no caminho errado — embora não fosse se aplicar a todos — se insistíssemos que a alegria pode ser um ingrediente-chave na felicidade. O truque que muitos de nós precisamos aprender é sermos tão eficientes em expandir, num sentido geral do mundo, nossos momentos alegres e prazerosos quanto somos em transformar nossas decepções em reclamações globais a respeito de nossas vidas.

O que é bastante interessante é como especialmente a ansiedade se focaliza em alguma coisa específica e se transforma em puro medo — ou desaparece por completo, um tema do qual Freud fez a pedra angular de sua psicanálise e sua teoria do inconsciente. Segundo Freud, as emoções em si não podem ser inconscientes porque sentimentos (ou "afetos", como os chamava) estão necessariamente na consciência. Entretanto, emoções são combinações de sentimentos e ideias, como insistiu, e, enquanto os sentimentos não podem ser inconscientes, as ideias podem, ou melhor, as conexões entre uma ideia e um sentimento podem ser inconscientes. Assim, os vários mecanismos de defesa — como vieram a ser denominados — tendiam a deslocar, ou dissociar, um sentimento de sua ideia, ou seja, de seu objeto próprio, e o resultado era a ansiedade, um sentimento (uma emoção) sem objeto. Porém, por meio do processo de análise, podia-se descobrir a relação adequada entre o sentimento presente e sua causa original (por exemplo, uma memória recorrente, simbolicamente camuflada, de um incidente desagradável do passado). Podemos, portanto, dizer que a ansiedade, à moda de Freud, tem, sim, um objeto específico, mas a ligação entre sentimento e objeto foi ocultada, disfarçada ou, como Freud diria, recalcada.

Sartre, que se opõe a Freud em muitos aspectos (particularmente em relação à noção do inconsciente, mas também em relação ao sentido geral de "determinismo psíquico"), interpreta a diferença entre medo e ansiedade de uma maneira muito distinta. Para tal, toma emprestada de Heidegger a análise de *angst*. O medo, diz ele, é a identificação de um perigo muito específico — por exemplo, o medo de cair de uma beirada alta enquanto se tenta caminhar por ela. A ansiedade, por outro lado, é o medo da própria liberdade, isto é, o medo do que se pode *fazer* — digamos, pular da beirada, voluntariamente, a partir do livre-arbítrio pessoal. Existe, aqui, uma diferença dramática, mas que não é aquela entre estado de espírito e emoção. É a entre o medo dirigido aos perigos do mundo (incluindo o escasso sentido de equilíbrio da pessoa ou a insegurança do caminho) e a ansiedade dirigida às escolhas pessoais. Trata-se de uma distinção que desempenha papel bastante influente no existencialismo de Sartre, que atribui grande ênfase à importância e à abrangência da escolha humana. Também é, no entanto, uma nova compreensão de ansiedade, como significativamente diferente de medo.

Vimos que medo e raiva podem ser tanto racionais quanto irracionais. Depende de o objeto da emoção ser ou não correto ou razoável e de a intenção da emoção ser ou não apropriada à situação. Também assinalei, especialmente em relação à raiva, que sua racionalidade dependia, em parte, de ela conduzir ou não aos objetivos e ao bem-estar da pessoa a longo prazo. Da mesma forma, o medo também pode ser irracional mesmo que seja correto e apropriado à situação, mas destrutivo em relação aos interesses de longo prazo da pessoa. Durante períodos de guerra, por exemplo, há sempre uma boa razão para se ter medo. Porém, à medida que a guerra prossegue, permanecer em um constante estado de medo torna-se incompatível com a vida. A pessoa precisa se arriscar. Precisa mostrar coragem. Portanto, mesmo com bons motivos, permanecer em um estado de medo pode tornar-se irracional. Tanto na raiva como no medo existe a possibilidade real de que a neurologia sobrepuje o bom senso e suscite uma esmagadora irracionalidade. No caso do medo, essa irracionalidade manifesta-se como pânico. Na raiva, manifesta-se como fúria.

Voltamos, aqui, à dimensão neurológica que discutimos rapidamente nos dois capítulos anteriores (quando falamos de emoções básicas), mas não estamos mais falando de emoções comumente arroladas como básicas. De fato, é curioso para mim que pânico e fúria, embora sejam emoções extremamente primitivas e essencialmente programadas, não sejam geralmente incluídos entre as emoções básicas. Com muita frequência, assume-se simplesmente que medo e pânico são a mesma coisa, assim como raiva e fúria, como se todos os casos de medo fossem variações de pânico e todos os casos de raiva fossem variações de fúria. Paul Ekman, por exemplo, fala com cautela de "famílias de emoção", nas quais medo e raiva seriam dois exemplos principais. Entretanto, pânico e fúria são reações extremas e é com bastante razão que alguns neurocientistas, como Jaak Panksepp (1982), distinguiram medo e pânico, por exemplo, como respostas emocionais bem distintas. Na nossa breve discussão sobre medos e fobias irracionais, sugeri — a exemplo de muitos cientistas e clínicos — que um distúrbio neurológico "paralisa" de tal forma que o medo deixa de reagir a novos conhecimentos e informações. De modo parecido, a raiva irracional também pode envolver uma "paralisação" semelhante. Entretanto, não se leva suficientemente em conta o quão fora do comum é essa ocorrência. Portanto, eu poderia sugerir, pelo menos como uma pista, que pânico e fúria são como variações "paralisadas" de medo e raiva.

Muitos anos atrás, estava discutindo sobre a natureza das emoções com Patrícia Churchland, uma excelente filósofa e fundadora da "neurofilosofia", que na época estava justamente desenvolvendo suas concepções. Ela argumentou contra minhas concepções emergentes sobre a raiva como um tipo de julgamento, afirmando que conseguia induzir raiva em um gato, bastando para isso estimular uma rede específica no cérebro dele. Assim, a raiva não precisava de objeto estimulador, muito menos de algo tão inteligente quanto um julgamento. Levei o argumento muito a sério, e ainda levo, mas agora acredito que ela só estava falando de fúria, não de raiva. Fúria, para dizer de um modo um quase supersimplificado, é basicamente uma reação neuromuscular que envolve o mínimo de inteligência, mínima atenção a seu objeto (caso exista algum) e mínima prudência em seu comportamento de ataque (em um gato, garras de fora brandindo, um frenesi de sibilos e mordidas). Uma versão notoriamente extrema de raiva em humanos é o fenômeno conhecido, no sul da Ásia, como "ficar amouco".[2] (Que eu me lembre, essa é a única palavra malaia que se incorporou ao inglês-padrão.) Quando alguém (geralmente um jovem) fica amouco, torna-se insano, em nível homicida, aparentemente sem motivo. Como o gato cuja fúria foi induzida, essa pessoa age num frenesi fisiológico, sem qualquer razão aparente, com um comportamento mínimo mas violentamente dirigido a uma ou outra vítima que esteja passando.

Indo adiante com o paralelismo, o pânico também é uma reação primariamente neuromuscular que envolve um mínimo de inteligência e de atenção ao objeto (na medida em que haja um) e prudência mínima no comportamento de fuga. Portanto, no pânico, a pessoa corre de maneira desenfreada e sem objetivo, às vezes até (desastradamente) na direção do perigo. Pessoas foram eletrocutadas quando, depois de bater com o automóvel num poste de energia, entraram em pânico e saltaram do carro. (Todos os manuais de segurança enfatizam: "Permaneça no carro!") Em outras palavras, pânico e fúria são irracionais em múltiplos sentidos. Tendem a envolver um mínimo de inteligência e, portanto, são muitas vezes pouco precisos, insensatos (sem razão) e imprudentes. Entretanto, quando dão certo, a fuga em pânico garante a rápida escapada e a fúria permite atacar e subjugar um terrível ofensor. Ainda assim, somos totalmente contrários a chamar o comportamento de "racional". Não é surpreendente que, às vezes, a evolução nos tenha equipado — visando à sobrevivência — de forma muito independente das nossas racionalidade e inteligência bastante enaltecidas. Por isso, tanto o pânico como a fúria podem nos ser úteis, mas isso não significa que devamos endossar qualquer um dos dois. Na verdade, tendemos a tratar ambos (em nós mesmos e nos outros) com certa aversão e desdém. A eficiência das emoções não é o único, nem o principal, argumento a ser levantado em seu favor.

Tanto o pânico como a fúria são ilógicos, de fato totalmente desprovidos de razão. Na realidade, depois do fato, pode-se ser capaz de fornecer motivos — ou, de qualquer modo, uma explicação — para se ter agido daquela forma. Mas, na hora do pânico ou da fúria, a fisiologia assume o comando e pode-se precisar de intervenção médica, e não psicológica. Novamente, porém, seria um enorme erro se generalizássemos, a partir desses casos extremos, para a natureza do medo, da raiva ou de qualquer emoção. O que caracteriza o medo, a raiva e a maioria das emoções é sua inteligência, seu *insight*, sua sintonia com o mundo. Por meio delas geralmente conseguimos ver e sentir o que nossas mentes puramente racionais poderiam ignorar, enganar-se seriamente a respeito ou meramente racionalizar. É por meio dos nossos medos, comuns, normais, sábios, que reconhecemos corretamente que o mundo é um lugar perigoso. É por meio da nossa raiva, comum, normal, sábia, que reconhecemos corretamente que o mundo é, às vezes, um lugar exasperador e ofensivo. Porém, mesmo na ausência dos sensatos medo e raiva, nossos corpos e cérebros são feitos de tal forma que o medo e a raiva, ou o pânico e a fúria, ocorram naturalmente, mesmo quando a razão não tem a oportunidade de intervir.

Por fim, deixem-me falar, rapidamente, sobre o terror e o horror, dois outros membros aparentemente extremos da família do medo. O terror fica a meio caminho entre o medo e o pânico, desde que se possam discutir duas emoções ao longo de uma única dimensão. Isto é, o terror pode ser considerado como medo extremo, mas envolve consideravelmente mais inteligência e mais prudência do que o pânico. O terror, felizmente, é relativamente raro para a maioria de nós, mas o conhecemos, vicariamente, bastante bem na medida em que acompanhamos os boletins de notícias sobre Israel e Palestina, Iraque e Caxemira, Europa Oriental e outras regiões do planeta em conflito e, literalmente, explosivas. O medo é dirigido a um objeto mais ou menos específico, mas, geralmente, não ocupa a totalidade da nossa consciência. Uma pessoa pode ter um profundo medo de palco e, no entanto, apresentar-se de forma brilhante. Um aluno pode ter ansiedade em relação a exames e, mesmo assim, sair-se muito bem. Uma dimensão de racionalidade em relação a medo e raiva, sugerida no conselho de Aristóteles — no que diz respeito ao objeto adequado e à dose adequada de uma emoção — é o *escopo* de uma emoção, isto é, o alcance do seu campo ou de seus objetos. A pessoa pode ter razão em estar com medo ou raiva, mas quando esse medo ou raiva torna-se obsessivo e oblitera visões mais amplas ou mais perspicazes, é um dos modos em que pode não dar certo. (O mesmo é verdade em relação ao amor, sobre o qual falarei no próximo capítulo.)

Na nossa experiência, o medo é mais ou menos circunscrito. Podemos superá-lo, contorná-lo ou até ignorá-lo. O terror, pelo contrário, não é tão circunscrito. Geralmente, porém, medo não é terror. Ele não compromete a consciência inteira. Desse modo, o terror, assim como o medo irracional extremo, é marcado pelo aspecto obsessivo. A pessoa que sofre de medo de voar não é apenas um passageiro nervoso. É um passageiro aterrorizado, que só percebe o avião, suas vibrações e sua probabilidade de sofrer um acidente. O aracnofóbico não sente apenas desconforto com aranhas por perto. Aquela minúscula aranha passa a ocupar toda a sua consciência. No entanto, embora o terror difira do medo quanto à abrangência, às vezes ele pode ser racional e justificado, como, por exemplo, em situações de guerra. A guerra é uma experiência terrível que ninguém, racionalmente, escolheria pela simples oportunidade de experimentá-la. (Não tenho certeza quanto aos jornalistas da "linha verde" que parecem sentir-se energizados por estar nas linhas de frente dos lugares de conflito mais perigosos no mundo.) Ainda assim, porém, como já sugeri antes, em tempos de guerra pode ser necessário transformar o terror em medo e destinar-lhe um lugar adequado, mais adaptativo, na consciência.

Assim como o terror, o horror difere do medo na medida em que nos deixa completamente desamparados. Nada há que possamos fazer. O medo, em geral, é uma emoção útil, com óbvias vantagens evolucionárias, assim como pessoais, devido às "tendências à ação" que o integram, isto é, propensões a um comportamento dirigido, integrantes do sistema nervoso e da musculatura que preparam o corpo para lutar, fugir ou qualquer outra coisa que se precise fazer. No entanto, em algumas circunstâncias e para alguns animais, o *congelamento* funciona, instintivamente, como uma adequada ação de fuga, ainda que nem sempre bem-sucedida. (Meu velho cachorro Beefeater costumava encurralar gambás no terreno, mas como só o fazia pela caçada, e não para comer, encarava a imóvel criatura por cerca de um minuto e então se afastava, totalmente frustrado, deixando que o gambá saísse correndo em direção ao mato.) No caso do horror também existe uma tendência ao congelamento, mas não parece ser algum tipo de ação estratégica. Podemos dizer que o horror é uma emoção de "espectador", embora, nem por um segundo, isto signifique dizer que se trata de uma emoção desconectada ou desinteressada. Ao contrário, o horror é geralmente uma reação emocional devastadora. É tão obsessiva que bloqueia praticamente qualquer outra resposta ou emoção.

Argumentaria que o fato de o horror ser tão avassalador significa, também, que não se trata de uma das emoções que podem ser "combinadas" e, em especial, não se mistura com prazer. Donde diria que o "paradoxo do horror" — isto é, como o horror pode ser prazeroso — que vem preocupando filósofos desde Aristóteles é impossível. O medo pode ser prazeroso, especialmente quando se sabe ou se acredita que não exista um perigo real. (A descarga de adrenalina no *bungee-jumping*, por exemplo, provoca satisfação exatamente porque é uma resposta instintiva quando se cai de uma grande altura, combinada com a confiança de não se estar correndo perigo.) Em contraposição, o horror não pode ser prazeroso. E, no entanto, o horror — mais ainda do que o medo — nos fascina. Em seguida a um terrível acidente, motoristas diminuem a marcha e olham embasbacados para o corpo ensanguentado e deformado, na autoestrada, propositalmente obcecados, apesar de saber que ficarão intensamente perturbados pelos próximos dias ou semanas. Jovens pagam para assistir a "filmes de horror", apesar da grande probabilidade de pesadelos que se seguirão. Entretanto, mesmo que o façam para se "divertir", duvido que tirem disso algum prazer, isto é, prazer advindo do horror. Podem ter prazer com o artifício do medo ou com a fanfarronada de se submeterem a uma tal visão. É claro, porém, que raramente os filmes de horror provocam horror de verdade. Podem produzir suspense, que é bastante prazeroso, sobretudo quando meramente fictício e solucionado a contento, em menos de duas horas. Frequentemente, provocam riso (pela tolice ou pela nossa bobice em sermos afetados por eles) e podem causar admiração pelo desempenho (embora isso seja raro devido ao gênero) ou pelos efeitos especiais (na maioria das vezes, o único mérito do filme). Efetivamente sentimos prazer no medo vicário, mas não no horror, que sobrepuja qualquer possibilidade de prazer. Não sei se existe algo como horror vicário, embora possamos, certamente, reagir com compreensão ou empatia a alguém que esteja horrorizado. Porém, se também estamos horrorizados, não se trata mais de horror vicário. Trata-se, agora, do *nosso* horror.

A natureza peculiar do horror ajuda a resolver um outro paradoxo filosófico relacionado: como nos deixamos afetar por situações que sabemos ser imaginárias. (O acidente na autoestrada, obviamente, é bastante real. Constitui o que chamo de "horror real", em oposição ao "horror dramatizado" nos cinemas.) Samuel Coleridge resumiu o paradoxo na magnífica frase "a voluntária suspensão da incredulidade", mas não nos diz como podemos ou por que deveríamos fazer isso. A distinção entre medo e horror nos dá uma resposta parcial. Filósofos indagam como podemos ver o *Tyrannosaurus rex* avançando na nossa direção e não sair correndo do cinema? Se estivéssemos verdadeiramente com medo, seria difícil entender por que não sairíamos. Um aspecto essencial do medo, argumentariam alguns psicólogos, é a deflagração de tendências à ação. Mas no caso clássico do horror nada há a ser feito, nenhuma ação a ser executada, e portanto nenhuma tendência para a ação pode ser deflagrada. Desse modo, as tentativas desesperadas dos filósofos para definir um medo irreal ou "faz de conta" tornam-se desnecessárias, pois o horror pode ser genuíno na ausência de ação. (Estou pensando particularmente no engenhoso livro de Kendall Walton *Mimesis as Make-Believe*,[3] que argumenta que tanto a situação [ou trabalho] como a emoção resultante são "faz de conta".) O horror é essencialmente a mesma emoção, quer seu objeto seja real, quer seja a resposta a uma obra de arte. Não é preciso haver "suspensão voluntária da incredulidade", pois, de forma diferente do medo, o horror não admite uma fácil distinção entre reagir como se houvesse um perigo verdadeiro e reagir realmente a tal perigo. Uma pintura de um rosto meramente imaginado que é horrendo, deformado e mutilado é terrível exatamente no mesmo sentido que um rosto real horrendo, deformado e mutilado é terrível, embora o significado e portanto as consequências do segundo, é desnecessário dizer, possam ser bem diferentes.

Uma vez introduzido o tema de filmes de horror, talvez deva acrescentar que, assim como o horror não deve ser confundido com medo, também não deve ser confundido com *repugnância*. Dada a baixa qualidade de muitos filmes ditos de "horror" (mais precisamente descritos como filmes do tipo *slasher*[4] ou *splatter*[5]), é importante deixar isso claro. O que é horrível também pode ser repugnante, mas não se trata da mesma emoção. Devo insistir, igualmente, que um choque e uma surpresa brutal também não são horror, não importando quão populares esses artifícios cinematográficos possam ser entre diretores de filmes de horror de segunda ou terceira categoria. De fato, um dos artifícios dramáticos mais empregados é, também, o mais barato, em termos de não exigir talento e roteiro, a não ser um pouco de suspense e nenhum conteúdo específico. Trata-se da reação fisiológica diante de um susto chamada de "reação de susto" (imagine um forte e inesperado estrondo bem atrás do seu ouvido). Isso, entretanto, não é absolutamente uma emoção. Não tem conteúdo conceitual, nenhuma inteligência. Entretanto, os melhores filmes de horror (citaria *Vampiros de almas*) causam horror e não são repugnantes nem assustadores. Apelam para nossa inteligência e sofisticação assim como para nossas "reações viscerais", que são tipicamente bem primitivas.

Dados os tipos de medo e raiva e suas variantes, talvez este seja o melhor momento para introduzir mais um problema instigante, na mistura emocional que estamos criando. Trata-se de um problema que tem a ver com a categoria habitual da "emoção" em si. Há uma surpreendente variedade de emoções, e elas são muito diferentes entre si. O medo não só é muito diferente de raiva e de amor, mas também parece ser bem diferente de outros membros da família do medo. O medo que sentimos quando um equipamento de cento e tantos quilos vem vindo rapidamente em nossa direção não é o mesmo que vivenciamos quando descobrimos que nossa declaração de Imposto de Renda pode cair na malha fina. Algumas emoções realmente parecem ser episódios momentâneos, logo acabados, mas outras tendem a ser experiências duradouras, com várias fases, reviravoltas, o material de que é feito o drama. Algumas envolvem o mínimo de inteligência e informação a respeito do mundo (pânico e fúria, por exemplo). Outras envolvem uma alta dose de sofisticação e refinamento, consideração estética, por exemplo, ou um apurado domínio dos princípios morais e costumes da cena cultural local. Algumas emoções se expandem em estados de espírito e alguns estados de espírito transformam-se em emoções específicas. Portanto, a questão persiste: existe um único fenômeno que seja claramente designado pelo termo "emoção"? Existe um único traço ou qualidade que todos esses vários fenômenos têm em comum? Na linguagem da biologia, as emoções constituem um tipo específico, uma "categoria natural"? Ou estamos falando aqui de uma salada de frutas, maçãs e laranjas, algumas nozes e marshmallows misturados para dar variedade?

O filósofo e historiador da ciência Paul Griffiths, no livro *What Emotions Really Are*,[6] desafiou a ideia de que as emoções são uma *categoria natural*. Usando como base a biologia e defendendo uma versão bastante forte das emoções básicas, alegou que existem, pelo menos, dois tipos bem diferentes de emoções, as básicas (que tendeu a tratar como *verdadeiras*) e "estados cognitivos superiores", que incluiriam a maior parte do que a maioria de nós considera como emoções reais. (Como vocês já devem ter percebido, tende a haver um número muito reduzido das chamadas emoções básicas — cinco ou seis, na maioria dos cálculos, incluindo medo e raiva e, em seguida, talvez tristeza, surpresa e repugnância —, enquanto discutivelmente existem centenas ou até milhares de outras emoções, dependendo do quão refinadamente quisermos diferençá-las.) O desafio de Griffiths é, porém, bastante verdadeiro. Amelie Rorty já o tinha feito bem antes, no início dos anos 1980. (Vejam seu mais recente ensaio no meu livro *Thinking about Feelings*,[7] 2005). Eu mesmo assinalei que a categoria emoções se parece mais com a ampla categoria de "produção agrícola", frutas e legumes e algumas outras poucas coisas além disso, mas, quando chega o momento de decidir, tendo, assim como Griffiths, a escrever sem muita hesitação sobre emoções. Como disse na introdução, não creio que alguém esteja confuso a respeito do que estamos falando. Assinalei que seguiria o exemplo de Aristóteles, que, quando lhe perguntaram o que queria dizer com *pathé*, explicou que incluía aí "raiva, medo, piedade e outros do mesmo tipo, assim como seus opostos". Nunca ficou muito claro para mim o que pode ter querido dizer com "seus opostos", mas estou certo de que meus leitores, assim como Aristóteles, consideram as "emoções" como uma boa e nítida concepção de um assunto claramente específico. Agora, porém, não estamos mais dispostos a nos contentar com uma simples concordância. Griffiths sugere que as emoções podem ser compreendidas em termos do desenvolvimento evolutivo, uma noção que Aristóteles possivelmente não poderia ter compreendido. Com base nisso, insiste em que emoções não podem ser uma categoria natural, têm de ser compreendidas de um modo muito diferente, em termos da sua história evolutiva.

No entanto, a classificação das emoções depende de um tipo diferente de história, a história de uma palavra e seus significados. O fato de termos ficado acostumados com a palavra "emoção" (e a gama de exemplos que abrange) não significa que se refira a uma "categoria natural", algo supostamente tão específico quanto uma espécie particular de animal ou planta (que é de onde Aristóteles retira sua noção). Nem mesmo é claro que algum único tipo ou família de emoção (medo, por exemplo) seja algo como uma categoria natural. Um excelente relato sobre o aparecimento da palavra "emoção" e seu uso atual é a recente obra de Thomas Dixon *From Passions to Emotions: The Creation of a Secular Psychological Category*.[8] O que denominamos "emoções" foi, durante muitos séculos, chamado de "paixões" e "afetos", mas o estudo desses fenômenos estava tão completamente enredado na teologia cristã, na ética e na psicologia aplicada que restava pouco espaço para um estudo científico leigo. Então, no século XIX, a categoria "emoção" foi mais ou menos inventada (por Thomas Brown) para incluir praticamente todos aqueles estados mentais que não eram simples sensações (como dor) nem estados intelectuais (tais como pensamentos e raciocínio), sem envolver questão teológica. Sem dúvida, a palavra havia sido empregada anteriormente, sobretudo por René Descartes e David Hume, para referir-se a paixões particularmente incontroláveis, mas a palavra "paixão" (que era seu foco de interesse) já estava ficando um pouco arcaica. (A palavra "afeto", ou, em latin, *affectus*, empregada, por exemplo, por Spinoza, também se referia a sentimentos mais primitivos e incontroláveis.)

Os psicólogos cristãos, especialmente Santo Tomás de Aquino, haviam elegantemente distinguido uma enorme variedade de paixões e afetos, sobretudo com base na possibilidade de nos conduzir à salvação ou à condenação, mas a nova psicologia comprimiu todas essas categorias em uma, mais ou menos sem distinção ou hierarquia. Daí o caos que hoje se apresenta ao estudante de emoções. A categoria de emoções é realmente algo muito parecido com uma salada mista, sem evidentes características em comum, a não ser o fato de que todas significam algo importante, quer em virtude da íntima relação com excitação fisiológica, quer da relevância pessoal e social do contexto. No entanto, nessa categoria igualitária, é difícil saber como ponderar as várias emoções e as várias dimensões da emoção. Atualmente são as bases neurológicas da emoção que parecem estar recebendo mais atenção e respeito. Há 500 anos, eram as dimensões éticas e teológicas. Porém a maioria das emoções parece envolver um dramático equilíbrio entre simples excitação e significado e talvez seja no *amor* — a mais melodramática das emoções humanas — que isto fique mais evidente.

Notas

1. Conforme assinalamos na Introdução, optamos pela expressão "estado de espírito" para traduzir *mood*. (*N. do T.*)
2. Em inglês: *running amok*. O vocábulo "amouco" é pouco usado em português. Sua etimologia, conforme apresentada no *Dicionário Houaiss da Língua Portuguesa*, viria do vocábulo malaio *ámoq*, significando "arremetida furiosa, homem possuído de uma fúria". (*N. do T.*)
3. Tradução livre: *Mimese como faz de conta*. (*N. do T.*)
4. Filme de horror que envolve um psicopata que, em uma única noite, espreita e assassina aleatoriamente, de forma explícita, uma série de adolescentes. (*N. do T.*)

5. Tipo de filme de horror que, deliberada e gratuitamente, usa violência visual em geral, por meio de efeitos especiais e muito sangue. (*N. do T.*)
6. Tradução livre: *O que são realmente as emoções*. (*N. do T.*)
7. Tradução livre: *Pensando sobre os sentimentos*. (*N. do T.*)
8. Tradução livre: *De paixões a emoções: a criação de uma categoria psicológica laica.* (*N. do T.*)

CAPÍTULO IV

Lições de amor (e *O banquete* de Platão)

É com considerável alívio que passamos de raiva e medo para amor, talvez a emoção mais profusamente discutida. (Recentemente você teve em mãos alguma revista sobre celebridades?) Embora existam muitos tipos, estou aqui interessado principalmente no mais excitante, o erótico ou romântico. É um pouco constrangedor admitir que praticamente tudo aquilo que terei a dizer aqui já foi antecipado em uma ou outra música do gênero *country* e *western* e em poesia, tanto de boa como de terrível qualidade, mas assim é a natureza do amor em nossa sociedade. É, em uma palavra, *hiperconhecido*. Em outros termos, falamos sobre ele o tempo todo: quando estamos apaixonados, buscando-o, sofrendo por ele ou o perdemos; como fofoca, escândalo ou excitação. Apenas uma parte mínima dessa conversa é reveladora ou informativa, mas toda ela é útil para nós. A verdade é que o amor, pelo menos o romântico, existe, em parte, *porque* falamos tanto sobre ele. "Alguma vez alguém iria se apaixonar" pergunta o espirituoso francês La Rochefoucault, "se nunca houvesse escutado a expressão?"

Os gregos distinguiam vários tipos de amor. O que me interessará principalmente, aqui, é *eros*, a palavra empregada por Platão. É o erótico ou sexual, ou o que atualmente (desde o período romântico) chamamos de "romântico". Aristóteles falou extensamente sobre *philia* (amizade), que também se aplica a relações familiares. Existe ainda *ágape* (*caritas*, em latim), que discutirei no próximo capítulo e que é geralmente caracterizada (pelos primeiros cristãos) como assexual, generosa e altruísta. Muito pode ser aprendido a partir da interação histórica entre esses termos. (Isso se aplica a todos os termos para emoção e, certamente, à própria palavra "emoção".) O fato de que *eros* e *philia* eram diferentes parece-nos bastante compreensível, porque também distinguimos o amor erótico da amizade e, embora a maioria das pessoas sensatas deseje que os dois estejam juntos, sabemos por experiência (própria ou dos outros) que muitas vezes não é isso que ocorre. No entanto, a distinção entre *eros* e *ágape* propicia uma profunda lição sobre a política da emoção. *Eros* sempre incluiu desejo sexual, mas, apesar da tentativa de Platão de torná-lo etéreo, a história de *eros* através dos milênios cristãos tem sido de degradação e abuso. Através dos tempos, *eros* degenerou-se em egoísmo e luxúria. *Ágape*, pelo contrário, tornou-se cada vez mais altruísta e generoso, e mesmo divino, até que a teologia cristã, finalmente, declarou que se tratava de uma emoção que só Deus podia ter genuinamente. *Ágape* combina muito bem com a condenação cristã de todas as coisas carnais e sexuais e a glorificação de paixões ideais, mesmo que impossíveis. No entanto, *eros* conseguiu manter-se firme, sem dúvida porque somos de carne e somos animais, e uma versão primitiva desse tipo de amor desenvolveu-se em nós na qualidade de seres biológicos.

Geralmente se acredita que o amor é uma emoção "positiva", apesar do fato de que qualquer um que, em algum momento, já tenha se apaixonado possa confirmar seus aspectos mais sórdidos, negativos e ansiogênicos. Entretanto, enquanto raiva e medo nos revelam um mundo respectivamente enfurecedor e perigoso, o amor, na sua melhor forma, apresenta-nos o mundo como maravilhoso. (Entre outras coisas) o amor relaciona-se à beleza e, portanto, infere-se facilmente que também é belo e maravilhoso. De fato, o amor não apenas nos revela uma única pessoa, bela e maravilhosa. Como filósofos e dezenas de músicas populares deixaram bastante claro, por meio dele o mundo, como um todo, fica iluminado, desde a "rua onde você mora" até onde o cosmos alcança. "O amor faz o mundo girar" é uma tese pelo menos tão velha quanto o antigo filósofo grego Empédocles e está, também, nos antigos *Upanishads* vedas. Sem dúvida, porém, essa coisa "bela e maravilhosa" é, frequentemente, um monte de tolices românticas, expressões irrefletidas de entusiasmo ou uma ânsia desesperada de alguém por aquilo que tanto falta em sua vida. E, no entanto, o amor é real e pode, às vezes, ser uma experiência bela e maravilhosa para toda a vida.

O amor, porém, também pode ser irracional e tolo, tanto como racional e sábio. O que desejo evitar é uma discussão sobre o amor que seja muito sentimentaloide e absurdamente abstrata e, ao mesmo tempo, evitar um "conselho para o doente por amor" extremamente utilitário; em outras palavras, todos aqueles conselheiros do amor que certa vez descartei como "difusores e facilitadores" (2001). No fim das contas, o amor é apenas uma emoção de "segunda mão"[1] (como canta Tina Turner). Sem dúvida, o amor que sentimos raramente é original (embora possamos nos iludir pensando que é). Seguimos ao longo de um caminho bastante percorrido. Falando de modo ainda menos romântico, o amor tem uma estrutura intencional e apresenta estratégias, algumas em interesse próprio e outras não. (Ainda não falei sobre isso, mas nem todas as estratégias emocionais são em interesse próprio.) Além disso, o amor apresenta tanto um substrato fisiológico, mais ou menos específico, quanto um passado evolutivo. No amor, o coração pode ser nossa metáfora preferida, mas o amor é também uma realidade fisiológica. Essa realidade fisiológica, porém, não é cardíaca, e sim sexual.

Portanto, para chegarmos à base emocional do amor erótico, antes de falarmos do *eros* etéreo, talvez devêssemos, primeiro, considerar o sexo, o desejo sexual e a atratividade. O desejo sexual, logo ressalvo, não é o mesmo que luxúria, que é carregada de condenação até na própria palavra, embora um tal ponto de vista seja difundido por moralistas que (publicamente) condenam quase toda atividade sexual apaixonada. O desejo sexual, porém, é perfeitamente natural e normal. Além disso, não se trata de uma forma de reducionismo barato remontarmos às origens da emoção do amor aos nossos desejos naturais de sexo e companheirismo, mas é claro que também insistirei em que o amor é muito mais do que isso. Entretanto, como no medo e na raiva, existe uma base (ou bases) fisiológica para o amor e que pode ou não ser evidente em qualquer momento específico, especialmente porque o amor — mais do que o medo ou a raiva — geralmente perdura por um longo tempo e passa por muitas transmutações. No amor, a excitação sexual pode ou não ser explícita, pode ser tanto esporádica como frequente, e o desejo sexual pode ser consumado, satisfeito ou não. No entanto, é bem claro que a *energia* do amor, o que Freud chamou de libido, tem sua origem em traços da psicologia humana que são mais primitivos e claramente biológicos. O que chamamos de amor (romântico) é construído, formado e moldado sobre os desejos naturais de contato íntimo e, com ele, a reprodução da nossa espécie.

O desejo sexual pode manifestar-se de muitas maneiras, desde o impulso para tocar e acariciar até a poesia inspirada e as nobres decisões. Sem dúvida, os rituais de corte não são exclusivos dos seres humanos. Nossos amigos emplumados apresentam algumas danças de acasalamento notavelmente complexas e elegantes e até gatos e cachorros mostram sinais de seletividade, capricho e alguma sutileza, em vez de simplesmente pular um sobre o outro. Também a atração sexual pode ter suas origens bastante *hard-wired*. Como alguns psicólogos têm argumentado, de modo muito controverso, é bem possível que haja certas proporções e traços que servem como detonadores inatos, tanto para a atração sexual quanto para uma valorização de beleza. (Alguns psicólogos sustentam a hipótese de que, em mulheres, alguns traços faciais infantis, combinados com maçãs do rosto salientes que denotam maturidade e uma proporção substancialmente positiva entre quadris e cintura, são considerados atraentes porque parecem indicar fertilidade e saúde ideais.) Do mesmo modo, também pode haver entre pessoas uma "química" que tem (pelo menos antes de qualquer reflexão) pouco a ver com compatibilidade real, *backgrounds*, crenças, valores ou interesses em comum. Sem dúvida nada disso é amor e trata-se de uma confusão adolescente (ou coisa pior) pensar que é. Distinguimos, com razão, entre amor e uma paixão passageira, entre o amor e um "começar a sentir-se envolvido" que ocorre com adolescentes, entre achar alguém atraente e apaixonar-se. Amor não é sexo nem precisa envolver sexo. E amor não é apenas atração, embora certamente crie, cultive e atribua encanto e até beleza à pessoa amada. Entretanto, quero manter o amor assentado sobre suas realidades biológicas, a fim de evitar as brumas do romantismo simplista e a ideia obscurantista de que o amor é simplesmente um "mistério".

"Se você estiver apaixonado, você saberá", diz o amigo bem-intencionado, ignorando o testemunho de centenas de romances e milhares de experiências que sugerem o contrário. "O amor é tão lindo, é realmente impossível descrevê-lo", derrama-se o recém-apaixonado, esquecendo os milhões — se não forem bilhões — de palavras que fizeram exatamente isso. Diz-se que o amor é "inefável", indescritível, mas o amor é uma emoção. E, como tal, tem o que filósofos e cientistas cognitivos chamariam de uma "estrutura intencional", uma certa forma de colocar em ordem o mundo que experimentamos. Só para começar, a estrutura intencional do amor tem a ver com colocar a pessoa amada — o ser amado — em uma posição muito especial. Talvez o mais dramático, porém, é que a estrutura intencional do amor, embora frequentemente ridicularizada, permite ao apaixonado ver e apreciar no amado todos os tipos de encantos e virtudes que, antes, haviam passado despercebidos. (E que ainda podem não ser notados por amigos e conhecidos menos encantados.) O amor é, em parte, a descoberta e os acréscimos contínuos desses encantos e virtudes, um processo que o romancista e ensaísta francês Stendhal chamou poeticamente de "cristalização". Mas isso significa que o amor pode ser descrito e, como acontece com todas as emoções, sua descrição focalizará, em primeiro lugar, seu objeto, o ser amado. Sem dúvida, não o amado como um organismo fisiológico (embora aí também possa haver muitos encantos a serem descobertos), mas como um ser consciente que retribui e cuja mera existência assume importância equivalente. O foco no ser amado é apenas o foco primário. O maior alcance e o foco da emoção estão nos efeitos do amor e do amado sobre o apaixonado e na natureza da relação. Portanto, é provavelmente errado ou enganoso dizer que o amor tem a ver com o ser amado. É mais apropriado, mesmo que mais esquisito, insistir que o amor tem a ver com a ligação entre duas pessoas. Não é um sentimento "lá no fundo", mas uma dança emocional interpessoal. O amor diz respeito a uma relação.

Entretanto, isso também pode não ser completamente correto. Dizer que o amor é uma emoção que envolve a união de duas pessoas em uma relação parece negar o óbvio, que as pessoas frequentemente se apaixonam antes que haja o mínimo sinal de uma relação e que existe o amor não correspondido, que nunca alcança o estágio de união. Podem dizer que o amor não é uma relação objetiva no mundo, mas, antes, uma experiência subjetiva que envolve (com muitas outras coisas) a outra pessoa. Pode, também, incluir uma relação possível ou projetada, uma relação que o apaixonado imagina ou deseja que venha a acontecer. Acredito que isso está basicamente correto, mas a noção filosófica de "subjetividade" precisa ser cuidadosamente compreendida. Há um sentido em que toda a experiência, todas as emoções são subjetivas, isto é, são particulares ao sujeito (ou sujeitos, se for uma emoção compartilhada) e são específicas da perspectiva, dos gostos e valores daquele sujeito em especial. Entretanto, isso muitas vezes é considerado como indicador de que o amor em si é irracional, sem contato com a realidade, uma *mera* projeção e fantasia. Considero isso errado, mas não pode ser simplesmente descartado.

Existem no mundo qualidades que podemos chamar de propriedades sujeito-dependentes. Estão *no mundo*, não na cabeça, na mente ou na imaginação. Mas também dependem do sujeito de uma maneira que a forma ou a cor de uma coisa com certeza não dependem. A mais conhecida delas é a beleza. A beleza, de acordo com o chavão comum, está nos olhos de quem olha. Este é especialmente o caso do qual falamos sobre a beleza do ser amado. Pode ser também verdade em relação a grandes obras de arte, mas, nesses casos, há uma consideração adicional, ou seja, o fato de que muitos *connoisseurs*, peritos em arte e pessoas esteticamente sensíveis concordam quanto à beleza do objeto de arte. Porém, no caso do amado de alguém — em cujo caso pode ser apenas a pessoa (e talvez os pais dela) que percebe o ser amado como belo —, parece não haver lugar para objetividade ou intersubjetividade. Objetivamente, o amado pode não ser absolutamente belo, mas só parece ser belo, subjetivamente, para o apaixonado. Isso é muito próximo do argumento, bastante frequente na história da filosofia, de que o apaixonado é ofuscado, tem sua percepção distorcida, vê o que realmente não está lá. De fato, vemos o mesmo argumento ser repetido em relação às emoções em geral. O grande filósofo alemão Leibniz chamou todas as emoções de "percepções confusas". Ser subjetivo, porém, não é necessariamente uma questão de ser confuso ou equivocado.

No amor, quase sempre não faz sentido a questão sobre se as qualidades que admiramos são subjetivas (isto é, *apenas* o produto de nossa perspectiva individual) ou objetivas (totalmente independentes de nossa perspectiva individual). Se o amo porque você é belo e charmoso, pode me ser indiferente se meus amigos o veem ou não dessa forma. No entanto, feliz ou infelizmente (e dependendo da situação), todos sabemos que a opinião de um amigo pode fazer uma significativa diferença e não fica absolutamente claro se é o desejo de objetividade (intersubjetividade) que está entrando sorrateiramente aqui ou, mais exatamente, se é apenas o desejo de conservar o respeito do amigo. Um bom modo de se pensar sobre isso é que, no amor, *conferimos* encantos e virtudes ao amado. A linguagem da concessão[2] foi a terminologia introduzida nessa discussão, anos atrás, por Irving Singer (1973), um dos melhores estudiosos modernos da natureza e do desenvolvimento do amor romântico. Dizer que conferimos encantos e virtudes significa dizer que não apenas os descobrimos ou projetamos, mas os concedemos ao amado. Não é algo que se faça voluntária ou deliberadamente. Pode parecer até que simplesmente *percebemos* tais encantos e virtudes como dados objetivos. Eles não são, porém, fatos objetivos. Pertencem aos "olhos de quem olha". Entretanto, também não é o caso de nossa percepção ser falseada ou distorcida. É um cruel mal-entendido dizer que o amor "distorce" nossa percepção.

O amor *acentua* nossa percepção. No entanto, quando o amor extrapola para a irracionalidade e a autodestrutividade, como às vezes acontece, dependemos então de nossos amigos — que não são apenas observadores desinteressados — para conferir ou "corrigir" nossa percepção e nosso julgamento. Certamente é mais fácil dizer do que fazer. Normalmente esperamos que nossas avaliações e concessões sejam confirmadas ou ao menos respeitadas pelos outros, especialmente os que nos são mais próximos. (Muitos apaixonados, em estado de conflito interno, abandonam os amigos antes de ouvir os conselhos para que se livrem do amado, mesmo quando sabem perfeitamente que os amigos estão certos.) Portanto, nossa subjetividade no amor, nossa capacidade de conferir encantos e virtudes, não é só uma questão pessoal. Está sempre aberta — mesmo quando é "cega" — à confirmação intersubjetiva, o que não quer dizer que a perspectiva do amor seja necessariamente intersubjetiva, mas apenas que as qualidades do amado não são exatamente domínio privado do apaixonado.

O amor em si não é irracional. Como qualquer emoção, pode ser certeiro ou não, justificado ou não, com base nos fatos ou errado quanto a eles, sábio ou tolo, potencializador de vida ou autodestrutivo. Portanto, apaixonar-se por um vigarista ou um mentiroso, se a pessoa pode ver a verdade mas se recusa a fazê-lo, é irracional. É nesses casos que o "amor é cego". Porém normalmente não é assim. Em geral, o amor vê mais clara e profundamente, com muito mais atenção e avaliação dos detalhes, do que a percepção comum. Certamente, conceder encantos e virtudes tem seus limites. Habitualmente não é adequado que os outros nos contestem ou corrijam quando achamos o amado belo, mas há qualidades que não podemos conceder. A pessoa não pode transformar seu amado em um contador ou médico, não importa o quão desesperadamente apaixonada esteja. Não podemos conferir ao amado inteligência que não tenha, não importa quão desprovidos de crítica nos fizermos. E não se pode conceder ao amado sensibilidade ou bondade. Trata-se de fatos, não de concessões. Não são propriedades apenas sujeito-dependentes, mas são intersubjetivas e, até certo ponto, objetivamente determinadas. Portanto, dependemos (ou deveríamos depender) de nossos amigos e nossa família para dizer-nos quando estamos cometendo um engano, embora seu ponto de vista não vá ser sempre agradavelmente recebido ou estar necessariamente correto. Não é, no entanto, como se o amor em si fosse irracional. Muitos dos encantos e virtudes do amado não pertencem ao domínio dos fatos, mas propriamente ao campo da perspectiva pessoal própria a cada um, e deveriam ser respeitados como tal. Subjetividade não é irracionalidade.

No entanto, a ideia de que o amor é irracional tem aplicações coerentes. O amor pode ser impróprio — apaixonar-se pela irmã, por exemplo — e isso é uma questão de irracionalidade. Às vezes o amor é obsessivo, o que também é irracional. Mesmo que seja a pessoa certa, a relação não é. De vez em quando nos apaixonamos pela pessoa errada, "errada para nós", como se diz, e isso é irracional, ou podemos nos apaixonar pela pessoa certa mas lidar com a situação de forma desastrosa. Ser obsessivo é apenas um de uma lista de erros potenciais: ser muito agressivo, muito tímido, muito "frio", muito rápido, muito devagar, muito arrogante, muito humilde e assim por diante. Estes também podem ser irracionais. Se o amor é um processo, e apaixonar-se é apenas o primeiro passo para se *estar* apaixonado, então qualquer falha no processo pode ser um candidato à irracionalidade, desde a primeira abordagem até as cenas finais.

Um outro argumento de que o amor, em si, é irracional é, neste caso, porque ele é desprovido de *razões*.

> Não me parece que minha mão não seja merecedora de vossa aceitação, ou que as condições que vos posso oferecer não sejam senão extremamente desejáveis. Minha situação na vida, minhas conexões com a família [adequada] e minha relação com a vossa própria são circunstâncias que falam altamente a meu favor; e deveríeis considerar isso mais a sério, porque, apesar de múltiplos encantos, não é de jeito algum certo que uma outra proposta de casamento vos venha jamais a ser feita.

Assim falou o Sr. Collins, o pomposo pretendente, quando pediu Elizabeth em casamento, em *Orgulho e preconceito*, de Jane Austen. Creio que eu não estaria fazendo uma interpretação errônea de que a reação mais comum (e a pretendida pela autora) seja de repulsa ou, no mínimo, que a percepção de tal pedido, excessivamente pomposo, ameaçador e insultante não tenha qualquer semelhança com encanto e romance.

Por quê? Muitos diriam "porque não se ama alguém porque existam razões. Simplesmente, ama-se ou não". A maioria dos filósofos é menos irrefletidamente romântica e poderia, nesse caso, dizer, "não por *essas* razões". Entretanto, creio que se ama, sim, por razões, exatamente como se tem qualquer emoção por razões, e o amor sem razões é ininteligível, sugerindo uma obsessão psicótica, um vínculo cego, sem sentido e impotente, ou mera frivolidade. Não há dúvida de que o amor é muitas vezes mal direcionado, com prejuízo para o apaixonado e consternação, preocupação ou diversão para os amigos e a família do apaixonado. Mas até o amor mal direcionado, ou que não dá certo, deve ter suas razões, mesmo que, considerando-se todos os fatos, possam ser insensatas.

Talvez o Sr. Collins estivesse dando as razões pelas quais Elizabeth deveria aceitar seu pedido de casamento, e não para que o amasse. O que, no entanto, nos faz reagir negativamente são os *tipos* de razões apresentados pelo Sr. Collins e outros como ele. Amar alguém pelo dinheiro, pelos contatos, por status ou, por sinal, até pela aparência parece amor exatamente pelas razões *erradas*. Ou melhor, geralmente prova que absolutamente não se ama a outra pessoa; ama-se apenas o dinheiro e suporta-se a pessoa, ou almejam-se os contatos ou status e se está disposto a ser não apenas tolerante, mas até afetuoso, a fim de compartilhá-los.

Um tipo de razão que tem sido proclamada desde Platão é, entretanto, a beleza do ser amado. Amar alguém pela aparência é um caso difícil, na medida em que não se pode facilmente separar uma pessoa da aparência, do mesmo modo que se pode separar, com alguma facilidade, um tolo romântico do seu dinheiro. Além do mais, é complicado, considerando-se que, no amor, a beleza é uma das propriedades que são conferidas, e não objetiva ou intersubjetiva. Acredito, porém, que é um equívoco focalizar em apenas um tipo de razão, em razões do tipo *propriedades do amado*. Com muita frequência, essas razões revelam-se interesseiras e, portanto, não parecem absolutamente razões *para amar*. Há, porém, um outro tipo de razão que chamo de razões aristofânicas, por um motivo que logo ficará evidente. Têm a ver com o papel especial do amado *na relação*. A insistência habitual em se amar uma pessoa "pelo que ela é" é muito mal interpretada — como se invocasse uma espécie de essência pessoal —, quando, na maior parte das vezes, se refere a algo essencial a respeito da singularidade da relação. Ou seja, "porque estamos juntos há 20 anos" pode ser uma ótima razão para o amor, mesmo se existirem casos em que 20 anos juntos é uma boa razão para *não* mais amar a pessoa. "Porque combinamos tão bem" é uma excelente razão para o amor, assim como "porque temos o mesmo senso de humor". As melhores razões para o amor são as tais razões aristofânicas.

Há, também, más razões para o amor. Por exemplo, não é incomum que, não apenas uma vez, mas seguindo um claro padrão, uma jovem se apaixone por homens casados, que não abandonarão a mulher e a família. Assim também a ideia de que o amado satisfaz necessidades mais neuróticas — a de ser punido ou martirizado, o desejo de tomar conta de um ser humano que verdadeiramente inspira pena, a necessidade de brincar de Deus com alguém. Essas são más razões para o amor, que podem ser bastante eficazes sem nunca ser reconhecidas. Há também o amor que nasce do ciúme. Esse ciúme é, nos casos verdadeiramente perversos, a única razão para a existência do amor: A não tem interesse em B até que C mostre interesse por B. Aqui, porém, quero ser cuidadoso. É um elemento importante dos romances das novelas de televisão que um pouquinho de ciúme (geralmente baseado em um mal-entendido facilmente solucionável) é bom para a relação. Lembra à pessoa a imprevisibilidade daquela (ou de qualquer) relação. Nada precisa haver de irracional nisso.

O fato de que existem muitos modos de o amor não dar certo e, consequentemente, de que há muitas más razões para o amor leva, com muita frequência, ao lamentável cinismo — uma forma privilegiada de racionalização, usada por muitos adolescentes e divorciados frustrados e decepcionados. (Há também uma grande quantidade de más razões para *não* se apaixonar.) Isso foi assinalado por filósofos. O amor erótico é considerado a paixão que faz de todos nós uns bobos. Sigmund Freud (1966) nos diz que o amor é "luxúria, mais as provações da civilidade". (Que frase!) Milênios atrás, Hesíodo, Sófocles e Eurípides, todos condenaram *eros*. Tragédias como *Antígona*, *Medeia* e *Hipólito* trataram o amor como desastroso. A grande poetisa Safo, por volta da época de Platão, comparou *eros* a uma doença, até a loucura.

Foi contra tal cinismo que um texto, mais do que qualquer outro, preparou o terreno para a glorificação do amor no mundo ocidental. Foi *O banquete*, de Platão, escrito cerca de 2.500 anos atrás. Podemos ignorar o fato de que Platão estava escrevendo principalmente sobre o amor homoerótico. O que ele diz sobre o amor — por meio de cerca de meia dúzia de personagens que colocou no simpósio — soaria bastante familiar nas revistas femininas atuais. Um orador (Erixímaco) louva o amor pelos saudáveis efeitos. Um outro (Fedro) o elogia por promover a virtude (já que nenhum apaixonado gostaria de passar vergonha diante do amado). Ainda um outro, Agaton, exalta a beleza pura do amor e como ele agrada aos deuses. No entanto, desejo mencionar um pouco mais detalhadamente três discursos de *O banquete*, porque são profundamente reveladores sobre a natureza do amor. O primeiro é de Aristófanes, o famoso dramaturgo (e um rival contemporâneo de Sócrates), que apresenta uma criativa lenda sobre os homens pré-históricos, criaturas duplas (quatro braços, quatro pernas, duas cabeças) que (devido à sua *hybris*[3]) são separadas por Zeus e deixadas vagando pela terra, "procurando pela outra metade". Desse modo o amor é mais do que um desejo físico. Torna-se uma necessidade metafísica, reunir-se à sua outra (melhor?) metade.

O segundo e central discurso de *O banquete* é o de Sócrates, que é, geralmente, o porta-voz de Platão (embora haja motivo para duvidar de que, aqui, Platão concorde totalmente com ele). O discurso de Sócrates é eloquente e revolucionário porque o que ele faz, prognosticando os ensinamentos do cristianismo (e do "amor platônico", do fim da Idade Média), é instar o verdadeiro apaixonado a ver — para além de meros corpos bonitos e até para além de belas almas — a forma da Beleza em si. Um dos aspectos mais importantes do argumento de Sócrates é que desafia a centralidade da sexualidade no amor erótico (*eros*). Um traço menos óbvio é que despersonaliza radicalmente o amor, na medida em que o objeto transforma-se no Bem abstrato, o Verdadeiro e o Belo no lugar do amado concreto. Portanto, Sócrates antecipa os ensinamentos cristãos e o "amor platônico" do fim da Idade Média, em que é basicamente o amor a Deus. No "amor platônico", o Bem — ou Deus — é amado *por meio* do amado, que se torna, então, um intermediário ou um veículo. Desse modo, o amor torna-se o amor pelo divino e o verdadeiro apaixonado é o filósofo.

O último discurso de *O banquete* fecha a mensagem cada vez mais etérea daquela noite, trazendo-a de volta à terra, de um só golpe. Alcibíades era na realidade um aluno de Sócrates e, de fato, era também um dos mais desleais (e mais belos) homens de Atenas. Chega ao simpósio bêbado, gritando disparates, e diz em termos bastante grosseiros que o amor é um problema, uma armadilha, uma fixação e totalmente não etéreo, não dirigido ao bem, nem a nenhum deus ou a nenhuma virtude. Começa a insultar e ofender Sócrates (seu amado) como se para mostrar-nos de que modo é realmente o amor. Ele pode ser cruel. Pode ser ciumento. Pode ser mesquinho e muitíssimo infeliz. Lamentavelmente, é nisso que, às vezes, o amor resulta para muitos de nós, não importa quão promissoramente tenha começado. Platão, no entanto, não termina o diálogo nesse tom amargo. Alcibíades desmaia (como acontece com a maioria dos farristas) e Sócrates, totalmente sóbrio, vai para casa sob um bonito pôr do sol como se tivesse ganhado uma disputa. Entretanto, o que Platão nos deu foi um magnífico retrato cubista do amor, da perspectiva mais divina até foi mais vulgar. Apesar de nossas ilusões de simplicidade, o amor está entre as emoções mais complexas. É por isso que precisamos falar tanto sobre ele.

O que é, então, o amor? Há visões muito diferentes a respeito, como Platão deixa claro. Trazendo para o cenário da vida contemporânea americana, podemos pensar no amor de uma perspectiva típica de um jovem, amor como pura excitação e descoberta, sexualidade e paixão. Ou podemos vê-lo do ponto de vista de um casal mais velho, feliz no casamento e que vê seu amor em termos de bem-estar e fidelidade, confiança e afeição. Seria bobagem chamar um desses de certo ou "verdadeiro" e rejeitar o outro. Podemos pensar neles como "fases" diferentes do amor, desde que não insistamos que todos têm de passar por ambas. Só às vezes o amor apaixonado perdura como amor para toda a vida, e o amor de longo prazo nem sempre começa com paixão. Bons amigos no ensino médio tornam-se gradativamente mais íntimos e acabam por se casar, mas nunca passam por aquele período tomado de paixão e insanidade temporária, desfrutado por outros. Creio, porém, que o indício básico para o que, em última análise, é o amor pode ser encontrado, dentre todos os lugares, na curiosa lenda de Aristófanes.

O que todas as formas de amor têm em comum é uma estrutura intencional característica, a concepção que se tem do próprio *self* como entrelaçado e fundido com o de outra pessoa. Animais que não têm um sentido de *self* podem sentir afeição, mas não experimentam amor. (Podemos amá-los, mas não nos retribuem com amor. Desculpem-me os amantes de cães e gatos. Vocês terão de se contentar com afeição e dependência.) Em relação a filhos, ama-se o que é quase, literalmente, uma parte da própria identidade. Na amizade — isto é, verdadeira amizade — a pessoa chega a pensar no amigo como inseparável. No entanto, é no amor erótico, que tende a ser exclusivo, que essa "fusão" de *selves* é mais profunda. (A diferença entre paternidade/maternidade e amizade, por um lado, e amor monogâmico, por outro, é que obviamente se pode amar mais do que um filho ou um amigo. A questão de ser possível amar romanticamente mais do que uma pessoa, e qual o custo psicológico disso, está muito além do nosso escopo aqui. Digamos apenas que, no mínimo, pode ser logisticamente complexo.) Entretanto, quero fazer dessa ideia de *fusão* o ponto central da estrutura intencional do amor. É chegar a ver uma outra pessoa compartilhando uma identidade com a sua.

Eis aqui a genialidade, geralmente pouco valorizada, da curiosa história de amor de Aristófanes em *O banquete*. Sua engenhosa lenda, a respeito de criaturas pré-históricas separadas por Zeus e deixadas a vagar pela terra "procurando sua outra metade", nos proporciona uma importante imagem do amor como uma "fusão" ou "combinação" de almas e a ideia de que o amor "nos completa" na qualidade de seres humanos. Partindo do século XXI e olhando para trás, trata-se de um maravilhoso lembrete de que não somos primordialmente — como nossa ideologia dominante insiste em nos dizer — indivíduos que estão na maior parte do tempo sozinhos no mundo. Somos seres sociais que nascem em uma rede de relações e cada um de nós sozinho é incompleto. O amor nos torna inteiros.

Entretanto, isso não se resume a uma série de metáforas edificantes. Encerra uma verdade literal importante. O amor tem a ver essencialmente com o *self*. Interpreto, portanto, a alegoria de Aristófanes como um relato do amor com o atributo de uma emoção em que uma pessoa (e, de preferência, as duas pessoas) chega a compreender sua identidade (ou suas identidades mútuas) com e por meio da outra pessoa. Observem que há espaço para o triste fato do amor não correspondido, porém como um caso anormal, e não como paradigma. No entanto, argumento, o paradigma usual está errado. Ele vê o amor como admiração ou desejo pelo amado, e o fato de o amado corresponder do mesmo modo é uma questão secundária. É assim em Platão (deseja-se o Belo) e é também verdade para a maior parte do romantismo, em Stendhal, por exemplo, e em Goethe, que, como ficou notório, disse, sem dúvida como piada, "Sim, eu te amo, mas o que tens a ver com isso?". Por outro lado (voltando a Aristófanes), compreender o amor como um processo de "encaixar" contempla milhares de modos pelos quais duas pessoas chegam a se complementar. Desnecessário dizer que é muito raro o caso de duas pessoas, de *backgounds* diferentes, simplesmente se encaixarem como duas metades de um todo original. Fico, muitas vezes, admirado diante das numerosas formas como os casais organizam suas vidas em comum, muitas das quais são virtualmente impensáveis para mim. No entanto, creio que Aristófanes está correto. O amor é uma questão de duas almas que se unem e, como Aristófanes especula, nada lhes traria mais satisfação do que se Hefesto (o ferreiro dos deuses) as soldasse uma à outra, corpo e alma, para sempre.

Isso também significa que o amor não é abnegado, como geralmente costumamos ouvir, mas essencialmente envolvido com o *self*. Entretanto, também não é egoísta. (Nietzsche, apesar do seu romantismo, acredita que seja.) O *self* apaixonado é um *self* ampliado ou expandido que inclui ou envolve o outro. É por isso que digo que o amor altera tanto a autoidentidade da pessoa que ela passa a ser "com" o amado ou "por meio" dele. Quando tudo dá certo, a emoção resultante é algo belo e duradouro. Não é como se o amor em si seja uma emoção "positiva", mas o amor, na melhor forma, é uma daquelas maravilhosas paixões para as quais vivemos — e até, eventualmente, pelas quais morremos — e é acertadamente considerado como um dos mais importantes ingredientes da vida boa.

Notas

1. Em inglês: *secondhand emotion*. (*N. do E.*)
2. Em inglês: *bestowal*. (*N. do T.*)
3. Arrogância. (*N. do T.*)

CAPÍTULO V Não estamos sós: compaixão e simpatia

Em grego, uma das várias palavras para amor, que ganhou bastante relevo no cristianismo, foi *ágape* (em latim, *caritas*). Por vezes traduzida como amor fraterno, outras vezes como amor divino, não envolvia a sexualidade nem a exclusividade de *eros*, o amor erótico. No capítulo anterior, mencionei que *ágape* foi progressivamente idealizado na teologia cristã, a ponto de se tornar uma emoção só possível para Deus. Entretanto, de modo mais mundano e laico, o termo *ágape* é interpretado como o nome de uma emoção comum, ou talvez devêssemos dizer "um sentimento moral", ou seja, compaixão. No presente capítulo, não desejo falar muito sobre o *ágape* cristão, porque não quero lidar com as questões teológicas envolvidas. Em vez disso, gostaria de começar remontando ao Iluminismo do século XVIII. Naquela época, em muitas regiões, a teoria predominante sobre a natureza humana era a de que as pessoas são essencialmente egoístas. A filosofia de Thomas Hobbes constituía o exemplo perfeito: a vida (no "estado natural") era "egoísta, sórdida, brutal e intolerável". Em oposição a isso, vários filósofos, entre eles David Hume, Jean-Jacques Rousseau e o grande economista Adam Smith, defendiam o que chamavam de simpatia como um "sentimento moral" natural. (Smith não era, portanto, o defensor inflexível do interesse próprio em que, desde então, o transformaram.)

Simpatia é essencialmente o mesmo que chamamos de compaixão. Fornece, argumentam esses filósofos, os princípios da ética. Não é razão, não são hábitos, mas emoção. A tese filosófica é a de que não somos seres totalmente egoístas — o que, sem dúvida, não significa negar que perseguimos nossos interesses particulares. Somos também compassivos e simpáticos com os outros. Podemos notar que simpatia e compaixão têm essencialmente a mesma etimologia: "sentindo com". Hume, Rousseau, Smith e, posteriormente, o pessimista alemão Arthur Schopenhauer, todos rejeitaram abordagens não emocionais e puramente racionais da ética, insistindo, em vez disso, em que a ética tinha tudo a ver com compaixão. Concordo. Há mais de dois mil anos o confuciano Mencius escreveu: "Nenhum ser humano é destituído de um coração sensível ao sofrimento dos outros" (1970). Dois milênios mais tarde, na *Teoria dos sentimentos morais*,[1] Adam Smith escreveu: "Por mais egoísta que se suponha que seja o ser humano, evidentemente há, na sua natureza, alguns princípios que o interessam e que dizem respeito à sorte de outros, tornando a felicidade deles necessária à sua, embora nada ganhe com isso, a não ser o prazer de assisti-la. Nessa categoria está a piedade ou compaixão, a emoção que sentimos diante do sofrimento de outros." Sem compaixão (simpatia), não haveria fundamento nem motivação para a ética.

Segundo argumenta o filósofo Peter Goldie, compaixão é uma emoção básica. Envolve, caracteristicamente, tanto uma experiência emocional específica quanto uma expressão emocional típica — embora isso geralmente só possa ser percebido como tal dentro de um contexto — e tende a motivar a ação, isto é, um comportamento de ajuda ou, pelo menos, de acolhimento. Ainda não está claro quais possam ser os padrões neurológicos, embora o psicólogo Richard Davidson (et al., 2002) tenha feito um fascinante trabalho com o Dalai Lama sobre a curiosa relação entre meditação e compaixão. Confirma a ideia do senso comum de que uma relativa abnegação e compaixão podem caminhar de mãos dadas. Indica também a evidência de que a compaixão pode, de fato, ser básica em sua íntima conexão com a fisiologia. No entanto, a ideia de que a compaixão é uma emoção básica é uma importante reivindicação contemporânea que reforça a perspectiva, do século XVIII, de um "sentimento moral natural", adotada por Hume, Rousseau e Smith. Pode, também, valer a pena observar que Goldie desliga-se da visão de Hume sobre a simpatia porque Hume (e também Smith) enfatiza a "identificação imaginativa", que exige muito mais esforço mental do que simples compaixão. Existe ainda o conceito alemão de *verstehen* (que emergiu no mesmo século), que de forma semelhante envolve uma tentativa reflexiva de "colocar-se no lugar do outro". Entretanto, a tese básica sobre sentimentos morais naturais é algo mais radical: sustenta que sentimos compaixão por outras pessoas, naturalmente, sem sequer pensar a respeito.

Isso não quer dizer que a compaixão não envolva inteligência, no sentido em que venho desenvolvendo aqui tal ideia. A ideia de que existem sentimentos morais naturais faz muito sentido do ponto de vista evolutivo e biológico. Somos animais sociais "por natureza" e precisamos de uma forma rápida de reação diante de um companheiro em necessidade. Sem dúvida, a compaixão também pode e deve ser cultivada. Precisamos aprender a compreender o que outras pessoas estão sentindo e necessitamos aprender, com algum esforço e educação moral, a "nos colocar no lugar do outro". Porém, anteriormente a isso, temos uma "reação visceral" em relação aos perigos alheios. Sem isso, é questionável se poderíamos sequer aprender a "sentir com" outras pessoas. Também não apreciaríamos romances, autobiografias, filmes e peças teatrais, já que não poderíamos nos identificar com os personagens. Poderíamos dispor de alguma teoria meramente acadêmica sobre tais trabalhos e seus personagens, mas teríamos uma vida social extremamente empobrecida, se é que, de fato, poderíamos ter alguma vida social.

Mas o que é compaixão? O modo como Adam Smith emprega o termo "simpatia" o expõe a duas sérias ambiguidades. Em primeiro lugar, e menos problemático, Smith às vezes trata simpatia não apenas como uma disposição para ter emoções, mas como uma emoção em si. Não considero isso um problema, porque muitas, senão todas as emoções, têm essa dupla natureza. São emoções (com manifestações mais ou menos imediatas em sentimentos e comportamento) e são também disposições que podem resultar em qualquer quantidade e variedade de episódios, incluindo outras emoções. (O amor, por exemplo, pode evocar ciúmes e raiva, dependendo das circunstâncias.) Em segundo lugar, e de forma muito mais confusa, a palavra simpatia de Smith abrange tanto o que chamamos de simpatia (ou compaixão) quanto o conceito mais recente de empatia (que parece ter sido inventado pelo psicólogo alemão Edward Titchner, no século XIX). Os dois termos ainda estão fundidos, mas acredito que uma distinção útil é que simpatia e compaixão têm como estrutura básica "sentir pena de" alguém (que, presumivelmente, está com algum tipo de problema ou sofrimento), enquanto empatia é mais como um "sentimento de fraternidade", isto é, compreender o que uma outra pessoa sente (independentemente do que sinta). É principalmente este último que Smith tinha em mente, mas sua concepção ainda apresenta uma tensão entre ser uma resposta natural ou inata a uma outra pessoa — sentir (aproximadamente) o que ela está sentindo — e o ato intelectualmente mais sofisticado de se imaginar no lugar do outro. Compaixão (simpatia), pelo contrário, pode ser facilmente vista como um "sentimento visceral" que não precisa envolver absolutamente nenhum pensamento. Hume, Rousseau e Smith, todos parecem oscilar entre as duas possibilidades.

A teoria do sentimento moral do século XVIII estava, em realidade, preocupada com uma família de emoções, incluindo benevolência, simpatia, compaixão e piedade, que, às vezes, eram todas agrupadas. "Cuidar de" e "importar-se"[2] não eram muito mencionados na teoria, mas, desde então, emergiram como centrais em muitas teorizações, especialmente a teoria feminista. "Sentir pena de" pode ser um sinal de se importar, mas um sinal muito pequeno, já que também podemos sentir pena de estranhos e até de inimigos. Benevolência tem muito em comum com o conceito mais ativista de "importar-se", mas a benevolência tem uma abrangência muito maior do que simpatia. Podemos sentir benevolência de modo abstrato, sem objeto em particular, e podemos ser benevolentes com alguém cujos sentimentos são totalmente malignos — por exemplo, ao ser misericordioso para com um assassino condenado. Por fim, piedade tem uma história muito mais convoluta. Embora em alemão piedade seja uma tradução para a mesma palavra que compaixão (*mitleid*), é empregada por Schopenhauer como a base de toda a moralidade e, em seguida, condenada por Nietzsche como o cúmulo da fraqueza lastimosa e autoilusória. Não entrarei, aqui, nessa fascinante história a não ser para dizer que Nietzsche considera muito claramente que piedade pode ser facilmente interesseira e hipócrita, uma atitude de superioridade, e não uma preocupação genuína e abnegada. Tem razão, mas é um enorme equívoco generalizar essa possibilidade para todas as instâncias da emoção.

Compaixão, ou o que também chamamos de simpatia, é definida pela psicóloga Nancy Eisenberg (2002) como "uma resposta afetiva que consiste em sentir tristeza ou preocupação pelo outro aflito ou necessitado". Envolve também disposições características para a ação, especificamente ajudar. Se a pessoa não esboçar movimento, mesmo que inútil, para ajudar, não interessa o quanto fale sobre compaixão ou a expresse verbalmente. É provável que Nietzsche esteja certo quando a compaixão é só autoindulgência, mas sua visão faz menos sentido quando a compaixão motiva comportamento de ajuda. É assim que a simpatia encontra-se no coração da ética, como insistiu Schopenhauer, mas não como um sentimento isolado. Supõe-se, às vezes, que na compaixão a pessoa *sofra com* a outra, mas não é preciso que sinta a dor real. Sinto simpatia por um conhecido que quebrou a perna e posso até sentir uma simpática pontada na minha perna, mas não compartilho da seriedade da dor. De fato, a compaixão sugere que, de algum modo, a pessoa esteja em segurança, "acima" da miséria da outra, permitindo-lhe o luxo da comiseração. (Esse é um dos argumentos de Nietzsche.) Um aluno que acabou de ser reprovado nos exames não sente compaixão por um colega que também foi reprovado. Apenas se sentem infelizes juntos. É a aluna que foi aprovada nos exames com total sucesso que está em posição de sentir compaixão pelos outros dois, embora a euforia do próprio sucesso possa tornar difícil fazer isso. É a compaixão, essa capacidade de sentir por aqueles menos afortunados do que por si próprio, que argumentaria ser a paixão fundamental para o nosso senso de justiça.

Sentir pena de alguma pessoa já presume que, em certo sentido, se compreende o que ela está sentindo e, portanto, compaixão ou simpatia já pressupõe empatia. É por isso que Smith e os demais as colocam facilmente interligadas, mas o que agora chamamos de empatia é uma emoção filosoficamente muito mais interessante. Na psicologia contemporânea, empatia é definida como "uma resposta afetiva que se origina da apreensão ou da compreensão do estado ou da condição emocional de uma outra pessoa e que é idêntica ou muito similar ao que essa outra pessoa está sentindo ou que se espera que esteja sentindo" (Eisenberg, 2002). Como é possível sentir o que uma outra pessoa está sentindo? A empatia, assim como a compaixão ou simpatia, não é, porém, uma emoção única. Na realidade, pode-se até questionar se é mesmo uma emoção ou, antes, uma capacidade de ter quaisquer emoções, dependendo das emoções dos outros. Pode-se empatizar tanto com a alegria quanto com o sofrimento de uma pessoa. Pode-se empatizar com o sentimento de sucesso do vencedor, da mesma forma que com o seu pesar. Compaixão ou simpatia é, portanto, claramente uma emoção, no sentido de que é uma emoção distinta, talvez dependente das emoções dos outros, apenas na medida em que é uma resposta a elas, mas em sentido nenhum uma imitação ou reprodução delas. É, essencialmente, sentir-se mal porque o outro se sente mal, em combinação com um sentimento de chegar até ele (que pode ou não ser inibido pelo medo de se envolver ou pela aversão à condição da pessoa). Pode-se simpatizar com uma outra pessoa e captar sua situação emocional de modo totalmente equivocado. A empatia, pelo contrário, parece requerer, em certo sentido, a reprodução das emoções da outra pessoa.

No entanto, a empatia também pode ser extremamente primitiva e irrefletida. Pode ser tão simples quanto o que os psicólogos chamam de "contágio emocional" — a tendência das pessoas a adotar as vibrações emocionais dos que estão à sua volta. Assim, em um funeral — mesmo de alguém que absolutamente não se conhecia — pode-se começar a ficar triste apenas porque as pessoas em volta estão sofrendo. Ao entrar em um *comedy club*,[3] a pessoa provavelmente ficará animada, mesmo antes de ter escutado qualquer piada, apenas graças ao espírito do grupo. No entanto, a empatia também pode ser refletida e imaginativa. Tento empatizar com camponeses analfabetos envolvidos em uma complexa guerra civil na África. Não é fácil, mas, com algum esforço, posso ter uma ideia de como podem sentir o seu mundo. Na verdade, com algum esforço intelectual e imaginativo, posso sempre empatizar com outras pessoas, e até outros seres, não importando o quão diferentes possam ser de mim. O comportamento de dor, por menor que seja, geralmente exprime dor. Cães ganem, gatos gemem. Contorções e contrações são comportamentos de dor comuns a todo o reino animal. Até o fazer caretas pode ser reconhecido por uma surpreendente variedade de espécies de mamíferos. Pássaros não podem fazer caretas, mas a maioria das pessoas (e muitos animais) facilmente reconhece seu comportamento de estresse e dor.

Às vezes, empatia requer pesquisa. Nem sempre é evidente quando uma criatura está sofrendo, e nossa capacidade para "empatizar" com membros de outras espécies pode ser enganadora ou equivocada. Certa vez, ativistas pelos direitos dos animais reclamaram enfaticamente que galinhas estavam sendo mantidas em gaiolas com piso de arame, presumivelmente para conveniência dos donos. Imaginamos facilmente como seria desconfortável para nós, com nossos pés sensíveis sobre uma rede de arame fino. Entretanto, o que se provou a partir de pesquisa foi que, na realidade, galinhas preferem pisos feitos de redes de arame a pisos de madeira, linóleo ou acarpetados com pelúcia, e nossa preocupação bem-intencionada revelou-se errada (Dawkins, 1980). Assim também ingênuos donos de cachorros podem pensar (ou racionalizar) que seus animais são muito mais felizes sem a disciplina e o condicionamento do "treinamento", assumindo que um cão livre é um cão mais feliz. Entretanto, deveria ser dito a esses donos de cães que um animal não treinado é geralmente um cão confuso e infeliz, inseguro quanto aos desejos e às expectativas do dono e quanto ao que deve fazer. Compaixão tanto em relação aos animais quanto aos seres humanos exige conhecimento, assim como sentimento. O argumento contra os "bons samaritanos" tem mais a ver com sua falta de conhecimento do que com seu sentimento de compaixão.

É importante distinguir empatia de estar apenas incomodado ou "pessoalmente aflito", e isso requer, minimamente, uma separação "cognitiva" entre o *self* e a outra pessoa. Nesse sentido, bebês não podem sentir empatia, embora possam ficar bastante perturbados quando as mães estão perturbadas. Ficar incomodado porque alguém está sofrendo pode ser totalmente egocêntrico e antipático (por exemplo, enquanto alguém conta suas desgraças e você só pensa em sair da sala). Isso também não é empatia. Tanto a empatia como a compaixão/simpatia são respostas afetivas e cognitivas; isto é, envolvem conceitos e formas de construir o mundo. Isto não quer dizer, porém, que a empatia (ou simpatia) precisa envolver o pensar ou imaginar-se "no lugar da outra pessoa". A compreensão pode ser muito reduzida e meramente subentendida, não articulada, e não precisa envolver absolutamente nenhuma projeção.

Com base em Nel Noddings, no livro *Caring*,[4] pode-se fazer uma boa distinção entre ser *receptivo* aos sentimentos dos outros e projeção imaginativa e consideração em relação a tais sentimentos ("colocar-me no lugar do outro"). Empatia significa *não* precisar perguntar "Como me sentiria em uma situação como esta?" Noddings dá o exemplo de uma mãe cujo bebê está com a fralda molhada e indaga: a mãe precisa, de fato, perguntar-se como deve ser estar usando uma fralda empapada de urina? A resposta é óbvia. Sua empatia não é irrefletida, mas também não precisa ser pensada ou explícita.

O que esse exemplo também mostra é que empatia não é simpatia, nem é o compartilhamento literal de emoção. Pode-se ter pena de alguém e, de modo algum, compartilhar sua dor; e pode-se, talvez, compartilhar a dor de uma pessoa sem sentir pena dela. Sinto-me péssimo por você ter quebrado a perna, mas o meu sentir-me péssimo nada é comparado com o que você está sentindo. Estou assistindo a um dos primeiros filmes de James Bond (*007 contra Goldfinger*). O guarda-costas do vilão ("Oddjob") segura Bond em um abraço mortal e Bond reage (como dizer isto educadamente?) chutando-lhe o saco. Escuta-se um "argh" coletivo dos homens na plateia. (Não se observa reação desse tipo em relação a murros, facadas, surras etc.) Considero isso um exemplo direto, embora cruel, de empatia imaginativa. Sendo óbvio, ninguém na audiência sofreu, naquele momento, com uma dor real no saco; no entanto, a reação (incluindo virar-se, em um gesto de proteção) foi bem específica.

É verdade que esse é um tipo de empatia pouco refinada, mas, subindo na escala de boas maneiras, assim como de sofisticação cognitiva, lembro-me de ter assistido a filmes românticos nos quais "senti pelo" herói ou pela heroína. Vi-me, muito espontaneamente, "identificando-me com" o personagem. Também observo a facilidade com que empatizo com personagens em romances e biografias. Diz-se, com frequência, que parte do esforço de ler está em "preencher" os detalhes, revestindo de carne o esqueleto apresentado nas descrições verbais, com o uso da própria imaginação, acrescentando cores, aromas e sabores (sejam descritos no livro ou não). O que é menos assinalado é até onde a pessoa "se identifica" com os personagens em um romance ou biografia adicionando seus detalhes pessoais, incluindo as próprias reações emocionais (mais uma vez, quer esteja não descritas no livro). Pode ser, talvez, completamente narcisista e autoindulgente, mas em certa medida isso é necessário para nos identificarmos, de fato, com um personagem. (Diria que é verdade até em filmes, mas com muito menos espaço para a pessoa se inserir.)

Às vezes, a empatia requer saltos de imaginação bastante dramáticos. Tento imaginar, por exemplo, os sentimentos de Joana D'Arc quando se dirigiu, pela primeira vez, a Robert Baudricourt para oferecer seus serviços ao Rei Charles VII. Deixem-me assinalar que não sou uma jovem — nem sequer sou jovem — e não sou religioso, quanto menos devoto, e, que eu saiba, nunca Deus ou outro espírito etéreo falou comigo. Não vivo na Idade Média (e sei muito menos a respeito daquele milênio do que sei sobre outros períodos da história ocidental). Ainda assim, com um grande esforço, posso empatizar com os sentimentos da jovem Joana comparando-os, com considerável apreensão, às minhas experiências (entusiasmo juvenil, sentimento de superioridade, intimidação diante de autoridades e ambição agressiva).

Considero equivocado pensar que compaixão (simpatia) também é um único fenômeno emocional, em vez de vários (ou muitos). Essas emoções variam em termos de sofisticação cognitiva desde o mero sentimento de coleguismo do "contágio emocional" — simplesmente "adotando" a aflição de outra pessoa em função de mera proximidade — até o compartilhamento "cognitivamente superior" da emoção, "colocando-se no lugar do outro" de forma imaginativa e bastante autoconsciente. No extremo "inferior", o "contágio emocional" envolve uma intencionalidade mínima, um vago senso de mal-estar ou alegria, e não é absolutamente necessário nem mesmo provável que o sujeito de tal emoção seja capaz de dizer claramente "sobre" o que ela é, muito menos o que indica ou significa. A pergunta "por que você está sentindo isso?" recebe apenas uma resposta causal, como, por exemplo, "porque estou com ela e ela está perturbada". A "receptividade" de Nel Noddings é consideravelmente muito mais sofisticada. A intencionalidade ainda pode ser mínima, mas, na medida em que o "contágio emocional" acontece meramente em função da proximidade, a pessoa precisa "se abrir" para ser receptiva. A pessoa "deixa acontecer" (geralmente protegida pela alegação de que tal empatia emocional é "espontânea"). De um jeito ou de outro, envolve uma decisão (embora a decisão crucial possa ter sido tomada anos antes — por exemplo, ter um filho ou investir naquela amizade).

Um último alerta: às vezes empregamos simpatia ou o verbo simpatizar para indicar concordância ou aprovação, embora este não seja um uso literal do termo. Não se precisa concordar com o sentimento em questão ou aprová-lo, assim como não se precisa apreciar ou aprovar as próprias emoções e gostar delas. Compartilhar um sentimento é uma coisa, mas aceitá-lo ou aprová-lo é algo muito diferente. Os sentimentos podem concordar, mas nós não. Em filmes de segunda categoria, bem podemos compartilhar o sentimento de vingança bastante fascista do herói ofendido, assim como, de forma semelhante, podemos compartilhar a inveja de alguém que tenha sido despossuído de modo parecido, e nos censurarmos exatamente por esse sentimento.

Entretanto, uma palavra final de ânimo. Adam Smith é muitas vezes malinterpretado como o apóstolo do egoísmo, o que sugeri que, sem dúvida, ele não é. Entretanto, o que se aplica a Smith pode ser também aplicado ao sistema econômico que ele defendia, o "capitalismo" ou, mais precisamente, "a economia de mercado". Pensem nisso nos seguintes termos: ao longo da maior parte de toda a história humana, as formas primárias de troca não foram muito civilizadas: guerra, com toda a crueldade e desumanização que traz; o fervor missionário cristão e muçulmano, que alega que pretende "civilizar" o mundo mas que, na maioria dos casos, acaba matando milhares de pessoas inocentes e sendo indiferente às culturas locais e instituições que erradica e destrói ou francamente hostil com elas. Vieram, então, o comércio e o mercado (que antecederam tanto o cristianismo como o islamismo). A impressionante vantagem do mercado era, e sempre tem sido, o fato de ele *inevitavelmente prestar atenção às necessidades e preferências dos clientes*. Desse modo, a simpatia (empatia) de Smith desempenhou um papel essencial nessa suposta arena de egoísmo. É preciso compreender o que as pessoas desejam a fim de supri-las com isso. Não quero, desse modo, negar a persistência da corrupção, da exploração, do monopólio e a barganha pelo lucro no mercado, nem negar que a maioria dos negócios quer e precisa ser lucrativa; mas quero dizer que, em sua essência e no que tem de melhor, o mercado não é apenas a expressão de um egoísmo desenfreado, mas, ao contrário, uma preocupação mútua com a mútua satisfação.

Considero a compaixão e a empatia de enorme importância para compreender nossas vidas emocionais; são parte da nossa capacidade natural de sintonizar com a emoção de outros, sem a intermediação de uma rica imaginação empática, e de sentir o impulso para reagir sem a necessidade de muito pensamento. No entanto, o pensamento precisa vir logo em seguida para que nossas reações sejam de fato úteis, e não meramente expressivas. Desse modo, embora "natural", a simpatia é uma combinação tanto de disposições inatas como de aculturação e educação. Nossas vidas emocionais são, em grande parte, imitativas, aprendidas em "roteiros paradigmas"[5] — assim chamados pelo filósofo Ronnie de Souza (1987) —, e é na presença do sofrimento de outras pessoas que aprendemos a relevância da compaixão e as expectativas que a envolvem. Não temos apenas interesses próprios. *Compartilhamos* interesses com outros. A empatia não é altruísta nem interesseira. Mais propriamente, exemplifica a solidariedade implícita da raça humana.

Esta, creio, é a duradoura e contemporânea importância das teorias do século XVIII e, devemos mencionar, das mensagens religiosas semelhantes que emanam do budismo, confucionismo e cristianismo, para só mencionar algumas. Contra o permanente cinismo que descreveu a natureza humana como essencialmente egoísta, todas defendem uma imagem muito mais humana e admirável, uma descrição que substancialmente qualifica e limita os aspectos egoístas da humanidade e apresenta a natureza humana não como uma *guerra* hobbesiana "de todos contra todos", mas uma *sympathetic* comunidade definida por companheirismo e uma aversão a ver seus semelhantes sofrendo ou com dor.

Notas

1. Edição brasileira: *Teoria dos sentimentos morais*. São Paulo, Martins Fontes, 1999. (*N. do T.*)
2. Aspas nossas. Em inglês: *care and caring*. (*N. do T.*)
3. *Comedy club* é um evento que reúne diversos atrativos em uma única noite, mesclando apresentação, de improviso, de comediantes, eventualmente jantar de confraternização e música. (*N. do T.*)
4. Tradução livre: *cuidar*. No sentido de "importar-se com". (*N. do T.*)
5. Em inglês: *paradigm scenarios*. (*N. do T.*)

CAPÍTULO VI

Extremos de emoção: luto, riso e felicidade

Deixando o amor e a compaixão, continuemos explorando um curioso trio de emoções: luto, riso e felicidade. Talvez possamos pensar em luto e felicidade como extremos de emoção, com o riso atuando de modo semelhante a um veículo transformador entre os dois. Ou poderíamos pensar em uma criteriosa mistura de afetos, algo como equilibrar o doce com o picante e o amargo, como um bom molho *molé* mexicano. Juntos, porém, luto, riso e felicidade levantam profundas questões a respeito do papel das emoções na vida boa. Para começar, luto não pode ser excluído da vida boa, mesmo sendo uma das mais dolorosas e devastadoras emoções. Se amar e se importar são essenciais à vida, o mesmo acontece com o luto, que é nada menos do que a conscientização da nossa extrema vulnerabilidade à perda. É, portanto, uma parte essencial da vida, mesmo que algumas almas afortunadas nunca venham a experimentá-lo. O riso e a felicidade, ao contrário, tendem a ser tão exageradamente exaltados na nossa sociedade de "busca da felicidade" que, frequentemente, se assume que são equivalentes à própria vida boa. Porém não é esse o caso ou, pelo menos, não é assim tão simples, pois uma vida humana rica só às vezes é de felicidade e riso, por mais infinitamente desejáveis que esses possam ser. Tolos podem desperdiçar a vida rindo. Apesar de Aristóteles, talvez até a felicidade não seja a única coisa que importa na vida. Em outras palavras, o presente capítulo pretende colocar em perspectiva dois extremos da nossa vida emocional: devastação, por um lado, e o que chamamos de felicidade, pelo outro.

Há, porém, outra tese que eu gostaria de considerar aqui, a de que luto, riso e felicidade são emoções que se tornam mais significativas quando compartilhadas. Não é essa a visão dominante, pelo menos em grande parte da nossa cultura. O luto é descrito como uma emoção muito particular, muito pessoal, caracterizada por um retraimento social e um fechar-se para o mundo. A felicidade, especialmente nos Estados Unidos, é caracterizada como uma emoção estritamente individual, um sentimento que se pode ter e manter, mesmo que todos em volta estejam sofrendo. Ainda pior, a felicidade é muitas vezes identificada com simples animação, e isso é apresentado como admirável e desejável em si, novamente independentemente do contexto e sem levar em conta o bem-estar dos outros. Com excessiva frequência, também o riso é bastante comemorado, sem levar em consideração o conteúdo ou o contexto, ou seja, sem referência *sobre* o que ele é, como se também fosse bom em si. Quando, porém, a felicidade é representada como uma emoção individual, um alegre sentido de bem-estar pessoal, creio que cometemos um grave erro filosófico que, ironicamente, é fonte de muita *in*felicidade, conforme vou sugerir. Luto, riso e felicidade não são sempre o que se diz que são e, além do mais, a grande virtude dessas emoções, ao contrário de muitas outras, é que são (ou deveriam ser) não competitivas. É especialmente nesse sentido que são muitas vezes, e de preferência, compartilhadas e de modo algum unicamente individuais.

Luto e riso tendem a ser ignorados pelos filósofos; o primeiro porque parece ser uma emoção muito sombria e o segundo porque a própria filosofia tende a ser um pouco sombria. ("Tentei ser um filósofo", disse o Dr. Samuel Johnson, "mas a animação insistia em aparecer.") Desde Aristóteles, a felicidade tem sido, certamente, um tema de central interesse filosófico. Porém o que o velho Aristóteles queria dizer com felicidade (*eudaimonia*, em grego) e o que geralmente entendemos por "felicidade" são duas questões bem diferentes. Para ele e para muitos filósofos desde então, a felicidade tem pouco a ver com nossos estados subjetivos, com "sentir-se feliz". Portanto, é provavelmente justo dizer que os filósofos tendem a não considerar a felicidade *como uma emoção*, mesmo sendo central ao seu pensamento, como o objetivo mais geral de uma vida boa. No entanto, certamente eu não negaria que nossas emoções, em geral, são essenciais à nossa felicidade.

LUTO

Em primeiro lugar, vejamos o luto, sobre o qual filósofos não gostam de falar. Existe, é claro, a morte, sobre a qual muitos filósofos escolheram debater eloquentemente (ainda que de modo obscuro). Entretanto, como rapidamente argumentarão, os filósofos não são conselheiros para o luto, nem terapeutas, e os enlutados deveriam procurar consolo em outro lugar que não na filosofia. O que nós, filósofos, podemos dizer-lhes, inutilmente mas com honestidade, é que todos temos de morrer algum dia. ("Puxa, obrigado!") Fora da filosofia, no mundo dos que, realmente, têm de lidar com a morte e o luto, os mais esperançosos dentre nós podem acrescentar alguma coisa — tal como que o morto "foi para um lugar melhor" — enquanto o resto oferece "condolências" e permanece respeitosamente em silêncio. No entanto, na maioria das culturas, quer acreditem ou não em vida após a morte, a expressão do luto — o processo de luto público — é um dos mais importantes rituais sociais. Os americanos, pelo contrário, têm uma atitude em relação à morte e ao luto que pode ser mais bem resumida como negação, e uma das razões é que eles encaram o luto como uma perda pessoal e não tendem a considerá-lo em termos de solidariedade.

Diz-se que luto é a mais negativa das emoções "negativas", mas, como já sugeri em capítulos anteriores (e volto a argumentar), considero simplista a oposição entre emoções positivas e negativas. Isso se aplica também ao luto. Novamente, devemos distinguir claramente entre o que causa uma emoção e o seu papel funcional em nossa economia psicológica. É verdade que o luto significa uma perda séria. (Cabe, aqui, uma observação: falarei apenas sobre um paradigma de luto, aquele que se segue à perda, mais ou menos súbita, de um ente querido. Existem outros: a família que perde a casa dos antepassados em um ciclone ou tufão; a mulher que chora os filhos que não teve; a alma desorientada que lamenta a vida que poderia ter tido; a pessoa apaixonada abandonada e que sofre pelo amado, que está, agora, casado e feliz em Seattle; a prolongada doença de um ente querido que não só dá lugar ao luto como requer um processo de luto nos últimos meses ou anos da doença. No entanto, a perda de um ente querido é bastante terrível e davastadora e suficientemente traumática para nela concentrarmos nossa atenção.)

Entretanto, o luto não é só trauma. O outro lado do luto, sua condição prévia, é o amor. Quero, portanto, argumentar que luto não é apenas lamentar a perda. *É também uma forma de manter o amor vivo.* Reflitam sobre como pensamos mal de uma pessoa que acabou de perder um parente próximo e já está de pé e ativa, sem um traço de luto ou sofrimento. Na melhor das hipóteses, podemos ser generosos e supor que ela está negando e reprimindo o acontecido, mas, sendo menos compreensivos, podemos simplesmente concluir que é insensível ou incapaz de amar. Além do mais, espontaneamente, tendemos a pensar no luto como se fosse apenas relacionado ao passado. No entanto, luto é também sobre o presente e o futuro. Pensem no que chamarei de fator de *comemoração* no luto. Livros são dedicados, edifícios são batizados, bolsas de estudo e fundações são criadas a fim de manter viva a memória daqueles a quem se amou e que se foram. Podemos pensar no luto como uma emoção "negativa" e indesejável, mas algum de nós gostaria de viver em um mundo sem luto, em que pessoas morreriam sem deixar vestígio emocional? Pensem no próprio funeral e apenas imaginem que ninguém se deu ao trabalho de comparecer.

O luto é negligenciado não porque não seja importante, mas porque é inevitável. Impõe-se a nós. É bastante fácil entender por que deveríamos pensar no luto como uma emoção considerada "negativa" e indesejável. Sua presença significa que sofremos seriamente, o que não se deve confundir com a alegação de que sofremos *de* luto. Falamos do luto como uma emoção dolorosa, mas é a perda que é dolorosa, não a emoção. Além disso, o luto é uma emoção moral, de um modo que tentarei explicitar aqui. É por esse motivo que o luto não só é esperado — como reação *apropriada* à perda de alguém amado —, mas é *obrigatório*, em um sentido muito intenso. Não ficamos apenas surpresos quando alguém não mostra sinais de luto diante de uma perda muito pessoal. Ficamos moralmente ultrajados e censuramos tal pessoa.

Consideremos Meursault, o personagem de Camus em *O estrangeiro*, condenado como "desumano" porque deixa de enlutar-se no funeral da mãe. Se o luto não passasse de uma reação negativa diante de uma perda ou de uma condição física que se encaixa na definição de um distúrbio mental, uma doença em termos médicos (como tem sido geralmente sugerido), tal reação seria incompreensível. Uma pessoa dessas seria considerada afortunada, assim como um atleta que tem alta resistência à dor ou uma pessoa corajosa que desafia riscos e não demonstra medo em circunstâncias que seriam apavorantes para a maioria das pessoas comuns. O luto, porém, não é simplesmente "normal" ou "natural", e não apenas costumeiro ou "apropriado". É moralmente obrigatório, porque o luto, como o amor, está profundamente entrelaçado ao tecido de nossas vidas morais. Meursault não se enluta porque não ama (não pode amar), e é isto que o condena.

Outro problema é que, na cultura ocidental, o luto é menosprezado, sendo visto como "não viril". A fala clássica é de *Hamlet*, uma peça que pode ser lida como sendo totalmente sobre o luto (e não sobre vingança, como geralmente a leem [ver Faccio, 1999]).

> É gentil e admirável em tua natureza, Hamlet,
> prestares esses serviços de luto a teu pai.
> Mas deves saber que teu pai perdeu o pai
> e esse pai perdido também perdeu o dele e, durante algum tempo,
> por obrigação filial, é dever do que sobreviveu
> enlutar-se obsequiosamente. Entretanto, persistir
> em luto obstinado é um caminho
> de ímpia teimosia. É um luto não viril,
> demonstra uma vontade muito imprópria aos céus,
> um coração fraco, uma mente impaciente,
> uma compreensão ingênua e ignorante.[1] (*Hamlet* 1.2.91-101)

"Luto não viril." Isso diz tudo. O luto é uma recusa a aceitar o inevitável, é uma "ímpia teimosia". Sem dúvida Claudius aceita a conveniência de um luto (muito) breve, "durante algum tempo... enlutar-se obsequiosamente", mas rapidamente acrescenta que *homens de verdade* não se enlutam (e, nesta época de igualdade de gênero, talvez *mulheres de verdade* também não o façam). Portanto, como devemos compreender essa emoção "ingênua e ignorante", acusada de ser desconectada da realidade? Será que demonstra "vontade muito imprópria aos céus" ou, ao contrário, indica algo essencialmente humano, isto é, a capacidade de amar?

O verdadeiro luto pode ser profundo. Como o amor, envolve um *self* compartilhado, mas, nesse caso, o *self* compartilhado foi seriamente danificado. Para voltar mais uma vez ao mito de Aristófanes, o *self* completado é, mais uma vez, partido ao meio. Desse modo, o luto envolve nada menos do que a perda do próprio *self* — ou de uma parte substancial do próprio *self* — e o recolhimento que exprime luto não é a rejeição à sociedade nem o simples retraimento de um ser ferido, mas, sim, a tentativa necessária de reconstruir e restabelecer o próprio *self*. Contrariamente à visão comum, o luto não é apenas dor, e as "tendências à ação" associadas ao luto não são, como tão frequentemente se supõe, meramente recolhimento ou expressões de dor. O luto, assim como a *angst* de Heidegger, impele à reflexão e é esse o objetivo do recolhimento. A ideia de que o luto não comporta tendências à ação ignora, também, essa característica óbvia do luto, embora, certamente, retraimento e reflexão não sejam ações exatamente "vigorosas", no mesmo plano de dar um soco no nariz de um transgressor por raiva ou de fugir para salvar a vida por medo. (Foi William James que insistiu em que "um ímpeto a agir vigorosamente" é o que distingue as emoções da fria racionalidade. No entanto, ele estava pensando em raiva e medo, não em luto.) Em uma comunidade saudável, também são significativas as tendências à ação das outras pessoas que dão apoio e ajudam a manter viva a memória do morto.

Houve uma época em que pensei que o luto poderia ser visto como uma emoção que degenerou, um *desmoronamento* em vez de uma emoção em si. Hoje, muitos filósofos (assim como já fiz) argumentam que a maioria das emoções é "racionalmente avaliada" e envolve motivos, objetivos, intenções e ações complexos. Entretanto, isso coloca um problema em relação ao luto que parece incluir um desejo claramente irracional — ou seja, desejar que o morto volte à vida — e, portanto, não produz objetivo ou intenção inteligível e nenhuma ação. O luto, diferentemente da maior parte das emoções, não parecia acarretar ação, mas, ao contrário, um retraimento e uma incapacidade de fazer praticamente qualquer coisa. Dessa forma, eu pensava que o luto fosse a perda de intimidade e a ruptura de uma intensa dependência emocional. Isso significava que a melhor forma de compreender a fenomenologia do luto não seria como uma perspectiva emocional, mas como a súbita destruição de uma perspectiva emocional, um desmoronamento. Vim a perceber, porém, que isso subestima o valor e a importância do luto e produz uma análise inadequada e pouco criativa dessa emoção.

No entanto, o luto é exemplar de um outro jeito. O luto não é apenas uma emoção, é um processo. Elisabeth Kübler-Ross (1975) esboçou o que foi muitas vezes confirmado como o processo "normal" do luto, que inclui negação, raiva, perplexidade e culpa, assim como tristeza com a qual o luto é, de forma limitante, frequentemente identificado. Portanto, seria certamente equivocado dizer que o luto é uma "emoção básica" no sentido em que vimos sugerindo, mas, em outro sentido, é difícil pensar em uma emoção que seja mais básica para a vida humana, sua natureza social e mortalidade. Ainda uma vez, é essencial que pensemos em uma emoção como um dinâmico engajamento com o mundo, e não apenas como um sentimento autocontido.

Esse engajamento com o mundo é dominado por um tipo peculiar de percepção, a de que alguém, o ser amado, *não está ali*. Tais percepções de *ausência* são importantes, embora negligenciadas, na filosofia, como convincentemente insiste Jean-Paul Sartre com a discussão sobre o nada em "Pedro não está no café", no importante livro *O ser e o nada*. O fato fenomenológico e psicológico é que uma ausência pode ser mais aguda, mais perceptível, mais obsessiva do que qualquer presença. Portanto, a fenomenologia do luto é praticamente inconcebível sem uma fenomenologia da memória, porque, dizendo o óbvio, o luto refere-se inevitavelmente ao passado, ou melhor, ao passado tal como é recordado. Os tempos passados junto ao ente querido que partiu são, talvez obsessivamente, lembrados. Uma das dores paradoxais associadas ao luto é, sem dúvida, a constatação de que não se consegue lembrar tanto quanto se gostaria, que a memória que se tem do ser amado perdido está diminuindo com o tempo. Isso é tão frustrante como, em certa medida, um motivo, em si, para mais luto e culpa. Desse modo, o que é uma parte essencial da "recuperação" do luto também é, portanto, um aspecto do sofrimento do luto.

Entretanto, ressaltei que o luto também visa ao futuro. Não diz respeito apenas ao passado. A maioria das emoções contém um desejo característico (ou um conjunto de desejos) e é isso que as torna tão motivadoras. Mas qual é o desejo associado ao luto? Sugeriu-se que o luto envolve apenas um desejo — impossível — o de que o ser amado não esteja morto. Isso ignora, porém, um dos mais dramáticos aspectos do luto, seu forte intuito de homenagear e honrar o morto, de satisfazer ao menos uma de suas vontades mais fundamentais (mesmo que não tenha sido verbalmente exteriorizada). Assim escreve Janet McCracken, uma querida ex-aluna minha, a respeito da natureza "dedicatória" do luto: "A qualidade dedicatória do luto em relação ao morto reflete-se em algumas das coisas que geralmente dizemos a respeito dele, tais como 'ele gostaria que fosse feito assim', 'vamos vencer este jogo por ele', 'isto está fazendo com que ele se revire no caixão'." Quando alguém que amamos morreu, desejamos *prestar homenagem* àquela vida como um todo, acima e além de quaisquer honras ou prêmios que possa ter recebido por realizações em vida. Para algumas pessoas, pode parecer impróprio que dediquemos nossos livros aos mortos ou que se batizem estádios e escolas com seus nomes, pois "no fim das contas não estão aqui para apreciar". Entretanto, alguém que não compreenda esse impulso "dedicatório" pode ser (na melhor das hipóteses) considerado insensível.

Entretanto, o luto também pode adotar uma estratégia, começar como uma expressão de amor e, logo, deixar isso para trás. Ela é bem expressa por Edina, a detestável protagonista do seriado da televisão *Absolutely Fabulous*:[2] "Para que serve ficar enlutada se não há ninguém perto para te ver assim?!" Portanto o luto (como a piedade, segundo Nietzsche) pode ser autoindulgente. Entretanto, mesmo sincero, serve a um objetivo estratégico: atrair simpatia e cuidados, durante um momento difícil, e lembrar a si mesmo a continuidade do pertencimento a uma comunidade.

Até aqui não prestei atenção suficiente à expressão pública e social que reivindiquei ser tão importante porém negligenciada pela cultura americana. A manifestação social do luto é, obviamente, o ritual da expressão do luto. Em muitas culturas a expressão do luto dura anos, às vezes a vida inteira. Em algumas sociedades, como os maoris na Nova Zelândia, o luto não é considerado uma interrupção de vida, mas, pelo contrário, o prolongamento do ritmo da vida. Um funeral maori dura três dias ou mais. Nos

Estados Unidos, pode levar menos de uma hora. O luto maori é fortemente comunitário e verdadeiramente compartilhado, e não apenas uma questão de simpatia. A perda é de todos, da comunidade tanto quanto dos parentes próximos. Consequentemente, a lógica do luto entremeia-se com a estrutura da expressão do luto, ao contrário da atitude americana em que o luto é um recolhimento antissocial. Uma das coisas mais impressionantes da cultura americana (na medida em que ela possa ser diferenciada das muitas subculturas étnicas que a compõem) é a comparativa ausência de rituais estabelecidos para a expressão do luto. Dentro de poucos dias ou até poucas horas após o funeral, é perfeitamente aceitável que os enlutados voltem ao dia a dia e, no prazo de algumas semanas ou no máximo um ou dois meses, simplesmente espera-se que tenham "superado" o acontecido. Em outras culturas, ao contrário, a ideia de "superação" é considerada totalmente ofensiva não apenas para o ser amado que se foi, mas para a honra de toda a comunidade.

Desse modo, o luto é vital para a comunidade humana e para nosso bem-estar no sentido mais amplo, mas, ao mesmo tempo, parece interferir em nossas vidas e nossos projetos em andamento e ser, portanto, ineficaz, se não "sinal de fraqueza". Os rituais da expressão do luto, portanto, têm não só o objetivo de ajudar as partes enlutadas a reingressar na comunidade, mas desempenham a função de lembrar a todos nós nossa mortalidade, o fato de que basicamente somos significativos não só porque existimos como indivíduos, mas porque, juntos, formamos um povo que sobreviverá a nós e dará sentido a nossas vidas. Nisso, também, o luto tem um valor positivo, na medida em que nos propicia um bom motivo para reflexão, um senso renovado de solidariedade social, bem como um novo sentido do que precisa ser feito, não apenas para nós, mas para a memória daqueles que perdemos e para a comunidade que compartilhamos. A perda sofrida no luto pode ser enorme e irreparável, mas, ao se ignorar ou negar a importância do processo de luto e dos rituais de expressão do luto, há uma dor adicional que só intensifica, e não alivia, o sofrimento. A negação do luto, como os estoicos viam com tanta clareza, requer, primeiro, a negação do amor e esse é um preço que a maioria de nós não está disposta a pagar.

RISO

Tendo passado pelo luto, vamos nos animar um pouco e ir para o que pareceria ser o polo oposto do espectro doloroso-agradável da emoção: o riso. Pode-se pensar que o riso não se encaixa absolutamente aqui, não apenas porque não condiz com o luto (embora às vezes possa, e até muito bem), mas porque não é uma emoção. É uma expressão de emoção e, além do mais, de várias emoções diferentes. Quando crianças, ríamos quando nos faziam cócegas. Também ríamos de excitação quando estávamos apenas jogando, correndo e brincando de pegar. Em algumas culturas asiáticas e para algumas jovens pertencentes a *sororities*,[3] o riso é uma expressão típica de nervosismo ou embaraço. Se nos derem óxido nítrico (o "gás do riso") para inalar, rimos sem motivo algum. Porém pode-se pensar que rimos, especialmente, porque algo é *engraçado*. Mas isso em si já é uma enorme questão. O que faz com que algo seja engraçado? (Vou avisando de antemão que nada é tão sem graça quanto tentar entender o que torna alguma coisa engraçada. Não esperem que o que se segue seja uma profusão de riso.)

Que emoção estaria sendo expressa no riso? Paul Ekman e outros levantaram a hipótese de que determinadas expressões faciais exprimem caracteristicamente emoções definidas. Isso se aplica ao riso? Nos Estados Unidos, o riso frequentemente expressa contentamento, mas claramente não é riso sobre algo específico. Deixando de lado cócegas e embaraço, eu costumava pensar que o riso tinha tudo a ver com humor, uma expressão do "senso de humor" da pessoa. O que significa, porém, ter senso de humor? Não basta rir muito ou mesmo achar muitas coisas engraçadas. Isso pode apenas fazer de você um retardado mental. Então, sobre o que é o riso? Passei vários anos tentando analisar o que é que faz com que alguma coisa seja engraçada ou, em outras palavras, o que nos faz rir. Passei alguns anos deliciosos pesquisando seriamente o humor embebido em tristeza de Charles Chaplin, as peripécias do Gordo e o Magro, a habilidade com trocadilhos de Shakespeare, a sátira autorridicularizante de *Seinfeld*, o humor físico de Steve Martin, Robin Williams e Jacques Tati, o humor político irônico do *The Daily Show* e *Os três patetas*. (Era um grande fã.) Mas perguntava: o que há de engraçado em três adultos agindo como idiotas, socando-se uns aos outros nos olhos e atingindo-se mutuamente com objetos duros e pesados? Em resumo, qual é a graça de coisas ruins (aparentemente) acontecendo com outras pessoas? Dessa perspectiva, não parecia que nosso riso e nosso humor conduzissem à virtude. Pelo contrário, parecia que riso e humor sempre fossem, maliciosamente, à custa dos outros, o oposto exato da compaixão, que anteriormente sugeri que era a base da ética e do sentimento humano de irmandade. (É por isso que o filósofo francês Henri Bergson considerava o humor a antítese de sentimento e emoção.) Porém, se humor e riso são essenciais para a vida boa, as implicações são bem terríveis.

Comecei a perceber o erro do meu modo de pensar durante um *workshop* de psicologia no qual (em um filme) uma jovem mãe era mostrada brincando de esconder com seu bebê e ambos estavam rindo hilariamente. Para salvar minha teoria, fiquei tentado a insistir em que ambos achavam aquilo tremendamente engraçado. No entanto, mesmo que a minha vida dependesse disso, não conseguia ver a relação com o humor que vinha analisando. Nem era palhaçada. Em um certo sentido era uma brincadeira, mas parecia ser uma atividade muito adiantada, dada a idade do bebê. Tornou-se evidente, à medida que me distanciei da pergunta "o que é engraçado?", que o riso é, antes de tudo, um intenso mecanismo interpessoal. A emoção expressa é muito mais prazer mútuo do que alegria ou divertimento (muito menos sadismo divertido). Não significa negar que algumas coisas sejam genuinamente engraçadas (pelo menos em um certo contexto, para uma certa plateia) nem que muitas coisas sejam claramente *não* engraçadas (pelo menos em um certo contexto, para uma certa plateia). Porém, se o riso é, antes de tudo, uma expressão e um veículo de solidariedade, então podemos compreender como o humor é tão contextualizado e variável. Riso, em meio ao luto, pode ser não apenas um grande alívio, mas pode muito bem estar de acordo com o espírito do morto, que, espera-se, estaria também rindo junto. Em tais circunstâncias, deve-se, no entanto, ser muito cauteloso quanto ao próprio humor. (Após a morte de alguém com pouco senso de humor, o comportamento de rir seria especialmente desrespeitoso.)

O fato de que o riso é uma vinculação social não o torna, em si, valioso nem virtuoso. O humor racista e o sexista tendem a intensificar a solidariedade, mas isso dificilmente faz com que valha a pena, muito menos os torna virtuosos. A solidariedade é a essência do humor? Existe um bom número de pensadores ilustres que argumentaram que o humor racista e o sexista são a norma, e não a exceção. (Acontece, entretanto, que essas duas áreas são, no momento, "politicamente incorretas" e impróprias.) Argumentou-se que o humor é unicamente uma expressão de superioridade agressiva e que rir é essencialmente ridicularizar ("a gargalhada do vencedor", escreve Thomas Hobbes). Aristóteles também insistiu em que o humor é uma expressão de superioridade, especialmente a superioridade dos indivíduos "melhores" (a aristocracia) sobre os vulgares (todos os demais). Sem dúvida, sexismo e racismo em geral se enquadram aqui (como perceberá qualquer um que tenha assistido às comédias de Aristófanes), mas, acima de tudo, o riso é a respeito de maus modos (por isso, a "comédia de costumes" permaneceu, até os tempos modernos, como um importante estilo de humor). Do lado positivo, o riso poderia ser avaliado como detentor de um certo valor terapêutico, na medida em que o ridículo é um poderoso meio de intimidação para pequenos erros de conduta. Nessa visão, o riso é torpe, até mesmo cruel (um argumento geralmente usado para distinguir entre rir *com* em oposição a rir *de* uma outra pessoa). Isso explicaria o humor dos *Três patetas* e talvez a tristeza do vagabundo de Chaplin. Mas todo humor é assim? O que dizer da mãe e seu bebê brincando de esconder? Não haveria uma forma mais inocente de compreensão do humor e do riso que todos consideramos ser uma grande virtude e parte essencial da vida humana?

A teoria da superioridade não é a única sobre o humor, embora tenha, claramente, uma área problemática. Existem outras concepções sobre o humor. John Morreall (1983) distinguiu três diferentes teorias filosóficas de humor e que explicam o riso de formas bem distintas. A primeira é a "teoria da superioridade", mas nem todo humor supõe alguma atitude de combate. Portanto, Morreall distingue um segundo tipo de teoria, a do "alívio", que se dirige particularmente às piadas sexuais e similares. Seu maior divulgador foi Sigmund Freud. Freud insistia em que a função do humor era a liberação de impulsos libidinais e escatológicos e, no mundo reprimido da classe média vitoriana, isso parecia fazer bastante sentido. Talvez essa teoria também explicasse por que, em algumas sociedades, o riso é uma expressão de embaraço, um tipo diferente de alívio. Sua aplicação aos *Três patetas* é um pouco mais dúbia, mas o fato de que esses curtos filmes ainda agradem principalmente aos garotos adolescentes (e rapazes adolescentes) sugere que o humor pode liberar um tipo diferente de impulso, nem sexual nem escatológico, mas de alguma forma impróprio. Entretanto, o riso coletivo nem sempre é uma expressão de sentimentos nobres e a ideia de que algo é "impróprio" já o coloca em uma categoria social — a "do proibido" —, e isso em si é capaz de aproximar pessoas inibidas. Assim, segundo essa interpretação, o humor tem a ver com condutas *transgressoras*, maneiras não apenas ruins ou inferiores, e com a quebra de tabus, inclusive em relação à violência. (Daí a popularidade de filmes como *O clube dos cafajestes*[4] e *American Pie*.[5])

Entretanto, essa teoria não parece fazer o humor mais virtuoso do que a superioridade, especialmente caso encoraje a violência. Não se trata, porém, de passar, rapidamente, ao abuso. Em uma comédia dos *Três patetas* ninguém se machuca. São personagens do tipo desenho animado. Imediatamente após alguma violência, estão novamente em boa forma e o suposto machucado não tem consequência. Como acontece com tantos personagens de desenho animado, a dor não é duradoura. O infeliz coiote, nos desenhos do Papa-Léguas, pode despencar centenas de metros desfiladeiro abaixo, mas depois de dois minutos está de pé e pronto para uma nova sequência. Esbarramos aqui em algumas questões filosóficas bastante profundas a respeito do status de pessoas de ficção ou fictícias, questões semelhantes às nossas preocupações sobre o medo e o horror vicários nos capítulos 3 e 4. Porém mais preocupante é o argumento de que, se a violência simulada é humorística, será que a violência real não poderia sê-lo mais ainda? Se a quebra de tabus é humorística, realmente quebrá-los não seria mais humorístico do que apenas fingir quebrá-los?

É verdade que existem personalidades patológicas para quem só serve violência real e há situações extremas em que um argumento como esse pode fazer algum sentido. No entanto, para a maioria de nós, uma pré-condição para o humor é que os tabus em questão não sejam realmente violados. Freud foi bastante claro ao afirmar que piadas sobre sexo são piadas, e não sexo real. Portanto, a diferença entre violência e violência simulada também é uma diferença crucial. Imaginem na vida real o seguinte roteiro de uma comédia do gênero pastelão: uma pessoa escorrega em uma casca de banana, cai, fica embaraçada, claramente não se machuca e então rimos (embora isso possa parecer tanto um caso de superioridade quanto de alívio). Provavelmente diríamos que estamos rindo à custa da outra pessoa ou, mais simplesmente, que estamos rindo *da* outra pessoa. O caso torna-se mais complicado, porém também mais leve, se a pessoa ri *com* a gente. Isso não mostra apenas que a pessoa não está machucada. Mostra, também, que ela não se sente humilhada, mas acha graça, como nós. Um caso ainda mais complexo é quando, na ocasião, a pessoa não acha graça, mas, após o acontecido, está perfeitamente disposta a dividir conosco a experiência humilhante. Frequentemente amigos nos contam histórias embaraçosas sobre si mesmos, obviamente se divertindo, porém depois do acontecido. Atualmente, um popular exemplo na televisão são aqueles programas bastante detestáveis de "vídeos caseiros" que convidam os espectadores a exibir exemplos humilhantes dos lamentáveis contratempos e vexames pelos quais ele ou a família tenha passado. Há também os casos em que a própria humilhação é representada pela suposta vítima, que acha aquilo engraçado não apenas depois do fato, mas por antecipação, enquanto planeja. Entretanto, se a pessoa que escorrega ou tropeça não se mexe ou está sangrando, qualquer humor que a situação possa ter despertado desaparece imediatamente e o riso cessa. Assim, a teoria do alívio é mais sutil do que possa originalmente parecer. Estamos de volta ao modo da "voluntária suspensão da crença" e ela é muito mais a sugestão da violação de um tabu do que a violação concreta, o que explica por que a alusão indireta é, com tanta frequência, bem mais engraçada do que a grosseria. (Embora, quanto a isso, nossos padrões culturais estejam visivelmente degenerando.)

Tanto agressão quanto alívio fazem o humor parecer bem ruim; Morreall, porém, nos oferece uma teoria da "incoerência", muito mais civilizada (embora muito menos precisa), como fonte e natureza do humor. Essa visão comparativamente bem-educada do humor explica muito do chiste — trocadilhos, por exemplo, e muito sobre o comediante que se apoia em piadas (geralmente um comentário espirituoso) cujo objetivo é a pura sagacidade, e não provocação sexual ou expressão de superioridade. Ilustres defensores filosóficos da teoria da incoerência incluem Immanuel Kant, Arthur Schopenhauer e o existencialista Søren Kierkegaard. Minha objeção à teoria não é a civilidade, que constitui o ponto de boas-vindas sobre a intrínseca sociabilidade do riso, mas a imprecisão. Pode-se encontrar alguma "incoerência" em quase todas as piadas ou cenas de comédia. É uma boa observação que o humor quase sempre envolve uma quebra das nossas expectativas, uma surpresa ou alguma esquisitice que é, em si, divertida. Porém, evidentemente, é aqui que reside o problema. Explicar por que uma esquisitice é divertida parece estar exatamente repetindo a pergunta "o que faz algo ser engraçado"? De fato, nem todas as incoerências são engraçadas. A vida está cheia de incoerências e a maioria delas não é divertida. Assim, começa a parecer que a teoria da incoerência não é, absolutamente, uma teoria.

No entanto, isso não nos deixa apenas com as teorias antissociais da superioridade e do alívio. Desejo voltar à noção de que o riso exprime sociabilidade e levantar a hipótese de que aquilo que nos soa como engraçado (uma formulação mais modesta do que "o que *é* engraçado") depende em grande parte do contexto, não apenas do contexto da piada ou mesmo do contexto em que ela é contada, mas das pessoas com quem está sendo compartilhada. Em resumo, a piada é uma *desculpa* para rir e criar uma solidariedade social, embora algumas desculpas sejam, é óbvio, mais amplamente apropriadas do que outras. As piadas — isto é, a própria forma das piadas — estabelecem uma oportunidade para o riso e a solidariedade. Todos nós já apreciamos a situação de uma criança pequena que aprendeu a dominar a forma de uma piada (digamos, piadas *knock-knock*[6]) mas ainda não se deu conta do que faz com que tais piadas sejam engraçadas (sagacidade, falta de educação). A criança conta uma "piada" desse tipo e quase sempre tem um ataque de riso, sabendo que aquilo era um motivo de humor mas evidentemente sem saber por quê. (Com certeza nosso divertimento acaba bem antes que a criança se canse das aparentemente infinitas variações.) Sugiro, no entanto, que todo humor é assim, uma desculpa para o riso e a solidariedade, mais do que algo engraçado em si. Sem dúvida, em tudo isso existe bastante espaço para sagacidade, espirituosidade, expressões de superioridade e a quebra de tabus, e a solidariedade está exatamente em apreciar isso (ou em apreciar ser parte do grupo a que se dirige a piada, o que está pressuposto no humor). O humor está, porém, no rir junto, não na piada em si.

A não ser que você seja uma pessoa fora do comum, isso explica por que não rirá tanto, nem tão alto, se estiver sozinho. Ocasionalmente, pode rir ou gargalhar, mas o riso é uma expressão interpessoal e social de emoção e o humor é essencialmente uma emoção social. Portanto, pode-se rir sozinho em um filme de Charlie Chaplin, mas é muito melhor e mais engraçado em um cinema, com centenas de outras pessoas rindo também. O grau de humor do filme pode não mudar com a plateia, mas o riso, como vim a compreender, é, em primeiro lugar, uma expressão social e interpessoal de solidariedade. Apenas secundariamente o humor é o objeto da emoção.

O riso é, em primeiro lugar, uma atitude de vinculação e as emoções que expressa podem ser qualquer combinação de amor, afeição, camaradagem e solidariedade, incluindo a problemática solidariedade do racismo, sexismo e preconceito compartilhado. Aristóteles e Hobbes estão certos, pois uma fonte corriqueira de solidariedade é um senso compartilhado de superioridade (que pode não passar, como Sartre argumenta — em relação ao antissemitismo — de uma patética defesa mútua). No entanto, estavam errados quando sugeriram que o riso não era nada mais do que esse senso de superioridade, muito menos a origem (em vez de apenas o alvo) do humor. A solidariedade não depende de superioridade nem de defensiva. Uma família ou uma *fraternity* pode rir solidariamente de filmes ou vídeos de si mesmos em aventuras anteriores. Podemos sentar-nos e rir com algumas centenas de estranhos em um cinema. Nesse caso, o senso de humor depende do sentimento de solidariedade. Isso não significa que aquilo de que se está rindo não seja engraçado, mas, em parte, é engraçado graças ao conteúdo social compartilhado.

As diferenças de humor entre diferentes culturas são, certamente, bem conhecidas. (Pensem nos alemães, italianos e franceses, sem falar nos japoneses, árabes e nativos das ilhas dos Mares do Sul.) Não é só uma questão de acharem engraçadas coisas diferentes. Esse é o dado superficial. As próprias culturas têm diferentes costumes, expectativas, tabus etc. No entanto, se o humor é apenas superficialmente aquilo de que trata a emoção, então, mais uma vez, o que parece tão simples, direto e "natural" é, ao se investigar, imensamente complexo, sofisticado e imerso nas particularidades de uma cultura.

FELICIDADE

Finalmente, e muito resumidamente, a felicidade. Em primeiro lugar, a pergunta: a felicidade chega a ser uma emoção? Já sugeri que não é uma emoção no sentido usual. Em vez disso, concordo com Aristóteles que a felicidade envolve um julgamento quase objetivo que cobre toda (ou quase toda) a vida de uma pessoa. Felicidade, ou o que Aristóteles chamou de *eudaimonia*, é viver uma vida integralmente e vivê-la bem. Entretanto, uma vida bem-vivida envolve — necessariamente — momentos substanciais de felicidade como estado subjetivo, isto é, como uma emoção. Portanto, estamos, mais uma vez, diante do que parece ser uma fórmula complexa e controvertida, em que esperávamos ou desejávamos encontrar um sentimento simples. Assim, de um lado, pode-se argumentar que a felicidade não é absolutamente uma emoção. De outro, a felicidade pareceria necessariamente envolver muitas emoções, uma das quais poderiam ser aqueles estados despreocupados que caracterizamos como "sentindo-se feliz", mas existem muitos outros.

Pelo menos tão importantes são todos os sentimentos de satisfação e contentamento que podem, às vezes, não parecer, de forma alguma, sentimentos. São mais como um murmúrio tranquilizador do que uma barulhenta excitação. Em seguida temos a alegria. A alegria pode ser barulhenta, mas é mais como uma doce melodia do que uma violenta paixão. Mais etérea é a quase religiosa experiência de êxtase que o filósofo Spinoza (e alguns budistas) classificou como o mais elevado dos sentimentos humanos, uma conexão transcendente com algo muito mais do que humano. Em um plano mais terreno há também o que Mihaly Csikszentmihalyi (1991) chama de "*fluxo*",[7] o "barato" temporário que é experimentado por muitos atletas e outras pessoas, no auge do desempenho. Admitimos não ser essa uma experiência comum, mesmo entre pessoas felizes, mas certamente contribui, naqueles que a têm, para o bem-estar ampliado. Talvez devêssemos, também, mencionar a animação, que parece ser mais uma expressão, ou até um modo de ser, do que uma emoção ou mesmo um estado de espírito. (A animação tornou-se obrigatória em comerciais de televisão e, para muitas pessoas, também no local de trabalho, o que nos deveria levar imediatamente a suspeitar dela.) No entanto, todos esses estados, ao contrário da felicidade aristotélica, podem ser meramente transitórios, até momentâneos. A felicidade tem de ser muito mais do que isso. Tais estados podem também não passar de "subjetivos", no sentido de que poderiam ser inteiramente ilusórios. Isto é, podemos estar totalmente enganados ou desconectados quanto ao verdadeiro estado do nosso mundo. Nosso sentimento poderia ser grotescamente impróprio, ou um rápido "barato", ou semelhante à euforia de um usuário de drogas na miséria, cuja vida está em ruínas mas cujo sentimento momentâneo é de êxtase e despreocupação. Algumas pessoas (entre elas os antigos epicuristas) insistiram em que a felicidade não é senão liberdade em relação aos problemas da vida, assim como (para Epicuro) o prazer pode não ser senão ausência de dor. Uma vida boa não passa, realmente, senão de uma vida sem dor e preocupação? Também não requer conquistas, bons momentos, autorrealização e todas essas outras coisas boas? Tudo isso é muito mais do que podemos esperar tratar aqui; portanto, deixem-me brindar-lhes com uma nota promissora: voltaremos à felicidade e seus componentes emocionais ao longo de todo o livro (mas especialmente no último capítulo).

Ao insistir na felicidade, não estou negando que a alegria seja uma deliciosa emoção. No entanto, encontra-se muito facilmente banalizada, assim como acontece com a expressão ou o estado de espírito mais moderado de animação. Se a alegria nada tem que a sustente, não é um indicador da vida boa, não importando o quanto intrinsecamente desejável possa ser como experiência (e até contra isso eu argumentaria). Se a animação não passa de uma aparência, uma forma de ir simpaticamente ao encontro de situações e de outras pessoas, isso pode torná-la desejável, mas pode nada expressar a respeito do bem-estar de uma pessoa. E se é também tão "superficial" que permanece exatamente a mesma ao longo de uma grande variedade de situações, aí então se torna, ainda mais, um alvo de desconfiança (como em "o que ela está escondendo?"). A animação não é, certamente, aquela grandiosa forma de felicidade que Aristóteles insiste em que é o mais alto objetivo da vida humana. Repito, isso não significa depreciar ou condenar a animação, uma atitude a que eu mesmo poderia recorrer com mais frequência e que, paralelamente, foi enaltecida por alguns dos mais sisudos filósofos (notadamente Nietzsche). É, porém, para dizer que não deveríamos colocar muito peso na sua importância. É instrutivo lembrarmo-nos, por exemplo, de que a ênfase americana em ser amável e animado (embutida no juramento dos escoteiros e em todos os relatórios corporativos) é considerada ao mesmo tempo imprópria e falsa em muitas das culturas mais austeras no mundo. Tem pouco a ver com as duras realidades da vida.

No entanto, mesmo que a alegria e a animação sejam superficiais ou, na maioria das vezes, insignificantes em si, poucos de nós optaríamos por viver sem elas.

O equívoco é quando as confundimos com felicidade, ou quando tendemos a pensar como um contador, como se a felicidade fosse uma espécie de proporção entre sentimentos bons e ruins no balanço da vida. O pessimista Arthur Schopenhauer pensava algo do gênero, e seu argumento, difícil de refutar, era de que os sentimentos ruins, no fim das contas, terminam se impondo. Quando pais ou professores mais velhos disciplinam filhos ou alunos que gostam muito de diversão, eles os previnem: "Esperem só!" Agora, os bons tempos podem ser bastante frequentes, dizem, mas no fim o desapontamento, a doença e a mortalidade — e talvez também o carma — vão cobrar o seu preço. (A própria capacidade de Schopenhauer de se divertir, devemos observar, era bastante notória entre os filósofos. Bertrand Russell diverte-se relatando como o velho pessimista costumava apreciar bons jantares e bons vinhos, sem falar em outros prazeres da carne não recomendados nas obras filosóficas. No entanto, não existe evidência de que alguma vez tenha demonstrado animação.)

Até para aqueles de nós que consideram que suas vidas estão indo cada vez melhor (mesmo com as dores nas juntas ficando mais frequentes), a questão de uma simples contabilidade ou de uma ingênua distinção entre sentimentos bons e ruins parece bastante inadequada. Poder-se-iam, talvez, fazer tais cálculos, assumindo que pudéssemos lembrar precisamente como nos sentimos no passado, sem apelar para a importância dos eventos que motivaram os sentimentos, mas não vejo muito sentido em se fazer isso. Viver bem não é apenas maximizar os bons sentimentos e minimizar os ruins.

No entanto, felicidade e bem-estar dependem, em parte, de se ter emoções "positivas". Segundo este ponto de vista, as emoções positivas conduzem à felicidade e ao bem-estar, o que as emoções ruins não fazem. Não creio que algum de nós discordaria (embora o que conta como emoções positivas ou negativas ainda precise ser mais bem-pesquisado) e compreendemos claramente o que se quer dizer com isso. Acredito, contrariamente aos estoicos e aos epicuristas, que a vida boa e feliz não precisa ser de tranquilidade e paz de espírito, mas pode, em vez disso, ser de paixão e engajamento. Naturalmente, uma vida de paixão e engajamento pode ser feliz ou infeliz, mas é apenas para enfatizar que uma vida feliz não é necessariamente cheia de momentos felizes. Uma vida infeliz também pode ser cheia de momentos felizes. As pessoas podem ser animadas e se divertir durante toda a juventude e idade adulta e, apesar disso, sentir profundamente que desperdiçaram suas vidas. Observem, porém, que agora estamos falando de uma mistura de avaliações subjetivas com avaliações quase objetivas. Isso não está contido na ideia de que a felicidade é um sentimento momentâneo e possivelmente transitório. Nem a felicidade é apenas a realização de padrões de sucesso publicamente estabelecidos. Poderosos magnatas e risonhas celebridades frequentemente se revelam um modelo de sofrimento.

Pesquisadores atuais referem-se a esse sentimento complexo como um senso de "bem-estar subjetivo" e, diferentemente daqueles momentos de euforia não justificada vividos até mesmo pelo viciado em drogas, o "bem-estar subjetivo" requer um engajamento concreto e até certo ponto realista com o mundo. Digo "até certo ponto realista" porque nossas autoavaliações estão, é claro, sujeitas a todos os preconceitos e distorções da perspectiva pessoal e memória seletiva. No entanto, o objeto de tais sentimentos de bem-estar subjetivo são os fatos da vida da pessoa ao longo (pelo menos) de um substancial período. Podem, consequentemente, ser avaliados e, se necessário, corrigidos por amigos solidários e, às vezes, por biógrafos compreensivos que podem notar, por exemplo, que a pessoa superenfatizou uma série particular de eventos ou a importância de um incidente vergonhoso ou embaraçoso, em toda uma vida marcada por sentimentos e ações nobres. Entretanto, é o sentimento subjetivo, e não apenas os fatos, que está em jogo aqui.

Ainda assim, a relação é complicada. Aristóteles rejeita a hipótese de que o prazer é o objetivo (a "finalidade") da vida, em parte baseado na ideia de que o prazer, em si, não é um fim, mas, ao contrário, o acompanhamento de atividades bem-executadas e agradáveis. Afirma — e sempre achei isso ininteligível — que o prazer é como estar na "flor da idade". É como um bônus acrescentado às atividades significativas e à "excelência". Desse modo, a felicidade está relacionada com algo realmente a se fazer. É claro que ainda assim é possível enganar-se: pessoas embriagadas podem gostar do que estão fazendo — embora o estejam fazendo mal — e podem muito bem acreditar (equivocadamente) no contrário. No entanto, o melhor dos prazeres, nos diz Aristóteles, não são meros sentimentos, mas aspectos de uma atividade gratificante. Não gostamos do prazer, mas, em vez disso, gostamos de fazer aquilo que fazemos bem, e o prazer vem junto, "completando" a atividade.

Talvez também possamos incluir nessa análise aristotélica o fenômeno do "fluxo" estudado por Csikszentmihalyi. Quando, acima, eu o apresentei, referia-me a atividades tais como esportes de resistência, a fonte do "barato dos corredores". Posso atestar que também está disponível para nós, de tipo mais sedentário. Existe o "barato do escritor", que ocasionalmente faz do ato de escrever uma alegria. Devo admitir que, em uma segunda inspeção, o produto dessa atividade arrebatadora nem sempre está à altura do padrão que momentaneamente se imaginou; o escrever em si, como uma atividade que resulta em "fluxo", é uma experiência que envolve pouco esforço, mas requer total concentração e engajamento. Voltando, porém, a um dos temas persistentes deste livro — a felicidade —, na medida em que é uma emoção, necessariamente envolve engajamento com o mundo. Não é só um sentimento, não importa quão agradável ou até excitante seja. E não apenas acompanha a atividade ou o engajamento. Ela *é* esse engajamento com o mundo.

Conforme argumentei, o sentimento de bem-estar subjetivo depende dos fatos da vida da pessoa. Porém, em certa medida, também pode ser independente de tais fatos. Ed Diener (2003) e outros argumentaram que as pessoas tendem a viver em um certo nível de satisfação e têm um "ponto de estabilização" para a felicidade. Todos nós já observamos que algumas pessoas parecem estar felizes durante todo, ou quase todo, o tempo, quaisquer que sejam as circunstâncias, e outras pessoas parecem estar tristes ou até infelizes, não importa a boa sorte que lhes aconteça. O que Diener relata é que tanto as pessoas que sofrem terríveis e debilitantes acidentes quanto as que ganham na loteria, após um período relativamente curto de adaptação (aproximadamente um ano), retornam aos antigos níveis de bem-estar subjetivo e a como se sentiam. Portanto, não é meramente como se pudéssemos "fazer-nos felizes", conforme os livros de autoajuda estão sempre prometendo. Cada um de nós pode e deve fazer o que podemos fazer, mas nosso "temperamento" parece estabelecer uma espécie de limite para o que é possível. No entanto, é importante observar que, trabalhando com o Dalai Lama, o neuropsicólogo Richard Davidson sugeriu que a meditação pode mudar, consideravelmente, esse ponto.

Alguns grandes filósofos argumentaram que a verdadeira felicidade só é possível eliminando-se virtualmente todas as emoções. Notadamente os estoicos e muitos budistas defenderam um tal conceito de felicidade destituída de emoção, embora a compaixão fosse admitida (como um sentimento pelo sofrimento de outras pessoas) e talvez uma noção de êxtase sem objeto (com a libertação do sofrimento causado pelas emoções). Spinoza compartilhava dessa ênfase no êxtase (embora discordasse dos estoicos em relação ao descarte total das emoções), e o êxtase bem-compreendido, creio, é mais bem-concebido como uma concepção de felicidade que é particularmente iluminada, embora não necessariamente religiosa. O êxtase, assim como a felicidade, requer uma conexão com os fatos da vida da pessoa. É uma forma de engajamento. Entretanto, diferentemente da felicidade, no êxtase a conexão tende a transcender os fatos, as realizações e os fracassos da vida da pessoa, para focalizar naquela vida em um sentido mais amplo, mais filosófico ou mais espiritual. (No último capítulo deste livro, especulo mais detalhadamente sobre a natureza do êxtase e da espiritualidade.)

Desse modo, Spinoza que, segundo todos os relatos, teve uma vida desgraçada (excomungado da comunidade judaica, a saúde em péssimo estado e na miséria total), tinha, no entanto, um entendimento de sua vida em união com Deus que lhe permitia um sentido de êxtase. Assim também muitos pensadores religiosos cogitaram uma "felicidade superior" (em oposição à felicidade pagã de Aristóteles) que não requer sucesso na vida nem numerosos bons sentimentos momentâneos. É claro que há sérios obstáculos ao êxtase se a pessoa foi má na vida, e muitos pensadores religiosos tentaram contornar o caso em relação ao êxtase, insistindo em que ele engloba tanto a felicidade como a transcendência. Penso, porém, que a ideia de que se pode ter um tipo de felicidade que não consiste em emoções felizes é engenhosa.

Minha atitude é mais originária do romantismo e, para ser dramático, do mito do artista sofredor. Minha fonte filosófica sobre o assunto é, mais do que qualquer outra, Friedrich Nietzsche, que insistiu que tanto (a) felicidade não é a coisa mais importante na vida como (b) felicidade não é incompatível com sofrimento e infelicidade. A primeira colocação parece supor que a felicidade é algo específico, talvez um sentimento de bem-estar mas não o bem-estar em si. Essa "felicidade" não é tão importante quanto a aventurosa criatividade que Nietzsche considera a coisa mais importante na vida. A segunda é uma concepção mais aristotélica de felicidade como bem-estar, e uma vida de curiosidade aventureira pode bem ser uma vida feliz mesmo que cheia de dor, sofrimento e insucesso. (Isto é, o que pode parecer insucesso para a pessoa ao longo de sua vida.)

O teste de uma vida bem-vivida, entretanto, pode, sim, envolver algum tipo de consideração de sucesso, não qualquer tipo de sucesso que seja apreciado pelo sujeito. Vem à mente o próprio Nietzsche, talvez também o seu alter ego artístico Vincent van Gogh. Desse modo, podemos distinguir entre uma felicidade superficial (burguesa) e uma felicidade "profunda", a primeira envolvendo bons e duradouros sentimentos, a segunda consistindo amplamente em alta aspiração e em não rara frustração. Entretanto, mesmo aqui é impossível entender uma tal felicidade "profunda", nos termos de um único conjunto de critérios, e ela certamente não é para ser contraposta à infelicidade (que também seria descrita como "profunda").

Minha conclusão é de que, enquanto para a maioria de nós felicidade e bem-estar realmente dependem em parte de se ter emoções "positivas", estas não são necessárias nem suficientes. Como insistiu John Stuart Mill (1979), "é melhor um Sócrates insatisfeito do que um porco satisfeito". Se Sócrates estava descontente (porque sabia o quão ignorante era), isso tem pouca relação com o fato de sua vida estar ou não sendo bem-vivida e até de ele, no fim das contas, estar sendo feliz ou não. Sem dúvida, Sócrates (ao menos como Platão o descreve) parece ter sido uma alma alegre, mas um Sócrates amargo poderia, igualmente, ter gozado da mesma grandeza (e, sem dúvida, do mesmo destino). Artistas iniciantes frequentemente desfrutam momentos de grande alegria, até de *mania*, mas não é a partir disso que dizemos que levam vidas felizes e gratificantes. Certamente, uma pessoa não pode ser intensamente desgraçada e, ainda assim, ser chamada de feliz — não importa quão grandiosa e significativa seja sua vida. Mas isso é, no máximo, uma condição limitante. Se Camus pudesse assegurar-nos de que o seu Sísifo era feliz apesar do eterno sofrimento sem sentido, também haveria esperança para todos nós, almas filosóficas mais taciturnas. Nem todos compartilhamos do otimismo frequentemente pouco cuidadoso e da alegria entusiástica de muitos dos nossos compatriotas americanos (especialmente em comerciais de cerveja e pasta de dentes). Mas a felicidade ainda pode ser possível, porque não é o "oposto" da infelicidade. As emoções que tornam uma vida feliz estão destinadas a ser muito mais complicadas do que a simples alegria, uma excitação ocasional ou um cortejo de sentimentos meramente bons.

Notas

1. Tradução livre. (*N. do T.*)
2. Tradução livre: *absolutamente fabulosas*. (*N. do T.*)
3. *Fraternities e sororities* (das palavras latinas *frater* e *soror*, que querem dizer, respectivamente, "irmão" e "irmã") são organizações sociais de alunos, geralmente em universidades, existentes sobretudo na América do Norte e Europa. São tipicamente segregadas em termos de sexo, como os nomes sugerem. Existem vários tipos de *fraternities* e *sororities*, dependendo do objetivo central de cada uma delas: convivência e socialização, serviços comunitários, aproveitamento acadêmico etc. (*N. do T.*)
4. *O clube dos cafajestes* é uma comédia de 1978 que relata experiências na *fraternity* Alpha Delta Phi, no Dartmouth College, e na *fraternity* Zeta Beta Tau, na Washington University, em St. Louis. O filme é a respeito de um grupo de jovens desajustados que enfrentam a administração da universidade. É considerado um subgênero de filmes cômicos fortemente baseados em humor escatológico. (*N. do T.*)
5. *American Pie* (No Brasil: *American pie — A primeira vez é inesquecível*) é a primeira de uma série de comédias americanas para adolescentes. Conta a história de quatro adolescentes que firmam um pacto, semanas antes de se formar no ginásio, segundo o qual todos deveriam manter relações sexuais com alguma garota antes de se formar ou exatamente até a noite de formatura. (*N. do T.*)

6. *Knock-knock* é um tipo de piada estruturada em uma espécie de exercício "fala-responde", que envolve um trocadilho baseado no duplo sentido de algum nome, palavra ou expressão. O padrão segue geralmente cinco etapas:

    1. O autor do trocadilho bate em uma suposta porta: Toc-toc! (*Knock-knock*)

    2. O outro responde: *Quem está aí?*

    3. O autor do trocadilho dá uma resposta que envolve um nome que dá margem a um trocadilho.

    4. O outro repete a resposta e acrescenta "Quem?", como que pedindo um esclarecimento.

    5. O autor do trocadilho fecha a piada com uma frase que envolve o uso "propositalmente duplo" da resposta inicial, criando o humor da piada. (*N. do T.*)

7. Em inglês: *flow*. Muito resumidamente: Mike Csikszentmihalyi definiu *flow* (em português: fluxo ou fluir, referindo-se ao substantivo ou verbo) como um estado de gratificação vivido pelo indivíduo quando se sente completamente engajado em uma atividade (pela atividade em si, sem recompensa além da própria experiência) e no qual tempo e ego se dissolvem. Há muitos desdobramentos, em diferentes áreas da vida, que podem ser encontrados nas obras do autor. Optamos pela tradução "fluxo", entre aspas, aqui e nas demais ocorrências do termo. (*N. do T.*)

CAPÍTULO VII

Autorrecriminação na culpa, na vergonha e no orgulho

Segundo Sartre, é quando estamos envergonhados que ficamos mais dolorosamente conscientes de nós mesmos, de nossa indubitável existência. Em nossas ações diárias, podemos "nos perder" no que estamos fazendo. Quando estamos entretidos, também podemos perder todo o sentido de *self*. Na vergonha, porém, somos aflitivamente o centro de nossa atenção. Sentimos que todos os olhos — ou ao menos alguns olhos importantes — estão cravados em nós e que não podemos escapar. De fato, mesmo na ausência de qualquer outra pessoa, podemos sentir vergonha de nós mesmos diante da mera possibilidade de que alguma outra pessoa possa nos "pegar" ou nos ter visto. O mesmo ocorre no embaraço e na culpa. Em compensação, porém, também é assim no orgulho. Ele envolve ser o centro de atenção, particularmente da atenção da própria pessoa, mas, nesse caso, de um modo bastante agradável. Não importando se pensamos no orgulho simplesmente em termos de um senso de realização ou de um senso mais amplo de superioridade, como autoconfiança ou como autorrespeito, ou sob o disfarce mais questionável do convencimento, estar orgulhosa faz a pessoa sentir-se bem. Sentimo-nos bem de ser quem somos.

Vergonha, culpa e embaraço são emoções que formam uma evidente família. São, de fato, muitas vezes misturadas e confundidas. São todas emoções de autocrítica, pode-se dizer sem dúvida, do que de autorrecriminação ou até de auto-humilhação. Poderíamos acrescentar à lista remorso, arrependimento e muitos tipos de autodesprezo. No entanto, entre as emoções autoavaliativas "positivas" também encontramos o orgulho, uma emoção de autoelogio (embora por muitos séculos tenha sido considerada o mais capital dos pecados capitais). Não se trata de emoções apenas sobre o *self*, mas sobre responsabilidade, incluindo responsabilidade moral. Portanto, é de se esperar que encontremos um alto grau de variação cultural, não só em relação aos tipos de situação que fazem as pessoas sentir-se envergonhadas, culpadas, embaraçadas ou orgulhosas, mas até na configuração dessas emoções. De fato, enquanto muitas das emoções que discutimos até agora foram chamadas "básicas" e apontadas como mais ou menos universais — até parte da natureza humana —, em contrapartida, em relação a vergonha, culpa, embaraço e orgulho há geralmente um consenso de que são moldadas e definidas por estruturas culturais e sociais, envolvendo o que muitos teóricos chamam de habilidades "cognitivas superiores", ou seja, aprendizagem e introspecção. Entretanto, o que vale a pena aprender sobre o que se deve refletir e como refletir depende de cada sociedade específica. No centro de todas elas está uma concepção do *self* culturalmente dependente, e poucos são os conceitos mais dependentes de modelação e definição sociais.

Em espanhol, por exemplo, não há uma palavra precisa para o que distinguimos como embaraço. (Estar *embarazada* em espanhol significa estar grávida.) O francês distingue sabiamente entre dois tipos bem diferentes (embora ocasionalmente se sobreponham) de vergonha: *pudeur*, para o tipo de vergonha que Adão e Eva sentiram quando se viram nus no paraíso, e *honte*, para a vergonha que acompanha a desonra de estar envolvido em um escândalo. Em inglês, unir essas duas é muito fácil, especialmente em uma sociedade que, em geral, se sente ambivalente e desconfortável diante de assuntos sexuais e, de um modo mais amplo, corporais. Por outro lado, muitas sociedades não reconhecem a culpa como oposta à vergonha. Fazemos essa distinção, mas não lhes atribuímos o mesmo peso moral. Nossa sociedade parece um pouco superzelosa em relação à culpa, mas é inquietantemente falha em relação à vergonha. Efetivamente, a vergonha (frequentemente confundida, como acima, e também misturada com humilhação) foi rejeitada como uma emoção moral legítima (Nussbaum, 2004). Alguns argumentariam que nossa herança judaico-cristã e o crescente aumento de nossas cidades são responsáveis por isso: a culpa é central tanto para a história social judaica como para a noção cristã de pecado. Por outro lado, a vergonha geralmente envolve grupos relativamente pequenos, sem um juiz ou legislador superior.

No entanto, a culpa, em si, tem muitos sentidos diferentes. Existe a culpa legal que se segue a um veredicto judicial. Há a culpa meramente causal, isto é, estar envolvido em uma cadeia de causas e efeitos que produziram alguma situação infeliz. (Esse é o senso de culpa compreendido no dúbio conceito legal de "responsabilidade objetiva", que, tendo se libertado da responsabilidade assumida, começa a ser bastante semelhante a embaraço.) Temos, ainda, a culpa moral, que claramente envolve condenação. (No célebre caso O. J. Simpson, a corte de justiça criminal o declarou inocente, mas, apesar disso, uma corte de justiça cível o considerou moralmente culpado.) Uma pessoa também pode ser causalmente culpada, sem traço de culpa moral ou condenação, quando, por exemplo, é enganada ou forçada a causar dano a um outro sem ter conhecimento ou controle do que está fazendo. Sem dúvida, a culpa que é tão central no judaísmo e no cristianismo é a culpa moral, e o pior tipo de culpa é a violação da lei de Deus, não da lei dos homens ("Dai a César o que é de César...").

O que torna a culpa particularmente interessante, tanto para Freud e os psicanalistas como para romancistas, como Dostoievski e Kafka, é o fato de a pessoa poder sentir-se *culpada* apesar de nada ter feito de errado. Há os que gostariam de atribuir esse fato à Igreja Católica, ou às mães judias, ou à história de Adão e Eva, mas a verdade parece ser que, desde que houve seres humanos vivendo juntos, algo como um senso de culpa ou vergonha esteve sempre presente. Alguém pode supor que esse senso de culpa — sem que haja culpa real — é muito semelhante ao nosso exemplo anterior de medo irracional, em que a pessoa tem medo de alguma coisa que sabe que não é perigosa. No entanto, considero casos bastante diferentes, primeiro porque ninguém propôs nada que fosse remotamente parecido com um mecanismo cerebral para culpa, como foi tão elegantemente demonstrado no caso das reações de medo; segundo, porque há, na culpa, uma complexidade que supera, de longe, qualquer coisa que vimos em relação a medo primitivo. Não quero dizer com isso que ela não tenha uma base neurológica nem negar que possa ter uma explicação evolutiva. Porém, como devidamente observado por Freud e seus colegas, há muita coisa em nossa psicologia e experiência complexas que pode responder pelo deslocamento da culpa de seu suposto objeto — a "culpa neurótica" — mesmo sem a complexidade dos mecanismos neurais. Sem dúvida, pode haver outras complicações neurais, uma vez que a culpa frequentemente conduz a depressão séria.

O que a culpa (seja neurótica ou merecida) e a vergonha tendem a ter em comum é o senso de ter feito alguma coisa errada. Portanto, o *self* é o objeto intencional dessas emoções, mas o *self* sob um certo tipo de descrição: o *self* como seriamente merecedor de condenação. Antes, porém, de chegarmos à fascinante distinção entre culpa e vergonha, devemos considerar brevemente o fato de que ambas (assim como remorso e arrependimento) devem ser distinguidas de embaraço, na medida em que tanto a culpa como a vergonha supõem que se fez algo errado, o que não ocorre com o embaraço. Uma pessoa fica embaraçada quando é apanhada em uma situação desconfortável, mas em que não é imputada nenhuma falta. Na culpa e na vergonha, pelo contrário, existe falta imputada; a condenação é dirigida, condenação do *self* pelo *self*. Até que ponto o desconforto é atribuído pelo sujeito e até que ponto é imposto por outros é uma questão complexa. Às vezes parece inerente à própria situação, isto é, a emoção não é uma questão de sentimento pessoal, mas uma avaliação quase objetiva. Culturas diferentes, naturalmente, considerarão diferentes situações intrinsicamente embaraçosas. Uma mulher judia ortodoxa, solteira, pode ficar embaraçada ao se ver sozinha com um homem, enquanto um homem chinês pode sentir-se desconfortável simplesmente ao se ver sozinho. Essa avaliação quase objetiva da situação é algo além do sentimento subjetivo da pessoa sobre si mesma. Tem a ver com a natureza da situação em uma dada cultura. Assim, podemos dizer "você deve ter ficado tão embaraçado" quando ainda não sabemos o que a pessoa pode ter realmente sentido. (Às vezes, só retrospectivamente a pessoa fica embaraçada ao ver mais tarde que, embora na ocasião não tenha ficado embaraçada, deveria ter ficado.) Do mesmo modo, também podemos dizer "você devia envergonhar-se de si próprio", mesmo quando a pessoa absolutamente nada sente. Porém só dizer isso pode ser suficiente para convencer a pessoa a considerar o que fez como vergonhoso. Entretanto, às vezes, o embaraço parece nada ter a ver com a situação em questão. Existem pobres coitados que são tão propensos a embaraço que praticamente qualquer situação social é motivo para tanto.

Embaraço, vergonha e culpa, todos podem envolver três diferentes dimensões de autoavaliação: (1) a avaliação decorrente da autoavaliação feita pelo *self* (pode-se ficar envergonhado ou embaraçado mesmo quando se está sozinho, sabendo que o que fizemos é vergonhoso ou causa desconforto); (2) uma autoavaliação imposta por outras pessoas (podemos *ser levados* a ficar envergonhados ou embaraçados a partir de olhares, gestos e palavras do outro); e (3) a natureza da situação (há situações que são embaraçosas e atos que são vergonhosos, independentemente do que se sinta). Ser apanhado com as calças abaixadas é embaraçoso. Não levantar as calças é vergonhoso, mas abaixar as calças em um gesto rude *deveria* fazer a pessoa envergonhar-se, justamente porque, na maioria das situações, isso será extremamente embaraçoso para outras pessoas.

Dizer que vergonha ou embaraço podem ser ditados pela natureza da situação sem dúvida não significa negar que isso acontece unicamente como resultado de uma perspectiva específica, geralmente determinada em grande parte pela cultura ou sociedade particulares. Daí a complexidade de viajar para o estrangeiro (ou mesmo entre subculturas locais). As perspectivas a partir das quais turistas americanos de barriga de fora, usando bermudas com a bainha cortada e bonés de beisebol são avaliados em vários países *deveriam* envergonhar qualquer turista americano sensível e ser fonte de considerável embaraço para os companheiros de viagem, mas nada há na natureza de estar de barriga de fora ou usando um boné de beisebol que, em si, devesse causar vergonha ou embaraço. O mesmo se aplica à vergonha (*pudeur*) de Adão e Eva, que estavam nus com bastante naturalidade mas que, subitamente, sentiram o peso de uma perspectiva que não haviam considerado antes. O que provocou sua emoção não foi estarem nus no paraíso, mas se verem nus aos olhos de Deus (e aos próprios). (Certamente eles também eram culpados por ter desobedecido às instruções surpreendentemente explícitas e claras de Deus e portanto também sujeitos a sentir *honte*.)

EMBARAÇO, ARREPENDIMENTO E REMORSO

Falando de forma ligeiramente diferente, o embaraço, distintamente de culpa e vergonha, é uma emoção *inocente*. Pode-se dizer que inclui uma negação, uma abdicação de responsabilidade. A pessoa encontra-se em uma situação desconfortável, mas não assume nenhum erro. Na realidade, a pessoa pode até sentir-se embaraçada por ser a única correta. Anos atrás, nos meus tempos mais irresponsáveis, estava em um bar, cercado por rapazes que se vangloriavam dos crimes que haviam cometido e do tempo que haviam passado na prisão. Fiquei embaraçado, já que não havia cometido nenhum crime nem passado algum tempo na prisão. Não era, no entanto, como se eu sentisse que *deveria* ter cometido um crime ou estado preso. Apenas senti-me sendo visto desaprovadoramente por outros (a quem eu desaprovava). Além disso, o fato de a pessoa perceber-se ou não responsável pode ser determinado pelo grupo em que se encontra. Uma mulher virgem pode sentir-se embaraçada quando está em um grupo de amigas "experientes", mas não é que ela considere seu comportamento, de forma alguma, condenável. Vergonha, pelo contrário, a pessoa só sente na medida em que aceita o erro.

É interessante para mim que o embaraço raramente seja citado como uma emoção básica apesar do fato de que envolve respostas tão evidentes do sistema autônomo, especialmente o enrubescimento. É em parte uma questão de fisiologia e em parte a peculiaridade da autoconsciência humana que explicam o maravilhoso comentário de Mark Twain: "O homem é o único animal que enrubesce ou tem necessidade de enrubescer" (1912). (Sem dúvida, outros animais realmente também mostram sinais de embaraço, mas o enrubescimento não faria sentido quando suas faces são cobertas de pelo.) Entretanto, a maravilhosa espirituosidade de Twain assinala um importante aspecto do embaraço: ele não é, nem mesmo de modo plausível, apenas uma reação fisiológica, mas envolve, necessariamente, uma concepção de *self* relativamente sofisticada — a de um *self* entre outros —, um *self* sujeito às expectativas e aos julgamentos dos outros, que podem, então, ser "internalizados" e aplicados ao *self* pela pessoa. Essas emoções também destacam a centralidade dos julgamentos nas emoções, especialmente julgamentos sobre responsabilidade. Essa é uma das formas mais profundas pelas quais as emoções revelam inteligência: reconhecem erro e responsabilidade ou sua ausência.

Em relação às outras emoções autoavaliadoras negativas, também envolvem ter feito (ou pretendido fazer) algo errado. Diferem, em maior parte, quanto ao tipo de transgressão cometida. O arrependimento é a mais inocente do grupo, embora, diferente do embaraço, efetivamente admita erro. A pessoa, porém, não se arrepende de ter feito algo clamorosamente errado em termos morais. A pessoa se arrepende de ter faltado a uma recepção de casamento ou reunião de faculdade, ou se arrepende de não se ter casado com seu amor da época da escola secundária, ou de ter feito odontologia em vez de continuar uma carreira musical então promissora. Entretanto, na maioria das vezes, a pessoa que se arrepende é quem sofre os malefícios. De fato, o arrependimento pode ser meramente *pro forma*, sem absolutamente nenhum sentimento, a exemplo de quando "sentimos muito" por não comparecer a uma festa ou recepção (a que, desde o início, não tínhamos vontade ou intenção de comparecer). Não é que estivéssemos sendo mentirosos ou hipócritas. O arrependimento em si não requer um grande compromisso ou um investimento emocional. Existem, certamente, sérios arrependimentos, como, por exemplo, não casar com a pessoa dos seus sonhos ou escolher a carreira errada. Entretanto, a seriedade do arrependimento tem a ver com a profundidade da perda, não com a quantidade de culpa. Geralmente a pessoa pode explicar e racionalizar seus arrependimentos e quando não pode fazê-lo faz-se necessária uma emoção mais séria.

O remorso, por sua vez, indica um senso maior de responsabilidade. A pessoa sente ou deveria sentir remorso por cometer um grave crime ou por causar doloroso prejuízo a outrem. É com razão que se insiste em um castigo muito maior para criminosos que não mostram remorso. O remorso, diferentemente da maior parte dos casos de arrependimento, pode ser uma emoção debilitante, dependendo da gravidade da ofensa: tendo arruinado a vida de uma *outra* pessoa, vai-se agora arruinar a própria. O remorso, diferente do arrependimento e do embaraço, não só é repleto de erro e responsabilidade mas, assim como a culpa, é em si uma forma de autopunição. Moralmente, é uma emoção muito onerosa.

Existe o interessante caso que o filósofo Bernard Williams (1993) chamou de "remorso do agente", que combina uma forma de inocência com culpa causal. Por exemplo, enquanto estava dirigindo, a pessoa atinge e machuca uma criança que passa correndo entre dois carros estacionados. Por um lado, provavelmente a pessoa não poderia ter evitado o acidente (supondo-se que não estivesse em alta velocidade, estivesse prestando atenção etc.). Por outro lado, a pessoa se tortura com o "e se": e se tivesse tomado um outro caminho? E se tivesse saído cinco minutos mais tarde? E se dirigisse um carro menor e mais adequado? Dificilmente a pessoa pode ser considerada responsável pela tragédia, mas certamente pode *sentir-se* responsável e *assumir* a responsabilidade. (Creio que assumir a responsabilidade deveria ser diferenciado de *ser* responsável, uma distinção que os filósofos muitas vezes ignoram. A pessoa pode assumir a responsabilidade mesmo quando pode ser argumentado que ela não é, absolutamente, responsável; por exemplo, pelo mau comportamento de um subordinado sobre quem, na verdade, não tinha controle.) Desse modo, começamos a ter uma ideia das intrincadas reviravoltas da responsabilidade que entrarão na mais complexa e perturbadora emoção da família das autoavaliativas, a *culpa*. Para compreendê-la, porém, creio ser preciso examinar a relação entre culpa e vergonha.

VERGONHA *VERSUS* CULPA

Vergonha e culpa são emoções moralmente pesadas, mas há diferenças. Ambas são emoções sociais, não apenas no sentido de que envolvem outras pessoas, mas porque ambas estão relacionadas com o nosso lugar na ordem social. Uma diferença entre as duas tem a ver com a natureza dessa ordem social. Muita coisa depende disso, e antropólogos delinearam sociedades bastante diferentes com base na prevalência de uma ou outra emoção. A vergonha é uma emoção diretamente social. Envolve a sensação de desapontar seriamente os que estão à volta, violar suas normas, ficar aquém de suas expectativas, desapontá-los. Podemos até chamá-la de "tribal", desde que não se confunda o termo com "primitivismo". A Grécia antiga era claramente uma sociedade "da vergonha", como acontece com o Japão moderno. No Japão a vergonha transformou-se em uma espécie de arte. O fracasso — quer seja uma derrota militar, um escândalo de negócios ou um ultrajante ato de má conduta pessoal — requer uma manifestação ritualizada de vergonha. Essa manifestação não pode resumir-se a um gesto vazio. Exige a emoção real. Manifestações hipócritas de vergonha, mesmo se executadas de acordo com os rituais prescritos, tornam-se duplamente vergonhosas, assim como acontece com a recusa ou o fracasso em realizar os próprios rituais.

Em casos extremos, tais como a derrota militar ou a infidelidade conjugal, a manifestação de vergonha pode exigir tirar a própria vida, o ato máximo de autocensura. No entanto, a vergonha é o outro lado da honra e ficar envergonhado significa mostrar não só que se fez algo errado, mas demonstrar, ainda, que se tem algum senso de honra e um lugar na sociedade. Portanto, Aristóteles chama a vergonha de uma "quase virtude", porque agir errado e não se envergonhar é muito pior do que agir errado e ficar envergonhado porque agiu errado. De forma semelhante, um antigo provérbio etíope insiste que "um homem que não se envergonha é um homem sem honra". A vergonha pode ser uma emoção bastante concreta, ligada a um ato e contexto específicos, ou pode ser um reconhecimento muito geral sobre si e seu "caráter", mas ficar envergonhado é assinalar-se como ainda sendo membro da sociedade ou comunidade cujas normas a pessoa transgrediu. Donde o paradoxo: a vergonha mantém a honra em face da desonra. Por outro lado, não ter vergonha é não ter honra alguma.

A vergonha, embora seja derivada das relações sociais da pessoa, é em sua maior parte autoimposta. A vergonha pode ser imposta a uma pessoa por meio de crítica pública ou de rituais de humilhação e marginalização, mas o que é imposto é a necessidade de a pessoa assumir a condenação por ter feito algo errado. Uma situação vergonhosa é uma situação na qual (dentro da cultura) se espera ou se obriga que a pessoa atribua o erro a si. Consequentemente, a vergonha é ou pode ser uma ferramenta das mais eficazes para o cultivo da moral. Por ser autoimposta é, pela própria natureza, levada a sério. Pode-se, até certo ponto, ignorar a crítica e até o desprezo dos outros, mas não se pode ignorar os próprios. Além disso, a vergonha é uma emoção extremamente dolorosa. As pessoas se esforçarão muito para evitá-la. Se necessário, até farão a coisa certa, seja uma doação de caridade ou salvar judeus do nazismo, só com o objetivo de evitar a vergonha. "Não poderia me olhar no espelho se não fizesse isto" é um poderoso autoestímulo para fazer o bem. Por isso, em nossa sociedade, é um perigoso sinal de alerta que a vergonha esteja em declínio, que tantas pessoas, especialmente os jovens, pareçam ter "perdido a vergonha". Alguns assistentes sociais apontam para uma assustadora geração que não aceita censura dos outros, rejeita os padrões da sociedade e não está disposta a se autocondenar. Argumentaria, porém, que isso é apenas parte do quadro. Esses mesmos jovens tendem a ser muito tribais (a palavra atual é "gang") e sentem profunda vergonha de decepcionar uns aos outros e de violar suas normas peculiares, isto é, as de dentro do grupo. Portanto, diria que não são absolutamente desprovidos de vergonha, mas, ao contrário, seu senso de vergonha é, em si, o perigo para a sociedade mais ampla — e para eles próprios. Os códigos que consideram invioláveis são, na realidade, bárbaros e um retrocesso a uma época totalmente incivilizada da história humana.

Em contrapartida, a culpa é uma emoção social em sentido bem distinto e suas consequências são muito diferentes. Culpa tem a ver com violar a autoridade e quebrar as regras. Como decorrência, envolve medo de condenação e castigo externos, em muito maior grau do que a vergonha, que é, quase sempre, autoimposta e pode ser bem distinta de qualquer senso de punição externa. Consequentemente, as reações à culpa são muito mais imprevisíveis do que as manifestações de vergonha. Na vergonha, a pessoa tipicamente tenta fazer compensações e reagregar-se à comunidade. Ou então afasta-se da comunidade que decepcionou até que tenha a oportunidade de reintegrar-se. Em contraposição, na culpa, uma reação frequente é a negação. Uma outra é atacar com raiva. Ainda outra é a rejeição veemente, até ódio, de qualquer que seja a autoridade que tenha estabelecido a norma. Resumindo toda a antropologia da filosofia moral a um simples contraste, pode-se dizer que a vergonha está para a ética — isto é, os costumes e hábitos de uma sociedade — assim como a culpa está para a moralidade — isto é, as regras básicas da sociedade. Desse modo, um homem que quebre as regras é culpado (quer seja ou não legalmente assim considerado), mas um homem que arrasta a família em um escândalo e aos tabloides (quer tenha ou não violado a lei) deveria envergonhar-se. A culpa envolve violar uma autoridade superior (Deus, a lei). A vergonha é trair os companheiros, mostrando, portanto, ter um caráter imperfeito.

Um observador especialmente interessante da culpa é Albert Camus, que, em seus três romances, *O estrangeiro*, *A peste* e *A queda*, insiste na ideia de que somos todos culpados (sua versão do pecado original), apenas não o percebemos. Assim, em *O estrangeiro*, permite-nos acompanhar o desenvolvimento da consciência do seu (anti-)herói Mersault, quando ele inicialmente percebe o quanto as pessoas à sua volta o odeiam por ser um assassino e, ainda assim, se recusa a abrir mão da inocência. É só bem no fim que aceita a culpa pelo crime e espera que a execução seja saudada pela multidão com "urros de execração". (Ao descrever o tiro, Camus nos traça artisticamente um quadro de um ato sem ator, um protagonista que tanto é vítima do sol e dos nervos tensos como autor de um crime terrível.) Em *A queda*, Camus descreve um "inocente" advogado (sim, Camus está bem consciente da ironia e joga com ela durante todo o livro) que descobre que sua inocência é uma fraude e torna-se um "juiz-penitente", um homem consumido pela culpa e que então se define e ao seu sentimento de superioridade moral em termos dela. A ideia de que somos culpados perseguiu Camus também na vida. Ele parece aceitar o argumento do seu personagem Tarrou (em *A peste*) de que somos todos cúmplices em crimes contra a humanidade; por exemplo, de que somos todos assassinos na medida em que nos recusamos a rejeitar a pena de morte. Seguindo a Bíblia, Freud e Kafka, Camus considera que, na culpa, existe muito mais do que o mero fato de se ter pessoalmente feito alguma coisa errada.

Aqui não é o lugar para se entrar na complexa questão da culpa neurótica, que pode começar como um sentimento comum de culpa, mesmo sem que haja qualquer comportamento culpado inicial. É comum ter esses sentimentos em reuniões familiares, independentemente de quaisquer complicações específicas da história familiar. Desse modo, a questão essencial é a origem de tais sentimentos, sejam as memórias reprimidas da infância (como em Freud), a culpa coletiva, histórica ou arquetípica (como na Alemanha do pós-guerra, por exemplo, ou na psicologia de Jung). O relato alegórico do "pecado original" é uma explicação pitoresca, mas implausível e possivelmente injusta, de uma culpa aparentemente imerecida. Em nossa visão de moral do mundo atual, não é justo que "os pecados do pai sejam atribuídos aos filhos". Mais convincentes, penso, são os relatos filosóficos, como a concepção de "má-fé", de Jean-Paul Sartre, da qual não podemos, em razão das nossas naturezas, escapar. Ao mesmo tempo livres (temos "transcendência") e presos em nossas circunstâncias (nossa "facticidade"), não podemos escapar à nossa responsabilidade, não só pelo que fazemos mas pelo que somos, por aquilo em que nos transformamos e, também, pelo que o mundo é. É um duro retrato da natureza humana, mas apresenta uma das várias maneiras nas quais é a própria consciência humana que é profunda e irremediavelmente falha. Esse senso de falha irremediável é o que, filosoficamente, fornece a base para o impregnante senso de culpa ao qual somos propensos, não importa o quão corretamente vivamos nossas vidas. De fato, a cruel ironia é que, quanto mais vivemos nossas vidas autoconscientemente e corretamente — quer seja sob os auspícios de alguma religião quer simplesmente à luz de uma moralidade esclarecida —, mais culpa estamos propensos a sentir. Para pessoas conscientes, sempre existem boas ações não realizadas e muito mais a ser feito.

DEFININDO O MAL

Neste ponto, deixem-me fazer uma digressão para tentar definir a problemática noção de *mal*. O mal não está comumente relacionado com emoção, mas penso que esteja. O problema é que o mal é muitas vezes definido em termos de consequências; isto é, o mal é tudo aquilo que causa danos catastróficos. Isso é amplo demais. Filósofos e teólogos, desde Santo Agostinho, que discutiram sobre o mal distinguiram entre desastres naturais (quer sejam, quer não atribuídos a Deus, deuses ou deusas do destino) e desastres causados pelos homens, a que alguma condenação (mundana) possa ser atribuída. É apenas o último, creio, que merece ser chamado de mal. A tsunami que tirou a vida de centenas de milhares de pessoas, no Natal de 2004, foi terrível e trágica, mas não foi má. Hitler foi mau. Pol Pot e o Khmer Vermelho foram maus. Mas não foram as catástrofes que eles causaram nem apenas suas más intenções que os transformaram em maus. Argumentaria que foi, também, a ausência de culpa e remorso pelo que fizeram.

Esse é, se vocês quiserem, o aspecto "positivo" da culpa e do remorso, que parcialmente redime ou pelo menos diminui a condenação, caso a pessoa reconheça suas ações admitidamente más. Um criminoso que confessa e sente remorso não é tão mau como o que continua a insistir que nada fez de errado. Hitler e Pol Pot (até onde sabemos) não manifestaram culpa nem remorso a respeito do que fizeram. Em um nível mais doméstico e civilizado, um presidente de empresa que tem de "reduzir" a força de trabalho em dezenas de milhares pode muito bem ser pressionado a fazer isso pelas "forças do mercado", mas seu caráter será avaliado pela quantidade de angústia e noites em claro por que passe. Al Dunlap, o Serra Elétrica, aparentemente demitiu milhares de trabalhadores da Sunbeam sem dor de consciência. (Houve vivas de contentamento quando ele próprio foi demitido.) Robert Allen, o responsável pela AT&T durante o "processo de reestruturação" e dispensa maciça, disse que as demissões foram "a pior coisa pela qual passara na vida", e temos melhor opinião sobre ele por causa disso. Há um problema especial com aqueles que são cegos pelo fanatismo ideológico ou religioso e outro com aqueles que estão em um processo total de negação e autoilusão. Entretanto, sem entrar nesses problemas especiais, diria que a falta de culpa e remorso, não apenas más intenções ou consequências desastrosas, é necessária para compreender a natureza do mal no mundo. Como disse recentemente Bill Maher, o mal não requer trama ou conspiração sobre como ferir pessoas ou tornar suas vidas mais infelizes. Pode envolver nada mais do que um esquecimento egoísta, uma falta de vontade de admitir ou uma indiferença diante das nocivas e até mesmo desastrosas consequências dos próprios atos. Acrescentaria que é só mais tarde, quando a pessoa admitiu ou se recusou a admitir a culpa na questão, que o mal pode ser plenamente definido.

ORGULHO

Do mal, volto-me para o orgulho. Algumas pessoas considerariam isso perfeitamente adequado, na medida em que o esquecimento egoísta e a indiferença que, às vezes, provoca o mal podem parecer uma descrição apropriada para certas formas de orgulho. O orgulho, porém, não precisa envolver egoísmo nem esquecimento, e nem todo orgulho é aquele "falso orgulho" que tantas vezes é responsável por comportamento tolo e, às vezes, malintencionado. Para simplificar as coisas, o orgulho é mais uma outra emoção autoavaliadora, mas, nesse caso, a avaliação é elogio, não condenação. Precisamos, no entanto, considerar imediatamente as mudanças históricas no status dessa emoção que, na Atenas de Aristóteles, era um tipo de virtude abrangente (*megalopsyche* — saber que se é excelente). Na cristandade medieval, pelo contrário, o orgulho era o pior dos vícios. E, novamente em oposição, atualmente forma o âmago das estratégias conscienciosas de autoajuda, tais como "orgulho negro" e "orgulho gay". O orgulho parece ter dado a volta completa, do ápice das virtudes ao mais abominável dos pecados, até as alças de sapatos[1] pelas quais se pode erguer a dignidade da pessoa.

Existe, sem dúvida, orgulho arrogante, orgulho falso e orgulho exagerado. A pessoa pode sentir-se orgulhosa de si, muito além dos próprios méritos. Pode-se ficar orgulhoso de si enquanto se ignoram fatos relevantes (o vencedor que se autocongratula andando pomposamente em volta da pista sem perceber que havia sido eliminado da corrida). A pessoa pode até sentir-se (erroneamente) orgulhosa de si, absolutamente sem justificativa. (Perguntamo-nos sobre todos os fãs fora de forma, que nem mesmo vão aos jogos ou apoiam o time e que, no entanto, se sentem orgulhosos de si porque o time conseguiu uma vitória.) Como todas as emoções (e todas as virtudes), o orgulho pode dar errado. No entanto, atualmente, a maioria de nós rejeita a humilhante mentalidade medieval que transformaria em pecado qualquer "pensar bem" de si, mesmo quando nos lembramos do corretivo grego para o orgulho arrogante, o conceito de *hybris*.[2] Até para o grego *megalopsychos* existem limites para o orgulho.

O orgulho é frequentemente oposto à humildade, notadamente na tradição cristã, mas também pelo filósofo que se dizia "pagão" David Hume. Tais contrastes tendem a ser polêmicos. A celebração cristã da humildade decretou uma condenação indiscriminada do orgulho, enquanto o enaltecimento do orgulho feito por Hume acarretou a condenação da "virtude monástica", a humildade. No entanto, humildade não é o mesmo que humilhação, embora a humildade se pareça muito com a culpa e as duas estejam frequentemente associadas nos ensinamentos religiosos. Ambas envolvem um senso cósmico de autoinsignificância, enquanto o orgulho é a celebração, mesmo limitada, da autossignificância pessoal. Creio, porém, que uma oposição mais inspirada é entre orgulho e vergonha, ambas autoavaliadoras mas diferindo em uma dimensão óbvia, o enaltecimento decorrente do orgulho *versus* a condenação decorrente da vergonha. Entretanto, essa diferença óbvia esconde um parentesco não tão óbvio entre os dois. Não apenas são duas emoções de autoavaliação (como, alguém pode argumentar, a humildade também o é), mas ambas são sociais ou o que chamo de "tribais". As avaliações, embora autodirigidas, são assim feitas com base no status da pessoa na comunidade. Desse modo, aqueles fãs fora de forma têm, estranhamente, o direito de sentir orgulho do time na medida em que são parte da comunidade, mesmo que não tenham contribuído para a vitória. (Esses mesmos fãs, porém, provavelmente hesitarão em partilhar a condenação e a vergonha quando o time perde.) Quanto a nós, podemos sentir orgulho ou vergonha dos pais ou filhos, ou mesmo dos congressistas, na medida em que nos identifiquemos com eles. Emoções de autoavaliação são emoções sociais e interpessoais e ocupam um lugar central em nossas concepções de ética e cultura.

Notas

1. Alças que alguns sapatos, e mais comumente botas, têm para ajudar a calçá-los, segurando-as e puxando-as para cima. (*N. do T.*)
2. Termo de origem grega que significa "orgulho excessivo, arrogância", conforme já assinalamos. (*N. do T.*)

CAPÍTULO VIII

Emoções sórdidas: inveja, rancor, ciúme, ressentimento e vingança

Finalmente, das emoções sociais para as antissociais. No último destes capítulos sobre emoções, desejo discutir algumas bastante sórdidas e que têm dupla face, na medida em que tendem a ser notavelmente autodestrutivas, mesmo quando visam a rebaixar outras pessoas. Um excelente exemplo é a inveja.

INVEJA

A inveja é corretamente listada como um dos "sete pecados capitais", embora possa ser mais bem considerada como uma estratégia emocional extremamente ruim, e não como algo semelhante a uma ofensa a Deus. É bem conhecida quanto a seus efeitos; faz com que a pessoa adoeça, é representada, na mitologia e na psicologia popular, por uma face contorcida e terrivelmente feia e por uma nociva cor verde (ou, mais precisamente, um doentio amarelo-esverdeado). No entanto, o foco imediato da inveja não é a própria pessoa, que realmente sofre, mas outra ou outras pessoas — que podem não saber absolutamente que são invejadas — ou, ainda, alguma característica particular, alguns bens ou privilégios. Inveja-se o outro por alguma vantagem como, por exemplo, beleza, uma bela casa, um prêmio na loteria. No centro da inveja está uma hostil comparação (ele tem isso e eu não). Entretanto, a chave para a inveja não está apenas em querer o que o outro tem. Está em querer sem merecer, sem direito compreensível àquilo, sem esperança real de consegui-lo. É por esse motivo que pessoas se comportam e se exibem de uma forma tal que faz com que venham a ser invejadas, provocando inveja nos outros a fim de elevar a própria autoestima. Por outro lado, a pessoa inveiosa experimenta uma diminuição radical de autoestima, e é isso que faz da inveja uma emoção autodestrutiva.

Raramente o alvo da inveja é a pessoa como um todo ou tudo em relação à pessoa. Martin Amis, em seu romance *noir A informação*, apresenta um caso especialmente sórdido de inveja superabrangente, mas tais casos são muito mais um recurso de enredo promissor, na literatura, do que uma forma de compreender a inveja na vida cotidiana. O objeto típico da inveja é algum aspecto da pessoa, geralmente algo intransferível, como direito nato, aparência, dons, habilidades, capacidades. Isso é parte do que faz com que, na inveja, não haja esperança. Quando a inveja envolve unicamente coisas — por exemplo, se tenho inveja do Jaguar do meu vizinho — não é impossível que também possa ter um. Só não estou disposto a gastar aquele dinheiro ou levantar empréstimo para adquirir um. Essa é uma escolha que faço e não se caracteriza exatamente como inveja. Porém, à medida que o objeto se torna mais difícil de obter, especialmente se é um exemplar único, a inveja torna-se mais apropriada. Posso invejar a habilidade do meu amigo para línguas, de aprender francês em poucas semanas e precisar só de um pouco mais de tempo para aprender húngaro, mas a triste verdade é que não sou bom em aprender línguas; portanto, não é apenas a habilidade que invejo, mas o talento. Eu poderia, quem sabe, investir tempo em aprender uma língua, mas não é esse o objeto da minha inveja. O que invejo é o que não posso ter, ou seja, a facilidade com que meu amigo consegue aprender uma língua. Posso também invejar as merecidas honras de alguém; por exemplo, posso invejar Russell Crowe pelo prêmio que recebeu da Academia, embora eu não seja ator e nunca tenha demonstrado nenhum talento para a arte de representar. (Creio que muito da atual cultura americana de celebridades pode ser explicada em termos do descobrimento ou criação de pessoas para serem invejadas e que não têm, absolutamente, nenhuma habilidade ou mérito.) A chave para a inveja é que *nada tenho parecido com um direito ou uma reivindicação à posse, ou talento, ou honra em questão*. Nem há muito que eu possa fazer a respeito. É por isso que a inveja é uma estratégia tão autodestrutiva. É querer desesperadamente aquilo que se sabe muito bem que não se merece de jeito algum e que não se pode ter.

A inveja nem sempre foi tratada com esse desdém. Cerca de 40 anos atrás, um psicólogo econômico conservador, Helmut Schoeck, sugeriu o que se tornou uma espécie de mantra para os anunciantes de TV: a inveja é boa para o consumismo. "Não ficar para trás dos Jones" foi, durante muitos anos, a síntese da teoria de que a inveja estimularia a economia, garantindo que ninguém estivesse satisfeito com o que tinha e vivesse em constante expectativa, quando não ansiedade, de que suas extravagâncias pudessem ter sido menores do que as do vizinho. Paul Krugman escreve sobre a situação cômica atual, nos Estados Unidos, dos indivíduos muito ricos e que continuam a investir em casas cada vez maiores mesmo quando, entre eles, o padrão para o que se considera uma "casa grande" continua aumentando. Em outras palavras, não há como alcançar os Jones. Este não é o lugar para discutir os custos econômicos e ecológicos de tal pensamento, mas pode valer a pena parar um momento para considerar sua lógica emocional. A suposição é a de que as pessoas merecem ter o que os Jones possuem porque também trabalham duro, ocupam na sociedade um lugar igualmente privilegiado e têm dinheiro. No entanto, é inveja, na medida em que o objetivo (medido em status percebido) continua se afastando e se torna, portanto, inatingível.

Jerome Neu (2004) distingue entre as aspirações competitivas defendidas por Schoeck e o que chama de "inveja maligna", uma emoção que não é meramente competitiva mas pateticamente competitiva. O acréscimo do "maligno" também sugere que a inveja não é só cobiçosa, mas envolve uma atitude maldosa em relação à pessoa invejada. Não estou tão certo de que esse seja um ingrediente necessário na inveja, mas, certamente, é um ingrediente comum. Donde a dupla face da inveja: não é só competitiva, sem esperanças ou mérito e bastante prejudicial a quem a sente; também pode ser má e perigosa para a outra pessoa ou, nesse caso, prejudicial ao sistema social geral no qual desempenha seu papel.

A inveja não era considerada um pecado, não devido às tendências malignas — uma vez que geralmente não funcionam — mas porque tende a degradar o *self* da pessoa, quer corrompa ou não a alma. Assim como a vergonha e a culpa, envolve uma autoavaliação negativa, mas, diferentemente dessas, falta-lhe a dignidade de um senso moral. Raramente se inveja a virtude de outra pessoa. (A suposição, talvez, é a de que qualquer um pode cultivar tal virtude para si.) É muito mais provável que se invejem talentos do outro, bens, aparência ou personalidade. Porém o que é realmente prejudicial na inveja é a impotência. É aí que a análise de Schoeck está equivocada. Na medida em que a pessoa tem a confiança e a habilidade para competir pelo objeto em questão, não é inveja. E, na medida em que a pessoa sente que tem direito ao objeto, novamente não é inveja, e sim ciúme (que logo iremos discutir). O que torna a inveja tão prejudicial para o *self* é a perpétua frustração que acompanha o querer o que o outro tem — sem ter sentimento de direito àquilo — e o não ser capaz de fazer qualquer coisa para conseguir. Isso faz com que a pessoa ignore ou desconsidere o que já tem, e somos, então, sujeitos à visão patética de pessoas abençoadas pela sorte divina e que, no entanto, levam uma vida amarga por causa do que *não* possuem. Como o Talmude sabiamente aconselha: "O homem rico é aquele que está satisfeito com o que tem."

RANCOR

Se a inveja é autodestrutiva, não o é intencionalmente, mesmo que a autodestruição seja o resultado inevitável e involuntário. Não é o que se dá com uma variante da inveja, o rancor. O ditado *cutting off one's nose to spite one's face*[1] captura a natureza direta e intencionalmente autodestrutiva do rancor, mas pode ser argumentado que o rancor não é só autodestrutivo como poderia dar a entender o velho provérbio. É, também, intencionalmente destrutivo do objeto ou da característica invejada e quase sempre também da outra pessoa. A inveja transforma-se em rancor quando a frustração fica tão intolerável que a única solução parece ser "se não pode ser meu, não será de mais ninguém!" (enquanto o caminho para a sabedoria seria "deixa para lá"). Deste modo, o rancor é inveja má com uma tendência maldosa extra. É dirigido não só contra a pessoa invejada, mas contra o próprio objeto da inveja. Certamente, quando o objeto da inveja está ligado de modo inseparável à pessoa invejada (a beleza da pessoa invejada, por exemplo, ou um talento que tenha), em geral a destruição do objeto envolve, também, um sério dano à pessoa. Portanto, ao passo que a inveja é autodestrutiva, o rancor quase sempre envolve vítimas. Como uma das emoções mais sórdidas (dificilmente apenas "negativa"), o rancor é, creio, ignorado com muita frequência. Atualmente, o ódio pode alimentar alguns dos mais violentos conflitos no mundo, mas comparativamente o ódio é direto. O rancor é traiçoeiro e, nesse sentido, até mais perigoso.

O objetivo do ódio é destruir ou, pelo menos, humilhar o outro. Rancor e emoções da mesma família, por outro lado, têm uma lógica muito mais complicada, na qual a autodestruição está em igualdade de condições com o dano aos outros. Os homens-bomba, embora movidos pelo ódio, são mais imediatamente motivados pelo rancor. (Creio ser um erro considerar o autossacrifício meramente como um esquema tático.) A malignidade do rancor nunca deve ser subestimada. Assassinos-suicidas, a destruição de cidades inteiras, até impérios, estão entre os horrendos produtos do rancor. É com horror que se pensa na cena de Medeia assassinando os amados filhos para mortificar o mulherengo marido Jasão. Pode-se imaginar (com muita ajuda de Eugene Delacroix) o tirano Sardanapalo deitado em um sofá enquanto, em volta, sua cidade está em chamas. Tolstoi descreve, em horripilantes detalhes, o incêndio que os russos provocaram em Moscou para impedir que a cidade caísse nas mãos de Napoleão e seus invasores. O rancor pode ser uma emoção autodestrutiva, mas, por questão de estratégia, muitas vezes traz consigo uma grande quantidade de dano colateral. A própria natureza do rancor parece ser a de permanecer tão intensamente focalizado no seu objeto e causar tanta auto-ofensa que não há espaço para nenhum escrúpulo moral. Vergonha e culpa podem seguir-se (nos casos em que a pessoa rancorosa sobreviva), mas parecem estar inteiramente ausentes da emoção em si. É isso que torna o rancor tão perigoso, diria, mais ainda do que o puro ódio, que, por envolver considerações morais (por exemplo, perceber o outro como mau), pode estar aberto a negociação e reavaliação morais de uma forma que o rancor não está.

A inveja é autodestrutiva, o rancor é duplamente destrutivo, e a primeira tende a transformar-se no segundo. Mas isso não é tudo. A inveja, como a maioria das emoções sórdidas, estimula uma incomum capacidade para racionalizar. Desse modo, em vez de levar à frustração e à humilhação de sentir-se não merecedora, a inveja imagina que realmente tem direito e que foi, portanto, injustamente destituída. Transforma-se, assim, em ressentimento. Ou então se ilude com a ideia de que o objeto em questão *já é* em certo sentido seu e a emoção transforma-se em ciúme. Ao passo que a inveja envolve o pleno reconhecimento de que não se tem direito em relação ao objeto invejado, o ressentimento e o ciúme realmente reivindicam tal direito. O ciúme difere da inveja na medida em que a pessoa ciumenta tem um sentimento de um direito prévio e, portanto, receia uma perda imerecida, em vez de desejar um ganho imerecido. De fato, o exemplo mais familiar e dramático de ciúme é o homem ou a mulher que teme perder o ser amado. O cônjuge ciumento tem realmente um direito e acredita que esse direito tem potencial para ser violado. Desejo falar mais sobre o ciúme, já que sua intencionalidade é surpreendentemente complexa comparada com a maioria das outras emoções. No momento, porém, deixem-me dizer apenas que o ciúme difere da inveja pelo fato de que reivindica um direito — e, portanto, está na posição de poder fazer algo a respeito da situação, de revidar — o que falta à inveja.

CIÚME

O ciúme tem a ver com o medo de perder, mas é, certamente, muito mais do que isso. Em primeiro lugar, precisamos perguntar "perda de quê?" O ciúme não é luto. Não é perda, em si. Como falei, é um *medo* de perder, não a própria perda. Assim como na inveja, pode-se ter ciúme de quase tudo (propriedades, talentos, habilidades, características pessoais), mas, contrariamente à inveja, o ciúme requer algum tipo de reivindicação legítima. A pessoa ciumenta precisa ter algum direito (ou acreditar que tem) ao objeto em questão. Além disso, o objeto do ciúme é geralmente algo importante, mesmo que sua importância só se torne evidente diante da possibilidade de perdê-lo. Uma criança pequena fica com ciúme quando outra criança pega o objeto que ela deixara de lado. O brinquedo, porém, já é *seu*, como ela protestará ruidosamente junto ao transgressor. O que geralmente está em jogo no ciúme (bem como na inveja) não é a coisa em si, mas particularmente o direito à coisa. Daí o conhecido fenômeno de ciúme em relação a alguma coisa que nem se deseja, apenas com a finalidade de proteger o próprio território ou status.

Sem dúvida, o caso mais dramático de ciúme envolve uma outra pessoa, ou melhor, duas outras pessoas e uma situação romântica. Ao menos para a maior parte das pessoas, a premissa de um cenário romântico é um tipo de exclusividade (que pode ou não envolver uma questão de intimidade sexual). Normalmente, não se tem ciúme de amigos, caso, por exemplo, comecem a andar com outros amigos. Entretanto, uma relação erótica estimula expectativas que geralmente são recíprocas (o que não significa dizer que são simétricas ou concordantes). (Quando o objeto de ciúme é inanimado, não surge a questão da reciprocidade.) Aqui, porém, os relatos são extremamente divergentes. Tradicionalmente a reciprocidade está inteiramente relacionada com sexo e fidelidade. Um marido pode ignorar inteiramente e negligenciar a mulher, mas continuar a pressupor sua fidelidade sexual. Uma mulher pode abusar intensamente do marido e humilhá-lo, mas continuar a pressupor sua fidelidade a ela. Entretanto, seja lá o que se pense sobre esses desagradáveis cenários, eles apontam para a conclusão de que a fidelidade sexual goza de um status especial nas relações baseadas em sexo, embora a condição de ser o sexo ou a fidelidade aquilo que constitui o foco levante uma importante questão que é muitas vezes fonte de considerável controvérsia.

A pergunta "o que conta como sexo?" esteve muito presente nos noticiários durante o mal-estar nacional a respeito do *impeachment* de Bill Clinton, devido a um escândalo sexual envolvendo a Casa Branca, embora às vezes se suspeite de que o escândalo não tenha passado de uma combinação de interesses políticos e libidinosos. Por muito tempo, tem sido um princípio dos jogos sexuais de adolescentes (intensificado pelas recentes campanhas a favor da "abstinência") que qualquer coisa que não "vá até o fim" na realidade não conta como "sexo". O que soa como minúcias de advogado em um político experiente é, de fato, uma distinção bem-estabelecida na doutrina do sexo. Então o ciúme limita-se a casos de relação sexual? A resposta é "obviamente, não". Mas então é realmente o sexo que está em jogo? Ou é a fidelidade? Casais que adotam um acordo sexual aberto insistem que não têm ciúme, mesmo sendo, frequentemente, mais uma questão de posicionamento do que de prática. Dessa forma, pode-se argumentar que o que está envolvido no ciúme sexual é a violação da confiança, e não o sexo em si. (Há circunstâncias complicadoras, como a violação de tabus sociais ou o contágio de doenças sexualmente transmissíveis, mas estas provocam raiva e indignação, não ciúme.)

Em algumas sociedades, relações sexuais extraconjugais não só são permitidas como encorajadas, enquanto outras atividades, digamos tomar café ou mesmo falar com alguém que não seja o próprio cônjuge, são razões para divórcio — ou coisa pior. Em nossa sociedade, é bastante familiar a cena em que o marido ou a mulher, a namorada ou o namorado fica com ciúme só porque o outro está falando com alguém, mesmo sem medo real de que possa culminar em uma atividade sexual. Isso sugere que o que está realmente envolvido no ciúme é *intimidade* ou *atenção*, e não a fidelidade sexual (embora, sem dúvida, o sexo desperte uma substancial mudança na atenção). Além disso, o ciúme tende a ter os olhos apreensivamente voltados para o futuro, não para o passado; portanto, enquanto um marido pode ter ciúme porque sua mulher prestou uma enlevada atenção a um outro homem (mais jovem, mais bonito), não é *a respeito* desse incidente que ele tem ciúme, mesmo que seja verdade que o incidente tenha provocado o ciúme. Ele tem ciúme é da possibilidade do aumento de intimidade e da resultante perda de intimidade em relação a ele. (Essa suposição de "soma zero" no ciúme é em si uma questão fascinante e geralmente se transforma, em grande parte, na suposição de exclusividade. De fato, se acreditamos que é apenas com uma pessoa que se pode estar intimamente envolvido de forma romântica, então a suposição da soma zero torna-se um tipo de verdade autoconfirmadora.)

O ciúme tem uma estrutura complexa, na medida em que não é apenas sobre duas pessoas, mas necessariamente três. Portanto, o "triângulo amoroso" é uma parte permanente da tradição dramática. De fato, tem-se argumentado que também é mais do que isso, uma vez que o ciúme envolve o sentido de amor-próprio ou, em algumas sociedades, honra, e isso o coloca mais associado com a vergonha do que com a simples inveja, patética mas geralmente silenciosa. Em outras palavras, no ciúme existe uma quarta parte, o "outro" anônimo — a sociedade, a opinião pública. Também por esse motivo o ciúme é muitas vezes desesperado e até fatal, levando-nos a fazer o que, em outras circunstâncias, nunca pensaríamos em fazer. Não se trata apenas de perda, mas de humilhação, perda da honra. Pensem no pobre Otelo. Se considerássemos o ciúme apenas como medo da perda, seria difícil compreender seu desespero. Mas, envolvendo também o ridículo ou a violação da sua honra — ainda mais pronunciados devido à sua condição de minoria —, podemos, então, compreender imediatamente como sua violência pode não ser apenas um poderoso impulso pessoal, mas receber a aprovação e o encorajamento sociais por parte da sociedade inteira. Podemos também compreender como a resistência diante do ciúme pode não se tratar apenas de uma questão de orgulho, mas parte de uma campanha social (embora, certamente, para Otelo não tenha sido assim). Na medida em que o ciúme envolve uma reivindicação de direito, e direito absoluto, ele pode ser não só perigoso como também injusto. Dessa forma, o ciúme transforma-se em rancor assassino (sancionado pela lei em muitas sociedades, incluindo o Texas). Na verdade, a ideia de que Otelo agiu erradamente ao assassinar Desdêmona tem a ver apenas com o fato de que estava enganado a respeito da alegada infidelidade, não porque seu ciúme (se válido) não o autorizasse a matá-la.

Uma questão muito real diz respeito a que direitos uma pessoa tem à atenção, à intimidade e até mesmo ao corpo de uma outra. Existe, também, a questão sobre se o ciúme é uma emoção "natural" ou se é o produto de certos tipos de esquemas e conceitos sociais. Se for o segundo caso, poder-se-ia argumentar que é maleável e, portanto, negociável em termos desses esquemas e conceitos. Meu colega David Buss (2000) argumentou que o ciúme é uma emoção herdada dos ancestrais, favorecida pela evolução devido a suas vantagens para a sobrevivência. A vantagem tem relação com o lento período de amadurecimento dos bebês humanos (em oposição, por exemplo, aos filhotes de cervos ou de antílopes, capazes de galopar atrás da mãe horas depois de ter saído do útero). Isso significa que nossas tendências sexuais deveriam ser tais que, além de sermos naturalmente levados ao ato original de acasalamento, devêssemos ter a motivação para permanecer juntos por um substancial período: durante nove meses de gravidez e, pelo menos, uns dois anos da criação dos filhos. Essa ideia é uma das que têm sido usadas para explicar vários aspectos do comportamento sexual humano, sobretudo nossa tendência a constituir casais (como várias espécies de aves aquáticas) e permanecer juntos por longos períodos. O ciúme é uma emoção altamente evoluída que protege o vínculo do casal. Entretanto, segundo Buss, aqui encontramos uma dramática diferença em relação a gênero. Os homens tendem, ciumentamente, a vigiar o comportamento sexual da mulher, atentos para que outros machos não a fecundem (quando o macho traído terá, ainda, o trabalho de criar os filhotes). Por outro lado, as mulheres tendem a preocupar-se mais com a atenção dos parceiros. (Segundo muitos biólogos sociais mais antigos, tal diferença tende a corresponder à supostamente natural promiscuidade dos machos e à natureza supostamente fiel das fêmeas.) Deveria ser evidente que tais teorias são e deveriam ser politicamente controvertidas, e a contestação óbvia é a de que, sejamos ou não assim predispostos pela natureza, temos capacidades reflexivas e críticas suficientes, e bastante "livre-arbítrio", para agir contrariamente a nossas naturezas ou, pelo menos, especificamente a essas exigências de nossas naturezas. Naturalmente promíscuos ou não, espera-se dos homens que controlem os impulsos. Naturalmente paternais ou não, espera-se, com razão, que tomem conta dos filhos. No entanto, o argumento possui outras implicações que podem valer a pena a rápida consideração que faremos aqui.

Em primeiro lugar, a pergunta: até que ponto podemos controlar nossas emoções, especialmente se as herdamos dos ancestrais e não temos escolha a respeito (ou pelo menos não temos escolha sobre sermos ou não predispostos)? Entretanto, assim como a promiscuidade, a biologia não é destino e, além disso, há bons argumentos que sustentam que o ciúme não é herdado mas cultivado. Nesse caso, a cultura pode ser mudada. Devo acrescentar que, para a minha geração, não se tratava apenas de uma questão teórica. Nos anos 1960, realmente tentamos não encarar o ciúme como uma emoção comum e aceita, tanto em relação à sexualidade como à posse material. Temos de admitir que a história provou que éramos ingênuos. Tanto o ciúme sexual como a avareza material estão de volta com toda força. Entretanto, se isso mostra que o ciúme é herdado e uma questão de biologia, e não de cultura, é um outro caso. Pode ter a ver com estruturas profundas, na nossa cultura ou na condição humana, que são, no entanto, aprendidas e compartilhadas em vez de simplesmente herdadas.

A segunda e mais ampla preocupação está relacionada com o problemático papel das emoções nas considerações evolucionárias da natureza humana. Falando resumidamente, apenas porque algo se tornou uma característica humana comum não significa que tenha sido "selecionado", na linguagem darwiniana típica da seleção natural. Sem dúvida, herdamos as *capacidades* para ter as emoções que temos (e, certamente, ainda muitas outras), mas é muito duvidoso se a seleção natural é tão específica que selecionou ciúme em vez de algum senso mais geral de defesa, possessividade ou territorialidade. Portanto, mais uma vez encontramo-nos diante da questão de "emoções básicas", sobre se algumas emoções são *hard-wired* na psique humana, e novamente creio que faremos um grande favor a nós mesmos se dissermos que, ao menos da perspectiva da ética, isso realmente não importa. É suficiente explorar qual o papel dessas emoções na nossa vida e o que podemos e devemos fazer com elas, qualquer que seja sua origem básica.

Consequentemente, da perspectiva da ética, nossas questões sobre o ciúme devem focalizar não a origem ou natureza biológica do ciúme, mas suas estruturas intencionais e o que ele significa na nossa sociedade. O ciúme inclui uma reivindicação de direito. A pessoa tem o direito ao que reivindica. A questão difícil é: o que é reivindicado? Em um casamento ou relação romântica é realmente a fidelidade sexual, de tão emblemática e central que se tornou, tanto para nosso senso de drama romântico quanto para nossa obsessividade sexual? Existe, como muitas pessoas insistiriam, algum tipo de "contrato" tácito que começa quando duas pessoas fazem sexo juntas ou, pelo menos, fazem sexo juntas com alguma regularidade? Ou será que as expectativas legítimas que temos, um do outro, não visam, absolutamente, ao domínio físico, mas se estendem a atitudes tais como respeito, preocupação e intimidade? A não ser os mais insensíveis e talvez o libertino que se autoilude, todos certamente admitirão que a intimidade sexual desperta, de forma bastante apropriada, expectativas interpessoais desse tipo, e então a questão do ciúme torna-se uma questão muito mais geral sobre o que devemos um ao outro, especialmente nessas relações interpessoais extremamente vulneráveis. E essa torna-se, então, uma das questões centrais da ética, não da biologia.

RESSENTIMENTO

O ressentimento é uma emoção especialmente estratégica e intrigante, motivo pelo qual um dos maiores filósofos dos tempos modernos, Friedrich Nietzsche, escreveu tanto a respeito. Ele diagnosticou o ressentimento como o motivo de toda a tradição judaico-cristã e, particularmente, seu sentido de moralidade. O argumento é claro mesmo que extremamente contestado. A criação de uma moralidade que favorecia os fracos e os oprimidos e a invenção de um deus todo-poderoso eram as expressões do ressentimento dos fracos. Era, ele diz, uma estratégia emocional engenhosa. Para começar, fazia com que os fracos se sentissem bem a respeito de si. Sentiam-se protegidos. O ressentimento lhes permitia racionalizar sobre sua posição impotente e pobre na sociedade antiga. Se a riqueza e o poder eram maus, como lhes ensinavam, então era melhor não possuí-los. Além disso, "os [fracos] herdarão a terra". Portanto, onde a inveja se vê em uma posição inferior, não possuindo o que realmente deseja e incapaz de consegui-lo, o ressentimento racionaliza essa inferioridade como *opressão* injusta e, ao fazê-lo, confere a si uma espécie de superioridade moral. Donde a retidão dos que pregam a humildade. (Isto deveria surpreender-nos como um dúbio paradoxo.) No entanto, permeia a vida moderna, criando uma "mentalidade de vítima" mesmo entre os mais poderosos (que, na sua visão, nunca são suficientemente poderosos). É uma motivação que inspira tanto a inteligência quanto a engenhosa subversão. Raramente se apresenta como é, porém sempre com a aparência de retidão. Isso não apenas lhe confere um status superior mas o torna também mais convincente.

Mas então por que o ressentimento é uma estratégia autodestrutiva? Porque é permeado de autoilusão e hipocrisia, diz Nietzsche, e essa explicação parece plausível. No ressentimento, admitimos que realmente queremos o que rejeitamos como "mau" (a escandalosa história de fanáticos religiosos hipócritas é um bom exemplo) e somos (pelo menos ocasionalmente) espertos o suficiente para perceber o verdadeiro significado das nossas presunções. Além disso, a pressuposição do ressentimento é a mesma da inveja, ou seja, a da impotência da pessoa diante do mundo. O ressentimento racionaliza sua posição, mas permanece estático. Um povo oprimido que se rebela e reage é heroico, independentemente de perder ou ganhar, mas o ressentimento fica sentado de cara feia, ao mesmo tempo que se congratula por sua retidão e moderação, interpretadas como virtudes. O resultado, porém, é que o ressentimento não nos leva a lugar algum e não mobiliza nenhuma ação efetiva. Além disso, um movimento dialético entre essas várias emoções sórdidas é evasivo e insidioso, facilitado por estratégias egoístas mesmo que também autoilusórias. Em *Otelo*, Iago começa com inveja, volta-se para o ressentimento e, quando isso falha, destrói-se, e a todos, com o rancor. As ressentidas reflexões das suas emoções explicam como elas têm inteligência fora do comum, mesmo que o pensamento interno a elas seja mau, insensato, autodestrutivo e, no fim de tudo, desastroso para todos os envolvidos. Otelo, ao contrário, é destruído pelo próprio ciúme. (Não temos dúvida do seu direito conjugal a Desdêmona ou sobre se ela foi ou não fiel a ele.) Mas o ciúme apresenta sua inteligência peculiar, conforme Otelo vai selecionando, um após outro, fragmentos de evidência negativa, para confirmar as suspeitas que preferiria não ter mas que sua insegurança requer. O ressentimento, em especial, também age assim e usa a evidência para travar sua penosa guerra contra opressores talvez imaginários, revelando-se, desse modo, como uma das nossas emoções mais criativas.

VINGANÇA

Há várias décadas, Arthur Lelyveld escreveu:

> Não há como negar a satisfação estética, o senso de justiça poética que nos dá prazer, quando os que fazem o mal recebem a punição que merecem. O impulso para punir é, em primeiro lugar, um impulso para igualar o marcador... Essa satisfação é aumentada quando é possível alocar o castigo na proporção exata ao tamanho e à forma da ofensa que foi cometida, *mida k'neged mida* — olho por olho, dente por dente, *lex talionis*.

Existe, aqui, uma poderosa verdade que é muitas vezes ignorada ou categoricamente negada. A vingança não é apenas um motivo poderoso.

Argumentaria que é, também, um ingrediente essencial ao nosso senso de justiça, apesar de que, com muita frequência, os indivíduos oponham as duas (às vezes, instruídos pelos advogados). (Gostaria de lembrar, aqui, que "vingança" não é bem o nome de uma emoção em si, embora designe claramente o que todos reconheceríamos como um fenômeno emocional. A palavra arcaica "ira", entretanto, capta com bastante precisão o nome da emoção correspondente.)

Vingança é a paixão original por justiça. No Antigo Testamento, a palavra "justiça" virtualmente sempre se refere a vingança. Em Kant e Hegel, a palavra *gerechtigkeit* refere-se a retribuição. Ao longo da maior parte da história, o conceito de justiça tem se preocupado com a punição de crimes e em compensar os erros. "Acertar as contas" é, e sempre tem sido, uma das metáforas mais básicas do nosso vocabulário moral, e a assustadora emoção de raiva legítima e irada tem sido a base emocional para a justiça, tanto quanto a bondosa compaixão. A realização estética indica a profundidade da paixão, a necessidade de "proporção" e a inteligência envolvida nessa emoção, que é, supostamente, a mais irracional e incontrolável. Nossa reação a muitos romances e filmes sobre vingança é uma indicação não apenas do nosso senso de vingança profundamente enraizado, mas também do conceito de justiça nele contido.

Isso não quer dizer, certamente, que o motivo da vingança seja, portanto, legítimo, ou o ato de vingança sempre justificado. Às vezes a vingança é totalmente adequada, até obrigatória, e a retaliação é tanto legítima quanto justificada. Com mais frequência, ela não o é, especialmente quando se está errado a respeito do ofensor ou da ofensa. Entretanto, buscar vingança para uma grave ofensa, vingar-se do mal, parece estar exatamente na base do nosso senso de justiça, na realidade do nosso exato senso de nós mesmos. Até o sentimentalista Adam Smith (1759), em sua *Teoria dos sentimentos morais*,[2] escreve: "A violação da justiça é a ofensa... é, portanto, o próprio objeto do ressentimento e do castigo que é a consequência natural do ressentimento." Não somos meros observadores da vida moral e o desejo de vingança parece ser um aspecto essencial do nosso reconhecimento do mal. Entretanto ele contém — ou pode ser tratado para conter — os elementos para o próprio controle, um senso dos limites, um senso de equilíbrio. Assim o Antigo Testamento nos ensina que a vingança deveria ser *limitada* a "olho por olho, dente por dente, mão por mão, pé por pé, queimadura por queimadura, ferimento por ferimento, chicotada por chicotada" (Exod. 21:24-25). O Novo Testamento pede ainda mais contenção, a abstenção de executar a própria vingança e a paciência de confiá-la a Deus. Tanto o Antigo como o Novo Testamento (mais o segundo do que o primeiro) encorajam o "perdão", mas não pode haver perdão se antes não existirem o desejo e a justificativa para a vingança.

Vingança não é punição. É uma questão de emoção, geralmente adiada, retardada ou frustrada, e é sempre *em virtude de* uma ofensa. A vingança tem sempre seus motivos (embora, sem dúvida, possam ser equivocados, irrelevantes, desproporcionais ou ruins por outras razões). A vingança não é mais uma questão de obrigação e certamente não pode reivindicar ser racional em si, mas não é oposta a um senso de obrigação (por exemplo, em questões de honra familiar) nem à racionalidade (na medida em que se pode encontrar racionalidade em toda emoção, mesmo nessa). A vingança é a emoção do "ajustar as contas", colocando o mundo de volta em equilíbrio, e essa simples expressão já encerra toda uma filosofia de justiça, mesmo que (até então) desarticulada e não justificada.

R. S. Gerstein escreve:

> A vingança é uma resposta emocional a danos que os outros nos fazem: sentimos um desejo de atingir quem nos atingiu. O 'retributivismo' não é a ideia de que é bom ter essa emoção e satisfazê-la. É, antes, a visão de que há bons argumentos para incluir a semente da racionalidade, encontrada no ardor da vingança, como parte de qualquer sistema justo de leis". Entretanto, quero sugerir que a vingança é exatamente aquele sentido de medida ou equilíbrio que Kant e muitos outros filósofos atribuem apenas à razão. Sem dúvida, porém, no fim das contas, o que está mais errado aqui é, novamente, a velha dicotomia, o suposto antagonismo entre razão, de um lado, e paixões, do outro. Onde começaria o nosso raciocínio sobre o castigo se não fosse pelo nosso senso emocional da necessidade de retaliação e desforra? E o que seria nossa emoção

> se já não fosse informada e cultivada por um agudo senso do objeto e do alvo, bem como pelos costumes e princípios morais da comunidade na qual a ofensa em questão é merecedora de vingança?

Talvez em nenhum outro lugar seja mais evidente a negação daquilo que é mais humano em nós (isto é, nossas emoções) do que nos vários debates e preocupações que rodeiam os problemas da punição na justiça criminal. A permanente disputa entre os "utilitaristas" (que acreditam na punição com base em uma teoria da "dissuasão") e os "retributivistas" (que acreditam que a punição é necessária a fim de satisfazer as exigências de justiça) não apenas negligencia, mas rejeita explicitamente qualquer menção à paixão, que, sozinha, pareceria dar algum estímulo à noção de punição, ou seja, a emoção de vingança. Isso não quer dizer que a punição serviria *apenas* como vingança, mas que ela é, em parte, a satisfação do desejo de vingança e, sem isso, a punição não faz sentido. Há vários anos, Susan Jacoby (1983) argumentou que nossa negação do desejo de vingança é análoga à negação vitoriana do desejo sexual e que estamos pagando por isso um preço psicológico semelhante, sob a forma de todos os tipos de comportamentos destrutivos e ansiedades deslocados. Assim como na nossa fome de sexo, não somos muito bem-sucedidos em suprimir nossa sede de vingança.

Talvez tenha havido um exagero, na opinião da maioria, na decisão da Suprema Corte dos Estados Unidos no caso *Gregg vs. Geórgia* (1976):

> O instinto para a desforra é parte da natureza do homem e canalizar tal instinto na administração da justiça criminal serve a um importante objetivo, ao promover a estabilidade de uma sociedade governada por lei. Quando as pessoas começam a acreditar que a sociedade organizada não quer ou não consegue impor a transgressores criminosos a punição que "merecem", estão, então, plantadas as sementes da anarquia — do salve-se quem puder, da justiça vigilante e da lei do linchamento.

Entretanto, pelo menos a emoção da vingança foi levada a sério, e não meramente sacrificada à impassível autoridade da lei. Porém, no fim, talvez não seja apenas uma questão sobre se a vingança é ou não racional, mas se ela é um aspecto inegável da forma com que reagimos ao mundo — não como um instinto, mas como uma parte básica da nossa visão de mundo e do nosso senso moral a respeito de nós mesmos — e que, nesse sentido, ela é inevitável.

No entanto, todo ato de vingança resulta em uma nova ofensa a ser ajustada. E, quando o ato é realizado não contra a mesma pessoa que cometeu a ofensa mas contra outra que é parte da mesma família, tribo ou grupo social (a lógica de *vendetta*), as possibilidades de escalada são intermináveis. Consequentemente, é necessária a limitação da vingança por meio de institucionalização. Isso não quer dizer, porém, que a vingança em si é ilegítima, desmedida ou sem importância nas considerações da punição. Aos perigos da ilimitada vingança deve-se acrescentar que, se a punição não mais satisfaz à vingança, se ignora não apenas os direitos mas as necessidades emocionais das vítimas do crime, nesse caso já não serve mais ao propósito inicial, *mesmo que* fosse bem-sucedida em reabilitar o criminoso e impedir outro crime (o que, em geral, não faz). A restrição da vingança imposta pela lei é totalmente compreensível, mas a total negação da vingança como motivo legítimo pode ser um desastre psicológico, tanto como é perigosa sua prática irrestrita.

Apenas para ser claro, não tentei defender a vingança em si; minha reivindicação é que a vingança merece um lugar central em qualquer teoria de justiça e das emoções. Tal como acontece com todas as emoções sórdidas. Elas têm um papel central no nosso pensamento acerca de nós e de nossas relações com outras pessoas, talvez lamentavelmente, mas é isso que somos. No entanto, todas as emoções que discutimos desempenham um papel fundamental nas nossas vidas e nas concepções que fazemos de nós mesmos e, combinadas, proporcionam um retrato muito bom do que significa ser humano.

Notas

1. A tradução literal seria "cortar fora o nariz para deformar o rosto". Metaforicamente significa "prejudicar a si próprio para vingar-se de alguém". Visa a alertar para o fato de que, às vezes, a vingança pode trazer mais danos ao autor do que ao causador da ofensa. (*N. do T.*)
2. Edição brasileira: *Teoria dos sentimentos morais*. São Paulo: Martins Fontes, 1999. (*N. do T.*)

PARTE 2 A caminho de uma teoria geral: mitos sobre as emoções

CAPÍTULO IX Como deveria ser uma teoria da emoção

O fato de as emoções serem uma parte tão essencial de nossas vidas — acompanhando, causando ou definindo os momentos mais memoráveis e traumáticos de nossa existência — faz com que sejam objeto de discussão, pensamento, especulação sobre suas origens, argumentação a respeito de causas, justificativa, fundamento e adequabilidade. Em outras palavras, teorizamos sobre elas. A teoria pode ser simples e direta — assumir que as pessoas tendem a ficar com raiva quando são humilhadas em público —, especulativa — perguntar-se se a depressão pode ser raiva voltada contra si mesmo —, esotérica — mapear a parte do cérebro que é "responsável" pela vergonha. Em qualquer desses casos, precisamos de teorias, pois desejamos compreender por que as pessoas (por que *nós*) têm as emoções que têm; por que as pessoas ficam com raiva, sentem medo, se apaixonam, ficam embaraçadas ou envergonhadas, sentem ciúme, ficam deprimidas ou em êxtase.

Como seres humanos, temos urgência em compreender outras pessoas e seus motivos. (Até mesmo seres não sociais precisam ter alguma noção sobre as más intenções de um predador ou rival.) Um cachorro olha inquisitivamente e meio desesperado quando é chutado ou pisado de leve, indagando-se "por quê?" e, rapidamente, decidindo se aquilo foi um ato intencional que exige algum tipo de resposta ou um acidente, o que lhe permite voltar a relaxar. Sem dúvida, um cachorro não especula e muito menos teoriza, mas mesmo um cachorro precisa compreender as emoções dirigidas a ele, se são agressivas e perigosas ou delicadas e encorajadoras. A necessidade de compreender e predizer o comportamento dos outros significa, geralmente, que precisamos entender o que os motiva, o que, por sua vez, geralmente requer que possamos reconhecer e, até certo ponto, compreender suas emoções.

Além da necessidade de compreender a emoção dos outros, temos a capacidade de articular e entender nossas emoções. E isso é muitas vezes mais difícil do que compreender os significados superficiais das emoções que outras pessoas nos dirigem. Há, porém, muitos níveis de autocompreensão, bem como muitos graus de sofisticação em nossas teorias sobre emoção. Podemos nos compreender no sentido mínimo (entretanto, ainda assim extraordinário) de sermos capazes de perceber e identificar nossas emoções, e podemos compreender nossos padrões gerais de comportamento que, em uma única resposta emocional, podem não ser absolutamente evidentes. Podemos, também, compreender nossas emoções em profundidade, isto é, compreender por que devemos sentir isso e aquilo, de um modo muito mais profundo do que simplesmente identificar nossas emoções à medida que acontecem. Comumente se imagina que estamos em contato mais ou menos imediato com nossas emoções, a não ser em casos de negação e autoilusão quase patológicos. A verdade, entretanto, parece ser — como assinalou Nietzsche — que é só com alguma dificuldade que tomamos consciência dos nossos estados de espírito e apenas em circunstâncias relativamente raras compreendemos a nós mesmos em profundidade. O que consideramos que *deveríamos* sentir e o que *gostaríamos* e *esperamos* sentir são determinantes poderosos do que pensamos que *realmente* sentimos. Consequentemente, não é na explicação do comportamento característico de outras pessoas e pacientes que as teorias da emoção encontram seus desafios mais pessoais, mas ao procurar compreender nossas próprias emoções. A capacidade de reflexão não é só uma notável capacidade. Ela também nos apresenta uma tarefa contínua e bastante difícil: estar em contato com nossos sentimentos, ser fiel a nós mesmos.

Explicações sobre emoções são quase sempre, mesmo que implicitamente, teorias de emoção. A pergunta bastante específica e referente a uma determinada situação "Por que você fez isso?" pode ser vista como específica apenas daquela situação, uma procura de explicação para *aquele* segmento particular de comportamento. Entretanto, explicações só funcionam na medida em que podem ser, de certa forma, generalizadas. Há sempre implicações para outras situações semelhantes, para explicações mais amplas que cobrem outros casos de emoção — mesmo que não seja essa a intenção da pergunta — e que, provavelmente, pouco interessariam, de imediato, a quem faz a pergunta. Se logo depois de ter sido insultado por um amigo você lhe perguntasse "Por que você disse isso?" e, em vez da resposta "porque estava com raiva de você", o que seria virtualmente autoexplicativo, ouvisse "porque te amo", isso demandaria uma explicação adicional, quem sabe uma história de intrincados sentimentos de afeição não correspondida ou outros sentimentos de frustração. Isso acontece porque a hipótese imediata é a de que as pessoas tendem a ser grosseiras porque estão com raiva. Em contraposição, a conexão entre grosseria e amor — embora também frequentemente constatada na nossa experiência diária — é um pouco mais complexa. Entretanto, nossas explicações usuais para o comportamento típico (nosso ou dos outros) pressupõem e presumem hipóteses bem-confirmadas, quer tenham sido, quer não, apresentadas como tal. Nossa compreensão e conversa habituais sobre emoções já supõem uma teoria.

Nos contextos cotidianos, não esperamos uma resposta superteórica tal como "pessoas que violam expectativas interpessoais são geralmente motivadas por hostilidade não manifesta" ou "há uma hiperativação na minha amígdala". Podemos até interpretar essas explicações como evasivas, sarcásticas ou pretensiosas. Certamente, isso não significa que explicações desse tipo sejam falsas ou desprovidas de sentido, mas parecem inadequadas no contexto da nossa compreensão corriqueira. No entanto, nesse nosso contexto diário, algumas explicações fazem sentido praticamente imediato e outras parecem não fazer sentido algum, o que, por sua vez, indica a necessidade de teorias e hipóteses mais sofisticadas e abstratas. A questão com que, então, nos defrontamos é a da relação entre as teorias relativamente comuns ("populares") sobre emoções e comportamento e as teorias científicas mais abstratas, da psicologia e de outras disciplinas. Uma forma de se considerar a questão é a de que as explicações que fazem sentido mais imediatamente acabam por ser aquelas passíveis de explicação mais a fundo por teorias mais poderosas, enquanto as que fazem pouco sentido violam tanto o senso comum como a plausibilidade psicológica. No entanto, isso também sugere por que até as mais importantes teorias da psicologia parecem às vezes não passar de formas elaboradas de reiteração do senso comum.

Na vida diária, já lançamos mão de teorias surpreendentemente observadoras e sofisticadas que são integradas à nossa experiência cotidiana e "psicologia do senso comum". Em circunstâncias normais, explicitar as hipóteses relevantes pareceria supérfluo ou pretensioso. Porém, quando estamos tentando compreender padrões de comportamento mais gerais, não estamos tão interessados nem em um elemento específico de comportamento nem nas trivialidades da psicologia do senso comum mas, de preferência, em padrões mais abrangentes e em regularidades psicológicas menos óbvias e de nível superior. Por exemplo: em organizações hierárquicas, o modo como visíveis insultos e abusos tendem a ser seguidos de ressentimento ou a forma pela qual amor e respeito, em um casamento conturbado, tendem a ser abalados por competição, suspeita e ciúme inconfessos. É por isso que ficamos intrigados com teorias que contradizem a psicologia do senso comum ou que vão além dela, embora nunca muito além.

É a psicologia do senso comum que nos orienta na compreensão de nossas emoções. Portanto, se um freudiano afirma que a depressão é, na realidade, uma forma de raiva internalizada, ficamos curiosos, mas isso só acontece porque compreendemos o que está sendo discutido, ou seja, depressão e raiva, experiências familiares para a maior parte de nós. Portanto, se também — em uma das suas afirmações mais céticas — Freud insiste em que "o amor não passa de luxúria submetida às exigências da civilidade", só podemos refletir sobre essa provocativa asserção porque já temos uma noção relativamente boa do que são amor e luxúria e ao que podem se referir "as exigências da civilidade". Tanto a psicologia do senso comum como a psicologia científica são um curioso amálgama de generalizações empíricas, de alto e baixo grau, e de verdades conceituais sobre emoções (e outras facetas da psicologia humana), muitas das quais inculcadas em linguagem ordinária[1] e trivialidades do "senso comum". Consequentemente, prestam-se tanto à análise conceitual quanto à confirmação e refutação observacional e experimental. Esse é o motivo pelo qual filósofos muitas vezes recorrem à linguagem ordinária e ao senso comum. E assim fazem psicólogos. E assim fazemos todos nós, até os neurologistas mais reducionistas.

Como filósofos e cientistas, é nossa função analisar e, às vezes, "não se deixar iludir" pela psicologia do senso comum, pela linguagem ordinária e pelo senso comum; no entanto, temos de tomar como nosso ponto de partida as teorias populares da emoção. É aí que começa toda a teorização sobre emoção e é a linguagem em que até as hipóteses mais radicais devem ser formuladas. Não nego que na neurociência, na física, na química e na dinâmica teoria de sistemas existem linguagens exóticas e sofisticadas que não podem ser facilmente "traduzidas" para o leigo, mas, a fim de constituir teorias *da emoção*, precisam, em algum momento, ser traduzidas de volta para a psicologia do senso comum. É desse modo que sabemos sobre o que estamos falando.

No entanto, continuam existindo filósofos e cientistas da cognição que consideram que "algum dia" nosso conhecimento sobre o cérebro será suficiente para que todos falemos a linguagem da neurologia. Alguns deles argumentam que a psicologia do senso comum, e portanto a maior parte da psicologia como disciplina, é inteiramente arcaica, não científica e baseada em conceitos não científicos ultrapassados. Por exemplo, Paul Griffiths (1977) compara a filosofia e a psicologia da emoção atuais aos relatos da antiga astronomia grega que descreviam fenômenos aparentemente reais (por exemplo, os "objetos sublunares" de Aristóteles) e que a ciência contemporânea mostrou serem inexistentes. Atualmente, a ciência preferida é a neurologia que, segundo Griffiths, torna a psicologia do senso comum e grande parte da psicologia tão estranhas e inúteis quanto a astronomia grega. Em contrapartida, a teoria da evolução e a neurologia representam a verdade sobre o que as emoções "realmente" são. Entretanto, a teoria da evolução parece um instrumento muito desajeitado para explicar os detalhes da fina textura da nossa vida emocional. Além disso, enquanto o progresso nas neurociências é notável, com exceção das emoções mais primitivas ainda sabemos muito pouco acerca do substrato neural das emoções. Enquanto isso, em nossos estudos sobre os aspectos afetivos da vida, a psicologia do senso comum — nossa linguagem ordinária sobre a emoção — é o que temos para trabalhar com — e contra. No momento e no futuro próximo, é e será a base para nossas discussões e teorias da emoção.

A psicologia do senso comum representa as observações e a experiência acumuladas da humanidade. Não é apenas uma relíquia arcaica. Alguns filósofos fazem uma distinção nítida (talvez nítida demais) entre as ciências "exatas", físicas e biológicas, e as ciências do senso comum, sociológicas e psicológicas. Insinuam que nosso conhecimento sobre o funcionamento da personalidade humana não passou, e muito provavelmente nunca passará, pelas mudanças revolucionárias como as que afetam a física, a astronomia e outras do gênero. No entanto, defensores entusiásticos das neurociências vêm, há anos, prometendo que a neurologia substituirá a psicologia do senso comum. Pessoalmente, duvido bastante disso, embora possamos, no nosso pensamento diário, cometer vários tipos de erros que as neurociências possam ser capazes de corrigir. Se fôssemos, porém, adotar o rumo sugerido — que se afasta da nossa experiência acumulada e da compreensão costumeira das emoções —, não fica absolutamente claro o que restaria dos nossos conceitos sobre emoções.

Estamos, porém, tão acostumados a funcionar no contexto da psicologia do senso comum que não valorizamos, verdadeiramente, a dramática diferença que ela representa para nossa vida emocional. Animais e bebês têm emoção, mas nós, adultos humanos, as articulamos, refletimos sobre elas e tentamos compreendê-las e explicá-las. Talvez animais e bebês tenham emoções por algum motivo (um cachorro fica com raiva *porque* seu território foi violado, um bebê chora de medo *porque* não conhece a pessoa que o está segurando), mas nós, adultos humanos, podemos articular tais razões e, se instados a nos explicar, podemos esclarecer para outras pessoas nossas reações emocionais. Que diferença isto faz? Um cachorro ou um bebê pode errar em suas emoções (caso não haja invasor, se a pessoa que está segurando o bebê for um carinhoso amigo da família), mas nós, humanos adultos, podemos nos equivocar a respeito de nossas emoções de um modo muito diferente. Podemos errar ao identificar e ao descrever nossa emoção ou compreender muito mal nossas razões para termos tido a emoção. Uma vez que haja uma descontinuidade entre ter uma emoção e identificá-la, há espaço para um tipo de erro muito especial. Ao refletir, podemos estar errados tanto *a respeito* de nossas emoções quanto na nossa resposta emocional. Entretanto, refletindo, podemos também contrastar nossa emoção com o que pensamos que deveríamos ou preferiríamos estar sentindo e, por meio dessa reflexão, tomar medidas para modificar, ajustar ou alterar nossos estados emocionais ou, quem sabe, decidir que aquilo que realmente sentimos está correto e o que nós pensamos que "deveríamos" sentir está errado.

Desse modo, é por meio de reflexão que podemos confirmar ou negar nossas emoções e assumir responsabilidade por elas. Essa era a opinião dos antigos estoicos que incorporavam à própria emoção a reflexão feita sobre ela. Acredito que seja assim. Isso porque nós (humanos adultos) temos poucas emoções — se é que temos alguma — que, de um modo ou de outro, não envolvam e incluam reflexão. Uma das conclusões dos estoicos — e minha também — é a de que, por meio da reflexão, podemos, até certo ponto, assumir a responsabilidade e o controle de nossas emoções. Porém, também por meio de reflexão, podemos nos recusar a assumir responsabilidade por nossas emoções e, desse modo, nem mesmo tentar controlá-las. Não surpreende que algumas das mais intrigantes afirmações teóricas a respeito das emoções tendam a ser as que nos permitem lançar a culpa pelas nossas emoções em alguma coisa ou em alguém que não nós, teorizar a respeito delas de tal forma que não seja preciso assumir responsabilidade por elas. Por mais valiosas que a reflexão e a teorização possam ser ao colocar-nos em contato com nossas emoções e em nos ajudar a cultivá-las e mudá-las, há um apelo enorme para usarmos essas mesmas habilidades para fugir da responsabilidade. Portanto, ao tentar desenvolver nossa teoria das emoções, com ênfase em integridade emocional e responsabilidade, é importante reconhecer primeiro o batalhão de preconceitos teóricos alinhado contra nós.

Um tipo de teoria que encoraja isso tem a ver com a tese geral de que todas as nossas reações emocionais têm como base o cérebro e o sistema nervoso central (o que certamente é verdade). Assim, mencionando uma situação bem simples, existe a ideia de que o amor é o produto da química cerebral, por exemplo endorfinas e oxitocina. (Elas também podem ser estimuladas pela ingestão de chocolate.) Sem dúvida, isso é muito interessante (e nos permite racionalizar tanto nosso amor por chocolate como nossos relacionamentos). Torna-se problemático, porém, quando se transforma em *reducionista*, e acredita-se que o amor nada tenha a ver com nossas escolhas, decisões, expectativas, sonhos ou inseguranças. Certamente os apaixonados trocavam chocolates, muito antes que se soubesse das endorfinas e da oxitocina. O reducionismo neurofisiológico é a mais atual e mais exótica das várias teorias com as quais nos distanciamos de nossas emoções. (Costumavam ser destino, feitiços e poções do amor.)

Outro modo usual de, por meio de teoria, deslocar a responsabilidade pelas nossas emoções é transferir de nós para a situação ou para a instituição nossa decisão sobre elas. Um excelente exemplo é o famoso experimento de Milgram, nos idos de 1970, em que pessoas comuns eram encorajadas por uma figura de autoridade a punir fisicamente supostos sujeitos que dessem uma resposta errada (ou assim elas pensavam — os sujeitos eram cúmplices do experimentador, fingindo que estavam sendo machucados). Os sujeitos envolvidos no experimento ficaram compreensivelmente angustiados. Tinham sido persuadidos a agir de um modo que só pode ser chamado de cruel e sádico. No entanto, a visão geral deles foi a de que a culpa pelo seu comportamento caía nitidamente no experimento e nos experimentadores ou, mais especificamente, na situação criada pelo experimento. Desse modo, o experimento é, ainda, usado para confirmar uma visão geral chamada "situacionismo", a alegação de que nosso comportamento é determinado por situações — por exemplo, uma situação em que se deve obedecer a uma figura de autoridade —, e não por "caráter" ou escolha pessoal (Doris, 2002).

Bem, o caráter, porém, também tem sido usado de um modo determinista para justificar qualquer necessidade de assumir responsabilidade por nossas emoções. (Entre os defensores ilustres desse enfoque filosófico encontram-se John Stuart Mill e Arthur Schopenhauer.) A ideia é a de que nada podemos fazer quanto ao nosso caráter. As descobertas do experimento de Milgram são, sem dúvida, preocupantes, mas não há motivo para se negar que caráter e personalidade sejam determinantes significativos do nosso comportamento. Creio que podemos dizer, com segurança, que nosso comportamento emocional é parcialmente determinado tanto pela situação na qual nos encontramos como por nossas personalidades e escolhas pessoais. Entretanto, apesar da aparente oposição entre o enfoque situacionista e o da personalidade, devemos observar o que têm em comum, ou seja, a tendência a minimizar ou deslocar o nosso senso de responsabilidade por nossas emoções. Em ambos os casos, nossas emoções são consideradas, inteiramente, o produto de algo diferente da nossa ação de cultivá-las e assumir, ativamente, responsabilidade por elas.

Uma teoria das emoções não é só uma grande hipótese psicológica, ou conjunto de hipóteses, que diz como, de fato, nos comportamos.

Também é — ou deveria ser — um modo de compreender as emoções nas quais nosso papel, como agentes reflexivos e responsáveis, tem um lugar central. Isso não significa, absolutamente, desafiar o valor ou a autoridade da ciência no estudo do comportamento humano. Porém, na medida em que as ciências apresentam uma outra fonte rica em desculpas, precisamos ser cautelosos.

De forma alternativa, o caminho mais direto e, aparentemente, mais evidente para a compreensão emocional, e para a melhor teoria da emoção, pareceria ser mediante atenção à nossa contínua experiência pessoal por meio da disciplina da fenomenologia. Isso apesar da nossa tendência à autoilusão e ao pensamento fantasioso sobre nós mesmos. A fenomenologia é o estudo das estruturas da experiência e uma fenomenologia das emoções é um estudo das estruturas da experiência emocional. Não temos, porém, já pronta uma linguagem da fenomenologia. Algumas linguagens naturais têm uma apreensão da experiência mais atenta e sofisticada do que outras, mas todas as linguagens, graças à própria natureza, desenvolvem-se por meio da conversa sobre objetos e acontecimentos, publicamente observáveis, e não sobre sentimentos interiores, aparentemente "particulares". É preciso um esforço especial para descrever a própria experiência, em oposição a descrever (o que se considera como aquilo que é) o mundo objetivo. Ou seja, temos de explicar como o mundo "parece" para nós, em vez de como ele é. Um exemplo simples de como isso acontece é a "descoberta" da perspectiva visual durante o Renascimento. Sem dúvida, as pessoas sempre haviam visto as coisas em perspectiva e quando olhavam para pinturas (mais ou menos) realistas compreendiam — e os artistas tinham meios de indicar — o que estava mais próximo e o que estava mais distante. (Uma pista óbvia era colocar uma coisa na frente da outra.) Durante o Renascimento, porém, os artistas descobriram as técnicas de representação da perspectiva que, por sua vez, representavam *como realmente vemos* em perspectiva. Quase todo aluno do ensino fundamental que aprende perspectiva simples ou dupla fica maravilhado, exatamente como se tivesse aprendido um truque de mágica. No entanto, o que aprenderam nada mais é do que a natureza da própria experiência visual e o que, em certo sentido, sempre "souberam" mas não repararam durante toda a vida.

Do mesmo modo, poder-se-ia tomar um exemplo a partir dos impressionistas, começando com Monet, que nos ensinou o que realmente vemos quando olhamos um objeto colorido. (Não importa que o próprio Monet fosse quase cego e que aquilo que nos mostrou tenha sido, antes de mais nada, o que *ele* via.) De novo, lembro-me das minhas primeiras aulas de arte e o sentimento de revelação que experimentei quando descobri que a pele de uma pessoa não era só branca, marrom ou preta, que um nariz comum era uma paleta fauvista de amarelos, azuis e verdes e que o céu, na realidade, descia até tocar a grama. Não era que nunca tivesse visto isso antes. É claro que o fato de que o horizonte encontrava o céu era uma das coisas mais óbvias na minha vida. Mas, certamente, não era uma das coisas mais óbvias na minha experiência. Minha atenção precisou ser atraída para o fato e quando o foi então era "óbvio". Assim também a fenomenologia. Na história da psicologia do senso comum, indagamo-nos quando foi que as pessoas começaram a notar que a experiência de algumas emoções incluía um sentimento de calor ou um "sentimento de apreensão". Tais questões já eram bem conhecidas pelos gregos e são evidentes nos escritos de Homero, surpreendentemente perceptivos. Deveríamos, porém, nos perguntar o que mais ainda deixamos de identificar, ou nossa psicologia do senso comum deixa de captar, embora possa ser perfeitamente "óbvio" na nossa experiência.

Entretanto vocês podem perguntar: o que vem a ser a emoção *antes* de ser descrita ou independentemente de qualquer descrição? Aqui, torno-me cético. O fenomenologista existencial francês Maurice Merleau-Ponty (2003) passou grande parte da carreira perseguindo a questão sobre como é a experiência humana quando a despimos das camadas e da influência da linguagem e das categorias linguísticas. Chegou à conclusão de que, em sua maior parte, isso não poderia ser feito. A linguagem permeia nossa experiência em virtualmente todos os aspectos. Animais e bebês têm emoções sem linguagem, mas nós não. Mesmo nos seres humanos adultos, sensações brutas, como dor, são permeadas com perguntas e preocupações que vêm com a linguagem e com a conscientização ou perplexidade sobre o que está acontecendo. Com seu conjunto de julgamentos e engajamentos com o mundo, as emoções são, pela própria natureza, criações da linguagem tanto quanto são produtos da biologia, neurologia e psicologia. Isso significa que questões de interpretação e reflexão estão envolvidas até mesmo em algo aparentemente tão direto como classificar ou identificar uma determinada emoção. Se é um caso de raiva ou de ressentimento, exatamente a respeito de que a pessoa está com raiva ou ressentida é em parte determinado pelo modo como se vê a emoção. Não quer dizer que não possamos nos equivocar. (Geralmente nos equivocamos.) Quer dizer, porém, que pode haver várias maneiras de estarmos corretos, e nossa identificação e, a seguir, as explicações que damos sobre nossa emoção contribuem para que ela seja a que é.

No entanto, se as emoções incluem reflexão, e a própria capacidade de refletir depende da linguagem, não há, então, como separar a emoção em si (ou a experiência emocional) de nossa linguagem e nossas capacidades linguísticas e do nosso conhecimento psicológico. Ou melhor seria dizermos "linguagens", porque é evidente que não existe apenas uma, mas muitas psicologias do senso comum, assim como há muitos "povos" no mundo e muitos subconjuntos psicológicos mesmo em uma única sociedade. Tanto à medida que descrevemos, com bastante detalhe, as emoções que tão prontamente nomeamos no inglês americano, quanto à medida que descrevemos as várias maneiras com as quais falamos sobre elas, considero importante ter em mente que outras culturas (e subculturas) têm outras formas de separar e de se referir aos fenômenos de suas vidas emocionais e, às vezes, teorias muito diferentes a respeito de como funcionam. Por sua vez, isso infiltra-se na nossa experiência emocional e torna implausível supor que cada pessoa, em cada cultura, tenha as mesmas emoções. Neste livro iremos apenas começar a explorar algumas dessas variações culturais, mas é importante que sempre tenhamos isso em mente. As distinções (mais ou menos) nítidas que fazemos (digamos, entre vergonha e embaraço, ódio e desdém) em inglês podem não existir, ou podem ser muito diferentes, em outras culturas e em outras línguas. Assim também as várias palavras que traduzimos como "raiva" (latim *ire*, polinésio *riri*, japonês *okorimasu*, chinês clássico *nu*) podem referir-se a fenômenos emocionais significativamente diferentes (embora, é óbvio, não totalmente diferentes), dependendo, entre outras coisas, do papel da emoção naquela cultura e de como as pessoas pensam a respeito dela; por exemplo, se é admirada ou temida, se é altamente bem-sucedida em manipular as pessoas ou, ao contrário, vergonhosa para a pessoa que a expressa.

Por exemplo, a raiva é valorizada e frequentemente eficiente nos Estados Unidos, mas é temida como "demoníaca" no Taiti e vergonhosa em outras culturas. Na antiga China, *nu* era cognato de palavras tais como "mulheres" e "escravos", sugerindo que representava fraqueza, primitivismo e falta de educação. A indignação moral, ao contrário, era considerada uma séria virtude moral (obrigado a Roger Ames por isso). Uma das coisas que uma teoria das emoções deve fazer, mesmo que isso esteja ligado à psicologia do senso comum, é levar em consideração essas variações linguísticas e culturais e, consequentemente, teóricas. Podemos ser *folk*, mas devemos nos esforçar em ser cosmopolitas e transculturais e uma teoria da emoção adequada também deveria refletir isso.

Finalizando, a psicologia do senso comum não é apenas a sabedoria e experiência acumuladas da humanidade. Consiste, também, em irrefletidas banalidades acumuladas, sistemáticas representações equivocadas, autoilusões, mitos e metáforas implausíveis ou enganosas. (Mitos e metáforas não são necessariamente falsidades, mas podem ser, de muitas maneiras, altamente enganosos.) Na psicologia do senso comum, mas também nas neurociências, encontramos uma rica fonte de mitos e metáforas, muitos dos quais servem de desculpas para renegar nossas emoções. Desse modo, quero argumentar contra o senso comum e contra uma das suposições básicas de grande parte da psicologia do senso comum: a ideia de que somos passivos em relação às nossas emoções e somos suas vítimas. Portanto, para mim, uma das coisas que uma adequada teoria das emoções deve fazer é deixar claro, para nós, como a reflexão torna possíveis a inteligência emocional, a integridade e a responsabilidade. É um mito que as emoções sejam sentimentos não inteligentes ou, necessariamente, respostas estúpidas, irrefletidas ou irracionais em si. Quando teorizamos sobre as emoções, o que devemos querer é a melhor teoria, ou seja, não simplesmente uma que confirme nossa psicologia do senso comum ou que comporte os rápidos avanços da ciência, mas uma que possamos usar para compreender, guiar e assumir responsabilidade por nossas vidas emocionais. Uma boa teoria das emoções, em outras palavras, deve fazer de nós pessoas não apenas mais inteligentes, mas também melhores.

Notas

1. A expressão linguagem ordinária (em inglês, *ordinary language*) é usada com frequência na filosofia para distinguir entre usos comuns e previsíveis dos termos e seu uso mais especializado, na teorização ou no jargão filosóficos. (*N. do T.*)

CAPÍTULO X Mito um: emoções são indescritíveis

Antes de tentar elaborar uma teoria geral das emoções, teremos de desenterrar e examinar toda uma série de mal-entendidos históricos e populares a respeito do que são e do que não são as emoções. Tais mal-entendidos dão origem a um conjunto de convenientes pretextos que nos permitem assumir a atitude de que não somos responsáveis por nossas emoções e não precisamos nos preocupar tanto tentando compreendê-las, a não ser, talvez, por pura curiosidade científica.

Aproximadamente na próxima meia dúzia de capítulos gostaria de usar nossas discussões sobre emoções para expor tais pretextos, exatamente como são: pretextos, interpretações erradas, compreensões unilaterais — artifícios para escapar tanto da responsabilidade quanto da compreensão. Não será da forma que a ciência, sabidamente, condena o modo como geralmente falamos de emoções e "psicologia do senso comum". Como argumentei no capítulo anterior, nossa experiência corriqueira das próprias emoções — e nossa experiência ocasional de algumas emoções fora do comum — fornece nossa base para teorização e produz um grande número de *insights* a respeito de como as emoções funcionam em nossas vidas.

Talvez o melhor lugar para se começar seja com a barreira inicial a qualquer discussão inteligente sobre emoções e inteligência emocional, que consiste na recusa total a falar sobre tais assuntos. Algumas vezes é em nome do decoro e da privacidade. Não gostamos de ser obrigados a ouvir os detalhes da vida emocional de outra pessoa e não queremos ser forçados a revelar os nossos. (Por outro lado, temos uma fraqueza notória por fofocas e, quando temos a oportunidade de escutar secretamente ou saber indiretamente os problemas dos outros, poucos de nós somos capazes de resistir.) No meio acadêmico, a recusa a falar sobre emoções é muitas vezes uma questão de negligência; filósofos, estudiosos e cientistas simplesmente prefeririam estudar e discutir algo diferente. Quer dizer, isso foi antes de entrar em cena novas técnicas científicas e uma impressionante tecnologia, quando, então, passou a existir uma corrida por verbas para participar da disciplina "do momento", quer realmente ajude ou não nossa compreensão das emoções. No entanto, a omissão a respeito das emoções, na vida acadêmica e científica, não se deve apenas a uma preferência por estudar outros assuntos. Quando, ao longo do século XX, a psicologia se tornou conscientemente uma "ciência", o estudo das emoções não se enquadrava muito bem naquela aspiração.

O movimento para tornar a psicologia mais científica começou no fim do século XIX, marcadamente com os trabalhos de Sigmund Freud, em Viena, e de William James, nos Estados Unidos. Ambos eram fascinados pelas emoções e não surpreende que elas desempenhassem um papel central em suas teorias. Davam, também, bastante ênfase (naqueles tempos, uma questão de fé) ao potencial da nova neurologia para revelar muitos aspectos da psicologia, embora nenhum dos dois tenha, nem por um momento, chegado a pensar que os dados da consciência e da experiência poderiam ou seriam ofuscados pela então nova descoberta da biologia básica do cérebro. (O neurônio — a célula nervosa — só foi descoberto em 1895.) Tanto Freud como James viam na nova neurologia a possibilidade de um enorme avanço na ciência, e com isso (combinado com seus estudos clínicos) veio um novo e minucioso exame dos conteúdos da consciência e dos autorrelatos sobre tais conteúdos.

No entanto, na época em que esses dois antigos mestres já haviam morrido, a psicologia tinha entrado no seu período sombrio. Com o advento do Behaviorismo (escrevo com letra maiúscula para sugerir o nome de um movimento quase religioso), defendia-se agressivamente que, para ser uma ciência, a psicologia nada poderia ter a dizer sobre a entidade mitológica chamada consciência. B.F. Skinner, de Harvard — que assumiu o lugar de James como o mais importante psicólogo dos Estados Unidos —, tinha muitas coisas inteligentes e sarcásticas para dizer sobre aqueles que ainda insistiam em falar sobre "consciência", "mente" e "experiência", mas o resultado final foi o assassinato do próprio conceito de psicologia. Psicologia ("o estudo da psique") tornou-se "o estudo do comportamento" e *nada além* de comportamento e suas causas igualmente observáveis. (O cérebro também foi excluído, reduzido a uma caixa-preta.) As emoções, que não passavam de sentimentos e experiência, tornaram-se *persona non grata* na psicologia. Até os anos 1960, quando fiz pós-graduação em psicologia, às emoções raramente era reservada mais do que uma menção, na parte final dos capítulos sobre motivação, nos principais livros-textos de psicologia. Presumivelmente, nada havia ali a ser estudado e nada a ser dito. Nos anos 1940, as emoções eram tratadas (na melhor das hipóteses) como "transtornos agudos" (P.T. Young), como uma "resposta desorganizada, altamente visceral, resultante de falta de um ajuste eficiente" (L.F. Schaffer), como opostas à inteligência (R.S. Woodworth). Eram rejeitadas como meros "distúrbios de comportamento" por psicólogos famosos como D.O. Hebb.

Se, em relação ao comportamento humano, o behaviorismo obscureceu qualquer menção séria às emoções, nos estudos com animais a emoção foi especialmente banida. Há cerca de 30 anos um biólogo, bastante conhecido mas corajoso, chamado Donald Griffin (já famoso pelos estudos sobre o sonar do morcego), arriscou-se a ser censurado e ridicularizado pelos colegas ao introduzir, na zoologia, a expressão "mentes animais", cuidadosamente, com amplas ressalvas e com a indispensável explicação de que não havia absolutamente nenhum meio de "penetrar" nas mentes dos animais e experimentar suas emoções. O que estava implícito — mesmo quando explicitamente rejeitado — era o modelo "cartesiano" da mente como pessoal e só acessível ao sujeito. Corpos e comportamento eram, sem dúvida, publicamente observáveis, mas contribuíam pouco para revelar a psique animal. (Na realidade, considerava-se que os animais não eram dotados de mente, uma visão primitiva que já pode ser encontrada pelo menos em Descartes, que a ela recorreu para justificar sua prática de vivissecção.) Argumentarei que as duas metades do modelo "cartesiano" são falsas. Entretanto, de um lado mais humano, vale a pena assinalar que muitos desses mesmos cientistas tinham em casa gatos e cães, papagaios e hamsters e os tratavam exatamente como se tivessem sentimentos bastante reais e a quem se podia fazer felizes, magoados ou até humilhados; isso, entretanto, explicavam, era "uma evidência meramente anedótica", totalmente nula do ponto de vista científico.

Tudo isso, apesar de Charles Darwin, o santo padroeiro da maior parte dos biólogos atuais, ter escrito um dos seus melhores livros sobre emoções e expressões, tanto de animais como de homens, sem que, seguramente, tivesse qualquer problema em atribuir aos animais ao menos alguns dos sentimentos e emoções que nos atribuímos. Os críticos, no entanto, dizem que esse foi o seu erro, puro "antropomorfismo", o imperdoável erro de projetar qualidades humanas nos animais, que não são inteligentes e não têm tais capacidades. Foi muito recentemente, graças a psicólogos ousados e amantes de animais, como Franz de Waal, da Universidade de Emory, que nossa sensibilidade em relação à complexidade emocional de ao menos alguns animais "superiores", em especial macacos e golfinhos, tem, atualmente, reconhecimento científico.

Gostaria de poder dizer que a situação era diferente na filosofia, mas, durante o século XX, fomos obscurecidos por nossa versão do behaviorismo, especialmente o positivismo lógico, que começou como um saudável antídoto contra o romantismo nazista mas terminou rejeitando todas as coisas humanistas — não apenas emoções, mas ética, religião e estética — que não fossem passíveis de verificação científica. De fato, em meados do século, houve na ética um movimento chamado *emotivismo* que reduzia todos os enunciados éticos a meras expressões de emoção, desprovidas de valor "cognitivo". Em outras palavras, as emoções nada nos diziam sobre o mundo e não tinham conteúdo cognitivo. Um dos impulsionadores do emotivismo (e o mais popular defensor, de língua inglesa, do positivismo lógico), A.J. Ayer, insistia que chamar algo de "bom" ou "ruim", "certo" ou "errado" não era diferente de exclamar "viva" ou "buu" (1952). Outro defensor, menos rude, foi Charles L. Stevenson, com quem tive o prazer de estudar (quando estava próximo de se aposentar) na Universidade de Michigan. Ele também acreditava que a ética não passava de uma questão de "atitude" e atitudes, assim como emoções, nada nos diziam sobre o mundo, apenas alguma coisa sobre o sujeito. Portanto, ele dizia que "isto é bom" significava "aprovo isto e gostaria que você também aprovasse" (1952). Sem dúvida, é muito mais educado e favorável à discussão e ponderação do que "viva", mas com a mesma implicação: a ética não passava de emoção e emoção era absolutamente nada.

Considerando retrospectivamente a filosofia emotivista, Alasdair MacIntyre, talvez o mais importante especialista em ética dos Estados Unidos no século XX, concluiu que o emotivismo foi muito mais do que uma visão que desconsiderou a ética. Foi um sintoma de um colapso moral geral na sociedade moderna. Seu diagnóstico e as providências que recomendou estão muito além do nosso escopo aqui, mas vale a pena notar que a parte crucial da sua solução era uma renovação da concepção antiga e medieval da ética em termos de *virtudes*. Tal concepção foi proeminente em Aristóteles e, mais tarde, em Santo Tomás de Aquino e, do nosso ponto de vista, um de seus aspectos mais interessantes era a ênfase na importância das paixões — as paixões corretas, isto é — na ética. Isso coloca o emotivismo em uma estranha posição. De um lado, visava a desconsiderar a ética, pelo menos como disciplina filosófica séria. (Stevenson costumava insistir que, de modo algum, ele estava rejeitando a importância da ética, mas como filósofo, dizia, nada mais tinha a contribuir para um debate filosófico do que qualquer outra pessoa.) Do outro lado, entretanto, a ênfase na virtude e nas emoções (paixões) coloca esses aspectos práticos de nossas vidas sob um poderoso *spotlight*. É sob essa luz que emergem não apenas a possibilidade, mas a necessidade de analisar e discutir as emoções e o fato evidente de que as emoções são nossa forma de nos "sintonizar" no mundo (uma metáfora sugerida por Martin Heidegger, décadas antes). O fato de a ética envolver a expressão de emoção não a desvaloriza; pelo contrário, aumenta a importância das emoções.

A filosofia tem uma longa história e se a olharmos obtemos uma proposição muito mais interessante e complexa do que o tradicional antagonismo "razão *versus* paixões" que inspirou tantos pensadores. Platão tinha dúvidas sobre as emoções, mas endossava totalmente algumas delas (notadamente *eros* ou amor) como essenciais para as aspirações humanas. Aristóteles, seu discípulo, como já indiquei várias vezes, era um paladino das paixões (na verdade, o termo é dele, *pathé*, plural de "sofrimento"). Insistia que as paixões, isto é, as paixões certas, na quantidade certa, no momento certo, eram essenciais para a vida boa. Depois de Aristóteles, a visão entusiástica sobre as paixões esmaeceu consideravelmente, mesmo enquanto aumentava a sofisticação das teorias. Os estoicos tinham uma engenhosa teoria das paixões (à qual voltaremos repetidas vezes), cujo resultado era o de que todas as paixões revelam-se contrárias à felicidade e ao bem-estar e são estratégias pobres de vida. Entretanto, também foram os estoicos a ensinar que as emoções são julgamentos, ou seja, entrelaçadas com inteligência (embora, em sua visão, inteligência enganadora). Consequentemente, as emoções eram tanto descritíveis quanto analisáveis em bastante detalhe. Apenas os "primeiros movimentos", os sentimentos corporais que forneciam o primeiro passo para as emoções, tinham de ser descritos indiretamente, por meio de quase metáforas como "sentindo-se esvaziado" ou "ficando estimulado". Mas os julgamentos que constituíam as emoções podiam ser discutidos, analisados e compreendidos em elaborados detalhes.

Depois dos estoicos (penso em Marco Aurélio como uma espécie de figura de transição para Santo Agostinho), a psicologia cristã tornou-se ainda mais sutil e criativa a respeito das paixões, elevando algumas a um status glorificado (até mesmo divino) e denegrindo outras (notadamente os sete pecados capitais). Mais uma vez, porém, as paixões permaneceram centrais à ética e as teorias das paixões tornaram-se progressivamente mais atentas e completas. Com sua ênfase na razão e na ciência, a filosofia moderna demonstrou, novamente, atitudes esquizoides de fascinação, suspeita e rejeição em relação às paixões, embora dois dos filósofos "racionalistas", Descartes e Spinoza, as tenham colocado no centro de suas filosofias. O escocês David Hume estava quase sozinho ao elevar a paixão acima da razão ("A razão é, e deve ser, escrava das paixões"), mas o romantismo do século XIX embarcou em uma nova onda de entusiasmo e declarou, de várias formas e com emoção crescente, "a paixão é tudo!"

Entretanto, nem mesmo os românticos sugeriram que não se podia discutir as emoções. A negligência acadêmica, que se tornou tão evidente em meados do século XX, foi fora do comum em sua severidade e tragicamente bem-sucedida em empurrar a discussão sobre emoção para fora da arena acadêmica e científica, para as mãos dos escritores de "autoajuda", autointitulados gurus espirituais, e outros que podem ter tido *insights* mas também tinham interesses pessoais e livros para vender. Em especial, uma das banalidades da psicologia pop passou a ser o fato de que todo mundo é único e as emoções de uma pessoa nunca são verdadeiramente comparáveis ou mesmo compreensíveis para mais ninguém. Além disso, consideraram-se novamente as emoções como sentimentos que, como tais, não podiam ser descritos. Para tornar as coisas piores, sentimentos, subjetividade e o que se tornou nostalgicamente celebrado como "o encantamento do mundo" foram considerados como ameaçados pela ciência e, portanto, reagiram na mesma moeda às envaidecidas opiniões científicas dos behavioristas. Entretanto, esses neorromânticos acreditavam equivocadamente que toda ciência era o que desdenhosamente chamavam de "cientificismo" (ou, mais exatamente, reducionismo científico), responsável pelo nosso moderno desencantamento com o mundo. Consequentemente, a procura por uma teoria e compreensão sistemática das emoções tinha pouca probabilidade de se tornar parte de sua agenda. Nem todos os autores populares aderiram a esses clichês, mas o fato de se terem tornado lugares-comuns sugere que conseguiram penetrar no senso comum e na linguagem ordinária e, consequentemente, também na psicologia do senso comum. Portanto, neste e nos próximos capítulos, quero ir um pouco mais fundo nas complexidades envolvidas em descrever nossas emoções, em colocar o sentimento em palavras.

Quanto à ideia de que as emoções não podem ser descritas sem que algo essencial se perca, isso é mais frequentemente dito em relação ao amor, pelo menos em termos de lamento ou conselho. Se raiva e medo diminuem ao serem descritos, talvez pudesse ser bom, porque conduziria ao autocontrole. Evidentemente, isso faz algum sentido e, às vezes, o fato de a pessoa ao menos articular até emoções mais básicas é suficiente para, por meio da reflexão, acalmá-las e limitá-las. No entanto, raiva e medo também podem ser fortalecidos e mais motivados em razão da articulação, e isso é algo que nós, seguramente, deveríamos tentar compreender. Em relação ao amor, porém, o tom de cautela deve-se muito provavelmente à romântica celebração do amor que superenfatiza o sentimento arrebatador e subenfatiza o contexto factual, cultural e institucional dessa emoção. É assim que, muitas vezes, ouvi dos meus alunos (e quando era aluno) que é impossível descrever o amor. Porém o que eles/nós estamos de fato reconhecendo é nossa falta de jeito poético e nossa incapacidade de articulação e *insight* psicológico. Ou, quase de modo tão frequente, simplesmente nossa pura indolência.

Mas se o amor for descrito não perde o brilho? Não é melhor quando permanece inexplicado (o que certamente não quer dizer não expresso)? É como se, ao ser exposto ao ar, o amor se estrague ou revele suas falhas, que de outro modo permaneceriam ocultas. Suspeito que existe nisso uma considerável verdade, ao menos quando afirma que exposição denuncia fraqueza. Quando uma pessoa é convocada a justificar sua afeição (na maioria das vezes, algo rude de se pedir), é muito provável que nesse processo se depare com algumas verdades pouco lisonjeiras. Isso tende a minar a paixão, que é tão típica do amor incipiente, e a idealização, que acompanha o amor em crescimento. No entanto, ver o ser amado através dos olhos não amorosos de amigos suspeitos ou indiferentes constitui realmente uma ameaça ao amor e a pessoa pode não superar essa experiência. Certamente há os que resistem obstinadamente e se tornam ainda mais devotados, especialmente se os críticos forem os pais, mas aí já é outra coisa. Entretanto, quanto à ideia popular de que o amor não pode ser descrito, opus-me a ela nos meus escritos sobre o amor, assim como fizeram Platão e muitos outros autores. O amor pode, sim, ser descrito, embora seja algo reconhecidamente complicado e requeira muito mais do que uma simples atribuição de sentimento. Assim também podemos descrever todas as emoções, e não só no aspecto de atribuição de sentimentos.

Quando descrevi o amor no capítulo 4, descrevi muitas coisas incluindo o objeto intencional do amor (o ser amado), as razões para o amor, o *self* apaixonado, e ainda acrescentaria as instituições culturais envolvendo corte, casais, casamento, expressões sexuais e românticas e muito mais. Também descrevi os vários relatos de Platão sobre o amor, porque as emoções — e particularmente o amor — mudam, como experiência, com nossas concepções e ideias. Nossas emoções também têm uma história. Não são apenas os nossos conceitos e práticas que mudam com o tempo; nossas emoções também. *Eros* não era o mesmo antes e depois de Platão. Nem o amor "romântico" do século XVIII era a mesma emoção apreciada ou sofrida pelos trovadores medievais. Assim também, ao discutir o medo e a raiva, descrevi muitas coisas, incluindo as causas e expressões dessas emoções, seus objetos intencionais (respectivamente perigo e ofensa), sua racionalidade ou irracionalidade, até (de modo breve) suas vias neurais. No entanto, independentemente do que mais possam ser, amor, medo, raiva e todas as emoções são (pelo menos em parte) sentimentos. Podemos descrever tais sentimentos?

Sim e não. William James, o grande médico-filósofo-psicólogo de Harvard no fim do século XIX, tinha uma teoria que aparecerá muitas vezes neste livro. Sua teoria tentava explicitar, em detalhes precisos, a natureza dos sentimentos emocionais, que, ele enfatizava, *são* as emoções. Entretanto, segundo James, esses sentimentos são de um tipo muito específico. São causados por alterações fisiológicas que podem ser especificadas, ou seja, as atividades do sistema nervoso autônomo e do sistema endócrino. Essa visão, além de ter a grande virtude da especificidade, como teoria apresenta a grande virtude da verificabilidade. No entanto, embora especifique os sentimentos que constituem as emoções, a teoria raramente faz qualquer tentativa de *descrever* tais sentimentos, a não ser pelo método indireto de dizer "é o sentimento que você tem quando os pelos da parte de trás do pescoço ficam de pé" ou "é o sentimento que você tem quando os joelhos começam a tremer". Desse modo, os sentimentos que experimentamos quando temos uma emoção podem ser atrelados a uma ocorrência fisiológica, mas não podem, exatamente, ser descritos; isto é, a experiência do sentimento não pode, em si, ser descrita.

Além do mais, a vários teóricos tem parecido fazer pouco sentido tentar descrever ou explicar os sentimentos menos palpáveis que constituem uma emoção, os que não podem ser associados a uma fonte fisiológica ou física específica, aqueles que incluirei mais genericamente como "experiência emocional". Nesse ponto, muitos teóricos se desesperaram falando vagamente de "afeto" ou "tom afetivo", refugiando-se em metáforas ou afirmando, como os românticos, que tais sentimentos são inefáveis e indescritíveis. Novamente, porém, levantaria a impertinente pergunta: até onde essa incapacidade não é pura falta de articulação ou mesmo preguiça? Sem dúvida é verdade que nossa linguagem sobre "experiência interior" é bastante rudimentar e pouco desenvolvida, já que nossa linguagem pública está orientada, muito naturalmente, para experiências compartilhadas e objetos e situações no mundo. Não quer dizer, porém, que os sentimentos mais amplos envolvidos nas emoções sejam inefáveis ou indescritíveis. Nem que devamos nos limitar ao que, agora, chamarei de os sentimentos "jamesianos" da atividade fisiológica.

Em um capítulo mais adiante, tentarei fornecer um esquema para descrever as dimensões surpreendentemente complexas da experiência emocional. Por agora, porém, desejo apenas compreender as dificuldades de fazer isso e começar, então, compreendendo por que particularmente os psicólogos foram tão rápidos em procurar refúgio nas manifestações comportamentais das emoções — por exemplo, expressões faciais e padrões de comportamento — ou em voltar-se para a neurologia e a florescente literatura das neurociências. Primeiramente, há aquilo a que me referi anteriormente como a suposição "cartesiana" da privacidade da mente e da emoção. Sugeri que tal modelo é falso e defenderei essa acusação em um capítulo subsequente. Em segundo lugar, existe a complexa questão da linguagem. Há alguns séculos (e mesmo no século passado), admitia-se que havia uma conexão mais ou menos "natural", ainda que misteriosa, entre uma palavra e aquilo a que ela se referia. Tal suposição foi quase totalmente descartada, mesmo para objetos materiais. O filósofo W.V.O. Quine, por exemplo, argumentou que uma palavra que parece se referir a coelhos, em uma língua que não conhecemos, pode se referir a qualquer dos muitos aspectos alternativos de "ser coelho", e é só dentro do contexto daquela língua e de seus usos que tais ambiguidades aparentes são resolvidas. Alguns anos antes, Wittgenstein havia escrito sobre o que chamou de "jogos de linguagem", nos quais a referência se fixava por meio do *uso* das palavras, não pelas próprias palavras. Atualmente, há muitas variedades de teorias "pragmáticas", mas todas aceitam a referência como algo complexo e, em larga medida, contextual, e não uma simples conexão "natural" entre palavras e coisas.

Bem, se isso é verdade mesmo quando estamos falando de objetos concretos, tais como coelhos, torna-se ainda mais complicado quando estamos falando sobre entidades mentais intangíveis, como sentimentos. (Quine, um amigo de Skinner em Harvard, respeitosamente se recusou terminantemente a falar sobre tais coisas.) Entretanto, mesmo estranhos, os sentimentos são entidades distintas? Geralmente falamos das emoções como se fossem distintas. De fato, nos nove primeiros capítulos fiz apenas um esforço mínimo para combater essa impressão. Falei de "raiva", "medo" e "amor" como se cada um desses termos se referisse a alguma entidade psíquica, ou tipo de entidade distinta, e, na medida em que essas entidades se revelam ser sentimentos, esperaríamos que também houvesse sentimentos distintos. Daí a tentação de adotar os sentimentos jamesianos — que de fato parecem ser razoavelmente distintos — e evitar os sentimentos muito mais amplos e difusos a que os filósofos se referem vagamente como "afeto" e coisas do gênero. No entanto, ao falar sobre o amor, fazendo alusão a outras emoções, chamei atenção que não se trata de um sentimento distinto e momentâneo, mas um *processo* que pode incluir também muitas outras emoções. Assim também com o luto. E, diria, com raiva, medo, vergonha, culpa e todo o resto. Isso torna bastante difícil superar o desafio de identificar *o* sentimento ou *a* experiência de uma emoção. Por introspeção, o que encontramos é um variado *fluxo*, uma corrente de fragmentos sensoriais, o que James memoravelmente chamou de "fluxo de consciência", e, consequentemente, não há como associar a experiência emocional a uma simples ou única descrição.

Portanto, do lado da experiência emocional, não há entidades distintas a serem descritas. Pelo contrário, o que veremos é que a linguagem que usamos para nos referir às emoções é parcialmente responsável por moldar e esculpir as próprias emoções. Entretanto, do lado da linguagem, isso torna as coisas ainda muito mais difíceis de desembaraçar. Se a linguagem molda as emoções e a experiência emocional, segue-se que não se pode confiar na simples "tradução", de uma língua para outra, dos termos referentes a emoção. Portanto, as várias traduções de "raiva", por exemplo, dependem do uso exato destes termos, *ire*, *colêre*, *Zorn*, *riri* etc., no contexto da língua e da cultura. Sem dúvida, neste ponto emerge um enorme debate. "Mas, com certeza, as semelhanças entre, digamos, o taitiano *riri* e o inglês americano *anger* são tantas que estamos autorizados a dizer que se referem à mesma coisa!" No entanto, se "a coisa" não existe, o debate fica, então, impedido de prosseguir, por falta de uma referência comum. Certamente existem semelhanças — expressões faciais, comportamento agressivo, sem mencionar medidas fisiológicas —, mas temos de ser céticos, ao menos no que toca à suposta igualdade da referência, especialmente a presumida semelhança das experiências emocionais. Temos, de fato, as mesmas experiências? Sobretudo se pensarmos transculturalmente? Porém, como podemos provar isso, dado o problema geral de tradução exata de uma cultura (não apenas de uma língua) para outra?

Isso, por sua vez, torna o esforço para descrever a experiência emocional ainda mais difícil. Por exemplo, quando descrevo o amor, estou descrevendo uma experiência peculiar dos Estados Unidos ou do Ocidente? Ou, principalmente, uma experiência masculina distinta? (Simone de Beauvoir afirmou que "para homens e mulheres, 'amor' quer dizer coisas diferentes e é por isso que não se compreendem".) O "amor" se refere a uma forma de experiência emocional só vivida por pessoas que usam uma certa linguagem "romântica"? Há a maravilhosa citação de La Rochefoucault: "Quantas pessoas iriam apaixonar-se se nunca houvessem ouvido a expressão?" É um *insight* profundo, mas, de qualquer forma, não podemos simplesmente pensar que o que queremos dizer com "amor" é o que qualquer outra pessoa em qualquer outra cultura quer dizer com palavras que, talvez, com alguma dificuldade, são assim traduzidas. Seria o primeiro a suspeitar que meu relato de amor é pelo menos matizado pela minha experiência dos anos 1960 como homem americano. No entanto, não iria tão longe como fizeram alguns românticos, a ponto de sugerir que "a experiência de amor é diferente para cada um". (Como verificar isso? Não se trata de uma suposição pelo menos tão radical quanto as que, irrefletidamente, assumem que o amor é uma experiência universal?) No entanto, na nossa descrição de experiência emocional, precisamos ser muito cuidadosos e tão claros quanto possível a respeito de *a quem* pertence a experiência que estamos descrevendo e qual pode ser o alcance daquela experiência. Não que o amor ou qualquer outra emoção seja indescritível, mas a linguagem com a qual descrevemos nossas emoções também pode ser parte do que lhes dá configuração e forma. Considerando que começamos nos preocupando com a possibilidade de a linguagem poder descrever as emoções, agora devemos nos preocupar com a possibilidade de a linguagem e as emoções não estarem tão intimamente ligadas que não podem ser adequadamente diferenciadas.

As emoções não são "indescritíveis", mas sugeri que a descrição da experiência emocional é muito complicada. Creio, entretanto, que temos aqui um outro problema, embora sem dúvida mais difuso. Se esperamos que a descrição ou a fenomenologia de uma emoção capte ou reproduza o sentimento real e a intensidade da emoção, então, sem dúvida, estamos pedindo demais. Assim como a explicação de uma piada é raramente engraçada — muito menos tão engraçada quanto a própria piada —, o relato de uma emoção não precisa ser em si absolutamente emocional. Entretanto, compreender uma emoção pode muito bem ser instrumental para aprofundá-la, corrigi-la ou redirecioná-la para o objeto adequado. Isso é o que a terapia freudiana sempre tentou fazer. Isso é o que grande parte da arte, da literatura e da filosofia tenta conseguir. Muitas vezes, quando se torna mais articulada ou refinada, a paixão revela-se mais, e não necessariamente menos, excitante. Quase sempre, torna-se mais forte, mais bem direcionada, mais "racional" e talvez mais sofisticada quando é compreendida e cultivada com estilo e inteligência. Em certos momentos dramáticos, pode haver uma virtude rudimentar no sentimento mudo, mas o desafio é cultivar e articular nossas emoções e, consequentemente, nossa cultura, para criar um mundo que não seja apenas rudimentar, mas emocionalmente gratificante.

CAPÍTULO XI Mito dois: emoções são sentimentos

Neste capítulo quero abordar a maior supersimplificação das nossas tentativas de falar sobre as emoções, a ideia aparentemente óbvia de que são sentimentos. Ela é, como argumentei no capítulo anterior, tanto comum quanto plausível. Virtualmente, toda emoção envolve alguns sentimentos, incluindo as sensações "jamesianas" que acompanham mudanças corporais. O problema está em especificar e detalhar quais são, além dessas sensações, os outros "sentimentos" que constituem uma emoção. Com essa finalidade, sugeri que explorássemos a noção mais geral de experiência emocional. Neste capítulo quero insistir na alegação de que "emoções são sentimentos" pode ser um aceitável ponto de partida, mas é lamentavelmente inadequada como uma análise da emoção. Presta-se, também, à "primitivização" das emoções, que nos permite transformá-las, facilmente, em pretextos. Sentimentos, por natureza, são tolos e desprovidos de inteligência, independentemente do que nossa inteligência possa, subsequentemente, fazer deles (por meio de diagnóstico, por exemplo). Ninguém espera que um sentimento desprovido de inteligência carregue qualquer senso de responsabilidade.

Já não admiti, porém, que uma emoção é um sentimento? Não será apenas uma questão de definição (confirmada por muitos dos melhores dicionários da língua inglesa)? Sim e não. "Emoção" é um termo relativamente recente (como sugeri no capítulo 3), mas, apesar de ser bastante abrangente, nos remete a um conjunto mais ou menos limitado (embora de forma alguma homogêneo) de estados e processos psicológicos. "Sentimento", ao contrário, é um termo enormemente heterogêneo e amplo que inclui todos os tipos de experiência, desde o sentimento de água fria que escorre pelas costas, até o de que algo está errado na cozinha, passando pela experiência que Watson e Crick devem ter passado quando começaram a sentir que o DNA devia envolver algum tipo de estrutura destacável. Em outras palavras, sentimentos vão desde o simples e sensorial até o complexo e sofisticado (aquilo que geralmente chamamos de "intuições"). Apenas alguns desses sentimentos estão envolvidos no que chamamos de emoções.

Aquilo que os sentimentos têm em comum parece não ser mais do que o fato de serem "sentidos"; em outras palavras, são registrados na consciência e não são meramente intelectuais (como pensamentos e raciocínio). Não quer dizer que precisem ser conscientes, no sentido de que se possa reconhecê-los ou articulá-los. Na verdade, a pessoa pode nem reparar neles (o ruído surdo que se torna parte do *background* sonoro rotineiro enquanto faz as tarefas diárias). No entanto, também não quer dizer que um sentimento *não possa* ser totalmente consciente e articulado. Freud deparou-se com um obstáculo conceitual quando lutou com a ideia de um sentimento inconsciente — ou "afeto inconsciente", nas suas palavras. Concluiu que a própria noção era uma contradição terminológica, ao contrário de uma emoção inconsciente, o que era possível, argumentou, porque o componente conceitual (objeto intencional) podia ser inconsciente mesmo que o componente afetivo (sentimento) não pudesse.

Em outras palavras, sentimentos cobrem um território muito maior do que emoções. Mas, apesar disso, não poderia ser o caso de emoções serem sentimentos? Certamente, por que não? Desde que isto não seja considerado uma definição de emoção e com a condição de que não se suponha, a partir daí, que as emoções devem ser inarticuladas. Existe também uma certa dúvida sobre se toda emoção inclui necessariamente sentimentos, pois existem "paixões calmas" (Hume) e emoções estéticas (James) que podem não apresentar nenhum sentimento evidente. Tenho, entretanto, um problema mais sério com a ideia de que as emoções são sentimentos e que não se resume a uma divergência sobre o mapeamento do terreno. O problema é com a tradicional ideia de que emoções *são apenas* sentimentos e de um tipo muito primitivo. Essa é uma ideia que permeia a psicologia empírica (antes de ela ter sido separada da filosofia empirista) e remonta pelo menos a John Locke, o grande médico-filósofo-psicólogo, em Londres, no fim do século XVII, e David Hume, seu brilhante seguidor escocês. Para ambos, uma emoção era uma simples sensação. Para Hume, que desenvolveu detalhadamente essa ideia, uma emoção era essencialmente uma sensação (uma "impressão") que tinha uma das qualidades: era agradável (como no orgulho, por exemplo) ou desagradável (como no caso do ódio). Hume (1973) percebeu de imediato que essa análise do sentimento (sensação, impressão) não chegava sequer a começar a captar o pleno caráter das emoções e, portanto, elaborou um complexo aparato causal de "ideias" que provocam a impressão agradável ou desagradável, ideias que, por sua vez, são causadas pela impressão agradável ou desagradável, e é o complexo total ("uma enorme montanha") de impressões e ideias que confere à emoção seu caráter distintivo (como orgulho, por exemplo, ou como ódio).

A análise de Hume é engenhosa, mas fica presa à ideia de que a emoção, em si, é uma simples sensação. Encontramos uma análise muito semelhante em William James, que também é um empirista, no fim do século seguinte. Explicitando agora o que mencionamos, apenas de passagem, no capítulo anterior, James diz que uma emoção não passa de *um sentimento causado por súbitas mudanças no corpo*. Assim como Hume, James sofistica essa visão simples com um grande número de qualificações e observações muito mais complexas e perspicazes. No entanto, a teoria essencial — e que guiou a pesquisa psicológica durante grande parte do século XX — é a de que a emoção "É" (James escreve em maiúsculas para enfatizar) uma sensação, um simples sentimento causado por uma perturbação corporal. Foi com essa teoria como alvo que, há muitos anos, comecei minha pesquisa sobre emoções, assim como o fizeram muitos dos meus colegas na psicologia. Portanto, a ideia de que uma emoção é um sentimento não é uma simples questão de definição. É uma séria questão de teoria e compreensão, com implicações práticas profundas. Por exemplo, se fôssemos pensar na emoção como um simples sentimento corporal, não haveria muito a ser feito a respeito e não haveria papel óbvio para a reflexão. Podemos tolerar o sentimento como se fosse uma coceira, ou uma dor de cabeça, distrair nossa atenção com atividades ou atenuá-lo com remédios ou bebida alcoólica. Entretanto, se a emoção for muito mais do que um sentimento e uma perturbação corporal, existe então a necessidade de compreendê-la, de compreender como se insere em nossas vidas e o que realmente podemos e devemos fazer a seu respeito. Conforme venho insistindo durante o tempo todo, meu interesse pelas emoções não é apenas científico. É, antes de tudo, uma preocupação com ética e bem viver e com o que chamo de integridade emocional. O que *sentimos* é apenas uma parte mínima do quadro.

Assim como os primeiros empiristas, James parecia pensar que os sentimentos envolvidos na emoção eram sensações. Associava firmemente essas sensações à fisiologia, de tal forma que pudéssemos especificar, bem precisamente, que tais sensações são as que a pessoa sente quando seu coração bate mais rapidamente, quando enrubesce etc. Desse modo, a experiência emocional não é indescritível nem misteriosa. Pode-se facilmente imaginar alguém que nunca enrubesceu desejando saber como é sentir-se enrubescido. Assim também podemos prontamente compreender que muitas pessoas realmente não reconhecem o que fisiologicamente está acontecendo com elas, mas podemos compreender o que devem estar sentindo, com base em sintomas fisiológicos mensuráveis. Dessa forma, a própria noção geral de "sentimento" fica fortemente identificada com sintomas fisiológicos. Não há dúvida de que também sofisticamos nosso vocabulário fisiológico com metáforas, "sinto como se meu coração estivesse a ponto de estourar", "sinto como se tivesse um grande peso no peito", "sinto aquele aperto no peito" e outras semelhantes. James, porém, teve o mérito de se livrar da imprecisão e obscuridade dos sentimentos substituindo essa noção por algo admiravelmente concreto e — o que é mais importante para o estudo científico — mensurável.

Entretanto, James mistura fenômenos corporais muito diferentes e, com isso, também os sentimentos muito diferentes que os acompanham. Os principais exemplos de James envolvem a ativação do sistema nervoso autônomo, isto é, o sistema mais ou menos "automático" que causa a descarga hormonal e, em seguida, pulso e batimentos cardíacos acelerados, respiração mais difícil, sudorese, tensão muscular e sensibilidade cutânea. (Ao menos alguns desses também podem ser voluntários, como a respiração, que podemos controlar. No entanto, quando estamos dormindo, continuamos a respirar "automaticamente".) Alguns dos atuais defensores das "emoções básicas", ou do que chamam de "programas de afeto", ainda enfatizam a importância de tais processos fisiológicos "periféricos" (Robert Levenson, da Universidade da Califórnia, em Berkeley, por exemplo), mas atualmente a maioria desses teóricos enfatiza funções cerebrais. Em ambos os casos, porém, os sentimentos resultantes estão bastante restritos a simples sensações. (Assim, um amante de polêmica como LeDoux pode sugerir que não passam de um "toque final" pouco significativo para a compreensão das emoções como processos neurológicos.) Os antigos estoicos, como assinalamos, recorriam ao que chamavam de "primeiros movimentos", esses sentimentos de base fisiológica que (segundo eles) *precediam* nossas emoções. Eles, porém, também não lhes davam muita importância. Portanto, aquele aperto no peito quando se está triste ou desiludido não é ainda melancolia, e o sentimento agressivo e cheio de energia quando a raiva é provocada em alguém ainda não é raiva. Os sentimentos, em si, não eram particularmente significativos, mas as emoções certamente o eram. Os estoicos entendiam que os sentimentos físicos comuns na emoção não são senão uma pequena parte de nossa experiência emocional.

As sensações corporais que James junta em um mesmo grupo não são, absolutamente, todas do mesmo tipo. Enquanto enfatiza os sentimentos causados pela ativação do sistema nervoso autônomo, também menciona — e não apenas de passagem — o tensionamento *voluntário* dos nossos músculos e preparação para a ação (por exemplo, cerrar os punhos na raiva; retrair-se na vergonha). James chega a dizer que movimentar a musculatura — sorrindo ou desfranzindo o cenho ("endireitando a sobrancelha") — realmente muda as emoções. No entanto, os sentimentos que acompanham essas mudanças comportamentais são muito diferentes dos produzidos pelo sistema nervoso autônomo. (Discutirei esse assunto muito mais detalhadamente no capítulo 20.)

O que, estranhamente, é ignorado na discussão dos sentimentos é toda a dimensão de *intencionalidade*, os vários modos de estarmos engajados no mundo. Mais adiante, defenderei a tese de que uma descrição adequada daquilo *sobre* o qual é a emoção inclui uma descrição da experiência emocional do mundo engajado nas formas peculiares a esta ou àquela emoção. Portanto, o "sentimento" de ficar com raiva inclui a experiência de perceber uma outra pessoa como hostil ou uma situação como frustrante, e o sentimento de vergonha inclui a experiência de si próprio como ofensivo ou de ter violado certas normas ou tabus. Pode-se argumentar (penso que de modo muito acadêmico) que tais experiências dificilmente contam como "sentimentos", e eu não discordaria veementemente. Mas é por isso que prefiro falar de *experiência emocional* em vez de, simplesmente, "sentimentos", que carregam a implicação de algo simples e não estruturado. Entretanto, a questão é que, na medida em que uma emoção encerra sentimentos, estes incluem algumas percepções do mundo sofisticadas e sutilmente estruturadas. Também envolvem estimativas ou "avaliações", e não apenas "oh, que bom!" ou "isto é ruim", como argumentarei em outro capítulo. Em outras palavras, não é que emoções não sejam sentimentos, mas, especialmente, que aquilo que se entende por "sentimentos" inclui todos os tipos de experiências que não são, absolutamente, tão simples quanto sensações.

Para finalizar, deixem-me encerrar questionando um emprego recente dos termos "sentimento" e "emoção" feito por dois gigantes da neurociência das emoções contemporânea, Joe LeDoux e António Damásio. Eles sugeriram que o termo "emoção" fique restrito aos mecanismos neurais que eles tanto se empenharam em descobrir (LeDoux, 1996; Damásio, 1999). Consequentemente, uma emoção é, em sua maior parte, inconsciente. "Sentimento" é o termo que reservam para os efeitos que se seguem a uma emoção e que podem, perfeitamente, envolver consciência. Considero isso desastrosamente obscuro e gerador de confusão. Não quero determinar como esses termos "de uso comum" deveriam ser empregados na neurociência (por meio da estipulação, neurocientistas podem, como o Humpty-Dumpty de Lewis Carroll, usar as palavras do modo como quiserem). Entretanto, na medida em que cientistas estão descobrindo algo importante sobre *emoções* (como penso que estão), é importante fazer com que a terminologia tenha sentido. Dizer, como no sentido acima, que os sentimentos *se seguem* às emoções é ininteligível. Concordo que os dois termos devem ser cuidadosamente diferenciados, mas não de um modo arbitrário que viola a nossa compreensão mais comum e coloca as emoções fora do alcance da reflexão e de qualquer coisa que se assemelhe a controle voluntário (não induzido por drogas).

CAPÍTULO XII Mito três: o modelo hidráulico

A ideia de que emoções são sentimentos presta-se a outra imagem passiva, a de um fluido psíquico preenchendo a mente ou o corpo. Chamo isso de "modelo hidráulico". Neste capítulo, desejo contestar esse modelo como uma metáfora falaciosa. Tratá-lo de metáfora, entretanto, não é em si condená-lo. A boa ciência está cheia de metáforas, muitas vezes provocantes, férteis e sagazes. Porém, se quisermos compreender nossas emoções, essa metáfora em particular nos aponta exatamente na direção indevida. Até o ilustre doutor Freud a empregou, e isso o levou a alguns dos seus mais constantemente questionados modelos de mente.

O modelo hidráulico da mente baseia-se em uma imagem de fluidez, fluido sob pressão, e é essa pressão hidráulica que explica muitos aspectos essenciais da nossa vida emocional — por exemplo, por que nos sentimos compelidos a expressar nossas emoções, por que, muitas vezes, achamos tão difícil nos conter e por que certas emoções são marcadas por sentimentos "que afundam" e "que levantam". Para alguém como Freud, isso permite uma compartimentalização da mente, talvez seguindo o modelo de uma corrente subterrânea e um fluxo na superfície; uma massa de água e correntes sob a superfície; ou (na engenharia civil que Freud preferia) um conjunto de tubulações com vasos, tubos e canais. Já insisti que deveríamos pensar em emoções como processos e isso também pode ser incorporado pelo modelo hidráulico, emoções como fluxo e corrente. Também dá um bom sentido às metáforas de profundidade, como "fundo" e "profundo", uma vez que as implicações espaciais da hidráulica tornam possível a dimensão "profundidade *versus* superfície". De fato, como uma das ambições iniciais de Freud era descobrir um isomorfismo (um paralelismo) entre a mente e a anatomia do cérebro, uma imagem assim era particularmente valiosa, embora tenha continuado preso a ela muito depois de ter desistido da ideia de um estrito paralelismo psicofísico.

Nossa própria aceitação do modelo hidráulico é evidente na forma com que falamos das emoções. Tome-se o exemplo polivalente da raiva. Falamos muitas vezes da raiva em termos de metáforas culinárias: "aquecer", "ferver lentamente" e "ferver". As metáforas do líquido quente combinam, de forma bem plausível, tanto com o rosto vermelho, na raiva, quanto com o sentimento de "esquentar-se" quando a pessoa fica corada e tensiona os músculos. Quando a pessoa fica com raiva, "explode" ou, com muito esforço, "se contém". A pessoa também pode deixar a raiva sair através de um "sibilar" por entre os dentes cerrados ou, quem sabe, mais rapidamente (como em momentos em que se tem um "ataque de raiva"). Ocasionalmente, a metáfora torna-se centrífuga (como em "perder as estribeiras"), porém, mais frequentemente, as imagens são de encher e aquecer, de pressão e transbordamento, de contenção e explosão. William James, no ensaio "O que é uma emoção?", capta isso, com muita precisão, como um traço de certos tipos de personalidade:

> Em certas pessoas, a energia explosiva com que a paixão se manifesta em ocasiões críticas parece correlacionada com o modo pelo qual elas a contêm nos intervalos (...) O sentimentalista é construído de tal maneira que "jorrar"[1] é o seu modo de apresentação. Colocar uma tampa no "jorro" só até certo ponto conseguirá permitir que tenham lugar atividades mais "reais" (...) Por outro lado, o pesado e irritadiço "vulcão adormecido", deixem-no reprimir a expressão de suas paixões como quiser; vamos vê-las estourar se não tiverem válvula de escape.

A raiva parece ser um exemplo particularmente adequado a tal metáfora, mas quanto às outras emoções as imagens não são tão claras ou consistentes. O medo não é sentido como uma força ou um fluido crescendo dentro de nós, nem o amor (embora a luxúria possa, às vezes, dar essa impressão). "Estou tão cheio de amor", além de ser um sinal de alerta (provavelmente de narcisismo e desespero), é uma imagem estranha. De fato, até "transbordando" é uma descrição fora do comum e não muito neutra dos sentimentos de amor. O amor é mais um sentimento de apego, de necessidade, de intimidade, de afeição (com algum esforço, podemos descrevê-lo como "calor", mas dificilmente como pressão ou fervura). Tampouco o ciúme é pressão, é mais semelhante a uma obsessão. Vergonha, embaraço e culpa nos atormentam ou fazem com que nos sintamos deslocados, mas são mais sentidos como esgotamento do que como completude. A pessoa pode se sentir "cheia de alegria", mas a alegria é mais como hélio do que como líquido quente e a semelhança é muito menos o modelo hidráulico do que uma imagem do *self* como um recipiente a ser enchido.

No entanto, essas e outras metáforas emocionais têm algo em comum. Notem que uma pessoa pode ficar "paralisada" de medo, "presa" pelo fascínio, "atingida" pelo ciúme e, é claro, "caída" ou de vários modos "capturada" ou "fulminada pelo amor". (A imagem da seta do Cupido pode ter sido reduzida a um kitsch de Bouchet, a barroco e a cartões românticos, mas é indelével.) O medo e o ódio "dominam". O ciúme se torna uma obsessão. Vergonha e embaraço nos "subjugam". Chafurdamos na culpa. A alegria nos "levanta". As imagens podem variar, mas compartilham uma semelhança significante, uma imagem de *passividade*. A ideia é a de que as emoções nos acontecem ou acontecem *em* nós, mas estão fora do controle da vontade. A vontade supostamente só entra depois que a emoção está em franca operação e, no caso, para contê-la ou controlá-la. No caso de emoções "para baixo", como luto e tristeza, a vontade pode interferir como uma cutucada externa: "OK, agora supere isso." Consequentemente, minha principal preocupação a respeito do modelo hidráulico é exatamente esta: ele separa muito categoricamente emoções e *self* e, além disso, remove muito radicalmente, da concepção sobre a nossa própria vida emocional, o conceito de responsabilidade. Não basta que possamos *controlar* nossas emoções. O tema deste livro é que as emoções podem ser cultivadas, educadas e, às vezes, até *autodeterminadas*, não apenas controladas. É disso que se trata a integridade emocional.

O modelo hidráulico tem uma história ilustre. Os fisiologistas medievais tinham a hipótese de que os vários "humores" do corpo (cólera, depressão, mau humor) determinavam tanto o temperamento como episódios emocionais específicos. Descartes e, mais tarde, Hume endossaram a ideia dos "espíritos animais", circulando no sangue, como a causa imediata das paixões. Espíritos animais era uma metáfora apropriada (embora, na época, tenha sido tomada quase ao pé da letra) para encerrar a ideia tanto de que as emoções eram essencialmente biológicas e parte de nossas naturezas animais (isso foi muito antes da teoria evolutiva de Darwin) quanto a de que eram quase literalmente fluidas ou, pelo menos, imersas em fluido e fluxo (assim era ao menos para Descartes, que, estranhamente, era contrário a essa noção antes da aceitação da descoberta da circulação do sangue feita por Harvey). Tanto Descartes como Hume consideravam os espíritos animais como um intermediário entre mente e corpo. Eram claramente corporais, mas tinham manifestações diretas na alma ou mente. As versões modernas do modelo hidráulico exercem essa mesma atração. Captam as dimensões corporais e apontam, no caso da raiva, um movimento bem convincente, no sentido de manifestações diretas na consciência. Desse modo, na raiva, nos *sentimos* inflando e ficando quentes. Pelo menos na raiva não parece tratar-se absolutamente de uma metáfora.

As duas ideias trabalham facilmente em conjunto. A ideia de que emoções são sentimentos combina com a imagem do sentimento como um fluido psíquico espalhando-se pela mente (ou pelo corpo). O modelo hidráulico, como o nome sugere, tem a ver com a disposição e liberação desse fluido. Freud adotou a metáfora quase literalmente. Em um dos primeiros trabalhos teóricos, *Projeto para uma psicologia científica*, de 1895, assumiu, precocemente, a nova neurologia (o neurônio foi descoberto naquele mesmo ano) e tentou explicar todos os processos psicológicos em termos físicos ou fisiológicos. Portanto, a mente, o "aparelho psíquico" como a chamava, assumiu a mesma forma e estrutura (ainda desconhecidas, em sua maior parte) do cérebro. Preenchendo o aparelho psíquico havia a energia psíquica, uma substância semelhante a um fluido que Freud simplesmente chamou de "Q" (de quantidade) e o modelo da mente tinha a ver com as vicissitudes de tal quantidade. Alguns anos mais tarde, na época em que escreveu o merecidamente famoso *Interpretação dos sonhos* (1900), o modelo estava estabelecido e ele o esboça nas páginas teóricas desse grande livro. O aparelho psíquico assemelhava-se muito a um sistema de aquecimento do fim do século XIX, o tipo que, na época, fervia água para esquentar as casas.

No aparelho psíquico (e no cérebro), assim como no sistema de aquecimento, o perigoso fluido quente exercia uma enorme pressão no sistema inteiro, encontrava passagem fácil nos canais que estavam abertos para ele, era bloqueado em outros que permaneciam fechados, às vezes com muita força. Não é difícil vermos nisso alguns dos termos básicos da psicodinâmica inicial de Freud, a noção de que as forças incontroláveis do inconsciente exerciam considerável pressão na consciência (algo como o calibrador do sistema), o investimento de certas ideias ou impulsos (*cathexis*), o forte ímpeto para liberar ou descarregar (*catharsis*), a necessidade de reprimir e conter esses impulsos perigosos, seja redirecionando-os (*sublimação*), seja reprimindo-os à força (*repressão*). Conforme assinalei, a ideia de Freud de que a mente era isomórfica (tem a mesma forma) ao cérebro revelou-se ser muito ingênua, mas a ideia de que a energia psíquica movia-se pelo cérebro procurando liberar-se, e às vezes era redirecionada, outras vezes bloqueada, continua a ter um apelo considerável. Na neurociência atual, tudo isso é dito de uma outra forma, em termos de impulsos nervosos, neuroquímica, ativação ou desativação de sinapses etc. No entanto, por mais plausível que possa ser referir-se ao sistema nervoso central, essa linguagem ainda causa dificuldades consideráveis ao falar de emoções, e o motivo é a própria característica do modelo — isto é, ele é mecânico —, enquanto as emoções, em suas plenas manifestações, não são meros mecanismos.

O modelo hidráulico precisava ser atualizado, já que é claramente o produto da tecnologia do século XIX. A revolução na eletrônica — e a descoberta de que o sistema nervoso trabalha por meio de impulsos elétricos — conduziu, naturalmente, a um novo modelo da mente, em termos de tecnologia da computação, a alta tecnologia do nosso tempo. Assim, acrescemos ou substituímos nossa discussão de pressão e recipiente, liberação e repressão, pelo linguajar de hardware e software (*wetware*[2] é uma engenhosa porém informativa variante dos dois), input e output, programas, comandos de excluir e salvar, comparações com discos rígidos que travam e capacidades de armazenamento de memória. Entretanto, isso ainda é mecânico, e praticantes e aspirantes em inteligência artificial (IA) esbarram em uma parede quando tentam ir além dos cálculos e das estratégicas computações (não importa o quão complicados) até algo tão orgânico como as emoções.

Um computador pode ou poderia ter emoções? A toda hora me perguntam isso. Minha resposta é agnóstica. (Há 30 anos, alguns dos meus amigos insistiam que um computador nunca poderia vencer um mestre de xadrez.) Isto, porém, é claro: não basta programar usando expressões verbais que são típicas expressões e relatos de emoção, nem funcionaria criar uma face para o computador, mesmo um simples *emoticon* ou um modelo anatomicamente correto de um rosto humano, com as expressões faciais adequadas. (É impressionante a gama de expressões que é imediatamente reconhecida, mesmo com base em um protótipo de um simples *emoticon*. Pode-se tomar a curva do sorriso que estava para cima e virá-la para baixo e formar uma careta, acrescentando e fazendo apenas pequenas modificações nas sobrancelhas etc. *South Park*, o desenho animado iconoclasta e deliberadamente grosseiro, serve como um admirável exemplo da maravilhosa gama de expressões usando apenas tais recursos.) Entretanto, entre expressões programadas e a experiência de emoções ainda permanece um abismo filosófico.

A IA é uma sugestão mediadora para a atualização do modelo hidráulico. Como disse, sou agnóstico quanto à reivindicação de que um computador possa ser programado para ter emoções, mas o verdadeiro valor do modelo de inteligência artificial parece, pelo contrário, caminhar na direção oposta, isto é, a de que poderemos compreender melhor as emoções humanas se pensarmos em termos de programação computacional. Como vocês verão, quando eu falar mais sobre meu modelo "cognitivo" das emoções, existe uma ligação óbvia entre a inteligência programável dos computadores e a inteligência aprendida e desenvolvida das emoções. Devemos, porém, insistir em acrescentar mais uma dimensão ao modelo da IA, a da evolução. Um programador não precisa se preocupar com o local em que ou a maneira como um computador é feito. De fato, nas últimas décadas, uma das soluções dominantes propostas para o problema corpo-mente tem sido o que frequentemente se chama de *funcionalismo*, a ideia de que o componente material e as origens do substrato da consciência não têm muita importância. Só importa a estrutura. Em outras palavras, poder-se-ia, em teoria, fazer um cérebro com fragmentos de silicone ou mesmo de latas de alumínio e barbante, desde que sua arquitetura fosse suficientemente semelhante à de um cérebro. No entanto, além de sua estrutura, os cérebros têm uma história evolutiva que inclui tanto o desenvolvimento no indivíduo como a evolução por meio do desenvolvimento das espécies. Isso significa, como estou sugerindo, que a evolução das emoções não é apenas uma combinação aleatória de partes do cérebro que sobreviveram às provas da seleção natural, mas a bem-sucedida "adaptação" de seres com emoções a um ambiente que codetermina o que significará seu "sucesso" na vida. Em outras palavras, o cérebro não é apenas um mecanismo, mas parte de um organismo que se desenvolve em um ambiente. E emoções não são simples mecanismos, mas modos desenvolvidos e aprendidos de enfrentar o mundo, lidar com ele e se engajar nele.

Quais são as opções para o modelo hidráulico? Como disse, ao menos no caso da raiva, *parece*-nos bastante plausível pensar nessa emoção como um fluido quente, avolumando-se dentro de nós. Temos aqui três opções. Todas captam o elemento de "pressão" do modelo, mas sem a hidráulica. A primeira, e mais primitiva, tem a ver com o fato de que *desejos* estão envolvidos na composição da maioria das emoções, mesmo se — como em luto e embaraço — o desejo for o de se afastar das outras pessoas. Entretanto, desejo é diferente de mecanismo e não é tão obviamente causa e efeito. É tanto um "puxão" como um "empurrão", uma atração em direção a algo mais do que um impulso para livrar-se de alguma coisa. É o que Spinoza chamava de *conatus*, para distingui-lo do intelecto, e aquilo a que Freud se referia, com sua linguagem de *drives*. Desejos podem ser nitidamente dirigidos — como o esfomeado desejo por alimento, na fome, ou o desejo sexual cheio de volúpia de um jovem de 19 anos — ou podem ser um interesse muito mais amplo e difuso, como a preocupação com os filhos ou pais idosos. O desejo nos puxa para coisas, ações, situações. É um importante elemento na intencionalidade das emoções. Não apenas percebemos e avaliamos os objetos de nossas emoções. Nós os desejamos, ou desejamos fazer alguma coisa com eles, ou queremos que alguma coisa aconteça com eles ou para eles, como na esperança (ou não, como no caso do medo).

Pensar nas emoções como pensamos em desejos diminui as tentações do modelo hidráulico. Não há dúvida de que, ocasionalmente, passamos pela estranha experiência de ter um desejo que não parece ser nosso, mas sim uma espécie de aflição (talvez os anseios sexuais do jovem de 19 anos), mas creio que (a) isso é muito raro para a maioria de nós na medida em que, mesmo sem pensar, nos identificamos com os nossos desejos; e (b) essa experiência, incomum, de alienação em relação aos próprios desejos envolve tipicamente reflexão e um certo tipo de problema, o que Harry Frankfurt chama de "desejos de segunda ordem". Assim como os estoicos haviam feito, Frankfurt observa que afirmamos e agimos de acordo com alguns dos nossos desejos, e não de outros. Um fumante ou um alcoólico tentando parar não quer mais agir de acordo como seu forte desejo de fumar ou beber. Na verdade, ele quer não seguir o desejo, e esse conflito interior cria a sensação de desejo alheio. No entanto, para a maioria de nós, na maior parte do tempo, não é assim que acontece. Estamos bem satisfeitos em querer o que queremos, e isso explica o sentimento de "pressão" quando há obstáculos em nosso caminho, mas não é como se, por causa disso, nossas emoções não sejam nossas.

Em segundo lugar, há o conhecido sentimento — em uma conversa ou grupo de discussão, talvez até em aula — da necessidade de *dizer alguma coisa*. Na aula, observo ávidos jovens de 20 anos que não apenas levantam a mão mas acenam vigorosamente, tentando de maneira desesperada atrair minha atenção, de tal modo que os chame e que possam expressar seus *insights* ou proferir suas pérolas de sabedoria. Como (há muito tempo) estive no lugar deles, ainda consigo lembrar-me da experiência. Tudo bem, parece que alguma coisa tem de vir para fora, mas não é algo tão vulgar ou sem forma como fluido quente. Pelo contrário, são palavras. É claro que, na minha posição privilegiada como conferencista, raramente sinto essa necessidade, já que tenho a palavra durante a maior parte do tempo. Entretanto, em animadas conversas com colegas, muitas vezes me esforço para "mal conseguir falar" e quero sugerir que isso é muito parecido com a necessidade que sentimos de expressar nossas emoções. Todos nós conhecemos a frustração e o senso de incompletude quando, por exemplo, o professor não nos chama e não conseguimos expressar nossa opinião. Também conhecemos o senso de alívio que se tem quando expressamos nossa opinião, seguida pela resposta do professor e pela atitude da turma que não contestou. Podem objetar que isso caracteriza apenas a expressão da emoção, e não a própria emoção, mas creio que exageramos muito a distinção entre uma emoção e sua expressão. A não ser quando a emoção é recalcada, a expressão da emoção está de acordo com a emoção. Assim, do mesmo modo, a ideia que queremos apresentar à turma raramente está formada por completo antes que consigamos expressá-la. Em grande medida, ao expressá-la é que formamos a ideia. Na raiva, o sentimento de pressão é, muito visivelmente, bem mais parecido com essa necessidade de dizer algo do que a necessidade de liberar tensão ou expulsar algo do nosso sistema. Mais uma vez, nossa raiva é mais uma ação no mundo do que uma comoção interna. E, do mesmo modo, todas as nossas emoções são engajamentos no mundo, que são formados, em parte, pela sua expressão.

Finalmente, em um nível de sofisticação ainda maior, existe a pressão da *narrativa*. Periodicamente, enfatizei a ideia de que emoções são muito mais processos do que entidades mentais ou acontecimentos e a importância da diferença é que as emoções continuam ao longo do tempo. O amor é obviamente assim. O fato de existirem histórias de amor não é secundário na emoção de amor, faz parte de sua estrutura. As histórias podem variar — um pouco e em detalhes —, mas as narrativas gerais são mais ou menos constantes. Resumem-se, de modo estranho e um pouco sexista, ao enredo em que "o rapaz encontra a moça, o rapaz perde a moça, o rapaz conquista a moça, vivem felizes para sempre", como acontece em tantos romances "verdadeiros". Um pouco dessa narrativa, porém, é verdade para quase todas as emoções, excluindo-se as poucas (como um choque ou medo momentâneos) que são tão passageiras que nem deixam tempo para narrativa, só para explicação causal (o súbito aparecimento de uma grande sombra negra ou o som de um barulho assustador). Entretanto, como todos sabemos, narrativas têm uma lógica. Não é a lógica dedutiva ou a da descoberta científica, mas, ainda assim, é lógica. Quando assistimos a um filme, há certas expectativas que decorrem da lógica das narrativas emocionais e quando isso é infringido ("Não, ela não pode ir embora com *ele*!") nos sentimos estranhamente traumatizados, pelo menos por um pouco de tempo. (Dois filmes de Woody Allen, *Crimes e pecados* e *Ponto final — Match Point*, causam esse efeito.) Quando ficamos com raiva, existe uma lógica, tanto na raiva em si como na situação que se segue quando a raiva é expressa. São tanto a narrativa da emoção como a narrativa que se segue à sua expressão que impulsionam a emoção. Novamente, não é uma questão de "fazer com que algo saia de nosso sistema", mas sim de completar a narrativa. (É por isso que é tão difícil fechar o livro logo antes do último capítulo ou desligar o aparelho de DVD no clímax do filme.)

O modelo hidráulico capta o dinamismo e a energia das nossas emoções, motivo pelo qual tanto agradou a Freud e a vários outros. E certamente explica a urgência de muitas de nossas emoções e o fato de que pelo menos algumas delas realmente são sentidas como se estivessem se impondo a nós em vez de estarem emanando de nós. Desse modo, o modelo hidráulico representa uma parte importante da fenomenologia de ao menos algumas emoções. Não deve, porém, ser tomado literalmente, nem ser aceito como um modelo geral de emoção. Especialmente, sua representação de passividade é algo a que devemos resistir veementemente; não que nunca sejamos "pressionados" por nossas emoções — pois certamente o somos em vários casos, nem que seja só porque, até então, tenhamos adotado uma estratégia emocional e investido tanto nela que sentimos que, agora, "não podemos" recuar. Isso é, porém, muito diferente de se sentir um caldeirão ou uma caldeira e vítima de forças que escapam ao nosso controle.

Notas

1. Lágrimas "jorraram" dos olhos, palavras "jorraram" da boca, elogios "jorraram" do seu discurso etc. (*N. do T.*)
2. *Wetware* refere-se ao ser humano que faz os programas (software) e fornece dados que são processados no computador (hardware). (*N. do T.*)

CAPÍTULO XIII

Mito quatro: emoções estão "na" mente

Um dos mais sérios problemas decorrentes do fato de se pensar em emoções como sentimentos é a ideia de que os sentimentos e, portanto, as emoções estão "na" mente. A história da noção de mente, a ideia de que temos uma mente "na qual" acontecem eventos e processos, é longa e intrigante. É uma ideia que Aristóteles, por exemplo, jamais considerou. Ele tinha uma concepção de alma, mas para ele a alma era apenas a "forma" de um animal ou de uma pessoa e a forma de uma pessoa estava essencialmente vinculada ao seu pertencimento a uma comunidade social. Reconhecia, sem dúvida, que temos emoções e outros estados psicológicos. Não duvidava que tivéssemos raiva, sentíssemos medo, piedade dos outros, amássemos nossos cônjuges e nossos filhos e assim por diante, e escreveu amplamente sobre tais paixões. No entanto, teria ficado perplexo se lhe tivessem perguntado se elas eram entidades "na mente da pessoa".

Não se tratava apenas de uma questão de vocabulário. Sem dúvida, Aristóteles não tinha o nosso conceito contemporâneo de "experiência" (levando o filósofo alemão Martin Heidegger a comentar, ironicamente, que os gregos nunca tiveram uma experiência). A probabilidade da perplexidade de Aristóteles indica uma profunda diferença conceitual que nos separa dos gregos e de outros povos, como, por exemplo, os antigos chineses. Os gregos (e os chineses) não dividiam o mundo entre mente interior *versus* mundo exterior. Os conceitos de mente e alma se desenvolveram com o cristianismo, embora, como podem argumentar, suas origens sejam mais remotas, nos ensinamentos dos mestres de Aristóteles, Sócrates e Platão, e mesmo antes disso, nos antigos egípcios e gregos. Em Homero, por exemplo, a alma (após a morte) é representada como uma mera sombra, um "espectro" do original vivo. Com o tempo, a mente e a alma ganharam um *conteúdo*. Começou, literalmente, a fazer sentido falar de ideias *na* mente e, consequentemente, de "mundo externo", que se transformou em um termo corriqueiro na filosofia. Tudo isso começou a cristalizar-se no início do período moderno, logo após o renascimento, e se juntou — ou, ao menos hoje, dá a impressão de que tudo tenha se juntado — em um único eminente filósofo, o francês René Descartes.

Descartes (1989) formulou a famosa pergunta, que iria obcecar os filósofos ao longo dos três séculos que se seguiram: "Como sabemos se o que experimentamos em nossa mente, e que sabemos imediata e indubitavelmente, corresponde ao que o mundo externo, o mundo fora de nós, realmente é?" Os pormenores desta questão e suas várias respostas, afirmativas ou céticas, estão fora do nosso escopo, aqui, mas precisamos realmente nos deter na primeira parte da pergunta, a confiante declaração de que temos verdadeiramente conhecimento de nossas mentes. Conforme eu disse, Aristóteles, que de certo modo se transformou em um modelo para Descartes, não teria compreendido a afirmação. E, com certeza, tampouco Freud, que muitos anos mais tarde diria que Descartes estava simplesmente equivocado. Freud insistia, com razão, que não sabemos nem imediatamente nem indubitavelmente o que está em nossas mentes. Mesmo se mantivermos a expressão "na mente", a questão sobre "o que" está em nossas mentes é (mais ou menos) diferente das questões sobre como e se *sabemos* o que está em nossas mentes. Obviamente os animais nunca sabem o que estão sentindo. Simplesmente sentem.

A resposta para as perguntas do "como e se" é complexa e intrigante. Às vezes, até mesmo quase sempre, parecemos "simplesmente saber". Entretanto, isso se deve ao fato de estarmos bem-treinados na arte de nos monitorar e conhecer e termos (como assinalou Descartes) um acesso especial, "privilegiado", aos nossos estados psicológicos (Moran, 2000). Ainda assim, também nos equivocamos, às vezes com desastrosa frequência. De fato, uma das observações mais impressionantes e perturbadoras, ao longo dos séculos, é a de que as pessoas estão, muitas vezes, enganadas quanto às próprias emoções. (Não é necessário dizer que isso não foi descoberto só por Freud.) As pessoas interpretam mal e identificam erradamente suas emoções. E, certamente, interpretam equivocadamente as emoções dos outros, especialmente quando sua percepção é influenciada pelas preferências, pelos preconceitos e pelos interesses particulares. Pessoas extremamente desejosas de ser amadas são desastrosamente rápidas em perceber de forma equivocada expressões de interesse romântico no desejado amado. Apaixonados nervosos são desastradamente rápidos em perceber erroneamente expressões de interesse romântico em seus rivais. Adversários ressentidos detectam, com muita facilidade, desdém (ou coisa pior) nos vitoriosos. Entretanto, o mesmo pensamento desejoso e mobilizado que leva à percepção errada das emoções dos outros resulta também em equívocos referentes aos estados emocionais da própria pessoa. A defasagem entre termos uma emoção e sabermos que a temos é enorme e pode-se até considerar que é mais impressionante que tantas vezes compreendamos acertadamente nossas emoções do que é surpreendente que às vezes nos enganemos.

As implicações são terrivelmente perturbadoras, tanto para uma grande parte da pesquisa psicológica quanto em relação à nossa confiança em nossa apreensão de nós mesmos. Uma técnica-padrão para investigar os estados emocionais de cobaias humanas depende de "autorrelatos", geralmente a partir de questionários e recursos do gênero. Porém, se as pessoas se enganam tanto em relação às suas emoções — especialmente alunos universitários que tanto são emocionalmente exagerados quanto inexperientes —, autorrelatos são realmente duvidosos. Meu excelente colega Jamie Pennebaker sugeriu que abandonássemos inteiramente esses relatos "subjetivos" em favor de testes objetivos diretos, porém bem planejados ("Você usou fio dental hoje de manhã?", "Você pronunciou as palavras 'eu te amo' nas últimas 24 horas?") (Pennebaker, Mehl e Niederhoffer, 2003). Neste caso, porém, as habilidades interpretativas do pesquisador estarão, certamente, sob um escrutínio maior do que nunca.

Se nem sempre reconhecemos nossas emoções, somos, às vezes, informados por amigos que veem como estamos nos comportando (e, portanto, o que estamos sentindo) com maior clareza do que nós. Ocasionalmente, percebemos nosso comportamento estranho. Ou o deduzimos a partir do que nos escutamos dizendo (ou do que nos vemos escrevendo). Ou o obtemos de um terapeuta ou psicanalista. Tudo isso tem ligação com a questão da consciência e com o que significa tornar uma emoção "totalmente consciente". Antes, porém, de lidarmos com esta questão complexa — como sabemos o que está "nas" nossas mentes — quero analisar com muito mais afinco o que queremos dizer com "nas nossas mentes". Minha tese é a de que o velho Aristóteles, no que podemos considerar como sua ingenuidade, tinha uma concepção de psicologia muito mais fácil de manejar do que a que temos. Todo o movimento do behaviorismo representou, afinal, um esforço para se livrar do problemático "fantasma da máquina" e na filosofia livrar-se do dualismo que levantou "o problema do mundo externo". No entanto, rejeitando dessa forma o "interno", tanto o behaviorismo psicológico como o filosófico só fizeram reforçar a distinção "interno-externo", apenas negando que havia algo a ser encontrado dentro.

O dualismo de Descartes entre mente e corpo — "dualismo cartesiano" — foi muito bem aceito pela maioria dos filósofos que vieram depois dele, independentemente de suas diferenças. John Locke e David Hume rejeitaram o racionalismo de Descartes, mas, assim como a maior parte dos empiristas (incluindo os positivistas lógicos), aderiram ao dualismo sem hesitar. A exceção mais notável foi o holandês Baruch Spinoza, contemporâneo de Descartes. A visão de Spinoza sobre as paixões era brilhante e complexa, e voltarei a ele de vez em quando. Sua visão da mente, porém, era radical e, na maior parte, anticartesiana, apesar da fidelidade filosófica a Descartes. Spinoza (1981) rejeitou o dualismo de Descartes e, em seu lugar, insistiu que no universo só há uma coisa (ou "substância"), ou seja, o universo como um todo, e corpo e mente são simplesmente dois aspectos dessa substância. Em outras palavras, rejeitou a separação das mentes e a distinção entre mentes e corpos. (Rejeitou, também, a separação de Deus, o que fez com que fosse excomungado de sua sinagoga em Amsterdã, mas essa é uma outra história, longa e triste.) No entanto, apesar de Spinoza, a maioria dos filósofos e psicólogos e, consequentemente a maioria de nós, incorporou o dualismo cartesiano ao nosso pensamento e à nossa fala. Existe a mente e, então, existe o corpo (e o resto do universo físico). Há coisas na mente que só são diretamente acessíveis a nós (isto é, ao indivíduo a quem a mente pertence) e há, então, o mundo externo que simplesmente assumimos (a não ser se formos filósofos) ser muito semelhante às ideias que dele temos em nossa mente. (Os filmes de ficção científica *Matrix*, de Andy e Larry Wachowski, *Vanilla Sky*, de Cameron Crowe, e *Waking Life*, de Richard Linklater, jogam com essa concepção.) Emoções estão entre os conteúdos da mente, com a leve complicação (bem-observada tanto por Descartes quanto por Hume e James) de que também envolvem o corpo, por meio dos "espíritos animais" que se originam no físico mas deixam sua impressão na mente ou na alma.

Por volta do século XVIII, alguns filósofos começaram a se rebelar contra o dualismo cartesiano. O mais radical foi Immanuel Kant, que introduziu a imagem extravagante de que o mundo externo é, em si, um produto dos nossos processos mentais. Isso colocou um fim ao ceticismo (para os que aceitaram essa teoria) e alterou seriamente a ideia de "conteúdos" mentais. Os conteúdos da mente, em sua maioria, eram as coisas reais do mundo, ou *phenomena*, "as coisas como aparecem". Kant insistiu, entretanto, em uma base *a priori* das sensações e dos conceitos, os materiais e as formas brutas que usamos para construir a realidade. Nós não "inventamos" simplesmente o mundo. Porém o que estava "na mente" não era mais para ser considerado como uma representação ou uma mera ideia do que estava também fora de nós, no mundo. De fato, começa a parecer como se *nada* estivesse na mente, embora Kant não estivesse pronto para dar esse ousado salto. O aparelho do conhecimento ainda estava na mente, mesmo que os objetos do conhecimento não estivessem. Em consequência, o status das emoções na teoria de Kant também não fica muito claro, em parte porque não se dedicou a estudá-las extensivamente, como fizeram Descartes, Spinoza e Hume. No entanto, armou o cenário para um movimento na filosofia que iria, sem o cruel machado do behaviorismo, eliminar a necessidade de uma mente com conteúdos em oposição ao "mundo externo".

Esse movimento prosseguiu por meio da filosofia dos pós-kantianos, incluindo G. W. F. Hegel, que antecipou sua ambiciosa filosofia na obra habilmente intitulada *Fenomenologia da mente* (ou *spirit*, *geist*, em que a diferença de tradução indica uma significativa ambiguidade entre uma interpretação laica e outra quase religiosa do pensamento de Hegel). No começo do século XX, o filósofo tcheco-alemão Edmund Husserl tomou emprestado um termo e conceito-chave de Kant e Hegel e introduziu um método filosófico que chamou de "fenomenologia". Como em Kant, a fenomenologia de Husserl tentou superar o ceticismo, sem sacrificar a importância da mente. É com Husserl que a noção crucial de *intencionalidade* começa a se destacar (embora tenha perambulado na filosofia pelo menos desde o fim da Idade Média). Em vez de falar sobre mente e seus conteúdos, Husserl falou sobre atos e objetos intencionais. A mente era, basicamente, uma atividade (uma tese também defendida por Kant e Hegel) e seus objetos eram essencialmente os objetos no mundo. Husserl insistia em que nem mesmo as sensações eram entidades estranhas na mente, mas, antes, aspectos (o "material") dos atos da consciência. Os conceitos também não estavam na mente. Eram mais como as estruturas dos *phenomena*, as estruturas dos objetos da nossa experiência.

Husserl não foi inteiramente consistente na tentativa de radicalizar Kant e Hegel nem conseguiu livrar-se da posição cartesiana. (Um famoso conjunto de conferências que proferiu em Paris — que atraiu muita atenção e o comparecimento de vários dos seguidores mais famosos de Husserl — foi publicado sob o título *Meditações cartesianas*.) Também não tinha muito a dizer acerca da natureza e da estrutura das emoções. Entretanto, um dos discípulos de Husserl, Martin Heidegger, conseguiu dar o corte radical em relação a Descartes ao insistir, desde o início (em sua obra monumental *O ser e o tempo*), que "estar-no-mundo" era um "fenômeno unitário", sem ser dividido em mente ou consciência, de um lado, e o mundo, do outro. Na realidade, Heidegger era tão resolutamente anticartesiano que se recusava a usar palavras tais como "mente" e "consciência" e até "experiência", por serem sugestivas da posição cartesiana. Heidegger, porém, realmente deu um lugar de destaque às emoções ou, pelo menos, aos estados de espírito, que, insistia, "nos sintonizavam com o mundo". (Existe aqui um jogo de palavras digno de atenção: a palavra alemã para estado de espírito é *stimmung* e a palavra para "sintonizar" é *bestimmen*.) Entretanto, outro seguidor de Husserl (ao menos nos primeiros anos) foi um dos franceses tão entusiasmados ao escutarem as conferências de Husserl em Paris: Jean-Paul Sartre tomou a nova e ousada imagem da fenomenologia, como Heidegger a radicalizara, e a usou diretamente para fazer uma investigação sobre as emoções.

Nessa teoria (ou no que Sartre admite ser apenas um "esboço" de uma teoria), o primeiro alvo de ataque é William James. O segundo é Freud. Sartre acusa ambos de serem responsáveis por supermecanizar as emoções. Sartre também os acusa de serem culpados por minimizar a importância da característica que define as emoções, sua intencionalidade. (Sartre está correto, mas, com toda justiça, tanto James como Freud empregam, sim, o conceito de intencionalidade, embora lhe deem um papel muito menos destacado. A despeito de si mesmos, os dois grandes teóricos terminam como cartesianos.) Em um ensaio prévio e no posterior tratado *O ser e o nada*, Sartre argumenta que, na consciência, não há "conteúdos". Consciência é atividade pura, a atividade de pretender o mundo. Consequentemente, a consciência em si é *nada* e as emoções não podem, portanto, ser conteúdos de consciência. As emoções são, ao contrário, estratégias para lidar com as dificuldades que encontramos no mundo. (Vocês podem avaliar quão reconhecido sou a Sartre, mais do que a qualquer outra pessoa.) Os sentimentos não desempenham papel importante na teoria de Sartre. O comportamento e os distúrbios corporais também não têm papel de destaque, embora Sartre admita que são *consequências* típicas da emoção. Em outras palavras, por meio da fenomenologia, Sartre nos permite eliminar "a mente". Podemos ainda falar, como fez Aristóteles, sobre raiva e amor, pensamentos e ideias. Mas estamos agora falando de coisas feitas (ou sofridas) pela pessoa, não de conteúdos de um misterioso campo interno.

Sartre não partilha da insistência de Heidegger em eliminar qualquer menção a "mente", "consciência" e "experiência" e, por esse motivo, sua fenomenologia permanece aparentemente mais familiar e consistente do que a de Heidegger, que claramente se desviara dela depois de poucas centenas de páginas de *O ser e o tempo*. Tanto para Sartre como para Husserl, a fenomenologia é o estudo das *estruturas essenciais da consciência*, mas agora sem a incômoda noção cartesiana de que a consciência tem conteúdos. Ela é apenas atividade, atividade de pretender o mundo, e parte dessa atividade é ter emoções. A fenomenologia torna-se, portanto, a descrição das estruturas essenciais da emoção, o que significa, em parte, a descrição de seus objetos, suas estratégias e seus objetivos. Em seu ensaio inicial sobre as emoções, Sartre parece pensar que todas as emoções servem mais ou menos ao mesmo objetivo: *escapar de um mundo difícil.* Desse modo, todas as emoções envolvem uma forma de recusa estratégica: a recusa da dificuldade, a reavaliação de uma situação difícil ou um modo de comportamento que a evita e ignora ou torna a pessoa inconsciente dela.

Sartre afirma que um caso extremo de tal recusa é desmaiar. Tenho dificuldade de entender isso como uma emoção, ou mesmo como uma expressão de emoção, mas a circunstância que Sartre nos descreve — uma jovem fina, em uma situação social extremamente embaraçosa — é, a seu modo, estranhamente persuasiva. Muito mais convincente é o seu "recontar" da fábula de Esopo sobre a raposa e as uvas e a estratégia, diante do ressentimento, para preservar a dignidade. ("Afinal, as uvas estão verdes, não prestam.") Falaremos mais a respeito dessas estratégias posteriormente. Por enquanto, basta dizer que Sartre expande consideravelmente sua compreensão sobre o papel e a função das emoções nos cinco anos entre a publicação do ensaio e a de O *ser e o nada*. Também solidifica sua opinião anticartesiana em relação aos "conteúdos" da consciência. Não é só que a consciência não tenha um conteúdo. Ela é literalmente "nada" e, como tal, não é parte da ordem causal da natureza. Seu ponto fundamental, para além do nosso presente escopo, é defender uma "liberdade absoluta", na qual somos responsáveis por tudo que fazemos, pensamos ou nos tornamos. Entretanto, seu primeiro feito, de grande relevância aqui, é que ele solidifica a fenomenologia como um empreendimento anticartesiano. Não existe mente separada do corpo e a consciência é necessariamente incorporada ao corpo, embora seja totalmente irredutível ao corpo.

Mesmo que soe paradoxal ou autocontraditório, isso é parte da tese de Sartre: existe algo paradoxal ou autocontraditório a respeito da própria existência da consciência ("ser-para-si"). Sartre não deseja ignorar as manifestações corporais da emoção, mas prefere remodelá-las, não como sintomas ou expressões, mas como parte da estratégia e atividade de ter uma emoção. Também não nega que as emoções são psicológicas, mas não equipara o psicológico com o que está "na" psique. O psicológico é um conjunto distinto de atividades direcionadas para o mundo e no mundo.

Mas e quanto ao óbvio? Quanto o fato de que conhecemos, sim, nossas emoções (mesmo que possamos estar enganados a respeito delas) de um modo que é diferente do que qualquer outra pessoa — um amigo, um *voyeur*, um psiquiatra, um neurocientista — as conhece? Não temos uma espécie de "acesso privilegiado" a nossas emoções, nossos pensamentos e sentimentos? Isto é, normalmente sabemos o que estamos pensando ou sentindo sem ter de olhar para nossas expressões faciais, observar nosso comportamento ou escutar o que dizemos (muito menos examinar nossos cérebros), como fazemos quando tentamos ler os pensamentos e sentimentos das outras pessoas, mesmo aquelas de quem somos mais íntimos. Além disso, podemos guardar "para nós mesmos" nossos pensamentos e sentimentos, sem que sejam evidentes para os outros, mesmo para os que nos conhecem melhor e com quem temos maior intimidade. Desnecessário dizer que é bom que possamos fazer isso, porque quem sabe quanto dano causaríamos uns aos outros caso todos os nossos pensamentos e sentimentos fossem transparentes para as outras pessoas. Como é que a fenomenologia, ao eliminar a mente, explica isso, a aparente "privacidade" que Descartes considerava como um de seus dados primários? O que dizer do que chamava "subjetividade", a transparência exclusiva (mesmo que não fosse completa) da pessoa para ela própria, que nos parece tão óbvia para cada um de nós que é autoconsciente?

A resposta a isso é que a fenomenologia não tenta, de forma alguma, eliminar ou prescindir da subjetividade, nossa perspectiva única, do ponto de vista da primeira pessoa. Pelo contrário, ela a exalta e lhe dá destaque. Tenho, de fato, consciência dos meus pensamentos e sentimentos, de uma forma e de uma perspectiva que só a mim pertencem (deixando de lado certas supostas capacidades "mediúnicas" e extravagantes experimentos com o cérebro, que ainda se encontram em um estágio meramente especulativo). Não é necessário negar-se isso e é um total absurdo se o fizermos. O que podemos e devemos negar é que essa perspectiva específica indique um misterioso espaço privado, só a mim acessível (como aconteceria, também, com cada um de nós). Não existem espaços diferentes, apenas uma grande quantidade de pontos de vista. A subjetividade, com todas as suas particularidades, permanece bem real. A consciência, isto é, o fato da subjetividade, é capturada na famosa expressão, atualmente coloquial, de Thomas Nagel "como é ser [um morcego, um gato, um tailandês, um nativo americano, um homem branco cristão, uma mulher judia negra...]". A subjetividade é uma propriedade essencial de uma *pessoa* (ou uma criatura) que, necessariamente, tem um corpo e, portanto, um lugar e, assim, uma perspectiva distinta. Mas não existe consciência, motivo pelo qual Kant nega que haja uma "coisa-alma" (apesar da sua crença na imortalidade da alma) e pelo qual Sartre insiste, bastante asperamente, em que a consciência é uma não coisa ou um nada. Na realidade, até William James tem suas dúvidas. Em um famoso artigo intitulado "A consciência existe?", sua resposta é um cauteloso "não", embora ainda haja percepções e pensamentos, e vários atos de consciência, além das importunas sensações corporais que permanecem no centro de sua análise da emoção.

Como a emoção se encaixa, então, nesse cenário fenomenológico? Bem simplesmente: são *atos* de consciência. Não são entidades *na* consciência. Podem também tornar-se objetos *para* a consciência, por meio da reflexão, como em momentos em que tomamos consciência do fato de que estamos ficando com raiva ou nos apaixonando. Agora, porém, o modelo é bem diferente daquele que discutimos no capítulo anterior, a imagem de sentimentos na mente, análoga a um fluido em um sistema de aquecimento, ocasionalmente irrompendo sob a forma de expressões e comportamentos, mais ou menos controlados, no mundo real. A mente — ou melhor, a consciência — está mais ou menos continuamente ativa no seu engajamento com o mundo. Alguns desses engajamentos envolvem comportamento e expressão tão contidos que não são absolutamente evidentes para mais ninguém — exceto, talvez, para alguém que conheça muito bem a pessoa ou para alguém que tenha sido especialmente treinado para perceber tais coisas. Quando somos bebês, nossas emoções existem em um contínuo direto, da experiência para a expressão. À medida que nossas emoções se tornam mais refinadas e específicas, vai acontecendo o mesmo com nossa capacidade de contê-las. (É desnecessário dizer que algumas pessoas aprendem isso muito melhor do que outras e algumas culturas são muito mais eficientes em ensiná-lo.) Portanto, a privacidade de nossas emoções e de outros estados mentais é uma questão de aprendizagem, e não de metafísica. *Aprendemos* a guardar para nós mesmos nossos pensamentos e sentimentos.

Além disso, cada cultura tem o que Paul Ekman chama de "regras de exibição". Mesmo que algumas emoções sejam "básicas", *hard-wired* e universais (como Ekman acredita), há, entretanto, uma enorme diversidade cultural ao ensinar quais emoções devem ser exibidas, como e em que circunstâncias. E também cada indivíduo, com base na sua experiência e posição social, aprende com detalhes surpreendentes como deve expressar suas emoções e que emoções devem ser expressas. Sem dúvida, muitos de nós entendemos equivocadamente ou nosso ponto de partida pode ser uma lamentável característica tanto de temperamento como de criação ou ambiente. Assim, também, talvez às vezes tenhamos motivos para afirmar que culturas inteiras entendem erradamente, como, por exemplo, no caso em que a contínua rivalidade ou o ódio entre etnias ou a ganância e o egoísmo generalizados destroem nações e até mesmo civilizações inteiras. Isso tudo, porém, acontece no *nosso* mundo real, não em um mundo externo à mente, e nada acontece nos domínios internos da mente. Simplesmente não existem domínios internos da mente. Existem apenas as peculiaridades, do ponto de vista da primeira pessoa, e de pessoas e personalidades particulares.

Portanto, mais uma vez, somos levados de volta aos antigos e a Aristóteles. Há, às vezes, vantagens filosóficas em chegar cedo ao palco da história. Não há dúvida de que a invenção da subjetividade e da espiritualidade (entre outras coisas), que culminaram no cartesianismo, contribuiu bastante para a vida e a filosofia modernas. Mas elas também introduziram alguns persistentes problemas e obstáculos ao progresso da compreensão, tanto ética quanto científica. A ideia de que as emoções são indescritíveis, subjetivas e privadas, imunes ao escrutínio ético e à investigação científica, é um deles. O que Aristóteles e até os estoicos reconheceram é que nossas emoções não são privadas, não estão "em nós", e sim lá fora, *no mundo*, no espaço *social*. Nossas emoções surgem, na maior parte das vezes, no vínculo das nossas relações interpessoais. Dessa forma, podemos dizer que as emoções são *políticas*. Isso não quer dizer apenas que podem ser usadas para manipular outras pessoas. Também se originam *com* outras pessoas, e sua estrutura é praticamente sempre algum tipo de estrutura social ou interpessoal. Olhar para dentro, "fazer introspecção", é procurar por elas no lugar errado.

CAPÍTULO XIV

Mito cinco: emoções são estúpidas[1] (não têm inteligência)

Desde a introdução, venho insistindo que as emoções nos propiciam *insights* e têm "inteligência". Chegou a hora de demonstrar essa afirmação. Inicialmente, foi necessário nos livrarmos das concepções, metáforas e teorias primitivistas que fariam das emoções mecanismos que nem chegariam a pretender inteligência, independentemente de quão bem funcionassem e fossem convenientes para a sobrevivência. Um termostato simples, embora minuciosamente projetado e bem-feito, não é inteligente, não importando a quantidade de dramáticas variações de temperatura que precise regular durante uma semana normal em um clima marcado por extremos (como, por exemplo, o deserto do Arizona). Um termostato computadorizado, que pode ser programado com muito mais variáveis e ajustado para oscilar ao longo de um dia, semanas ou meses, não está mais próximo de pretender inteligência do que o termostato simples. Novamente, não quero entrar no debate, ainda especulativo, a respeito de quando estaríamos dispostos a dizer que um computador, um robô ou um androide construído pelo homem é ou poderia ser consciente, ou inteligente, ou ter emoções, mas está claro que certos tipos de mecanismos não levantam tais questões. Daniel Dennett, possivelmente o mais talentoso e, de qualquer forma, o escritor mais interessante a respeito desses assuntos, confunde um pouco a questão ao insistir que até o termostato simples pode ser descrito por meio da "atitude intencional", como *se* fosse dotado de intencionalidade (1991). Torna-se, então — na medida em que passamos de termostatos a computadores, a flores, a abelhas, a macacos e a humanos —, uma questão de a partir de quando temos justificativas para sair do *como se* para uma atribuição mais literal de intencionalidade. E a resposta, que em nada ajuda, parece ser: assim que o ser em questão seja consciente e tenha intencionalidade e inteligência.

A fisiologia humana é um mecanismo maravilhoso e, na maior parte do tempo, o corpo humano é complexo e eficiente. Lançando mão da magnífica frase de W.B. Cannon, existe a "sabedoria do corpo". (À guisa de esclarecimento, Cannon foi um dos primeiros e mais ácidos críticos da teoria das emoções de William James.) No entanto, não importa quão bem-projetada ou evoluída, a fisiologia não tem inteligência nem intencionalidade (nem, literalmente, é dotada de "sabedoria"). Sem dúvida, o corpo e seus órgãos podem ser descritos como possuidores de objetivo ou função, conforme em "o objetivo ou a função do coração é fazer o sangue circular pelo corpo." Trata-se, porém, de um dos permanentes debates na filosofia da biologia: será que tais descrições funcionais deveriam ser tomadas pelo valor nominal como "teleológicas" ou impulsionadas por objetivos, ao menos na ciência? Um fisiologista contumaz pode perfeitamente insistir que "não, o coração bombeia porque é um músculo estimulado por impulsos elétricos e, quando contrai, o resultado é que o sangue flui pelo corpo e o organismo vive. Porém o objetivo não é intrínseco ao órgão em si". E, sem dúvida, tudo isso pode ser verdade. No entanto, não significa negar que o coração tenha um objetivo e uma função na vida do organismo. Emoções, como mecanismos neurológicos, podem ser descritíveis em detalhes, mas isso não significa negar que têm, em nossas vidas, objetivos e funções que não podem ser descritos mecanicamente. Argumento, portanto, que a linguagem intencional da psicologia do senso comum é, atualmente, indispensável para se falar sobre emoções. (Em algumas áreas, o comportamento animal ainda está em debate, mas também nelas a rejeição da linguagem intencional é, hoje, uma opinião muito excêntrica.)

Intencionalidade é a chave para a inteligência emocional. O engajamento no mundo requer que se tenha conhecimento sobre o mundo, mesmo que — com frequência — tal conhecimento seja imperfeito, incompleto ou mesmo totalmente equivocado. No entanto, o fato de que as emoções são *sobre* o mundo, engajamentos *no* mundo, significa também que os sentimentos, especialmente os sentimentos corporais de que James falava, não têm intencionalidade. (O fato de que podemos usá-los para obter informação sobre nossos corpos é importante, mas não significa que os sentimentos, em si, tenham intencionalidade.) Em um dos primeiros livros de filosofia analítica em língua inglesa sobre emoções (*Action, Emotion, and Will*,[2] 1963), Anthony Kenny esforçou-se para distinguir dois tipos de sentimentos: os não intencionais e os intencionais. No primeiro caso estavam dor de barriga e similares, coceiras e momentos de rubor. A maioria das sensações de James é claramente não intencional. No segundo caso estavam as emoções e Kenny esmerou-se em repetir e explicar que eram *necessariamente* intencionais.

Ao insistir que emoções são intencionais, Kenny sugeriu também que envolvem apreender e avaliar conceitualmente o mundo, de diferentes maneiras. E essas maneiras podiam ser avaliadas. Frequentemente, uma emoção estava certa. O mundo (ou algum de seus aspectos particulares) é realmente perigoso ou enfurecedor. Às vezes a emoção acertava quanto ao mundo, mas era míope ou limitada, ignorando as implicações mais amplas ou a história do incidente em questão. Um pai que fica com raiva de uma criança pequena pode, certamente, encontrar motivos para estar com raiva, mas a idade da criança pode ser tal que aquela raiva (e a condenação e atribuição de responsabilidade que a acompanham) torna-se extremamente inadequada. E, às vezes, os fatos estão corretos, mas a avaliação é equivocada ou injusta. Uma pessoa que fica com ciúme só porque, em uma festa, o cônjuge fala educadamente com outro (assumindo-se que não haja indicação de infidelidade concreta) pode estar certa quanto ao que aconteceu, mas completamente errada quanto à justificativa da emoção.

Por vezes as emoções ficam completamente confusas. Operam com base na informação errada, na falsa inteligência. Muitas vezes, especialmente quando a emoção é mais ou menos urgente ou espontânea, nosso conhecimento dos fatos é incompleto ou inadequado e pode não ter havido, ainda, a oportunidade para descobrir mais a respeito da situação. Um patrão sob pressão fica com raiva porque assume, com excessiva rapidez, que o assistente perdeu alguns documentos importantes, quando, de fato, estão na própria pasta. A raiva é totalmente injustificada e o que se espera é que, quando a situação se esclarecer, não só passe como seja seguida de um pouco de embaraço e um sincero pedido de desculpas. No caso de uma avaliação incorreta, o pai que fica com raiva da criança ou o patrão que demite um empregado por um pequeno e simples contratempo pode estar certo quanto aos fatos, mas é não inteligente na sua raiva. Porém, se às vezes as emoções erram e se suas avaliações são injustas ou contrárias à razão, isso quer dizer bem claramente que têm inteligência, porque estar errado pressupõe ser capaz de estar certo. "Ser estúpido" já pressupõe ter alguma inteligência (apenas não suficiente). Inteligência envolve enfrentar fatos e valores supostos, mesmo que sem êxito, e não apenas reagir cegamente ao mundo.

Kenny ainda afirma, também com base nos filósofos escolásticos, a ideia de que cada tipo de emoção, isto é, a *espécie* de emoção, mais do que qualquer caso ou casos particulares de emoção, pode ser definido pelo seu *objeto formal*. Trata-se, em poucas palavras, da estrutura intencional das diferentes emoções. De tal modo, o objeto formal do medo é *algo perigoso*, o objeto formal da raiva é *algo ofensivo* e assim por diante. O que é perigoso ou ofensivo depende, certamente, da situação, das circunstâncias, da constituição psicológica e do estado subjetivo do indivíduo. O que está, porém, embutido no próprio conceito de uma emoção é que ela tem tal estrutura, um objeto formal que é definido em termos das *espécies* de coisas que seleciona ou percebe no ambiente.

Em resumo, dizer que emoções têm inteligência é insistir que envolvem conceitos e conceitualização, valores e avaliação, o que muitos psicólogos chamam, respectivamente, "cognição" e "avaliação" (embora nem sempre fique clara a relação entre elas). Portanto, um dos métodos favoritos dos filósofos, ao tentar compreender as emoções, é a *análise conceitual*, revelar a natureza precisa do objeto formal que, na prática, define a natureza da emoção. Não se trata, de forma alguma, de uma questão simples. A variedade e as variações das emoções tornam tal tarefa difícil, e a linguagem, embora seja a base da análise conceitual, também pode ser fonte de confusão. Por exemplo, no capítulo 7, assinalo que a vergonha — uma emoção aparentemente única — tem dois significados distintos em francês. Então, existem duas emoções ou uma só? Diria que pelo menos duas. Há ainda os empregos, ampliados ou derivados, dos termos para emoção, por exemplo, na nossa tendência a personificar coisas no mundo. É assim que ficamos com raiva da tranca que não cede ou da tampa rebelde do pote, como se estivessem *tentando* dificultar nossas tarefas. Isso indica uma falta de inteligência ou é uma extensão perfeitamente racional de conceitos normalmente reservados a agentes reais? (Pode-se facilmente imaginar formas em que tal comportamento se tornaria claramente irracional, por exemplo, se a pessoa começasse a fazer súplicas à tranca ou ao pote.) Os contextos morais em que discutimos as emoções também envolvem conceitos e avaliações que, pode ser argumentado, não são intrínsecos à emoção. Não significa dizer, é claro, que nossas emoções (ou tipos de emoção) não são analisáveis. É simplesmente para sugerir que a análise conceitual pode estar ligada a contexto e linguagens particulares, mais do que os filósofos gostariam de supor, e o que a análise conceitual produz pode, portanto, não ser uma compreensão da emoção, em si, mas apenas de uma emoção do modo como é compreendida em um certo contexto ou em uma certa cultura e língua. (É por isso que Paul Griffiths, entre outros, insiste em penetrar "sob" a linguagem para procurar a emoção em si, que entende como um fenômeno neurológico.)

Entretanto, para tornar as coisas mais interessantes (e complicadas), as emoções têm também o poder de, de certa forma, *constituir* realidade. *Conferem* valor, assim como avaliam. (O verbo "constituir" vem de Kant. A noção de "concessão" tomo emprestada de Irving Singer, *The Nature of Love*.[3]) Dizer que uma emoção constitui realidade (do ponto de vista da primeira pessoa) é indicar que, por exemplo, estar com raiva *faz* a pessoa de quem se tem raiva parecer *exasperante*. A pessoa odiada parece *odiosa*. O ser amado parece *belo*. Este último é um bom exemplo de concessão, porque o apaixonado confere encantos e virtudes ao ser amado. Isto é, o apaixonado vê no ser amado coisas boas que vão além das virtudes que podem ser constatadas por qualquer outra pessoa ou por algum estudo "objetivo" ou pesquisa que identifique essa e aquela característica de personalidade. Uma forma enganosa de se dizer isso é por meio do velho chavão "a beleza está nos olhos de quem vê", mas o importante é notar que isso não nega a beleza do ser amado, apenas muda seu ponto de origem. A beleza não está lá para ser meramente descoberta, mas também não é meramente imaginária ou ilusória. Não está no olho, nem no ser amado, mas na conexão entre os dois.

Esse ponto sobre o amor merece ser repetido. Os cínicos (por vezes Freud e seus seguidores) propõem a dura visão de que a pessoa amada não é, de forma alguma, o ser amado, mas, antes, uma projeção ou uma fantasia de realização de desejo, que pode ter muito pouco a ver com o verdadeiro ser humano de carne e osso. Sem dúvida, há casos patológicos em que a imaginação realmente toma o lugar de qualquer relacionamento real, e a melhor forma de sustentar tal imaginação é manter uma distância substancial do ser amado. Portanto, relacionamentos a longa distância estão, às vezes, sujeitos a essa construção da imaginação. (Há um exemplo maravilhoso, porém terrível, no filme espiritual de Terrence Malick sobre a Segunda Guerra Mundial, *Além da linha vermelha*, em que durante quase todo o filme um soldado sonha com uma versão fantasiosa da adorável e fiel mulher e é, então, levado ao desespero e ao suicídio quando, de repente, recebe uma carta do tipo "Querido John".[4]) Até casais que mantêm um relacionamento de fim de semana estão sujeitos a tais fantasias. Como todos sabem (ou acabam vindo a saber), isso não é o mesmo que passar a vida diária juntos e quando os dois tipos de relacionamento se confundem teremos provavelmente razão em diagnosticar o problema como indicativo de que uma ou ambas as pessoas amavam mais na fantasia (sobre o que poderia ser) do que na realidade. Da mesma forma, o amor não correspondido presta-se naturalmente a uma projeção irrealista, seja por meio do absurdo engrandecimento do ser amado ("é realmente a mulher mais bonita do mundo"), seja, quando o amor estremece, por meio da demonização ("é um diabo, uma verdadeira provocadora, uma pessoa totalmente desprezível" — quando tudo o que ela fez foi dizer "não" à continuação de um relacionamento que estava se desintegrando). De modo geral, porém, o amor não é tão movido por fantasia. O amor pode focalizar mais intensamente nas virtudes do ser amado do que as outras pessoas fazem e confere generosamente encantos com base em características bastante comuns, mas não precisa haver projeções deformadoras, fantasias nem imaginações.

Para citar um exemplo bem banal, mas que considero significativo, adoro o nariz da minha mulher. Devo dizer que ela nada fez nele, nos moldes que muitas jovens hoje se sentem compelidas a seguir. "Objetivamente" é um nariz irlandês característico, fino, com uma pequena elevação no alto. Se o visse em uma publicação ilustrada, digamos, uma *National Geographic*, não pensaria duas vezes no assunto. Podem dizer que confiro encanto e beleza ao nariz da minha mulher, mas não é como se eu acrescentasse algo ou falsificasse minha percepção. Podem dizer que "idealizo" o nariz dela, mas isso também não estaria totalmente correto. Amo o nariz dela porque é *dela*.

Esse exemplo acrescenta à noção de inteligência uma dimensão que, até agora, tenho descrito principalmente pelos termos bastante frios de informação e avaliação. Entretanto, também existe inteligência estética, inteligência que diz respeito não apenas à realidade e justificativa das emoções, mas à sua tendência a intensificar e enriquecer nossas vidas. Portanto, um cínico (um "realista") que acertadamente vê tudo o que é corrupto e estragado no mundo pode estar certo, mas terá uma vida deprimente. Em contrapartida, um budista que insiste em ver o bom (ou, pelo menos, a total "indiferença") de tudo pode ser menos exato quanto ao estado do mundo, mas provavelmente viverá uma vida melhor. Também poderia deixar de lado o nariz da minha mulher como "um nariz como outro qualquer". No entanto, isso não seria absolutamente inteligente, mesmo que possa apresentar-se como "realista". Perderia uma das maravilhas do meu universo.

A noção de "inteligência emocional" chegou ao público e ao mundo editorial em um best-seller do escritor de ciência e jornalista Daniel Goleman, em 1995. Não falei muito sobre o livro de Goleman, mas realmente o considero importante na medida em que colocou em discussão pública o tópico das emoções e da inteligência e deu voz às preocupações que há décadas acompanham muitos de nós. Foi, porém, um trabalho secundário e o conceito de inteligência emocional já tinha credenciais científicas substanciais. Além do mais, achei que o tratamento que Goleman dispensou ao tema ainda estava enredado na velha tradição de *controle* emocional, que é exatamente de onde quero sair. Como já sugeri, para mim a inteligência emocional não se refere tanto a controle emocional quanto a inteligência *nas* emoções, isto é, os componentes conceitual e avaliativo, essenciais nas emoções, seus *insights*, e não apenas sua "regulação". Dizer que as emoções têm inteligência é, portanto, insistir em que *essencialmente* envolvem e requerem as habilidades de conceitualizar e avaliar e que muitas vezes empregam essas habilidades com excelentes resultados.

Novamente, é bem possível que tenhamos evoluído com essas habilidades (como muitos dos nossos irmãos animais) e elas podem, às vezes, ser mais ou menos *hard-wired* em nós. Também podem ser simples modificações ou subprodutos de características que foram selecionadas por evolução. O fato é, porém, que realmente temos e exercitamos regularmente essas habilidades e elas são o que fazem das nossas emoções *emoções*, e não simplesmente sentimentos corporais ou reações fisiológicas deflagradas por estímulos ambientais perturbadores. São as nossas emoções que nos tornam humanos, e isso não está em oposição à nossa bastante elogiada inteligência mas em íntima conjunção com ela. Juntando vários pedacinhos de Aristóteles, somos animais racionais-sociais-inteligentes-emocionais (bem como bípedes, sem penas). Todas essas características são importantes e estão interconectadas (exceto, talvez, quanto à nossa falta de penas).

O conceito de "inteligência emocional" foi originalmente proposto e investigado por Peter Salovey e J.D. Mayer (2004). Eles sugerem que existem pelo menos quatro "ramos" de inteligência emocional. O primeiro tem a ver com *perceber* emoções, isto é, reconhecer emoções tanto em si como nos outros. São dois processos diferentes, mas evidentemente relacionados. O saber cartesiano tradicional afirma que primeiro aprendemos a reconhecer emoções em nós mesmos e em seguida aprendemos a usar os mesmos rótulos para as outras pessoas. No entanto, desde o século XIX, convincentes argumentos e pesquisas sugerem que pode ser ao contrário, primeiro aprendemos a reconhecer emoções nos outros, particularmente quando nos afetam — a mamãe perdendo a paciência ou chorando desesperada quando você, ainda bebê, jogou sua comida no chão — e, depois, aprendemos a identificar emoções similares em nós. Ou, mais provavelmente, esses são dois caminhos paralelos que se cruzam e interagem em vários pontos. É possível que haja um modo imediato e intuitivo de saber o que outros sentem. (Atualmente os neurologistas falam em "neurônios-espelho" que tornam plausível essa imediata empatia.) Entretanto, mesmo que haja (às vezes) essa noção imediata das emoções dos outros, o reconhecimento de suas emoções não é um processo simples, e perceber emoções — próprias ou dos outros — não é meramente "natural", no sentido redutivo que as pessoas geralmente usam. *Aprendemos* a identificar nossas emoções, e pode não ser uma questão fácil aprender a reconhecer as de outras pessoas e muito menos empatizar com elas.

Como já disse antes, ter uma emoção é uma coisa. (Animais e bebês têm.) No entanto, reconhecer *que* temos uma emoção envolve muito mais coisas. Isso é o que precisamos aprender usando a linguagem. Não existe, porém, uma conexão "natural" entre uma palavra e uma emoção. (Mesmo exclamações como "Ai!" são mais relacionadas com a cultura e a língua do que pensamos.) Dado que há uma diferença, como vimos, entre atribuir emoções a nós e atribuir emoções aos outros, os "caminhos paralelos" são, além disso, muito diferentes. Ademais, além do reconhecimento específico de emoções específicas (embora, digamos, não é sempre fácil determinar se uma emoção é ódio ou ressentimento), existe a habilidade para reconhecer o fato bruto de que alguém, ou mesmo nós, está vivendo *algum* estado emocional. Existem, porém, pessoas que têm dificuldade até nisso. Crianças autistas, em especial, têm muita dificuldade de aprender a reconhecer emoções nos outros. Os sociopatas também são desprovidos dessa habilidade, porque não só não têm empatia como também não têm o desejo de admitir quaisquer emoções que não sejam as suas. E algumas pessoas parecem patologicamente incapazes de reconhecer que estão vivendo qualquer estado emocional.

Em resumo, o reconhecimento de emoções não é uma questão simples. Não é como se as emoções viessem com rótulos. Também não são entidades prontamente identificáveis, sempre iguais. Raiva, em um contexto (digamos, uma chefe em relação a um empregado) e em outro (a mesma chefe e o marido), pode ser tão diferente a ponto de impossibilitar uma fácil identificação. Acrescente-se a probabilidade de autoilusão, especialmente quando emoções fortes estão envolvidas, e o resultado é uma receita de confusão, mistura e total contradição. Isso também acontece em relação ao reconhecimento de emoções nos outros. Alguns maridos são notoriamente "insensíveis" ou distraídos diante até das mais dramáticas mudanças nos estados emocionais da mulher (talvez racionalizando-os, como relacionados com sentimentos e fisiologia distintamente "femininos"). Tal distração raramente se deve a uma personalidade autística ou sociopata (embora, às vezes, possa parecer). Pelo contrário, um enorme interesse próprio e o desejo de manter a paz a qualquer custo militam contra o reconhecimento da raiva (que pode exigir uma defesa vigorosa) e do aborrecimento (que, no mínimo, pediria uma desconfortável compaixão). Isso significa, mais uma vez, que a inteligência emocional é *inteligência* de verdade, no pleno sentido da palavra. Requer o aprendizado de um valioso conjunto de habilidades pessoais e interpessoais, sem as quais nossas vidas emocionais, e principalmente nossas vidas emocionais em coletividade, seriam muito mais conturbadas do que nem sequer podemos imaginar.

Quanto ao segundo ["ramo"], Salovey e Mayer descrevem a inteligência emocional em termos de ser capaz de usar as próprias emoções para facilitar o pensamento e o modo claro de pensar. Essa é uma tese que tem sido dramaticamente sustentada e ilustrada por António Damásio, com base em seus estudos clínicos e neurológicos. Tanto a tradição popular como filósofos e cientistas sociais gostam de estabelecer uma distinção entre as "faculdades" diferentes e frequentemente opostas da razão e da emoção, mas o que Damásio mostrou foi que pessoas com déficits emocionais graves (decorrentes de um derrame, tumor ou outras lesões) sofrem enormemente por *não serem capazes de tomar decisões racionais*, apesar do fato de suas outras faculdades "cognitivas" (em outras palavras, o que geralmente se chama de "inteligência") parecerem estar funcionando bem. As pessoas podem calcular consequências e comparar opções, mas, pelo fato de não se *importarem* verdadeiramente com uma ou outra consequência ou opção, não têm base para tomar uma decisão. Uns poucos filósofos iconoclastas sustentaram a mesma tese durante anos. Nietzsche, por exemplo, argumentou que toda paixão envolve o seu "*quantum* de razão" e é por meio de nossas paixões — e de sua força — que conseguimos tomar qualquer decisão que seja. Salovey e Mayer também mencionaram a habilidade de uma pessoa usar emoções na imaginação e na memória, observando que quando estamos tristes ou deprimidos temos muito mais probabilidades de recordar outras ocasiões em que estivemos tristes ou deprimidos e quando estamos felizes é mais provável que lembremos de outras ocasiões felizes. (Você já percebeu quanta conversa boa sobre restaurante é dedicada à lembrança de outros bons restaurantes? Ou como conversas sobre viagens em que se aprecia a paisagem tendem a incluir reminiscências de outras viagens do mesmo tipo?) Eles também falam sobre usar mudanças de estado de espírito para compreender outros pontos de vista. Quando a pessoa está triste ou deprimida, talvez seja um bom momento para refletir sobre o triste destino de outros, e isso não porque "desgraça atrai desgraça".

No terceiro ["ramo"], existe a habilidade geral para *compreender* as próprias emoções. Ainda uma vez, não se trata de uma questão simples, porque, se nem mesmo o nome de uma emoção é automaticamente acessível, o *significado* de uma emoção está destinado a ser ainda mais ambíguo. Compreender a própria emoção não é apenas identificá-la ou reconhecê-la, mas, de preferência, ver e apreciar suas causas (incluindo as subjacentes, não tão óbvias) e compreender sua história e importância, tanto na vida da própria pessoa como, talvez, na vida da família ou da comunidade. A habilidade para compreender a emoção também significa compreender uma mistura frequentemente conflitante de emoções, porque as emoções não só não trazem um rótulo pronto como surgem em combinações desconcertantes. A necessidade de simplificar ou de insistir em uma resposta emocional única e simples é outro tipo de contradição. Andrew Ortony, Gerald Clore e Allen Collins (1988) dão o simpático exemplo de um cachorro que havia algum tempo estava desaparecido e que volta, saltitando sobre a calçada de cimento fresco do dono. Como poderia essa mistura emocional ser capturada em um único nome?

Patrícia Greenspan argumenta que a própria possibilidade de "emoções mistas" milita contra uma compreensão excessivamente "cognitiva" ou "avaliativa" da emoção, já que tais casos geralmente parecem envolver claras contradições. Quando o melhor amigo de uma pessoa ganha o prêmio que a pessoa desejava para si, haverá necessariamente uma mistura de alegria vicária (pelo amigo) e inveja e provavelmente muitas outras coisas (raiva? humilhação? embaraço? *philia* intensificada?). Lidar com qualquer emoção pode ser difícil, mas lidar com emoções conflitantes pode, às vezes, parecer impossível. Satisfazer ou até expressar uma emoção pode anular a satisfação ou expressão de outras. Acrescentando-se a isso a complexidade das "regras de exibição" e todas as demais exigências e expectativas culturais — por exemplo, de que a pessoa deveria sentir-se feliz com os sucessos de seus amigos —, teremos, no mínimo, uma receita de séria confusão e infelicidade, isso sem falar na negação e na hipocrisia. (Basta ver os cruéis *closes* que a televisão faz dos rostos dos indicados ao Oscar e que *não* ganham o prêmio.) Não creio que esses casos envolvam contradições, mas também não nego sua extrema complexidade.

No entanto, emoções mistas não deveriam ser pensadas em termos do modelo "hidráulico" simplista, em que dois cursos ou correntes se deslocam um contra o outro. Uma grande parte da complexidade da nossa vida emocional tem a ver com a complexidade das próprias emoções. Já sugeri que as emoções são estruturadas por julgamentos, mas esses julgamentos são de tipos radicalmente diferentes e, às vezes, envolvem conceitos e avaliações do mundo bastante sofisticados. No capítulo 18, tentarei apresentar um levantamento abreviado de alguns dos julgamentos envolvidos em nossas emoções, mas já vimos a maioria deles por ocasião da discussão das emoções individuais, na Parte I. Por exemplo, há julgamentos de responsabilidade na raiva, vergonha, culpa e no orgulho. Podem incluir até princípios morais, como na indignação. Há julgamentos sobre mérito e status relativos, como no desprezo e ressentimento. Há julgamentos sobre direito, notavelmente em emoções como orgulho e ciúme. Há julgamentos e desejos de intimidade — como no amor — e de distância — por exemplo, em emoções tais como desprezo e aversão, e talvez em certas formas de reverência e também de admiração. Há, portanto, muito a compreender nas nossas emoções, não apenas em termos de causas e contextos, mas em termos de estrutura constitutiva. Esse é o centro da inteligência emocional, a importante inteligência que encontramos *nas* nossas emoções.

Finalmente, em relação ao quarto ["ramo"], Salovey e Mayer dizem que a inteligência emocional envolve *gerenciar* as próprias emoções, o que é também um dos temas principais deste livro. Terei muito mais a dizer a respeito adiante. Já sugeri o que considero ser o elemento distintamente humano nas emoções: reflexão e nossa capacidade de identificar e explicitar nossos engajamentos emocionais no mundo, a notável capacidade que nos permite não só compreender mas "influenciar", modificar e, em casos excepcionais, alterar radicalmente nossas emoções. Muito desse "trabalho" tem a ver com compreender e avaliar os julgamentos que constituem nossas emoções. Podemos pensar nisso como um segundo nível de inteligência emocional, a inteligência que trazemos *para* nossas vidas emocionais, tentando colocar tudo em relativa ordem, guiando nosso bom senso para assegurar que nossas emoções sejam justas e precisas em seus julgamentos e engajamento no mundo. Portanto, gerenciar nossas emoções não é uma questão de controle, como Goleman insiste de forma tão enérgica, mas literalmente uma questão de inteligência e bom senso.

Desnecessário dizer que a questão se coloca: que tipo de inteligência é a emocional? É apenas uma variação de outras formas? É *sui generis*? Nesse ponto, tendo a me alinhar com Howard Gardiner, que escreveu extensamente sobre "inteligências múltiplas". Tanto aqui como em outros lugares, o ímpeto para simplificar e unificar é poderoso e realmente seria mais fácil caso se pudesse dizer, de acordo com a medida tradicional de "QI", que existe um conjunto de habilidades que é considerado como inteligência, e qualquer sugestão de formas alternativas é parasitária ou, na melhor das hipóteses, metafórica. Certamente os criadores de testes gostariam de provar seu ponto de vista. Entretanto, o conjunto da história humana aponta na outra direção. Bons solucionadores de problemas intelectuais podem ser socialmente incompetentes ou casos perdidos quando se trata de trocar uma lâmpada. Políticos claramente tolos ou desarticulados podem, entretanto, apresentar uma notável capacidade para liderança. Salovey, Mayer e Goleman (2004) codificaram uma importante modalidade de inteligência que, embora geralmente funcione melhor em conjunto com as outras, é distinta e diferente. De fato, pode ser que também existam diferentes tipos de inteligência emocional, talvez um tipo que seja mais intuitivo e inserido nas próprias emoções e um outro tipo que seja mais refletido, reflexivo e gerencial. As emoções mais inteligentes tenderão, naturalmente, a compartilhar da sabedoria do mundo que é aprendida por meio de leitura e estudo, mas todos reconhecemos — e nós, filósofos, com considerável embaraço — que isso nunca é suficiente. Reconhecer o que é sabedoria e praticá-la na própria vida emocional são dois aspectos de caráter e personalidade, infelizmente distintos. O objetivo e desafio deste livro é reuni-los e persuadir o leitor de que conhecer e compreender teoricamente nossas emoções pode ser um importante passo para viver bem e sabiamente.

Notas

1. O termo "estúpido" está sendo usado, neste capítulo, especificamente em um dos seus sentidos: "Falta de inteligência, de discernimento" (*Novo Dicionário Aurélio da Língua Portuguesa*). (*N. do T.*)
2. Tradução livre: *Ação, emoção e vontade*. (*N. do T.*)
3. Tradução livre: *A natureza do amor*. (*N. do T.*)
4. "Dear John letter" é como são conhecidas as cartas escritas de namoradas/esposas para namorados/maridos, informando-lhes sobre o término de seu relacionamento.

CAPÍTULO XV Mito seis: duas qualidades de emoção, positiva e negativa

Dentre os muitos julgamentos avaliativos diferentes que entram em uma emoção, os mais diretos são os de aprovação e desaprovação, gostar e desgostar, aproximação e afastamento. É tão óbvio que quase pensei que não valesse a pena mencionar. Entretanto, esse fato óbvio conduz a uma distinção natural e corriqueira entre dois tipos de emoções, "positivas" e "negativas", em que a ideia é a de que algumas emoções são boas, e boas para a pessoa (o amor, por exemplo), enquanto outras são ruins, e ruins para a pessoa (raiva e ódio, por exemplo). No entanto, essa distinção aparentemente simples corresponde, na realidade, a muitas distinções disfarçadas em uma. Novamente, a fusão das muitas distinções é mais um caso de primitivização das emoções, outra maneira de fazê-las parecer muito mais simples e unidimensionais do que são. Dessa forma, um outro pretexto se apresenta, ou seja, uma outra justificativa para que levemos as emoções menos a sério do que deveríamos.

A distinção entre emoções "positivas" e "negativas" — ou o que os psicólogos preferem chamar pelo termo químico de "valência" — tornou-se central não apenas para o senso comum, mas também para a ciência social formal. O psicólogo americano Andrew Ortony e seus colegas (1988) escreveram:

> De uma perspectiva global, as pesquisas anteriores sobre emoção parecem convergir para apenas duas generalizações. Uma é a de que a emoção consiste em excitação e avaliação. A outra, emergindo da literatura escalar, é a de que qualquer caracterização dimensional de emoções provavelmente incluirá duas dimensões, de *ativação* e de *valência*.

Dizendo o óbvio, algumas coisas são julgadas favoravelmente, outras desfavoravelmente. Somos seres avaliadores. Quando somos emocionais, poucas coisas nos parecem indiferentes. Obviamente, porém, isso não é específico das emoções. Simples julgamentos de gosto e conforto são assim, o mesmo acontecendo até em um nível bem baixo na escala filogenética das espécies animais. Organismos unicelulares aproximam-se e ingerem algumas substâncias, enquanto evitam outras. Muitos filósofos e psicólogos sustentaram que prazer e dor (ou desprazer) situam-se no centro de todas as emoções e fornecem um excelente recurso para distingui-las. Hume considerava todas as emoções como, essencialmente, sensações ("impressões") agradáveis ou desagradáveis. Em certo momento, Spinoza afirma que existem apenas três emoções "básicas" (a partir das quais todas as outras são construídas) e que são: prazer, dor e desejo. (Não consideraríamos desejo como uma emoção, embora seja um ingrediente em virtualmente todas as emoções.) Nico Frijda (1986), psicólogo holandês contemporâneo mundialmente considerado, também argumentou que prazer e dor constituem a base de todas as emoções. E, sem dúvida, na conversa do dia a dia, empregamos constantemente a ideia de emoções "positivas" e "negativas", sendo o exemplo mais evidente a polaridade amor e ódio, que são tidos, portanto, como "opostos".

Embora não discorde do óbvio — de que temos realmente prazer com certas coisas e consideramos outras desagradáveis ou dolorosas —, penso que a tendência usual, tanto entre pessoas comuns como entre cientistas altamente sofisticados, de pensar que todas as emoções são ou "positivas" ou "negativas" é mais um exemplo de como deixamos de apreciar a riqueza e sutileza das emoções. Às vezes as emoções são *definidas* como datadas apenas desse tipo de "valência", como, por exemplo, o fez Louis Charland (2002). Entretanto, a maior parte das emoções é "mista", em termos de julgamentos constitutivos, mesmo as que apresentam uma natureza claramente pró ou contra. Tomando um exemplo bem evidente, o ódio pode perfeitamente combinar uma aversão intensa com um relutante respeito. Neste capítulo, gostaria de lançar sérias dúvidas quanto à distinção entre emoções "positivas" e "negativas" e sugerir, como costumava dizer meu antigo professor Frithjof Bergmann, que pensar em termos tão simplistas é como ir a um museu de arte e, ao olhar para uma série de quadros maravilhosos, só poder dizer "bom" ou "*eca*". Meu argumento não é o de que não haja algo como valência, polaridades ou "opostos" mas, ao contrário, de que existem *muitas* dessas polaridades e oposições. Resumo algumas delas (de modo algum todas) no esquema que se segue:

"positivas"	"negativas"
isto é bom	isto é ruim
isto me dá prazer	isto me causa dor
isto me faz feliz	isto me deixa triste
isto é certo	isto é errado
isto é uma virtude	isto é um vício
aproximação	afastamento
aprovação	desaprovação
vitalizante	desvitalizante
isto é saudável	isto é prejudicial à saúde
isto me acalma, conforta	isto me deixa "transtornado"
isto leva à felicidade	isto leva à infelicidade
atitude positiva em relação ao objeto	atitude negativa em relação ao objeto
atitude positiva em relação ao *self*	atitude negativa em relação ao *self*
atitude positiva com respeito ao relacionamento	atitude negativa com respeito ao relacionamento
este objeto tem alto status	este objeto tem baixo status
tenho status alto (ou superior)	tenho status baixo (ou inferior)
você tem status alto (ou superior)	você tem status baixo (ou inferior)
é responsabilidade sua (elogio)	é responsabilidade sua (condenação)
assumo a responsabilidade (e o elogio)	assumo a responsabilidade (e a condenação)

Em resumo, os julgamentos que constituem as diferentes emoções avaliam uma grande variedade de assuntos. Por exemplo, as emoções "positivas", digamos o amor, tendem a ser favoráveis em relação a seus objetos. Porém também é recomendável ter e expressar amor e, de fato, ele é muitas vezes apresentado como uma paixão que deve superar todas as outras. Além disso, também se diz que o amor é saudável para quem ama, embora eu suponha que aqui os benefícios de um casamento feliz e um relacionamento saudável são muito facilmente confundidos com a intensidade do namoro e do romance. No entanto, mesmo que o amor seja bom para a pessoa, o fato de uma emoção ser boa para uma pessoa não é, geralmente, o que o termo "positivo" significa (a não ser vindo de um médico). A boa saúde assemelha-se, muito mais, a um benefício adicional. (A maioria das pessoas não fica feliz ou se apaixona a fim de viver mais tempo.) Além disso, o amor também pode fazer o apaixonado sentir-se engrandecido e até em êxtase, mas isso não é para ser equiparado, superficialmente, com saúde e bem-estar físico. A triste verdade é que o amor pode às vezes ser muito ruim para a pessoa, especialmente se for o amor *errado*, e não fica melhor à medida que se torna mais intenso e obsessivo.

De modo semelhante, a raiva (uma emoção notoriamente "negativa") exibe uma atitude negativa para com seu objeto, mas o fato de ser apropriado sentir ou expressar raiva é uma questão de contexto e sujeita a antigas divergências. Para muitas pessoas, sentir raiva também é ruim, mas é difícil dizer se isso se deve ao dissabor da emoção, ou a consequências ruins esperadas, ou aos anos de advertências morais e religiosas contra a raiva. Na realidade, assinalei anteriormente que muitas pessoas realmente apreciam ficar com raiva, quer admitam, quer não para si mesmas ou comuniquem a outras pessoas. Sem dúvida, a maior parte das pessoas considera a raiva energizante e, como sugeri, um temporário incentivo à autoestima. Todos já ouvimos falar de pesquisa médica que mostra que raiva tende a causar estresse, aumentar a probabilidade de infartos e tornar a pessoa vulnerável a uma ampla variedade de doenças. Pode ser, porém, que o que provoque isso seja a raiva *não expressa*, não a raiva em si. ("*Não tenho infartos, provoco-os!*", berra o patrão enfurecido.) Então, uma emoção é positiva ou negativa dependendo de como vê seu objeto? Ou de como faz a pessoa se sentir? Ou de como é avaliada na sociedade? Ou de ser ou não boa para a sua saúde? Essas considerações são muito diferentes e seria pouco inteligente juntá-las.

Sugeri acima que a avaliação positiva ou negativa do objeto da emoção é muito facilmente confundida com o benefício ou dano causado ao sujeito da emoção, pelo menos onde esses efeitos são razoavelmente evidentes. Entretanto, sendo óbvio, trata-se de coisas muito diferentes. Na maioria das emoções, a relação com a saúde não é exatamente muito clara, se é que existe. Outras diferenças, entretanto, são mais sutis. Uma emoção pode envolver uma atitude positiva em relação ao objeto, como orgulho em relação a si, e ainda assim a emoção pode ser duramente avaliada. Daí a inclusão do orgulho entre um dos sete pecados capitais. Assim, uma emoção pode também ter uma atitude negativa em relação ao objeto, novamente o *self*, mas dessa vez de submissão, e essa é uma emoção que, sem dúvida, atrai altos elogios nas sociedades cristãs, pelo menos em relação a Deus. O medo, supostamente, é uma emoção negativa (na medida em que seu objeto é um perigo), mas argumentei anteriormente que se trata de uma emoção absolutamente essencial ao nosso bem-estar. Além disso, embora o medo seja geralmente um caso que envolve uma tendência a fugir (um claro exemplo de comportamento de afastamento), pode levar a um confronto agressivo. Uma emoção pode ser positiva tanto na atitude em relação ao objeto quanto em relação ao sujeito (como o amor, que engrandece tanto o ser amado como o apaixonado), mas uma emoção pode ser positiva na atitude em relação ao objeto mas muito negativa em relação à própria pessoa, ou pode ser negativa na atitude em relação ao objeto mas bastante positiva em relação à própria pessoa. Desprezo, por exemplo. Em suma, existem poucas emoções que podem ser caracterizadas em termos de simples valência. (Simples repugnância pode ser uma exceção, mas há uma séria questão sobre se ela sequer é uma emoção.)

Valências positiva e negativa foram invocados durante muito tempo, e ainda o são, na literatura psicológica, com diferentes finalidades em mente. Por exemplo, as polaridades que têm a ver com saúde são (obviamente) apresentadas mais destacadamente na literatura médica, enquanto as que têm a ver com virtude e vício têm maior probabilidade de aparecer na ética e na filosofia moral. Na medida em que exista uma correlação significativa entre as duas (por exemplo, inveja e ressentimento são, ao mesmo tempo, vícios e ruins para a saúde da pessoa), a conexão é claramente empírica, e não apenas ditada pelo status "negativo" dessas emoções. Da mesma forma, o fato de uma emoção ser eticamente positiva ou negativa depende da ética e da cultura. O orgulho é um pecado "capital" na ética cristã. É uma das virtudes na ética grega. Raiva é um dos outros pecados "capitais" na ética cristã, mas Aristóteles, na *Ética*, declara que um homem que não fica com raiva (da pessoa certa, na ocasião certa e do modo certo) é um "tolo". O que conta como positivo ou negativo, de um ponto de vista ético, depende da ética da pessoa.

Em um contexto moral, as avaliações consideradas como "positivas" ou "negativas" têm muito a ver com bom e mau, certo e errado, com virtude e vício. No entanto, bom e mau, certo e errado e virtude e vício não compartilham a mesma escala moral, e uma enorme disputa por território na filosofia moral levou a uma dramática separação entre eles e até oposição. Tentando resumir muito simplesmente essa complexa literatura, bom e mau têm a ver com a satisfação de necessidades e desejos, certo e errado têm a ver com a obediência a certas regras ou princípios impessoais (universais), enquanto virtude e vício são atributos do caráter pessoal. (Não introduzirei ou discutirei, aqui, a litigiosa polaridade entre *bem* e *mal*.) Portanto, falar sobre bom e mau, certo e errado e virtude e vício é falar sobre três assuntos bem distintos (embora frequentemente correlacionados em seus resultados). Sob uma interpretação, uma emoção "positiva" tem a ver com satisfação. (Portanto, o amor é uma emoção positiva porque nos deixa felizes e satisfaz um número enorme de expectativas pessoais e sociais.) Sob outra interpretação, uma emoção "positiva" é a que nos motiva a obedecer às regras. (Desse modo, amor e respeito tornam mais prováveis que nos comportemos moralmente, enquanto raiva e ódio tornam mais provável que nos comportemos de forma imoral.) Na terceira interpretação, uma emoção "positiva" é a que exemplifica as virtudes. (Assim, o amor pode ser interpretado como manifestação de uma personalidade generosa e disposta a compartilhar, enquanto inveja e ressentimento sugerem um caráter mesquinho e maldoso.)

Dadas as origens éticas de todas essas emoções, a interpretação mais óbvia da polaridade entre emoções positivas e negativas é o contraste usual, mas relativamente amoral, entre bom e mau. Existem emoções boas e más. Isso é, porém, altamente ambíguo. Bom e mau podem referir-se às várias consequências da emoção — se ocasiona saúde ou doença, felicidade ou infelicidade ou (considerando-se contextos mais amplos) se resulta em consequências boas ou más para todos os envolvidos. Podem, também, referir-se às causas, ao contexto e às circunstâncias da emoção que, com muita frequência, são confundidos com a própria emoção. Por exemplo, o medo é tipicamente considerado uma emoção negativa, isto é, uma emoção ruim, uma vez que as circunstâncias que o provocam tendem a ser ameaçadoras para o bem-estar da pessoa. (Na realidade, muitos teóricos considerariam isso uma questão de definição.) No entanto, o fato de que as circunstâncias que provocam medo sejam ruins para nós não implica que a emoção de medo o seja. As circunstâncias podem ser ruins para nós, mas o medo, como já argumentei, é bom para nós — ao menos quando se trata de um medo oportuno.

As pessoas procuram o medo se ele estiver sob controle. Cortejam o perigo e se colocam em situações vicárias, quando não perigosas. Desse modo, Aristóteles teve de enfrentar a questão sobre por que as pessoas desejariam fazer o possível para sentir medo e piedade (uma outra emoção "negativa") ao irem ao teatro assistir a uma horrível tragédia (uma questão que hoje seria abordada em relação aos filmes de horror). Parte da resposta de Aristóteles era a de que o sentimento de medo, em tais contextos, era uma experiência catártica muito boa para nós. Deixando de lado as complexidades epistêmicas do teatro (que têm a ver com a natureza da ficção e "representação" e a "suspensão voluntária da incredulidade"), pode-se dizer que as circunstâncias que provocam a emoção podem ser ruins sem que a emoção em si o seja. Ou, ainda recorrendo a Aristóteles, a liberação da emoção pode ser uma coisa boa, mesmo que a emoção não o seja. Falando mais genericamente, vários fatores levam a conclusões muito diferentes quanto ao valor da emoção: as consequências da emoção podem ser morais ou imorais, a emoção pode ser gratificante ou frustrante, pode ser provocada por circunstâncias desejáveis ou indesejáveis, pode ser socialmente aceita ou desestimulada, culturalmente elogiada ou condenada.

Consideremos de novo uma das emoções mais básicas, a raiva. É sempre listada entre as emoções "negativas". De fato, quase sempre é, juntamente com o ódio, o exemplo paradigmático. Por quê? Porque a raiva é uma emoção notoriamente hostil e perigosa. Gera violência ou, ao menos, desavença e sentimentos ruins. Quando reprimida, é sabidamente ruim para a saúde da pessoa e livremente expressa representa um perigo para o bem-estar físico direto da pessoa, na medida em que inspira tanto brigas quanto assassinato. Vamos, porém, mais devagar aqui. Fiz uma lista de várias "negatividades" sobre a raiva e elas não são idênticas nem correlacionadas de maneira óbvia. A raiva é uma emoção hostil, o que significa dizer que tem uma atitude (ou avaliação) negativa em relação ao seu objeto, a outra pessoa. A raiva também tende a ter consequências negativas, pelo menos quando expressa de modo bruto e na forma, ocasião ou no lugar inadequados. A raiva pode acarretar problemas de saúde, dependendo da duração, intensidade e do estado (reprimida, expressa e expressa *como*?). No entanto, pelo menos às vezes, a raiva é *justificada*. É dirigida a uma falta ou ofensa que requer correção e geralmente é instrumental para fazer essa correção. Um dos aspectos mais poderosos do movimento pela liberação das mulheres, nos anos 1970, foi o reconhecimento de que as mulheres tinham tanto direito quanto razão para ficar com raiva, e aquela raiva (ao contrário da ira infantil que às vezes a acompanhava) era instrumental para que as vozes das mulheres fossem ouvidas e para mudar as leis em seu favor (Tavris, 1982; Spelman, 1984). A raiva justificada — ou indignação moral — é uma emoção negativa? É hostil por uma razão muito boa. O mundo precisa mudar. E a indignação geralmente traz resultados muito bons. Desconheço estudos na área de saúde específicos sobre raiva justificada em oposição a raiva simples, mas, em termos de bem-estar geral — incluindo bem-estar moral —, arriscaria um palpite de que Aristóteles estava certo, de que às vezes ficar com raiva é muito melhor para o bem-estar geral da pessoa do que não ficar, ao menos quando é legítimo ficar com raiva. Então, a raiva é uma emoção negativa? Depende. Quem está com raiva, de quem e por quê?

Uma consequência dessa crítica à polaridade simplista é a de que até o exemplo pelo qual começamos é agora questionável. Amor e ódio são, realmente, opostos? Podemos examinar o quanto têm em comum. Ambos envolvem um status de igualdade, um tipo de intimidade e de reconhecimento da importância mútua. É por esse motivo que se transformam tão facilmente um no outro. Obviamente, diferem na "valência" da atitude em relação ao outro. Mas e se disséssemos, como frequentemente dizem, que o oposto do amor não é ódio, e sim *indiferença*? Há, com certeza, um pouco de verdade nisso. Ou se disséssemos que o oposto de amor é inveja, ou ressentimento, ou desprezo? Também existe alguma verdade nisso. Uma das mais famosas campanhas do movimento "desconstrutivista" pós-moderno é sua rejeição e, muitas vezes, ridicularização do pensamento "oposicionista", pensamento em termos de polaridades: bom-mau, branco-preto, macho-fêmea, em cima-embaixo e só Deus sabe o que mais. Essa rejeição do pensamento que trabalha com oposições remonta pelo menos a Nietzsche (que assim trabalhou muitas vezes), é absolutamente central à filosofia chinesa do yin-yang e a ideia tem um grande mérito no combate à dogmática moralização na política atual e um pouco do pensamento acomodado que persiste nas ciências sociais. Conforme argumentei, pensar e falar em termos de emoções positivas e negativas é um exemplo desse pensamento acomodado em nome de um fácil princípio organizacional. A insistência em pensar a partir de oposições é do mesmo gênero. Nas discussões sobre o amor, por exemplo, há um antigo debate (que remonta a Platão) entre "os opostos se atraem" e "os iguais se aproximam", reduzindo a multiplicidade de características e interações que aproxima duas pessoas a uma dimensão supostamente única de semelhanças ou diferenças. Assim, também nós, ao pensar sobre as emoções em geral, deveríamos estar muito mais atentos e receptivos à riqueza da inteligência emocional.

Uma maneira clara de estabelecer a distinção entre emoções positivas e negativas é focalizando apenas na distinção entre emoções agradáveis e desagradáveis, embora espere que, a esta altura, esteja óbvio que isso eu sequer chega a começar a captar a ampla gama de considerações que geralmente entram nas estimativas da "valência" de uma emoção. Não negaria que existe uma distinção entre prazer e dor, mas isso também é muito mais complexo do que geralmente se faz aparentar que seja. Portanto, permitam-me encerrar este capítulo discutindo o que geralmente se considera — explicitamente os dois teóricos holandeses Spinoza e Frijda — como o centro da dicotomia positivo-negativo: a suposta polaridade entre prazer e dor.

Prazer e dor constituem uma verdadeira polaridade? Em que sentido podem ser comparados ou contrastados? A suposição difundida, tanto na filosofia como na psicologia, é que prazer e dor são traços quantificáveis de uma emoção. Há cerca de 200 anos, os utilitaristas ingleses, e particularmente Jeremy Bentham, tentaram desenvolver um "cálculo hedonístico". A ideia é a de que prazer é positivo e dor é negativa e que ambos se apresentam em graus ou quantidades ("hedons"). Desse modo, prazeres e dores podem ser justapostos e comparados em uma única escala de medida. Engenhosamente, Bentham apresentou uma lista de dimensões de prazer e dor, tais como intensidade, duração, certeza, proximidade, fecundidade e pureza, e o resultado seria um valor único, em uma escala única, em que o prazer cumulativo ocupava a extremidade superior e a dor agregada, a inferior. (A analogia óbvia é um termômetro, com a temperatura mais alta em cima e a mais baixa na base.)

Portanto, segundo os cálculos padrão utilitaristas, a dor de curta duração no dentista poderia ser contrastada com o prazer, mais a longo prazo, de se ter dentes sadios (ou, se preferirem, com a dor de muito mais longo prazo, e muito mais grave, que certamente resultará da negligência no cuidado com os dentes). Presume-se que os interesses do dentista também seriam levados em conta e também o parceiro da pessoa (ou quem quer que fosse o impactado por suas queixas). Uma emoção, como ficar com raiva, pode ser agradável a curto prazo, mas (dadas as consequências da sua manifestação) ser dolorosa a longo prazo. Podemos nos perguntar seriamente se o curto e o longo prazo são psicologicamente comparáveis, e isso, em si, é um ponto acaloradamente debatido na teoria do valor e na teoria da escolha social. Olhemos, porém, para prazeres e dores mais ou menos imediatos, deixando de lado questões de gratificação adiada e outras do gênero. (Goleman [1995] dá muita importância a questões desse tipo na sua descrição de inteligência emocional.) A ideia é a de que emoções positivas maximizam o prazer e as negativas multiplicam o sofrimento.

Podemos comparar prazeres e dores? Considere-se a extremidade "positiva" da suposta escala hedonística. O outrora discípulo de Bentham John Stuart Mill não só falou de "felicidade" como oposta ao mero prazer mas insistiu em que os prazeres eram *qualitativamente* e quantitativamente diferentes, isto é, diferiam em *natureza*, e não apenas em grau. Assim também quanto à escala única, o "cálculo da felicidade". O prazer de fazer filosofia e o de jogar boliche são diferentes *tipos* e não podem ser quantitativamente comparados. Além disso, prazer é a mesma coisa que satisfação? E o *que* nos dá satisfação não determina a qualidade da satisfação? Um menino que sente satisfação em arrancar as asas de insetos dificilmente pode ser elogiado pelo seu prazer, e um jovem Sócrates remoendo sobre o significado da vida não é digno de condenação nem de pena por se afligir tanto. Existe algo delicioso a respeito das emoções que constituem o espírito vingativo, mas isto dificilmente faz delas emoções positivas. Existe uma alegria inegável em *schadenfreude*,[1] mas isso não quer dizer que *schadenfreude* seja uma emoção "positiva", por mais agradável que possa ser. O *que* dá satisfação à pessoa é tão importante quanto o fato de ela sentir satisfação. O prazer não é exatamente um sentimento autossuficiente.

Considere, agora, a extremidade inferior do suposto medidor de felicidade prazer-dor. A dor física é comparável à angústia e ao sofrimento mentais? Uma pessoa pode, sem dúvida, estar disposta a tolerar dor física até o próprio limite, para evitar chegar ao limite do seu sofrimento (digamos, humilhação), mas não é absolutamente evidente que os dois estejam sendo avaliados ou comparados, muito menos quantificados. Posso preferir ir ao dentista para um tratamento de canal a comparecer a uma reunião de departamento, mas não se conclui daí que eu acredite literalmente que um vá ser mais doloroso do que o outro. Estritamente falando, a dor é uma sensação mais ou menos específica, fisicamente localizável. (Isso não significa negar que a localização possa ser precisa ou difusa e pode não haver uma causa física identificável para a dor.) Nesse sentido estrito, nenhuma emoção é dolorosa e, ainda nesse sentido estrito, prazeres e dores não podem ser comparados. Dor física não é, de modo algum, um "prazer negativo" e não há prazeres físicos (nem mesmo o prazer do orgasmo ou êxtase) a serem comparados com dor física. Em primeiro lugar, esses prazeres não são localizáveis. Há também os prazeres de um gosto doce, ou de uma boa melodia, ou de uma carícia suave, mas essas sensações não são comparáveis (em parte por ser tão dependentes do contexto e das circunstâncias) a dores físicas, mesmo que sejam sensações localizáveis.

Sofrimento, ao contrário, não é uma sensação (embora, sem dúvida, possa envolver todo tipo de sensações, particularmente as que são catalogadas como "sentimentos afetivos"). Sofrimento envolve contexto, significado e interpretação. Pode-se (e geralmente acontece) sofrer sem sofrer uma dor real. Portanto, estritamente falando, dor e sofrimento não são da mesma natureza e, por conseguinte, não são itens da mesma escala. No entanto, as questões são ainda mais complicadas. Uma dor física pode ser medida meramente por sua intensidade como sensação ou deve ser medida também com referência ao significado? Uma dor no peito, por exemplo, "dói" muito mais se tomada como um sintoma de um infarto do que se interpretada como uma simples indigestão ou uma costela contundida. Dessa forma, até a dor física não é simplesmente dor "em si". Depende do contexto, do significado, da interpretação. Existe, talvez, um nível de total *agonia* física desprovida de contexto e interpretação, mas esse não é o tipo de dor que possa ser, plausivelmente, atribuída a alguma experiência emocional, não importa quão "dolorosa". Desse modo, faz sentido dizer (como acima) que "sofremos dor" e isso sugere que também a dor está sujeita a interpretação. No entanto, a meu ver, sofrer uma emoção não parece ser literalmente interpretável como dor.

Portanto, podem-se comparar tipos diferentes de sofrimento, e sofrimento com prazer, do modo como a "valência" sugere que deveriam ser? Depende. O sofrimento envolvido em uma doença prolongada pode ser comparado com o sofrimento em um infortúnio prolongado, como, por exemplo, estar desempregado, mas isso é porque as duas situações têm muito em comum. Do mesmo modo, o sofrimento envolvido em uma doença prolongada pode ser facilmente comparado a luto, com o qual também tem bastante coisa em comum. No entanto, não é tão fácil comparar o sofrimento envolvido em uma doença prolongada com o sofrimento envolvido em ciúme, inveja, culpa, vergonha ou mesmo com os sofrimentos de humilhação, frustração ou fracasso. Dessa maneira, podemos dizer que sofrimentos diferentes podem ser comparados, mas apenas na medida em que tenham muitos traços em comum; mas não são apenas os sentimentos que estão sendo comparados. Não existe um tipo único de experiência chamada sofrimento.

É possível comparar, entre si, satisfação e sofrimento, da mesma forma? Muitas vezes parecemos fazer isso, por exemplo, quando estamos comparando duas sensações (um gosto doce e um repugnante), duas experiências suficientemente semelhantes (atravessar a França, de bicicleta, no *Tour de France*, e chegar em primeiro lugar *versus* ser humilhado na corrida beneficente local) ou duas emoções da mesma família (talvez não amor e ódio, mas orgulho e vergonha). No entanto, quanto a alinhar todas as emoções em uma escala, com alegria no topo e humilhação, ou o mais profundo luto, na base, não faz sentido. Se não existe um tipo único de fenômeno chamado sofrimento, certamente não existe, em emoção, uma medida comum a todos os diferentes tipos de sofrimento e às várias alegrias e satisfações da emoção.

Portanto, contra a visão restritiva segundo a qual todas as emoções positivas e negativas se reduzem à polaridade de prazer *versus* dor, quero sugerir que prazer e dor não constituem nenhum tipo de polaridade e não são "opostos", em sentido algum particular. Nem a rica textura da maioria das emoções permite-nos atribuir uma única "valência", com base em prazeres e dores, mesmo que "tudo seja levado em consideração". A raiva pode ser muito prazerosa, especialmente se for justificada. Pode ser também muito dolorosa, se disser respeito a uma ofensa vinda de uma pessoa que se ama. Por um lado, a raiva pode ser muito gratificante, porém ao mesmo tempo muito dolorosa, como acontece quando se está ganhando uma acalorada discussão com um cônjuge ou amigo. O amor está entre as emoções mais agradáveis, mas pode ser também a mais dolorosa. Esse é um dado essencial no estudo das emoções — o fenômeno de "sentimentos mistos" —, mas isso não significa apenas uma emoção casualmente acoplada a outra. Internamente a uma emoção podem existir "valências" diferentes, mesmo em termos da dicotomia, não mais tão simples, entre prazer e dor. Então, com base unicamente em prazer e dor, amor e raiva são "positivos" ou "negativos"? Considero a pergunta simplista e não existe um conjunto simples de respostas. E, além disso, defender o comportamento de alguém simplesmente recorrendo à valência de uma emoção é outro pretexto que se desvia do ponto crítico — o de que a avaliação complexa de uma emoção é responsabilidade nossa. Raramente o valor de uma emoção é tão simples.

Notas

1. Palavra alemã que significa "prazer experimentado diante do sofrimento alheio". (*N. do T.*)

CAPÍTULO XVI Mito sete: emoções são irracionais

Se, como defendo, as emoções são inteligentes, como é então que elas são, tão frequente e apropriadamente, acusadas de ser irracionais? Nossa raiva frequentemente nos coloca em apuros e é contraproducente para conseguir o que desejamos. O ódio entre nações e grupos étnicos resulta em guerras e desastres tão terríveis que representam um tributo sanguinário à irracionalidade da nossa espécie. O amor é tolo com a mesma frequência com que é sábio e às vezes é totalmente desesperado e destrutivo. Realmente existem coisas das quais se ter medo, mas, como já discutimos em um capítulo anterior, há muitos medos que são irracionais, injustificados, exagerados, desnecessários, humilhantes, embaraçosos e, ocasionalmente, autodestrutivos. O famoso conselho de Roosevelt "nada temos a temer a não ser o próprio medo" aponta o dano autoinfligido, resultante de excessiva cautela, que vá contra os nossos interesses maiores. Mesmo o melhor dos amores pode sobreviver à sua conveniência, perdurando até muito depois que a afeição mútua e até o respeito já tenham acabado. Pode ter começado como o melhor de todos, mas, no fim, pode tornar-se o pior tipo de humilhação, com uma devastadora perda de autorrespeito e autoestima. Pode-se perguntar: onde está a inteligência nesse caso?

"Emoções são irracionais" pode significar muitas coisas diferentes. Pode ser um julgamento genérico sobre emoções. Na maioria das vezes, não passa de uma simplificação irrefletida, uma generalização grosseira com base em um número reduzido de exemplos ou de um remanescente não crítico da velha, porém atualmente desacreditada, distinção entre racionalidade e paixões. No entanto, um dos argumentos a favor dessa opinião é bastante sofisticado, ou seja, o argumento estoico de que todas as emoções (paixões) pressupõem uma avaliação ilógica da nossa importância e dos nossos interesses por outras pessoas e coisas. Já argumentamos contra noções tais como "emoções são irracionais" na medida em que isso signifique que as emoções são *não* racionais, isto é, sentimentos sem sentido ou meras perturbações fisiológicas. Tais reações podem ser positivas ou negativas, agradáveis ou dolorosas, mas, de qualquer modo, não estão sujeitas aos tipos de avaliação que aplicamos rotineiramente às nossas emoções. A esta altura, já deve estar cansativamente óbvio que rejeito inteiramente qualquer uma dessas concepções de emoção. As emoções são estruturadas por julgamentos que podem ser sábios ou tolos, justificados ou injustificados, apropriados ou inapropriados, certos ou errados e, portanto, são, pelo menos, aspirantes à racionalidade. Concordo com os estoicos que as emoções (pelo menos em parte) são julgamentos, mas discordo da sua visão de que tais julgamentos são sempre irracionais e ilógicos.

Dizer que uma emoção é irracional é dizer que não é racional no sentido de que ela, de algum modo, se enganou seriamente no propósito. Dessa perspectiva, é claro que algumas emoções são irracionais e outras, racionais. As últimas acertam em cheio o alvo. Segundo a recomendação de Aristóteles, a raiva justificada é a dirigida à pessoa certa, pela razão certa, no tempo certo e na proporção certa. O "verdadeiro" amor é aquele que encontrou o ser amado ideal (aproximadamente), veio a apreciar o papel precioso daquela pessoa na sua vida e reuniu todos os esforços para alimentar e manter tanto o amor quanto a relação. Se "emoções são irracionais" significa que apenas *algumas* emoções são irracionais, ou mesmo que emoções *tendem* a ser irracionais, então não há necessidade de se criar caso. Resta apenas debater o quão frequente e seriamente emoções (e *quais* emoções) erram ou, ao contrário, acertam o alvo.

O que é, porém, o "alvo" de uma emoção? Sem dúvida, depende da emoção. Em geral, porém, pode-se dizer que o alvo de uma emoção é atingir o objeto *certo*. Significa, em primeiro lugar, ficar com raiva da pessoa certa. Se fico com raiva de alguma pessoa e, portanto, julgo que o que ela me fez é ofensivo, é melhor que *seja* ofensivo e não apenas pareça ofensivo para mim. Ainda mais básico, é melhor que ela tenha feito aquilo de que a acuso, do contrário meu julgamento é factualmente equivocado e minha emoção injustificada. Aqui precisamos fazer uma ressalva importante que já antecipamos. Pode ser que a pessoa não tenha feito o que pensei que ela fizera, mas eu tinha todos os motivos para pensar que ela fizera e, desse modo, embora meu julgamento esteja errado, ele não é ilógico e, portanto, minha emoção também não é irracional. Em outras palavras, aqui entra em jogo a importante noção de *subjetividade* e serve à mesma função que noções como "justificabilidade" e "conclusão razoável" servem na epistemologia e na filosofia da ciência. Dizer que uma emoção é racional não significa necessariamente insistir em que os julgamentos que a compõem sejam *verdadeiros*. Basta que sejam justificados pela evidência. Se estou com raiva do meu amigo por ele ter feito um gesto rude, tenho certeza de que o vi fazer, mas, se logo fica evidente que ele só estava espantando uma mosca do nariz ou demonstrando um gesto que aprendera recentemente em um filme italiano, seria claramente irracional de minha parte continuar com raiva dele. (Ou pelo menos seria irracional de minha parte continuar sentindo raiva dele *por causa daquilo*. Bem poderia ter outras razões para ter raiva dele.)

No entanto, em um cenário mais amplo não é só que o alvo das nossas emoções seja acertar. As emoções desempenham, nas nossas vidas, um papel bem maior do que apenas esse. O objetivo de nossas emoções e a razão primordial pela qual temos emoções é enriquecer nossas vidas, torná-las melhores, ajudar-nos a obter o que desejamos. Em termos de evolução, existe o padrão mínimo de adaptabilidade e sobrevivência. Entretanto, queremos mais da vida além de sobrevivência e transmissão dos nossos genes. É por isso que, em um dos meus trabalhos anteriores, insisti que todas as emoções têm como objetivo a manutenção ou maximização da *autoestima*. Hoje considero isso simples demais, mas creio que aponta para um dos temas importantes e complexos deste livro. Nós não simplesmente temos emoções. Emoções são estratégias. São instrumentais para nos proporcionar o que desejamos (e nos ajudar a evitar o que não desejamos) e, às vezes, podem ser (ou parecer ser) o que, no fim das contas, desejamos: amor verdadeiro, por exemplo, e especialmente aquela grandiosa emoção que tudo abrange (na medida em que seja uma emoção): *felicidade*. No entanto, isso nos apresenta uma perspectiva maior da racionalidade e da racionalidade das emoções. Racionalidade é maximizar (ou, simultaneamente, otimizar) nosso bem-estar. Nossas emoções são racionais na medida em que promovem nosso bem-estar, tanto coletivo quanto pessoal, e irracionais na medida em que o diminuem ou aviltam. Novamente, precisamos qualificar tudo isso com o fator da subjetividade das emoções. Emoções nobres, inteligentes e virtuosas podem, sem dúvida, terminar em desastre, mas podem ser, entretanto, totalmente racionais na medida em que têm a ver com vivermos nossas vidas como realmente acreditamos que devem ser vividas. Ao contrário, emoções não inteligentes e cruéis podem acabar tendo consequências admiráveis, mas, apesar disso, continuam sendo não inteligentes, cruéis e irracionais.

Tendo dito isso, podemos agora prosseguir para compreender a racionalidade e irracionalidade relativas de várias emoções e tipos de emoção. Raramente um tipo de emoção (amor, raiva, culpa, ciúme, tristeza, alegria) é inteiramente racional ou irracional. Depende da ocasião específica e das circunstâncias. Muito menos ainda faz sentido dizer "emoções são irracionais" como se todas as emoções fizessem parte da mesma desafortunada categoria. Até os estoicos, apesar de si mesmos, amavam suas virtudes e, sem dúvida, muito mais coisas além delas. Há, entretanto, uns poucos aspirantes a tipos de emoção que podem ser considerados racionais ou irracionais em si. Um deles é a inveja. Sem dúvida, existem muitos motivos pelos quais alguém pode querer algo que outra pessoa possui. Talvez precise daquilo desesperadamente, enquanto a outra pessoa não. Seria, porém, estranho dizer que um homem faminto inveja a comida do prato de um burguês que está jantando. Ele pode ressentir-se com a extravagância do homem mais rico ou com a distribuição de renda no mundo moderno. No entanto, em casos de extrema necessidade, inveja não é provavelmente a emoção a ser vivida. Inveja é uma emoção que diz respeito não a extremas necessidades, mas a confortos e luxos (tendo em vista que muitos de nós consideram certos luxos como um direito). O custo psicológico pode ser, então, muito maior do que o valor do que é invejado.

Fazer compras (além dos itens básicos dos nossos mantimentos semanais e coisas do gênero) é uma típica gratificação moderna. ("Quando a vida fica dura, os fortes vão às compras.") Fazer compras tornou-se uma atividade de lazer e, portanto, de luxo. No entanto, quando o teórico conservador alemão Helmut Schoeck sugeriu que a inveja é uma excelente emoção, porque faz girar as rodas do consumismo e do capitalismo (com o que muitos anunciantes, com certeza, concordam), ignorou os argumentos contra a inveja. Sua inclusão na lista dos "sete pecados capitais" não é um erro. Inveja não é só querer o que o outro tem. É querer *imerecidamente* e em geral *sem direito a recurso* o que o outro tem. Isso significa que é quase sempre uma estratégia que torna a pessoa angustiada ou, então, amarga, frustrada e infeliz. Em resumo, é uma estratégia ruim. Pelo menos no que diz respeito aos nossos bens materiais, é quase sempre melhor ficar satisfeito com o que se tem, embora isso possa incomodar os defensores do consumismo.

Certamente faz muito sentido *trabalhar por* aquilo que se deseja ou a que se aspira, mas isso não é inveja. (É aí que Shoeck se equivoca.) Faz até mesmo sentido *esperar* (ou rezar) *por* algo que se quer ou a que se aspira, mas isso também não é inveja. Inveja é um desejo competitivo desprovido de mérito e sem direito a recurso. É por isso que o "olho mau" da inveja (geralmente colorido de um verde doentio) é, ao mesmo tempo, tão maldoso e patético. É desejo, geralmente em vão, sem possibilidade de ser satisfeito. Desse modo, a inveja é uma das emoções impotentes que, facilmente, fantasia o vodu e as forças ocultas que possam conseguir o que nem o trabalho árduo, nem o valor pessoal, nem mesmo orações conseguirão. Consequentemente, a inveja é uma estratégia ruim para chegar à felicidade e, portanto, merece ser chamada de irracional, em si. Desnecessário dizer que isso não significa negar que, a despeito de nós mesmos, somos muitas vezes irracionais nesse aspecto. Conforme Schoeck corretamente argumentou, somos seres invejosos, mas não creio que isso tenha consequências sociais benignas.

Diz-se às vezes — por exemplo, os estoicos e alguns taoístas na China — que luto é outro exemplo de emoção que é sempre irracional. A perda de um ser amado faz parte da ordem natural, diz Chuang-Tzu, e, portanto, para ele é tão irracional ficar de luto com a morte da sua mulher quanto seria lamentar o tempo antes de ela ter nascido. Sêneca, o estoico romano, apresenta uma meia dúzia de modos de racionalização para livrar-se do luto, desde o empedernido "na verdade, eu não era tão chegado a ele" ao quase espiritual "existe uma razão e uma ordem em tudo isso". Todo esse contexto presume que o que consideramos como uma dolorosa perda não é, de fato, perda, mas, se o que sugeri no capítulo 6 faz algum sentido, pensar em uma vida sem o potencial para luto significa pensar em uma vida sem amor, e, se o amor pode de alguma forma ser racional (o que, sem dúvida, ele é), então luto diante da perda do amor também deve ser racional. (Certamente não significa dizer que todo luto é racional. A perda deve ser tanto pessoal quanto importante e o luto determinado pelas circunstâncias.)

Para ser mais positivo, do lado das virtudes em vez dos vícios ("pecados"), um tipo de emoção que é um forte aspirante à racionalidade, em si, é *alegria*. Especialmente nos Estados Unidos, a animação é altamente recompensada e normalmente, então, espera-se que a pessoa seja alegre, mesmo sem uma razão específica para tal. (Por outro lado, em relação ao desespero, é melhor que a pessoa encontre um motivo para tal.) Alguns românticos da escola do "é melhor ter amado..." podem dizer o mesmo a respeito do amor, mas já joguei uma ducha de água fria nessa tese otimista e voltarei a fazê-lo brevemente. Diferentemente do amor, a alegria parece razoavelmente descomplicada e geralmente não apresenta consequências problemáticas. Existe, entretanto, uma considerável controvérsia quanto ao que é alegria. Por um lado, existe o fato bem conhecido e rotineiro de que alguma coisa como alegria, chamemos talvez de exultação ou êxtase, pode ser induzida por uma variedade de fármacos tanto lícitos como ilícitos, com ou sem receita, e passada de amigo para amigo. Essa alegria (êxtase) pode ter absolutamente nada a ver com as circunstâncias, embora claramente tais experiências possam ser intensificadas na situação certa, digamos, em uma festa ou contexto de qualquer outro modo prazeroso. No entanto, a alegria assim produzida mal chega a ser uma emoção; é mais um sentimento tonto e a questão da racionalidade dificilmente chega a ser levantada.

Por outro lado, existe alegria que claramente é *a respeito do* mundo ou, pelo menos, a respeito da situação imediata da pessoa e, então, a questão da racionalidade realmente aparece, mesmo que seja, às vezes, indelicada. A alegria é ou não justificada? Ganhar um concurso ou corrida geralmente é um bom motivo para alegria. Perder o emprego geralmente não é (embora perder o emprego que se detesta possa ter, como inesperada consequência, um grande alívio ou mesmo alegria em si). E, com muita frequência, a experiência mais ou menos pura de exultação ou êxtase tende a se projetar sobre as circunstâncias à volta, até sobre o mundo inteiro, de modo que "experiências emocionais puras" podem ser difíceis de encontrar. No entanto, a questão que estamos levantando aqui é sobre se a alegria, na medida em que é (mais ou menos) um julgamento a respeito do mundo, é sempre racional. Não é uma questão simples. Em parte porque a alegria tende (sua "tendência à ação") a se afastar — ou melhor, a se "elevar" — do mundo. Desse modo, pode-se sentir alegria em circunstâncias que não parecem justificá-la. E, sem dúvida, pode-se deixar de sentir alegria mesmo em circunstâncias que reclamariam sua presença. (*Isto* é irracional?)

Demonstrar alegria em circunstâncias impróprias, digamos, um funeral, irá sem dúvida gerar considerável ressentimento e reprovação social. Isso torna essa alegria irracional, quaisquer que sejam as razões que possa haver em contrário. (Ir ao funeral de um amigo logo depois de saber que se ganhou um prêmio importante coloca a pessoa, no mínimo, em uma situação emocionalmente complicada.) Do mesmo modo, certas manifestações de alegria — por exemplo, quebrar animadamente a melhor louça do vizinho — não só são irracionais como custam caro. Em tais casos, podem argumentar que o problema está na expressão pública da emoção, não na emoção em si. Na maior parte do tempo, porém, sentir-se alegre é algo bom, e uma expressão exuberante, embora controlada, é apropriada. Assim, em uma sociedade que insiste em "olhar o lado bom das coisas", é pelo menos plausível que a alegria, no mundo, deva ser considerada uma maneira racional de sentir, ao menos durante grande parte do tempo.

Há, entretanto, pessoas que sentem alegria nas circunstâncias menos alegres. Exemplos extremos foram os raros prisioneiros dos campos de concentração alemães que conseguiram manter-se alegres apesar da degradação e constante ameaça de morte. Melhor para eles, diria, mas sua alegria pode certamente parecer inadequada para muitas pessoas. No entanto, a alegria inapropriada pode funcionar como um poderoso animador do estado de espírito para outras pessoas em condições igualmente desgraçadas, como, por exemplo, no filme de Roberto Benigni *A vida é bela*, e, se alguém se ofender ou se ressentir, pode-se argumentar que os efeitos gerais desse afeto social (uma espécie de "contágio emocional") são louváveis e, portanto, racionais, quer seja justificado ou não.

Nem todas as emoções racionais requerem um engajamento ativo com as circunstâncias imediatas das pessoas. Muitas vezes uma emoção racional pode ser de indiferença ou desatenção. O fantástico sobre a alegria — e terrível quando diz respeito ao "oposto", depressão — é que ela pode manter-se desligada de todo o resto, mesmo quando se alegra muito com os detalhes. Na depressão, ao contrário, a pessoa sente-se totalmente desvinculada e abandonada, em vez de desligada, e encontra, nos detalhes, razões consideráveis para o desespero. Aqui, porém, o exemplo da depressão é instrutivo. Podem argumentar que, assim como a alegria, é mais um estado de espírito do que uma emoção. É verdade, e até então venho considerando os dois juntos. Em um capítulo anterior, sugeri que a diferença entre os dois é um tema para discussão adicional, mas, de forma breve, assinalei que os objetos das emoções tendem a ser específicos e determinados, enquanto os objetos dos estados de espírito tendem a ser gerais, amorfos e indeterminados. Um estado de espírito transforma-se em emoção à medida que seu objeto se torna mais focalizado — por exemplo, quando um homem temperamentalmente zangado fixa sua ira em uma pobre vítima. Uma emoção transforma-se em um estado de espírito à medida que seu objeto se torna mais generalizado, como em um revés específico, digamos, ser demitido do emprego, se generaliza de "estar deprimido por ter sido demitido" para "estar deprimido com a minha vida toda e tudo que a envolve". No entanto, a depressão (e, mais uma vez, eu estou falando aqui da depressão corriqueira, e não da depressão clínica, que acarreta todo tipo de questões prioritariamente de âmbito médico) não é necessariamente irracional. Muito pelo contrário. O que faz com que os estados de espírito sejam racionais ou irracionais, de forma muito semelhante às emoções, é se eles se enquadram nas realidades do mundo, se funcionam como uma "sintonização" adequada com o mundo, uma vez que, como estados de espírito, não têm objeto próprio nem, portanto, alvos. No entanto, pode-se sem dúvida perceber a irracionalidade da depressão em meio a uma vida admirável e invejável.

De fato, pode ser exatamente essa irracionalidade a causa do desespero reflexivo.

A depressão pode ser uma estratégia ruim para o bem-estar na vida, mas considerem o que se segue. Um importante pesquisador chamado Martin Seligman fez um vasto levantamento sobre o que chama de "psicologia positiva", isto é, a natureza e os efeitos das emoções "positivas". Apesar das minhas reservas em relação a tal terminologia, e que expressei no capítulo anterior, sabemos perfeitamente que tipos de emoção ele tem em mente. Ele resume várias delas (esperança, alegria e outras) no conhecido termo "otimismo" e pergunta: os otimistas percebem o mundo tão precisamente quanto os não otimistas (pessimistas ou, como preferem referir-se a si próprios, "realistas")? A resposta é "não". As pessoas que têm uma visão sombria da vida e suas possibilidades tendem a ver as coisas mais "realisticamente". Tendem a reconhecer perigos, tragédias e escândalos reais e não racionalizá-los. Assim também os que dentre nós não têm crenças religiosas bastante firmes em relação à presença de um protetor todo-poderoso, interessado e vigilante e a esperança de uma maravilhosa vida após a morte têm naturalmente dificuldade de compartilhar da alegria confiante daqueles que acreditam nisso. Acrescentaria, porém, que nós que não cremos temos uma visão mais precisa, porque menos esperançosa, do terrível estado do mundo atualmente. Qual visão e atitude emocional é mais racional? Não ousaria dizer. Isso, no entanto, expõe totalmente a questão da racionalidade das emoções.

A maior parte do trabalho a ser feito para determinar a racionalidade das emoções não tem a ver com tipos de emoção, mas com instâncias particulares de emoção. A raiva, especialmente, é algo às vezes racional, às vezes não. Quando é racional? Quando acerta o alvo, isto é, quando reconhece acertadamente que uma ofensa foi cometida, é proporcional à gravidade da ofensa e é apropriada ao ofensor ou ao relacionamento. É irracional ficar com raiva de algo que meramente se imagina que pode acontecer ou que pode ser ofensivo. Entretanto, certas emoções são ou não racionais mesmo quando em relação a meras possibilidades. Medo é o exemplo óbvio. Sua racionalidade depende da probabilidade e da gravidade da ameaça ou do perigo potenciais. O mesmo se dá com a esperança cuja racionalidade depende da probabilidade e do valor do benefício potencial.

É irracional ficar com muita raiva a respeito de algo trivial, ou apenas moderadamente com raiva a respeito de alguma coisa muito séria. É irracional ficar com raiva de um bebê ou de um paciente doente, incapaz e idoso. E, por uma razão muito diferente, pode ser irracional ficar com raiva (ou, pelo menos, expressar raiva) do supervisor, do juiz que está prestes a julgar seu caso, do professor que está pronto a lhe dar uma nota ou do funcionário da alfândega que está examinando sua bagagem. Desse modo, às vezes a raiva pode ser racional, mas sua expressão, não. A racionalidade da raiva é, em grande medida, uma questão de detalhes, das particularidades da situação. Até aqueles que consideram que a raiva *nunca* é a melhor estratégia, porque amor e perdão sempre contribuem mais para a harmonia e a felicidade, teriam de concordar que há graus de racionalidade. Em algumas situações o julgamento deles ainda seria "sim, você tem toda a razão de estar com raiva, *mas*..." Entretanto, dada a natureza do nosso mundo social e político atual, até me absteria de tais restrições. Talvez seja a minha educação à luz do Antigo Testamento, mas creio que a indignação justificada e sua expressão direta são, com bastante frequência, obrigatórias na vida social contemporânea. E isso significa dizer, repetindo Aristóteles, que a raiva justificada não só é racional, mas que *não* ficar com raiva quando se está correto é irracional, porque uma tal omissão, no fim das contas, contribui para a injustiça no mundo.

Vamos, porém, encerrar essa discussão voltando à mais falada das emoções, o amor. Ainda desta vez, me concentrarei no amor romântico. Mencionei que alguns românticos diriam que o amor é sempre bom e, portanto, sempre racional, mas aí também existem outros românticos que insistiriam em que o amor é irracional e que é nisso, sem dúvida, que consiste seu encanto. Reconhecemos, porém, que as duas opiniões são bem excêntricas; primeiro porque há, certamente, instâncias de amor que são horrendas e que não têm motivo ou justificativa, como o amor erótico voltado para uma criança, especialmente o próprio filho; e, segundo, porque muitos casos de amor, para usar a mesma expressão de antes, acertam o alvo. O ser amado é apropriado, o relacionamento é harmonioso e as duas pessoas estão felizes e florescendo por causa dele. Então, por que tantas pessoas dizem que o amor é irracional? Primeiramente porque o amor parece, tantas vezes, acontecer por acaso. Duas pessoas se encontram em uma recepção à qual nenhuma das duas planejava comparecer ou acontece de se esbarrarem em um trem, iniciarem uma conversa e começar um amor para a vida inteira. Entretanto, casualidade não é irracionalidade. Se a opção for um casamento arranjado — com base na melhor ciência da época ou na habilidade para formar casais de que é dotada a pessoa mais sábia da vila —, então o amor romântico bem pode parecer irracional. (Tenho ouvido isso assim descrito por jovens moças que residem no Irã, onde casamentos arranjados ainda são norma.) Entretanto, mais precisamente, não é o *amor* que acontece por acaso, mas sim o encontro. O amor é algo mutuamente cultivado ao longo do tempo e nada há de irracional nisso. Quando duas pessoas "foram feitas uma para a outra", isso provavelmente credita-se tanto à capacidade para trabalhar juntas quanto à compatibilidade mútua inicial.

Uma segunda razão pela qual o amor é, frequentemente, considerado irracional é por causa da nossa velha amiga, a *subjetividade*. "Nos olhos de quem olha", isto é, para o apaixonado, o ser amado — que, afinal, é apenas um dentre milhões — pode muito bem parecer a pessoa mais bonita do mundo. Isso é irracionalidade? De um ponto de vista neutro, "objetivo", talvez. Mas por que devemos dar prioridade a esse ponto de vista? Na ciência, por definição, certamente damos. Também na jurisprudência, sem dúvida, por uma questão de justiça. No mundo das profissões e atividades qualificadas, a neutralidade deve ser preferida à tendenciosidade. O fato de achar que a pessoa é um excelente contador, urologista ou mecânico de aviação porque a amo muito não é recomendação. No entanto, minha crença de que a pessoa é bela é uma verdade subjetiva de natureza bem diversa. Podem muito bem dizer que esse é um daqueles domínios que Kierkegaard chamava "incerteza objetiva" — em que um ponto de vista objetivo, se é que existe, é de interesse meramente secundário. Meu amor não é irracional porque vejo beleza e encanto na pessoa, enquanto estranhos, na rua, podem não ver. Pelo contrário, o fato de *conferir* à pessoa encantos e virtudes pessoais parece, no caso do amor, ser parte essencial da sua racionalidade.

Mas e quanto ao amor insensato? Sem dúvida o amor erra de todas as maneiras possíveis. As pessoas, com frequência, escolhem parceiros impossíveis, e elas sabem disso antes mesmo que o relacionamento comece. Mulheres que têm o hábito de se relacionar com homens casados podem apostar na pequena probabilidade de um relacionamento permanente, embora, novamente, possam voltar a sair com homens casados, só para garantir que não vão acabar em um relacionamento permanente. Homens que são atraídos por mulheres neuróticas, e até sádicas, estão, certamente, fazendo escolhas irracionais, isto é, se considerarmos que aquilo que realmente desejam é uma parceira estável e bonita que vá retribuir seu amor e respeito. (Entretanto, novamente, fico espantado com a enorme variedade de formas com que os casais resolvem tais questões e as várias maneiras com que se satisfazem mutuamente.) Pode-se dizer que o amor é irracional quando vai atrás do que sabe que não pode ter. No entanto, isso subestima tanto a importância quanto as recompensas do amor não correspondido. Certamente enlouquecer na busca sem esperança do impossível é um paradigma de irracionalidade. No entanto, a adoração terrena daquilo que se percebe como a beleza ideal pode ser edificante e inspirador. (Dante supostamente viu sua amada Beatriz uma única vez, inspirando toda uma vida de genialidade e criatividade.)

O amor é racional quando se dirige à pessoa certa, na hora certa, no tipo certo de relacionamento, levado a cabo de modo certo. (O que significa "certo" em cada um desses casos depende, sem dúvida, de preferências pessoais e negociação.) No entanto, o amor pode também se tornar irracional mesmo quando se está com a pessoa certa, no tipo certo de relacionamento que é conduzido de modo elegante e harmonioso. Há o caso, por exemplo, de amar demais, quando a identidade da pessoa está tão envolvida com o outro que torna impossíveis uma ação e um julgamento independentes, ou quando o ciúme envenena a relação e sufoca o próprio ser que tanto se ama. Há também o caso de se amar alguém por tempo demasiado. Pode ter sido certo em uma época, mas não ser mais. Os amigos da pessoa irão sem dúvida dizer "deixa" e "segue em frente". E têm razão, mas todos sabemos como pode ser tremendamente difícil fazer isso. De qualquer modo, leva tempo. Entretanto, uma das virtudes do amor é sua tenacidade. Antes que tiremos a conclusão injustificada de que o amor é irracional, simplesmente porque não conseguimos parar de amar quando já não é do nosso melhor interesse, pensem, só por um instante, o que seria o amor se não fosse tão persistente, tão entrelaçado com nossa própria autoidentidade e, como resultado, tão difícil de "superar". Seria inconstante, leviano, indigno de confiança e insubstancial — dificilmente amor — e muito dificilmente um aspirante à racionalidade.

CAPÍTULO XVII

Mito oito: as emoções nos acontecem (são "paixões")

Às vezes, um dos "dados" fenomenológicos da nossa experiência com emoções parece ser que elas nos acontecem, e eventualmente é assim. Até no modo como Aristóteles classificou esse intrigante conjunto de fenômenos — *pathé* ou paixões — é clara a ideia de que são coisas que *sofremos* na vida. Assim, falamos na paixão de Cristo, em referência ao sofrimento, e frequentemente, ao falar sobre paixões, empregamos variantes do que chamei de modelo hidráulico: imagens de explosão, erupção, ser atingido, ser invadido, ser derrubado e "cair". Falamos em ser "paralisados" pelo medo, "mortos" de amor, "atacados" pelo ciúme, "tomados" pela tristeza e "ficar furiosos por causa" da raiva. Entretanto, na medida em que abandonamos a metáfora hidráulica e suas variantes em favor de um modelo de emoções mais racional e rico (do ponto de vista de cognição e avaliação), também nos percebemos menos encantados com essa concepção de "passividade" das emoções.

No entanto, podemos querer nos agarrar a uma concepção de "paixão" para contemplar, exatamente, as instâncias de emoção que realmente fogem e estão fora do nosso controle, casos de obsessão, compulsão e neurose (sem falar na psicose), mas com a clara noção de que essas não são as instâncias comuns, mas apenas casos extremamente anormais de emoções. Na maior parte do tempo, a maioria das nossas emoções não está inteiramente fora do nosso controle. Elas não nos acontecem; somos responsáveis por elas. Nós as praticamos, cultivamos e, muitas vezes, as *escolhemos*, mesmo que inconscientemente. Dessa forma, descrevi as emoções como estratégias, estratégias para viver bem, mesmo que muitas emoções não sejam míopes e, portanto, más estratégias. No entanto, dizer que emoções são estratégias, conforme sugerido por Jean-Paul Sartre, há mais de 75 anos, significa dizer algo que é muito mais conflitante com a atual e tradicional visão das emoções. Significa dizer que as emoções são, em certa medida, nossa "obra", e não algo que, simplesmente, nos acontece.

Em outras palavras, que controle temos sobre nossas emoções? Faz algum sentido dizer que até as escolhemos? Psicólogos falam sobre "regulação de emoção", deixando em aberto até que ponto e de que formas as linguagens de controle ou de escolha podem ser pertinentes. Há bastante tempo, filósofos — em parte devido à sua exaltação da razão — adotaram a opinião de que podemos controlar (mas não escolher) nossas emoções, apenas coagindo-as ou controlando sua expressão. Porém a questão de controle e coação não seria errada? Ou muito limitada? Controlar uma emoção é como controlar um animal dentro de nós? (Horácio: "A raiva é como montar um cavalo selvagem.") Ou como controlar a pressão arterial ou o nível de colesterol, algo que (à exceção de alguns iogues) só podemos fazer indiretamente? Ou é, ao contrário, como um chefe que controla seus empregados por meio de ameaças e incentivos, agindo como a voz da razão? (O modelo de Platão em *A República*.) Ou controlar uma emoção é como controlar os próprios pensamentos, a própria fala, os próprios argumentos, dando-lhes forma, escolhendo o próprio modo, assim como o momento de expressá-los? (Considerem a diferença entre "deixar escapar" um comentário e dar uma resposta pensada.) Ou é como coordenar as ações por meio da prática, como andar de bicicleta, que pode ser "automático" (isto é, totalmente sem pensar e sem ter consciência) e que, no entanto, é voluntário, bastante sujeito ao controle da pessoa e uma permanente questão de escolha?

Agora, certamente dizer que escolhemos nossas emoções não significa que nossas emoções sejam puras instâncias de "vontade". Nós não simplesmente as "fazemos". Muitas vezes, nossas emoções nos são impostas pelas circunstâncias e a natureza das emoções, em geral, é tal que não temos escolha totalmente livre e não coagida sobre quais emoções vamos ter ou se vamos sentir — ou nos permitir sentir — qualquer emoção que seja. Com a possível exceção da alegria e da depressão — e de outros estados de espírito que, em sua maior parte, flutuam livres das circunstâncias específicas de nossas vidas —, somos "prisioneiros" das nossas circunstâncias. Não escolhi estar neste bar ao mesmo tempo em que este ofensivo brutamontes que está debochando das minhas roupas, da minha estatura, do meu bigode, do meu sotaque e do meu comportamento. Porém agora ele me ofendeu profundamente e tenho de decidir o que fazer a respeito. Não escolhi estar nesta situação com este ofensivo brutamontes, mas bem poderia ter escolhido. De fato, posso resolver voltar na noite seguinte, à mesma hora, para repetir o encontro e mostrar ou dizer a ele umas tantas coisas. Portanto, nesse caso, não sou inteiramente vítima. Mesmo que não soubesse daquele brutamontes em particular, eu conhecia, realmente, a reputação do bar, as preferências do amigo que me levou e os perigos que estão à espreita em bares, de um modo geral. Estou aqui repetindo um ponto muitas vezes defendido por Aristóteles, o de que, mesmo quando parece que não temos escolha ou responsabilidade na questão, podemos muito bem ser responsáveis por nos termos colocado naquela situação ou, ainda mais importante, por cultivarmos o caráter que iria colocar-se em tal situação e, portanto, sermos provocados ou tentados a agir daquela forma.

Aqui, porém, estamos ele e eu e aqui temos esta situação. Sinto-me ficando tenso (os "primeiros movimentos" dos estoicos), mas, e então, simplesmente fico com raiva? Tenho várias escolhas, embora nenhuma muito agradável. Posso ir embora e aguentar o abuso e o ridículo que venham em seguida. Posso responder na mesma moeda, uma escolha insensata, dado seu tamanho e sua evidente disposição. Posso fingir ignorá-lo. Posso tentar ignorá-lo, por exemplo, iniciando com meu amigo uma animada discussão sobre política universitária. Posso ficar com raiva do meu amigo por me ter levado a um lugar daqueles. Enquanto isso, em todas essas respostas, sinto em mim uma raiva crescente (observem a metáfora hidráulica). Fico mais tenso e irritado (a fisiologia de James). Vejo-me pensando em todos os tipos de insulto e respostas defensivas para lançar sobre o brutamontes — ou, mais provavelmente, para compartilhar com meu amigo, depois que tivermos saído do bar em segurança (aqui os componentes de julgamento da minha raiva estão plenamente articulados). No entanto, minhas escolhas são verdadeiras, com consequências reais, algumas das quais aumentam a raiva (sobretudo por agravar a situação que inicialmente a causou), outras tendem a deslocar a raiva (talvez na minha direção, talvez na direção do meu amigo), enquanto outras tendem a diminuí-la.

Desviar a atenção é muitas vezes um bom modo de enfraquecer uma emoção, especialmente (embora não nesse caso) se a situação ofensiva não continuar. Uma maneira eficaz de lidar com a raiva é seguir o conselho de nossas avós e "contar, devagar, até dez" antes de fazer qualquer coisa. Durante esse tempo, a situação pode ficar mais clara. O cara é um brutamontes que nunca mais vou ver. A noite ainda é uma criança e o dia foi bom. Por que deixar que ele o arruíne? Deve ser óbvio que não se trata simplesmente de uma decisão de ficar ou não com raiva, mas é igualmente óbvio que não sou, simplesmente, vítima da raiva. Mais uma vez, quero lembrar-nos da distinção entre a emoção e o evento ou a situação que a causa. Mesmo que, com razão, possa me considerar vítima do brutamontes ou da situação, sou, entretanto, uma espécie de coautor da minha raiva. No entanto, como qualquer coautor exigente e editor ditatorial, não posso escrever qualquer coisa que queira. Tenho de começar com o que existe (ou, pelo menos, o que penso que existe).

Um problema, aqui, é que muito da literatura sobre emoções, assim como nossa conversa corriqueira sobre emoções, focaliza episódios únicos e geralmente explosões de curta duração. Nesses casos, a ideia de que somos o autor ou coautor das nossas emoções, de fato, parece implausível. No entanto, ampliando nossas observações, veremos realmente até que ponto as pessoas cultivam suas emoções e respostas emocionais. Por exemplo, descobrem que a raiva é um modo eficaz de intimidar pessoas e permitem-se, então, ficar com raiva à menor provocação. Digo "permitem-se", mas isso não implica que haja qualquer decisão consciente na ocasião da explosão. É, mais propriamente, um padrão de comportamento cultivado ao longo do tempo. Assim também algumas pessoas cultivam tristeza, talvez porque, desse modo, recebam simpatia ou porque "sentir pena de si mesmo" lhes permite retrair-se e ser indiferente ou insociável. Outras se permitem apaixonar-se com frequência, talvez simplesmente porque consideram estimulante e divertido. Resistimos a chamar isso de amor, procurando, ao contrário, sinais de insegurança, manipulação, total irresponsabilidade ou profunda neurose. Certamente também podemos ser moralmente críticos, na medida em que tal pessoa tende a ignorar os sentimentos das vítimas transitórias. Na realidade diria que deixar de levar em conta os sentimentos (e, especialmente, os sentimentos "feridos") de um suposto amado é prova definitiva de que a emoção em questão — seja qual for — não é amor. O que não significa negar que ela, qualquer que seja, também consiste, em parte, em escolhas.

No entanto, a maioria das emoções significativas não é episódio único, muito menos "explosões" de afeto. São processos, ao longo do tempo. É assim que podemos ver bem claramente nossa participação ao ficar com raiva, por exemplo, quando intencionalmente nos lembramos, repetidas vezes, de um antigo insulto, floreando e elaborando a ofensa, quem sabe generalizando o pensamento de modo a incluir ofensas semelhantes, imaginando formas de ajustar as contas até que, literalmente, nos colocamos em um estado de fúria. Para todos nós que estudamos emoções — e, a esta altura, todos vocês — a esse zangado discurso pode muito bem juntar-se um interlocutor — uma daquelas vozinhas da prudência, na nossa cabeça, que se parece com a voz dos nossos pais, nosso rabino, nosso padre ou pastor, o "Superego" nos importunando: "Você quer mesmo fazer isto?" ou "Não seria melhor para você deixar isto para lá?". Entretanto, nesses casos, para mim, parece haver pouca dúvida de que a raiva não nos acontece simplesmente e que não é apenas ditada pelas circunstâncias. Ao menos parcialmente, nossa raiva é nossa responsabilidade e, portanto, devemos *assumir* responsabilidade por ela.

É assim também com o amor. Admito que pode acontecer de sermos "enfeitiçados". Na realidade, ocasionalmente, ainda acontece comigo apesar do meu casamento feliz e fiel. Isso, porém, dificilmente é amor, a despeito do que alguns homens rudes possam dizer nos momentos de arrebatamento, entusiasmo sexual ou assédio. A verdade é que passa, em geral rapidamente, e resume-se a uma experiência não muito mais significativa do que a de sentir o cheiro de um prato delicioso que passa pela minha mesa em um bom restaurante. Algumas vezes duas pessoas se encontram e há uma "química" entre elas. Há uma troca de olhares, atração e apreciação mútuas. Porém também não é amor. Limita-se a apreciação e atração mútuas. Admito de bom grado a ideia de que sem essa "química" é muito menos provável que se desenvolva amor ou, caso aconteça, será mais devagar. Dizendo, sem muita graça, não é "amor à primeira vista". Todos sabemos, porém, que conhecer uma pessoa possibilita o desenvolvimento de uma apreciação mútua e, com ela, a probabilidade de atração e troca de olhares que, aos poucos, vão se transformando de uma piscadela amigável a um olhar ardente, de conhecimento a amizade e, depois, amor. Sejamos explícitos: o amor sempre é um processo, nunca um episódio emocional momentâneo. A não ser em raríssimas circunstâncias, não faz sentido dizer "eu me apaixonei durante 15 minutos" nem, aliás, durante três dias. Podem alegar que Romeu e Julieta estiveram loucamente apaixonados durante apenas três dias, mas não é irrelevante que logo tenham morrido. Se tivessem continuado vivos e Romeu tivesse voltado para Rosalinda, certamente teríamos reavaliado o romance. Não seria mais do que uma daquelas paixonites irresponsáveis de adolescente, nada além disso.

Durante anos tenho sustentado que "apaixonar-se" é uma questão de escolha, de múltiplas decisões. O amor pode começar com um encontro que pode ser mágico, maravilhoso e tudo mais. Os olhos podem não se desprender um do outro e o olhar ficar hipnotizado. A conversa mais banal rapidamente revela interesses mútuos, *backgrounds* mutuamente excitantes, mútua compatibilidade. Há, então, porém, uma série de escolhas e decisões, tanto mútuas quanto individuais: Devo ficar ou ir embora? Devo vê-lo novamente? Com ou sem meus amigos? Devemos ir almoçar ou jantar? Em um ambiente romântico ou não? Devemos nos beijar na despedida? Devemos conhecer os pais? Cada uma dessas decisões é também uma decisão sobre levar adiante ou dificultar o relacionamento que está se desenvolvendo e os sentimentos que o constituem. Existem ainda os modos mais diretos, e geralmente silenciosos, de preparação. Pensamos "que coisa charmosa de se dizer", "que olhos deliciosamente inteligentes", "fico imaginando como seria passarmos juntos umas férias românticas", "fico pensando que tipo de amante seria". E ainda os pensamentos imaginativos, esperançosos, fantasiosos: rememorar imediatamente a conversa, revisando-a sob uma embaraçosa análise crítica de cada palavra e nuance e ensaiando conversas subsequentes. Em seguida, contemplamos as imagens, talvez repetidamente: caminhar juntos na praia, fazer amor, fazer filhos. O amor é um processo de incrementação intencional; nós não "caímos" nas mãos do amor. *Abrimos nele nosso caminho*, paulatinamente. Como ouvi, no recente filme *Closer*, a queixa muito bem-formulada pela personagem Alice (Natalie Portman): "Há sempre um ponto de escolha [no processo de se apaixonar] em que você se diz 'vai em frente ou não vai em frente'. Não sei qual foi esse ponto de escolha, mas sei que houve um."

Às vezes as decisões são tão fáceis de tomar que nem pensamos que as tomamos. No entanto, as decisões mais importantes, como por exemplo dizer "eu te amo" pela primeira vez, são dramaticamente transformadoras. Não se trata de uma simples revelação. É uma fala explosiva, uma bomba dentro do relacionamento. Com alguma sorte e discernimento, a explosão é mutuamente deliciosa, realmente um momento feliz. Porém às vezes não o é, arruinando para sempre amizades e relações de trabalho. Entretanto, cada decisão envolvendo o ser amado ou enriquece e faz progredir ou coloca em risco o crescente sentimento de amor. Somos, então, responsáveis pelo amor? No caso do amor romântico, e apesar de todas as metáforas e desculpas tradicionais de ser "arrebatado", não vejo como alguém pode insistir no contrário.

As decisões envolvidas no amor (e também em outras emoções) não são todas voltadas para o futuro. Algumas são retrospectivas. Meu exemplo favorito é uma resposta à não rara pergunta: "Você acredita em amor à primeira vista?" Posso deixá-los surpresos, mas minha resposta é: "Acredito." Duas pessoas se encontram e seus olhos não se desprendem um do outro (ou, menos romanticamente, uma pessoa avista a outra e fica hipnotizada). Encontram-se, tomam as decisões acertadas, seu amor cresce, vivem juntas e talvez se casem. Vários anos se passam. Olham retrospectivamente para o relacionamento ou para o dia em que se encontraram pela primeira vez e ambas concordam: "Eu te amei desde o primeiro momento." E está correto. Alteremos, entretanto, o cenário. Duas pessoas se encontram, seus olhos não se desprendem um do outro (ou uma delas é arrebatada pela outra), passam alguns dias juntas e apaixonadas, mas então se cansam ou se decepcionam uma com a outra. Em algum momento no futuro uma delas olha em retrospecto para o breve relacionamento e conclui: "Aquilo foi uma paixão passageira" (ou "paixonite", ou um "fim de semana impetuoso"), mas, certamente, a palavra "amor" não fará parte da descrição. (Este foi, alguns parágrafos antes, o meu argumento na pouco romântica versão que fiz da história de Romeu e Julieta.) A parte interessante, porém, é a seguinte: a experiência inicial pode ter sido exatamente a mesma no primeiro e no segundo casos. O que mudou foi a interpretação retrospectiva do encontro. Em outras palavras, amor à primeira vista depende do desfecho do relacionamento. É também em retrospecto que se revela ter sido racional, mas na ocasião não havia como saber.

Um caso muito mais terrível da mesma interpretação retrospectiva é a negação "acho que nunca te amei realmente", no fim de um longo relacionamento que tinha todas as intenções e todos os propósitos de ser uma genuína relação de amor. Essa negação, entretanto, significa que o amor nunca foi verdadeiro? Do ponto de vista de uma terceira pessoa (um amigo comum ou um parente) pode ser que a negação é que seja tanto falsa como cruel. Porém, do ponto de vista do amante descartado sem cerimônia, isso provavelmente induzirá a uma reconsideração total, não apenas de todo o relacionamento, mas da própria identidade e existência, possivelmente com consequências devastadoras.

Quando insisto em que emoções podem ser estratégias em vez de simples reações, não quero dizer que emoções são *deliberadas*, resultados de evidentes planos ou estratégias. Não começamos a maioria das emoções pelo pensamento. As emoções também não se enquadram no paradigma filosófico de ação intencional, isto é, ações que são precedidas por intenções — combinações de crenças e desejos explícitos e "saber o que se vai fazer". Na medida em que as emoções podem ser consideradas em termos de um tipo de atividade ou de ação, não é a ação intencional totalmente consciente que deve ser nosso paradigma. Entretanto, o campo da atividade e da ação semiconsciente, desatenta, quase intencional, habitual, espontânea e até "automática" tem recebido pouca atenção na filosofia, apesar dos esforços de figuras inspiradoras, tais como William James e Maurice Merleau-Ponty. No entanto, entre a ação deliberada, intencional e madura e a franca passividade — ser atingido por um tijolo, sofrer um infarto ou uma convulsão — existe uma enorme variedade de comportamentos e "experiências" que, todavia, podem ser considerados dentro do campo da atividade e da ação e (de um modo mais geral) como questões de responsabilidade.

Consideremos os pensamentos. As emoções se parecem muito com pensamentos, não apenas porque tipicamente envolvem pensamentos. Seguindo Spinoza, Jerome Neu sugere que emoções *são*, simplesmente, pensamentos. Alguns pensamentos são cultivados conscienciosa e conscientemente — à semelhança de quando "refletimos" sobre um problema. Em algumas ocasiões, pode fazer sentido dizer que os pensamentos são "convidados", por exemplo quando depois de meditar sobre um enigma filosófico desistimos dele pelo resto do dia e veremos que a resposta "nos chega" no meio do jantar ou da noite. Porém, pensamentos também chegam sem ter sido convidados, ou mesmo desejados, e tais casos apoiam a famosa observação de Nietzsche de que "um pensamento vem quando *ele* quer, não quando eu quero". Entretanto, sempre pensei que o comentário de Nietzsche servia sobretudo para promover um exame mais minucioso da ideia geral do agente e não (como é frequentemente interpretado) para rejeitar a noção de que há um agente, em si.

O fato é que a maioria de nós assume inteira responsabilidade pelos próprios pensamentos, mesmo que não convidados, desde que se encaixem nas nossas agendas, especialmente se for um pensamento original ou particularmente brilhante. De um modo mais geral, também assumimos responsabilidade e aceitamos um pensamento como nosso se ele se encaixar em um problema no qual estivermos trabalhando ou em um assunto em que estejamos engajados. A alguns isso pode sugerir (como se considera que Nietzsche argumentou) que não há necessidade de conceitos como o de "haver um agente", mas creio que isso na verdade desloca a questão. Sugere que nosso sentido de "haver um agente" é muito mais vasto do que o limitado campo da "vontade" — isto é, o que conscientemente *tentamos* fazer — o mesmo acontecendo com o nosso senso de responsabilidade.

Pensamentos, independentemente do que mais sejam, são sintomas sinalizadores de emoção. Quando nos percebemos tendo certos pensamentos — por exemplo, fantasias homicidas ou sexuais momentâneas, mesmo na ausência de quaisquer outros sinais de emoção —, isso é um motivo para aceitar a atribuição das emoções relevantes (fúria e eros, respectivamente). Se o pensamento é suficientemente aterrorizante, podemos descartá-lo como apenas transitório e insignificante, mas se ele volta, repetidamente, o simples descarte já não é mais plausível. Freud podia estar errado quando, inicialmente, insistiu em que todos os pensamentos como esses são manifestações de um desejo, mas sem dúvida estava certo quanto a serem, geralmente, manifestações de *algum* impulso ou emoção. Os pensamentos são, porém, um tipo de ação? Somos responsáveis por eles? Pelos pensamentos que são produtos do pensar, certamente somos. Pelos pensamentos convidados, talvez. Pelos pensamentos não convidados, não. Porém nem sempre é fácil distinguir entre um pensamento que aparece durante o processo de pensar e um pensamento convidado ou mesmo não convidado.

Do mesmo modo, não se pode "simplesmente" decidir ter uma emoção. Pode-se, no entanto, decidir fazer muitas coisas que vão provocar a emoção: envolver-se em uma situação, não tomar um remédio, pensar em uma situação de um jeito diferente, "criando as condições" que levarão a um fracasso. Ou podemos *agir como se* estivéssemos tendo uma emoção, por exemplo, agindo com raiva, e daí pode surgir uma raiva genuína. Existe sempre o útil conselho de William James: "Acalme-se, ilumine o olhar, contraia a parte dorsal do corpo, em vez da ventral, fale em um tom maior, faça um cumprimento amável e, se o seu coração aos poucos não se derreter, ele deve ser realmente gélido" (2003). Porém, isso não significa que, simplesmente, "manipulamos" ou "planejamos" nossas emoções, como se *nós* realizássemos ações que *as* afetem ou produzam. A questão sobre o que podemos e o que não podemos controlar é muito mais complexa do que poderia sugerir a habitual distinção entre atividade e passividade.

Diferentes aspectos da emoção requerem tipos de argumentos muito diferentes em relação ao status voluntário-involuntário, ativo-passivo das emoções. Além disso, existe uma vasta gama de alegações — com referência a esse status — que pode ser feita em relação a emoções, desde a visão relativamente ingênua de que sempre se pode fazer alguma coisa, não só para controlar, mas para "deflagrar" (ou impedir) determinadas emoções — a ponto de insistir que somos responsáveis por nossas emoções (quer se possa ou não controlá-las ou escolhê-las) — até a alegação muito forte de que uma emoção é uma questão de escolha, algo voluntário e até proposital, passando pela visão de que as emoções são ativas e não simplesmente nos "acontecem". E, como diferentes aspectos pedem conclusões muito diferentes, a discussão sobre a passividade das emoções não é uma questão simples e não leva a uma conclusão única. Às vezes consideramos as pessoas responsáveis pelo que pensam. Geralmente, as responsabilizamos pelo que fazem. Algumas expressões de emoção são voluntárias, mas nem todas.

Em que sentido somos responsáveis pelo que cremos, pensamos, julgamos e avaliamos? Faz algum sentido dizer que somos responsáveis pelo que acontece em nossos cérebros (sem considerar a ingestão voluntária de substâncias psicotrópicas)? Ou que somos responsáveis pelo que sentimos? O que acontece quando escolhemos ou nos forçamos a ter uma emoção? Há vários anos, Arlie Hochschild (1983) fez um fascinante estudo sobre comissárias de bordo de companhias aéreas que têm de passar horas a fio sorrindo e sendo agradáveis com passageiros frequentemente irritados, indisciplinados e às vezes rudes. Segundo diz Hochschild, elas conseguem isso por meio da reorganização do pensamento. Entretanto, a emoção resultante é, por causa disso, "inautêntica"? Geralmente pensamos que emoções "manufaturadas" são, por esse motivo, falsas, mas considero essa conclusão presunçosa. Existem, sem dúvida, emoções "falsas", facilmente detectáveis. No entanto, emoções cultivadas não são, por causa disso, falsificadas, não mais do que as emoções bem reais, mesmo que inteiramente planejadas, que podem acontecer quando, intencionalmente, nos colocamos em uma situação tempestuosa (por exemplo, uma confrontação com o novo namorado da ex-mulher).

Estamos de volta ao papel vital que a reflexão desempenha em nossas vidas emocionais. Neste capítulo, até agora, venho discutindo o caráter voluntário das nossas emoções sem enfatizar, porém, que muito disso se deve ao fato de que podemos pensar sobre elas, pesar sua justificativa e seus motivos, reconsiderar suas estratégias e/ou consequências, distanciarmo-nos delas (ainda que em função apenas da passagem do tempo) e chegar a nos vermos como os outros podem nos ver. No entanto, virtualmente tudo o que disse pressupõe essa extraordinária habilidade e sem ela não seria sequer inteligível. Ficar com raiva tem muito a ver com construirmos uma situação de raiva, procurar e acrescentar evidências, decidir que "sim, estou certo em estar abalado e ele estava realmente errado em fazer o que fez!" Apaixonar-se tem muito a ver com acalentar pensamentos sobre o amado, ensaiar futuras conversas e recordar, carinhosa ou doloridamente, antigos encontros, reafirmar o próprio amor quanto ao amado e pensar em termos da palavra "amor". Disse que não precisamos pensar nas emoções como deliberadas, mas, certamente, não quero eliminar essa possibilidade. Às vezes realmente planejamos estratégias e, ao mesmo tempo em que há algo estranho em planejar explicitamente como se sentir, é precisamente isso que fazemos sempre que nos colocamos em situações que sabemos ou desejamos que vão inspirar emoção.

Falamos também sobre pensamentos e seu papel característico no nosso senso sobre a atuação de um agente, mas, em grande medida, a reflexão consiste em pensamentos. (Não queremos, porém, esquecer que muito da reflexão também consiste em outras emoções ["de segunda ordem"].) Entretanto, pensar sobre nossas emoções é fascinante, tanto quando é mais ou menos automático — simplesmente parte integrante de muitas das nossas emoções, frequentemente como um elemento-chave — como quando é voluntário e cultivado. Refletir sobre nossas emoções é algo que aprendemos a fazer porque precisamos aprender a controlar nossas emoções e porque queremos refiná-las. Porém, quando refletimos sobre nossas emoções, frequentemente nos sentimos compelidos a considerar as opções, e isso levanta a questão de escolha e controle, mesmo quando estamos bastante satisfeitos com nossas reações emocionais e, em termos dos estoicos, estamos felizes em afirmá-las. Entretanto, a chave para superar a visão de passividade das emoções é apreciar o poder e a penetração da reflexão na nossa vida emocional. Se continuamos a nos sentir passivos em relação a nossas emoções, é porque assim escolhemos.

Não quero exagerar na minha tese (de que, até certo ponto, somos responsáveis por nossas emoções e, pelo menos às vezes, realmente as escolhemos), já que, sem dúvida, as situações que provocam as emoções frequentemente nos pegam de surpresa. Mesmo quando realmente temos uma participação na criação das circunstâncias que nos provocam, na maioria dos casos não é nem mesmo plausível dizer que planejamos daquela forma. Sem dúvida, algumas vezes isso é verdade, apesar das vigorosas negativas. As pessoas realmente "criam as condições" para que aquilo ocorra, sabendo das prováveis consequências emocionais. E estar consciente do que estão fazendo não é necessariamente parte da acusação. Tipicamente, porém, nossas emoções são não planejadas e mais ou menos ditadas pelas circunstâncias, e faria muito pouco sentido insistir que somos responsáveis ou deveríamos assumir responsabilidade por nossas respostas emocionais. Ainda assim, nesse caso, temos envolvida uma profecia autorrealizadora que não pode ser facilmente negada. Trata-se, creio, de um *insight* hegeliano. Quando examinamos nossas vidas emocionais, com a ideia de que somos ou podemos ser responsáveis, e nos fazemos as inquisitivas perguntas "para que estou fazendo isto?", "o que vou ganhar com isto?", geralmente percebemos aspectos do nosso comportamento estratégico que, de outra forma, nos escapariam. Por outro lado, se examinamos nossas vidas emocionais com a ideia de que nossas emoções são forças que nos acontecem fora do nosso controle, estamos propensos a criar desculpas para nós e nos resignarmos a um comportamento mau e destrutivo que, de outro modo, poderia ser controlado. Como Jean-Paul Sartre escreveu em um de seus ensaios mais populares: "O existencialista não acredita no poder da paixão. Nunca irá considerar uma grande paixão como uma torrente destrutiva em que um homem será arrastado para ações duvidosas, como que pelo destino, que funciona, portanto, como uma desculpa para elas." Em outras palavras, ser um existencialista em relação a nossas emoções é *bom para nós*! Mesmo que não nos permita controlar nossas vidas, deixa-nos ser dono delas.

O caráter voluntário da emoção, se posso chamá-lo assim, tem sido um tema subexplorado na pesquisa sobre emoções e na cotidiana "psicologia do senso comum" sobre emoções. Até onde "escolhemos" nossas emoções e somos responsáveis por elas é um tema quase invisível na história das emoções. (Alva Noe [2005] sugeriu uma tese semelhante em relação à percepção em geral.) Entretanto, pelo menos isto está claro: não importa o quão veementemente alguém acredite que somos todos vítimas das circunstâncias, ou que estamos nas mãos de Deus, ou sujeitos a algum tipo de misteriosas deusas do destino, não somos meras vítimas ou fantoches. Somos, essencialmente, agentes e temos responsabilidades. Nossa vida emocional está entre elas. Isso, porém, também me leva a fazer uma desagradável sugestão a respeito do motivo pelo qual, durante tanto tempo, as pessoas estiveram tão dedicadas a pensar nas emoções como sequestradores que nos tornam vítimas em vez de pensar nelas como estratégias que cultivamos e colocamos em ação. Sartre, em *O ser e o nada*, desenvolveu de forma memorável a noção de "má-fé" (*mauvaise foi*), que, para ele, significa nossa tendência a fugir à responsabilidade sempre que podemos. Nossa forma favorita de fugir à responsabilidade é arranjar desculpas. ("Sei que deveria estar aqui às nove, mas fiquei preso no trânsito.") Em outras palavras: "Não é culpa minha. Fui impedido por forças fora do meu controle." Seria, portanto, muito conveniente pensar nas nossas emoções — que motivam uma grande parte do nosso comportamento — como manifestações que estão, elas próprias, fora do nosso controle.

Se assim o fizermos, poderíamos então atribuir nossa ridícula explosão, durante uma reunião, à raiva e não assumir a responsabilidade por ela. Ou poderíamos colocar a culpa por nosso tolo comportamento no fato de estarmos apaixonados e também não assumir responsabilidade. Sartre, no entanto, não se deixa enganar por desculpas, e deveríamos fazer o mesmo. Certa ocasião, resumi a filosofia de Sartre, e o existencialismo em geral, em uma única afirmação: "Desculpas, não!" É assim também que gostaria que vocês pensassem sobre as emoções. Não que não tenham suas causas. Não que não sejam muitas vezes ditadas ou delimitadas pelas circunstâncias. Não que não haja, às vezes, paixões sobre as quais realmente temos pouco controle. Porém, em vez de descartar nossa responsabilidade, pensando "não sou responsável por minhas emoções", quero exortá-los a, sempre que puderem, se perguntar "por que estou fazendo isto? O que vou ganhar com isto?". É bem possível que vocês descubram que, ao assumir a responsabilidade, não se sentirão mais como vítimas das próprias emoções.

PARTE 3 A ética da emoção: à procura da integridade emocional

CAPÍTULO XVIII Emoções como julgamentos avaliativos

Desde o começo do livro tentei focalizar nossa atenção nas emoções a partir de um ponto de vista ético, isto é, como as emoções se enquadram e agem nas nossas vidas, seu *significado*. Consequentemente, não prestei tanta atenção às novas descobertas neurológicas e biológicas quanto desejariam muitos dos meus colegas, mas espero ter também deixado claro que não considero que essas perspectivas estejam necessariamente em conflito ou competição. Elas se complementam, defrontam-se com tipos diferentes de questões, mas se influenciam mutuamente. De forma semelhante, as ciências sociais parecem ter uma agenda muito diferente da ética e das humanidades, mas essa oposição é ilusória, produto, nessas disciplinas, tanto de uma superenfatização da ciência como de uma negligência, às vezes deliberada, de suas origens éticas.

Apesar de tudo, a questão de como nossas emoções se inserem e funcionam em nossas vidas precisa ser compreendida de várias formas diferentes, mas certamente relacionadas. Uma dessas formas é procurar o significado das emoções. Estudar seu substrato neurológico é outra. Uma outra é especular sobre sua história evolutiva. E existe ainda toda uma rica literatura nas ciências sociais. Finalmente, há o estudo das emoções na literatura, nas artes e na música. Uma perspectiva filosófica — com ênfase em ética e autoconhecimento — não é, de modo algum, oposta a estas e pode delas beneficiar-se de infinitas maneiras. Isto porque, em um certo sentido, a ética é uma disciplina totalmente *natural* e de modo algum dependente dos mandamentos de um Deus sobrenatural ou de uma misteriosa noção de consciência. Tem a ver com nossos talentos e nossas tendências naturais, nossas vidas em sociedade com outras pessoas, nossas personalidades e nosso caráter, nossos percursos e nossas escolhas na vida. Tudo que possamos descobrir sobre a vida humana, seja por meio da ciência ou das artes e da literatura, é importante para nós.

A perspectiva que venho seguindo determina que os aspectos da emoção que serão o foco da minha abordagem são os que têm a ver com a significância da emoção, o que por sua vez implica que minha principal preocupação será com a inteligência de uma emoção. Conforme já insisti, eu a entendo de várias maneiras relacionadas, dentre elas as maneiras pelas quais as emoções nos proporcionam *insight* e entendimento, as maneiras pelas quais as emoções dão forma a nosso mundo, as maneiras que tornam as emoções estratégias por meio das quais manipulamos e administramos nosso mundo e as maneiras pelas quais somos responsáveis por nossas emoções. Em outras palavras, considero uma inteligência emocional, antes de mais nada, um imperativo ético, razão pela qual considero o que chamo de integridade emocional o objetivo e a máxima realização da inteligência emocional, o ponto central das nossas vidas ético-emocionais.

Nestes capítulos finais, gostaria de caminhar, pouco a pouco, em direção a uma descrição de integridade emocional e, com ela, dos conceitos éticos centrais da vida boa, da felicidade e da espiritualidade. Primeiro, porém, quero explorar, em mais detalhes, exatamente o que é a inteligência emocional e como ela fornece *insight* e informação sobre os nossos engajamentos no mundo. Depois, então, desejo voltar a algumas das outras disciplinas, especialmente biologia e antropologia, e ver o que têm a oferecer à nossa ética naturalista. Em penúltimo lugar, quero considerar o complexo tema da experiência emocional e o problema da consciência e, finalmente, desejo dizer mais alguma coisa sobre a vida boa, a felicidade e a espiritualidade.

No capítulo 14, insisti em que as emoções envolvem, essencialmente, as habilidades de conceituar e avaliar, e é o que quero dizer, em primeiro lugar, quando falo da inteligência das emoções. Isso também explica como as emoções têm significado. Não apenas "encaixam-se" em nossas vidas, mas configuram nossas vidas por meio de suas concepções e avaliações sobre as situações em que nos encontramos (ou poderíamos nos encontrar), sobre as pessoas com que lidamos e sobre nós mesmos e nosso lugar no mundo. Ao longo de todo o livro, venho insistindo em que as emoções são *engajamen-*

tos com o mundo, não meros sentimentos fechados em si mesmos, e, consequentemente, tentei firmar essa perspectiva insistindo, até como se fosse um *slogan*, em que *emoções são julgamentos*. Sem dúvida, quero dizer com isso que emoções são julgamentos *avaliativos*, incorporando, assim, os *insights* de Richard Lazarus e outros que, em sua análise das emoções, falam mais exatamente de "avaliações" e "temas relacionais centrais" (que são muito semelhantes ao que chamamos de "objetos formais" das nossas emoções). No entanto, mudei meu pensamento para a concepção mais existencialmente explícita — de emoções como engajamentos no mundo — porque, agora, vejo que minha ênfase anterior nos julgamentos sugere mais intelectualismo nas emoções do que pretendia, apesar de vinte anos de qualificações e explicações (por exemplo, de que os julgamentos envolvidos em emoções não são necessariamente articulados ou "proposicionais" e que são mais semelhantes a julgamentos corporais "cinestésicos" do que a julgamentos deliberados e pensados). Entretanto, ainda considero que julgamentos avaliativos, assim construídos, são essenciais às emoções.

Nas primeiras versões do meu trabalho, eu era bastante polêmico, como acontece com a maioria dos jovens filósofos quando estão tentando promover o que parecem ser novas ideias. Meu objetivo era refutar a bem estabelecida teoria da ativação de William James e refletir sobre um novo modo de pensar as emoções, nem como sentimentos, tampouco como estúpidas reações corporais, mas como julgamentos, mais próximos de avaliações morais e estéticas do que de reações fisiológicas ou impulsos animais. Retrospectivamente — e em razão de muitos anos de debates e críticas — vim a considerar minha visão como uma guinada, radical demais, em direção ao outro extremo, superenfatizando os aspectos mais inteligentes da emoção e, então, simplesmente desconsiderando os "não cognitivos": sentimentos e o corpo em geral. No entanto, uma visão que mantive, desde aqueles primeiros tempos, é a que já havia aprendido com Aristóteles e Hume, sem falar nas minhas associações mais próximas com Jean-Paul Sartre. Aristóteles lembrou-me — em oposição ao menosprezo de tantos filósofos contemporâneos — que as emoções eram uma parte essencial e indispensável da vida civilizada. Hume encorajou minha polemização, com a sua visão de que "a razão é, e deveria ser, escrava das paixões". Foi, porém, o pequeno livro de

Sartre e sua filosofia mais ampla que me colocaram na trilha existencialista, convencendo-me de que havia muito a ser dito, no rastro de James e Freud, sobre nossa *responsabilidade* por nossas emoções.

Essa não foi uma tese que tenha progredido muito na cultura filosófica de meados do século. Vários capítulos atrás, fiquei momentaneamente nostálgico sobre ter estudado com Charles Stevenson, o positivista lógico americano que foi um dos fundadores do "emotivismo" na ética. Porém, no que toca à sua rejeição da ética por ser "não cognitiva" e "simplesmente uma questão de emoção e atitude", ainda como estudante decidi que estava tudo errado. A ética era, em grande medida, uma questão de emoção, o que até aí parecia verdadeiro; entretanto, o fato de a ética ser uma questão de emoção não seria motivo para rejeitá-la, mas, pelo contrário, para insistir que examinássemos e compreendêssemos a sabedoria das emoções. Sem dúvida, julgamentos éticos são julgamentos emocionais, porém isso lhes confere sua profundidade e seu significado. É a natureza desses julgamentos que precisa ser compreendida, se quisermos apreciar integralmente a natureza e a importância da ética e alcançar algo semelhante à integridade emocional.

Sustento que os julgamentos são essenciais às emoções, embora já não diga, como fazia naqueles anos atrás, que sentimentos e fisiologia são irrelevantes. Atualmente concordo com os "neojamesianos" que eles também são essenciais à emoção, mas ainda insisto que nenhum sentimento e nenhuma resposta fisiológica chegam sequer a ser considerados como emoção, a não ser que tenham a propriedade da intencionalidade, de serem "a respeito de algo" [*aboutness*]. Uma emoção é um engajamento com o mundo. Explico, insistindo em que as emoções são *estruturadas* por julgamentos, mas é importante que fique claro o que quero dizer com "julgamento". Não estou falando sobre julgamentos *deliberativos*, isto é, que necessariamente envolvem muito (ou, de fato, qualquer) pensamento. O tipo de cognição rápida, recentemente enfatizado, que ocorre na intuição e no julgamento instantâneo tem muito mais a ver com o que tenho em mente (Gladwell, 2005). Os julgamentos que estruturam emoções também nem mesmo precisam ser *articulados*, isto é, "explicitados" (nem para nós nem para os outros). Os julgamentos emocionais também não são o que alguns filósofos chamam de "atitudes proposicionais", isto é, descrições totalmente conceituais do mundo com orações do tipo "*que...*", que tomam como seus objetos proposições em vez de objetos concretos, pessoas ou relacionamentos. Às vezes comparei julgamentos emocionais a julgamentos *cinestésicos*, no sentido de que a consciência pode ser meramente tácita e não falada (até mesmo para a própria pessoa). Pense sobre caminhar alguns passos do lado de fora da casa ou do apartamento. A cada centímetro do caminho você está fazendo julgamentos, mas, com certeza, não pensa sobre eles, muito menos delibera ou diz para si mesmo "agora abaixe um pouquinho mais o calcanhar direito". Depois de um tombo feio é bem possível que venha a fazer isso, mas não no curso normal das coisas. Do mesmo modo, sem pensar, fazemos nossos julgamentos emocionais e temos nossas emoções, mas isso não quer dizer que não envolva aprendizagem e conhecimento detalhado sobre o mundo e o lugar que nele ocupamos.

Se uma emoção é estruturada por julgamentos avaliativos, significa que compreender uma emoção é compreender seus julgamentos constitutivos, podendo haver ou não muito mais a ser compreendido. Ao pensar sobre emoções e ética integradas, como nos ensinou o emotivismo, a primeira coisa que quero fazer é rejeitar as nítidas distinções entre crenças e atitudes, razões e emoções, fatos e valores. (Em termos psicológicos, "cognição" e "avaliação" referem-se ao mesmo conjunto de operações.) Julgamentos avaliativos tanto são baseados em crenças como expressam atitudes. Também têm suas razões (geralmente boas) e não apenas acompanham nossas emoções, eles as constituem. A distinção entre fatos e valores tem sido frequentemente contestada na filosofia desde que Hume tentou transformar a distinção em uma separação entre enunciados de fato e julgamentos de valor. Fatos, entretanto, são muitas vezes circunscritos por valores (por que outro motivo um fato teria algum interesse para nós?) e virtualmente todos os julgamentos de valor pressupõem alguma base factual, mesmo quando o julgamento de valor em questão parece ser "*a priori*" e independente de qualquer situação real. Porém o que significaria "o aborto é errado" se os fetos não fossem, de fato, vulneráveis a procedimentos médicos, se de fato não crescessem para se tornar bebês, se não houvesse de fato, para as mães, perigos reais e sérias dificuldades envolvendo finanças e projetos de vida? Imaginem se os bebês nascessem após um período de gestação curto e sem riscos e fossem, então, como filhotes de répteis, independentes desde o nascimento, sem nada mais a solicitar dos pais.

Com referência ao emotivismo, a estrutura das emoções morais já é moral por natureza. Portanto, a ideia de que a ética é uma expressão de emoção é claramente correta, mas isso é porque as emoções já têm uma estrutura moral. Tomem como exemplo ilustrativo a emoção de indignação moral, digamos, indignação moral em relação à ideia de que uma autoridade militar autorizou a tortura de prisioneiros possivelmente inocentes. Uma emoção dessas evidentemente envolve não apenas informação factual, mas também fortes julgamentos avaliativos, alguns dos quais, pelo menos, são claramente morais em sua estrutura e semântica. São suprapessoais e decididamente universais e incluem, indiscutivelmente, a reivindicação de que algo está *errado*, uma violação de algum princípio ou regra. E, mesmo assim, não há como negar que é uma emoção, e não uma desapaixonada reivindicação legal. (Tanto Adam Smith quanto David Hume encontram-se em dificuldade quando tentam superar pontos de vista provincianos e particulares, introduzindo um "observador ideal", alguém que não seja movido por preferências e preconceitos meramente pessoais. Porém, como ambos insistem em que a ética é uma questão de "sentimentos", não podem chegar até a pura e desapaixonada razão, como Immanuel Kant, mais tarde, no mesmo século.) Pode-se argumentar que o julgamento é apenas uma *expressão* de emoção, mas a emoção já contém, como parte de sua estrutura conceitual, o julgamento moral de que *isto é moralmente errado*. Portanto, dizer que a expressão emocional é apenas uma expressão de emoção é inverter a questão. A emoção já é uma afirmação de um julgamento moral, sem o qual seria ininteligível.

Comparem, porém, indignação moral com só estar com raiva, e depois comparem isso com estar irritado ou aborrecido. A diferença entre eles não é apenas sua comparativa "intensidade". (De fato, pode-se ficar aborrecido a ponto de ficar confuso e até desesperado, enquanto pode-se ocasionalmente ficar bastante calmo na indignação.) A diferença está mais exatamente na sua estrutura avaliativa. Em oposição aos emotivistas, insistiria que os julgamentos avaliativos que estruturam nossas emoções raramente são limitados às atitudes mínimas de "sim" ou "não", o "buu" e o "hurra" dos emotivistas, sugerido por A.J. Ayer em nome do positivismo. (Daí minha objeção à dicotomia simplista positivo-negativo, no capítulo 15.) Ao contrário, envolvem uma ampla variedade de tipos muito diferentes de julgamentos avaliativos. A indignação moral, em particular, inclui um tipo especial de julgamento avaliativo que contém um princípio moral. Sem tentar lidar com a totalidade da ética e da filosofia moral, um princípio moral é o que tende para a impessoalidade e generalização. Quando estou indignado, acredito que "*isto é errado!*", não estou dizendo apenas que não gosto disto ou que isto me ofende. Quando digo que algo é imoral, certamente não estou só dizendo "Desaprovo isto" nem estou simplesmente incitando os outros a fazer o mesmo (análise de Stevenson). Estou dizendo, com bastante ênfase, "*isto é errado!*" e o erro não precisa ter algo a ver particularmente comigo, com minhas preferências ou meus valores pessoais.

A ideia é, portanto, a de que a indignação moral tem um peso que a maioria das emoções não tem. A raiva, por outro lado, embora também seja um julgamento de que algo é errado, é um julgamento de que alguém errou *comigo* (ou com algum dos meus amigos), mas não tem significado suprapessoal evidente. (Se realmente assumir um significado desse tipo, tende para a indignação.) A raiva é uma acusação de ofensa *pessoal*. Posso ficar ofendido por ter sido publicamente insultado, mas isso não precisa recorrer a algum princípio moral. Na realidade, até posso reconhecer a validade do insulto e, portanto, não posso fazer nenhuma reivindicação moral. ("É verdade, sou mesmo uma pessoa desastrada, mas, de qualquer jeito, fiquei ofendido por você ter chamado atenção para isto.") Na maior parte das vezes, a raiva é "apenas pessoal". Sem dúvida, somos bastante propensos a racionalizar e elevar nossos julgamentos pessoais à condição de julgamentos morais, mas essa conhecida autoilusão não invalida a importante distinção entre indignação moral e raiva.

Novamente por contraste, irritação e aborrecimento não só não envolvem nenhum princípio, mas nem mesmo têm um julgamento de ofensa. Apenas registram descontentamento ou desconforto com a situação em questão, sem culpar alguém, embora, mais uma vez, irritação e aborrecimento possam transformar-se em raiva, se procurarmos à nossa volta alguém em quem lançar a culpa pelo nosso descontentamento ou desconforto. Muitos psicólogos, em realidade uma boa quantidade, gostariam de dizer que todas essas emoções pertencem à mesma "família" básica e, de fato, todas compartilham uma visão hostil ou "negativa" do mundo ou de seus objetos. Podem compartilhar também algumas características fisiológicas e serem originárias das mesmas raízes evolutivas, mas isso não é algo que queira sustentar aqui e, de qualquer modo, não deveria ser usado em prol de uma agenda reducionista que misture raiva, indignação, aborrecimento, ultraje, fúria e mais um número qualquer de outras emoções relacionadas porém distintas. No entanto, o que quero que apreciemos é a sutileza e a importância das diferenças entre elas. Não se trata apenas de "graus diferentes" da mesma emoção. Elas são profundamente diferentes, com significados muito diferentes, dependendo da natureza dos julgamentos que as constituem. Compreender tais diferenças é função da inteligência emocional, empregando as palavras certas para "rotular" a emoção apropriada.

A ideia de uma emoção conter em sua estrutura uma reivindicação moral suprapessoal pode parecer estranha a nossos ouvidos, especialmente se tivermos sido criados para pensar nas emoções como meros sentimentos e, portanto, absolutamente sem nenhuma "estrutura". Do mesmo modo, também pode parecer estranho falar de princípios morais em nossas emoções, se tivermos sido criados para pensar em moralidade como algo que vem de cima. Seria como se houvéssemos cometido um sério "erro de categoria", confundindo o que é "objetivo" e transcendental com algo meramente pessoal, convencional ou natural. Disse anteriormente que estou interessado em uma ética "naturalista", mas isso já traz em seu bojo o fato de que somos animais sociais e precisamos conviver e trabalhar com outros, aceitando portanto, ao mesmo tempo, o pessoal, o convencional e o natural. Na realidade, não estou descartando que a fonte da moralidade possa ser a religião, ou melhor, crenças religiosas, mas "as molas da ação e do sentimento" ainda têm de ser nossas emoções. Desse modo, todos aceitamos a ideia de "internalizar" princípios morais, sejam os costumes da nossa cultura, os ditames da razão ou os mandamentos de Deus no Céu. Isso é tudo o que estou, realmente, reivindicando aqui. Porém a ideia de internalizar princípios morais suprapessoais nos fornece um ótimo ponto de partida para vermos o quão sofisticada pode ser a estrutura de julgamento avaliativo das emoções. O mesmo tipo de análise, com muitas reviravoltas diferentes, aplica-se a outras emoções morais, tais como vergonha e culpa, arrependimento e remorso, orgulho e vaidade. Na primeira parte do livro, tentei mostrar a complexidade e as diferenças entre elas, sem fazer muito alarde. Agora, no entanto, quero que a estrutura geral dessas diferenças se torne o nosso principal objeto de atenção.

Minha reivindicação é que a inteligência emocional — em um dos seus sentidos mais proeminentes — requer que as emoções sejam constituídas ou estruturadas por julgamentos, e, como eles podem ser surpreendentemente precisos, podemos, portanto, fazer um número surpreendente de sutis distinções, bem como atrapalhadas distinções, entre "famílias de emoção". Uma compreensão das emoções envolve, portanto, uma compreensão dos julgamentos que as estruturam, e as diferenças podem ser muito tênues e até requintadas.

É a natureza desses julgamentos que determina o tipo de emoção. William James procurou encontrar um tema unificado que reunisse todas as emoções e alegou tê-lo encontrado na alteração corporal. No entanto, quando chegou a hora de explicar a enorme variedade e especificidade de nossas respostas emocionais, ele fracassou. (Foi Cannon quem primeiro argumentou que a variedade de experiência emocional era tanta que provavelmente a alteração corporal não poderia explicar nossas numerosas e diferentes emoções.) Foi só anos mais tarde que a maioria dos psicólogos começou a perceber que os aspectos "cognitivos" da emoção podiam fazê-lo. Inicialmente, isso se restringiu à "rotulação" das emoções, a como escolhemos identificá-las. Desse modo, a pesquisa psicológica deu uma súbita mas significativa guinada em direção às complexidades da linguagem. Logo, porém, pesquisadores perceberam que a identificação de uma emoção dependia do contexto em que era vivida, o qual, por sua vez, determinava o tipo de julgamentos que definiam a emoção. Enquanto isso, psicólogos que seguiam Magda Arnold e Richard Lazarus estavam desenvolvendo uma rica teoria sobre o papel central das "avaliações" na determinação de emoções. Meu próprio relato de que emoções são (ou são estruturadas por) julgamentos foi paralelo a essa descoberta na psicologia (embora, na época, não houvesse lido muito esse tipo de literatura [Arnold, 1960; Schachter e Singer, 1962; Lazarus, 1994]). Porém, cá entre nós, essa guinada "cognitiva" na pesquisa sobre emoções abriu toda uma nova área e metodologia para falar a respeito e fazer uma análise do que tinha sido, em sua maior parte, descartado como cognitivamente inexpressivo e filosófica e psicologicamente pouco importante. Se as emoções eram constituídas por julgamentos avaliativos ou avaliações, então a análise conceitual tinha um importante papel a desempenhar na sua compreensão.

Considerem a família das emoções auto-humilhantes que discutimos capítulos atrás, particularmente o par embaraço e vergonha. Como elas diferem? Já respondemos a essa questão informalmente, e a diferença, certamente, não é dramática ou detectável nos sentimentos corporais de James. O embaraço baseia-se no julgamento de que a pessoa está em uma situação constrangedora, porém também no julgamento de que ela *não deve ser culpada* por isso. Por outro lado, a vergonha baseia-se igualmente no julgamento de que a pessoa está em uma situação constrangedora mas que *deve ser* culpada por desapontar sua comunidade, violar costumes públicos, trair uma confiança ou um amigo. Notem, entretanto, que pelo menos um dos julgamentos aqui é de um tipo particularmente sofisticado: o de assumir (ou não) responsabilidade. O principal argumento a favor da inteligência emocional não é só que as emoções envolvam julgamentos avaliativos (o que poderia ser bastante simples, como "isto tem um gosto bom" ou "não gosto de pessoas louras"), mas que, com muita frequência, envolvem julgamentos muito sofisticados e conceitualmente complicados, como os de responsabilidade.

Pode-se argumentar que, enquanto isso se aplica claramente à vergonha, pode não ser verdade em relação ao embaraço, que pode envolver apenas a *ausência* de sentimentos de responsabilidade em vez da *negação* de responsabilidade, e considero que isso possa estar correto. Diria, entretanto, que pode ocorrer nas duas direções. Caso me encontre em uma posição autoconsciente de responsabilidade — digamos, estou encarregado de um grupo de alunos em uma excursão da escola e um dos alunos faz alguma coisa totalmente deplorável e contrária às minhas proibições explícitas —, posso ficar envergonhado, precisamente porque de fato "assumo responsabilidade" por seu comportamento. Ou posso ficar simplesmente embaraçado com o comportamento dele e, portanto, negar qualquer responsabilidade da minha parte. Por outro lado, se estou apenas cuidando das minhas coisas, cantando (muito mal) no chuveiro e, subitamente, percebo uma multidão do lado de fora da minha janela olhando e escutando divertidamente, é provável que nunca me ocorrerá ser, ou não, responsável. Ainda assim, fico claramente embaraçado. Entretanto, a ideia de que a responsabilidade pode ser um ingrediente nos nossos julgamentos emocionais enriquece enormemente a sofisticação das nossas vidas emocionais e é incompreensível em qualquer outra concepção mais primitiva das emoções. Sugere também que essas emoções são profundamente dependentes de pressupostos, tanto culturais como éticos, e, se a emoção de autocondenação predominante é vergonha ou culpa, é uma decisão que depende, especialmente, da estrutura ética da sociedade.

Outra dimensão de julgamento emocional, novamente improvável nas teorias tradicionais e mais primitivas, tem a ver com o que chamo julgamentos de status. Considerem as emoções desprezo, ressentimento e ódio. Todas têm profundas implicações e consequências éticas e todas são emoções hostis que envolvem uma visão impiedosa de outras pessoas (ou pelo menos de uma outra pessoa). No entanto, o que as distingue? Não somos animais que simplesmente rosnam quando ameaçados. Nossas emoções são muito mais refinadas. Desprezo é uma emoção que, de forma interessante, presta-se a um certo vocabulário (estudado em detalhe por muitos antropólogos e linguistas). Esse vocabulário tem duas dimensões. A primeira, e mais importante, é o vocabulário de "*olhar* alguém *com superioridade*". Olhamos de cima com desprezo. (Também consideramos uma pessoa realmente "abaixo de qualquer crítica".) Uma expressão conhecida de desprezo envolve a face voltada para cima a fim de literalmente olhar para baixo para a pessoa desprezada. (Isso fica mais complicado quando a outra pessoa é mais alta, mas a solução habitual é aumentar a distância entre as duas ou encontrar uma escadaria ou uma elevação.) O segundo vocabulário, muito mais rico do que o primeiro, envolve a identificação da pessoa desprezada com animais "inferiores", preferencialmente animais daninhos ou, até pior, matéria orgânica ofensiva. Assim, chamamos uma pessoa que abominamos (uma variação de desprezo) de "rato", "cobra", "verme", "ralé", "ameba", "corrupto" e empregamos termos grosseiros referentes a dejetos humanos. (A variação cultural e a criatividade quanto a esses assuntos são fascinantes.) Vocês, porém, captam a ideia. Desprezo envolve um julgamento essencial de acentuada *superioridade*. Não é só hostilidade ou rispidez.

Com o ressentimento é bem ao contrário. Nietzsche (1967) teve um verdadeiro *insight* quando caracterizou o homem ressentido como "nem correto ou ingênuo nem honesto e direto consigo mesmo. Sua alma olha de lado..." Como já expliquei em um capítulo anterior, Nietzsche identificou o ressentimento como uma emoção dos fracos. Os fracos ressentem-se dos fortes. Na história, os escravos ressentiam-se dos senhores. O ressentimento está sempre na defensiva e sempre valorizando os considerados opressores. Nietzsche também capturou o espírito do ressentimento em um animal inferior, a tarântula, que descreveu em termos da mordida venenosa, mas não muito danosa, e a retirada rápida, de marcha a ré, para a segurança da toca. Podemos, portanto, apreciar novamente a enorme diferença entre essas duas emoções amargamente hostis, desprezo e ressentimento, não como meras diferenças de sentimento, mas como uma questão ética, de julgamentos diametralmente opostos de status; em um, a superioridade olhando, de cima para baixo, para a inferioridade; no outro, a inferioridade olhando, de baixo para cima, para a superioridade. Sem dúvida, esses julgamentos diferentes levam a modos de comportamento dramaticamente diferentes e a experiências emocionais muito distintas.

Para completar a tríade, o ódio é uma emoção de igualdade. Nossa típica metáfora para o ódio e seu hipotético oposto, amor, é: branco e preto. O mocinho, no clássico filme de faroeste do tipo preto e branco (por exemplo, o Cavaleiro Solitário), sempre veste roupas claras; o bandido (Lee van Cleef, por exemplo) quase sempre usa preto. Porém, assim como o amor procura por iguais (ou, como escreve Stendhal, quando não encontra igualdade, ele a cria), o ódio também procura iguais. Coloquialmente, podemos com facilidade compreender por que as pessoas tão prontamente rotulam como "ódio" muitas das suas emoções negativas (assim como rotulam como "amor" um indiscriminado número de preferências); é porque a pessoa é malvista quando admite ter ressentimento ou mesmo desprezo (em nossa sociedade supostamente igualitária). Porém, para encerrar o caso, entre os julgamentos que estruturam nossas emoções, há julgamentos comparativos de status, quer seja moral, quer social, em termos de poder e influência, quer simplesmente em virtude de uma pessoa ser mais importante ou sentir-se superior a outra. Dessa maneira, as emoções sempre envolvem inteligência moral e social e desempenham um papel central em nossos relacionamentos interativos. Podemos não querer dizer que todas essas comparações são "éticas" por natureza (e, certamente, não precisam ser morais), mas deveria ficar claro que, na perspectiva ética que estou defendendo, questões de status não são, para nós, em nenhuma circunstância, questão de indiferença avaliativa.

Há, também, julgamentos que chamaria de *distância*. Trata-se, sem dúvida, aqui, de uma ideia metafórica, mas do mesmo modo que é metafórica a imagem de "olhar de cima" na minha caracterização de desprezo. Geralmente consiste em um grande esforço real para manter ou diminuir a distância física em relação ao objeto da emoção. O amor, por exemplo, é uma emoção notoriamente "próxima" ou íntima. E, quando nos sentimos próximos ou íntimos, sem dúvida tentamos ficar, literalmente, perto ou íntimos, do ponto de vista espacial, e diminuir a distância (seja física, conversacional ou emocional) entre nós. De fato, o amor envolve, como sugeri, um tipo de identidade, uma união ou fusão com a outra pessoa, a máxima proximidade. Desprezo e repugnância, pelo contrário, são emoções que mantêm distância. E, de fato, nos distanciamos daquilo que nos repugna. Outras emoções pretendem manter-se a uma certa distância do seu objeto. A raiva é tipicamente assim. (Sem dúvida existe raiva "face a face", mas trata-se, diria, de uma emoção caracteristicamente diferente do costumeiro ficar com raiva *de* alguém e diferente, ainda, de ficar com raiva a uma distância grande e impessoal, furioso, digamos, com as mais recentes políticas do governo.) Raiva face a face adiciona uma dose generosa de agressão à raiva, sem falar que é uma estratégia muito eficaz para intimidar a outra pessoa.

Vocês podem argumentar agora que pareço multiplicar aqui os "tipos" de raiva com base no que pareceria ser uma simples questão de metáfora e expressão, mas o que faço questão de ressaltar, e venho ressaltando, é que a sutileza e a variedade das emoções não estão limitadas à estrutura mínima de julgamento que uma emoção pode muito bem compartilhar com outras emoções do mesmo "tipo" ou "família" (tal como todas as emoções de raiva são hostis). As emoções não são entidades separadas nem tipos distintos, mas complexos processos envolvendo julgamentos que engajam um certo número de ingredientes diferentes ao longo de diferentes dimensões. A expressão não é apenas uma manifestação "externa" de uma emoção, mas um aspecto ou uma continuação da própria emoção.

A distância emocional não é, portanto, uma simples metáfora: ela se manifesta na expressão emocional e em outro comportamento que acompanhe a emoção ou seja subsequente a ela. Assim, no desprezo, espera-se que a pessoa mantenha a distância, talvez até com uma expressão facial — a cabeça recuada, queixo para cima — para incrementar ainda mais o aumento daquela distância. No amor, esperam-se carícias e uma verdadeira compulsão para estabelecer contato, não importando quão sub-reptícia ou, em alguns contextos, até rude. E, na raiva, sugeri que podem existir inúmeras atitudes, dependendo da natureza específica da raiva e do contexto emocional. Ficar com raiva de quem você ama geralmente impõe uma atitude "face a face", acompanhada de um ambíguo movimento de se distanciar levemente. Por outro lado, ficar com raiva do secretário da universidade envolve, geralmente, uma carta de reclamação em vez de uma discussão em voz alta, e não apenas por causa da logística da situação. Pensar que a ofensa cara a cara (ou pior) é a expressão mais "natural" de raiva é assumir, equivocadamente, desde o começo, que a raiva, em si, é essencialmente bruta e violenta. Entretanto, mesmo na medida em que haja alguma forma "básica" de raiva (ou fúria) que seja o mais próxima possível de uma reação fisiológica direta, essa não é, de modo algum, a forma normal ou, aliás, nem mesmo a forma usual dessa emoção. A maior parte da raiva na sociedade civilizada é, na realidade, uma questão sutil cujas expressões consistem mais em olhares, olhadelas e palavras sarcásticas, e as diferenças entre as diversas formas de raiva, incluindo diferenças com base em julgamentos de status, podem ser realmente sofisticadas.

Autoridade moral, responsabilidade, status e distância são apenas algumas das dimensões de julgamento avaliativo que constituem as emoções e lhes proporcionam considerável inteligência e relevância em nossas vidas morais. É desnecessário dizer que há, também, uma variedade de julgamentos de natureza mais direta do tipo "sim" ou "não", mas, como argumentei, podem estar relacionados com aspectos da emoção muito diferentes e em praticamente nenhum caso pertencem simplesmente à emoção como um todo. Assim, a raiva envolve um senso de hostilidade em relação a seus objetos, de superioridade do sujeito, de adequação em relação à questão, de prazer ou dor ao antecipar as consequências e assim por diante. Portanto, enquanto a "valência" desempenha muitos papéis diferentes em qualquer emoção, ela não caracteriza a emoção em si. Do mesmo modo, venho falando de julgamentos como múltiplos ingredientes nas várias emoções. Mesmo sem voltar ao papel dos sentimentos e da fisiologia, preciso dizer que virtualmente nenhuma emoção consiste em um único julgamento avaliativo. Pelo contrário, a maioria das emoções é um conjunto de uma dúzia ou mais de julgamentos convergentes. A raiva, por exemplo, combina julgamentos acusatórios com julgamentos de status e distância (é inapropriado ficar com raiva de crianças ou animais irracionais; ficar com raiva de Deus é uma blasfêmia). A raiva envolve julgamentos de culpa, e vários julgamentos relacionados a história e contexto, mas também surge na frustração, em que pode não haver condenação a ser feita. O amor consiste, sem dúvida, em julgamentos de proximidade e intimidade, mas inclui um certo número de julgamentos sobre as virtudes e os encantos especiais do ser amado, e estes não são apenas *razões* para amar. As razões são as estruturas de julgamento do amor. Portanto, o amor não apenas tem suas razões; ele consiste em razões. Uma emoção como o ciúme é um sistema desconcertantemente complexo de julgamentos, envolvendo não apenas uma outra pessoa, mas um rival e, portanto, julgamentos de status, condenação (incluindo autocondenação) e distância (medo de perder intimidade, o pensamento de que ela esteja ficando mais próxima dele do que de mim!). Também a culpa e muitas formas de ódio só podem ser compreendidas em termos de um conjunto de peculiaridades históricas e culturais. Pode-se argumentar que o ódio, assim como o amor, é bem diferente em cada uma das instâncias, do mesmo modo que ocorre com a culpa (como a Igreja Católica já reconheceu, há muito tempo). E isso é ainda antes de chegarmos ao domínio labiríntico das emoções mistas.

Mesmo assim, muitos dos mais brilhantes filósofos do passado (Thomas Hobbes, René Descartes e Baruch Spinoza, apenas para começar) tentaram analisar as diferenças e distinções entre emoções em uma única frase (por exemplo, Descartes [1989]): "Amor é uma emoção da alma causada pelo espírito vital que incita a alma a querer estar separada dos objetos que se apresentam como nocivos." Essas frases raramente eram adequadas e não é difícil perceber por quê. Uma emoção raramente é um julgamento simples, mas, como dito acima, uma combinação de vários, talvez muitos, tipos diferentes de julgamentos. Muito menos ainda, como argumentei, é uma simples atitude "pró" ou "contra" em relação ao mundo. Umas poucas emoções, como a repugnância, podem ser prontamente concebidas em termos de um julgamento simples, mas, exatamente porque o julgamento é tão simples, teríamos motivos para afirmar que a repugnância sequer seja uma emoção. (Isto é, a repugnância fisiológica, o sabor básico de algo estragado; se for repugnância *moral*, então a história é bem diferente.) Além disso, repito, os julgamentos que convergem para constituir uma emoção são dependentes e, até certo ponto, resultam da cultura e do contexto circundantes. Assim, vergonha e embaraço envolvem todos os julgamentos que resultam em "encontrar-se em uma situação desconfortável" — mas isso irá, sem dúvida, variar com o contexto, a cultura e as pessoas específicas à sua volta —, bem como os sofisticados e restritos julgamentos envolvidos em assumir ou não responsabilidade.

Não tentarei mostrar-lhes a matriz quase matemática que pode ser gerada indicando o enorme número de emoções possíveis, das quais só muito poucas podemos configurar e identificar. Estou simplesmente afirmando isso em termos de uma desconcertante possibilidade: o número e a gama de emoções podem ser ilimitados, dependendo de quão fina for nossa sintonia em relação às especificidades do nosso mundo. Sem dúvida, sempre se pode recuar até a crua ideia das famílias de emoções básicas, a maioria delas expressa por um grunhido, um rugido ou um ganido. Entretanto, a ideia é que as emoções podem ser tanto altamente refinadas quanto primitivas. Podem ser sofisticadas e sensíveis, tanto quanto insensíveis, articuladas e até poéticas, assim como "básicas". Os antigos estetas indianos eram claros a esse respeito e distinguiam entre rudes *bhavas* e *klesas*, de um lado, e refinadas *rasas*, do outro, e apenas essas eram etapas para a iluminação. Infelizmente, devido à obsessão em categorizar as *rasas*, eles tenderam a, algumas vezes, desconsiderar as delicadas diferenças entre elas (vejam, por exemplo, Bharatamuni, 1967). Entretanto, dá-se o mesmo com a minha tese aqui e com a minha concepção de integridade emocional: serão totalmente mal compreendidas caso consideremos que as emoções de que estou falando são apenas as do tipo "básico", rudimentar, não refinado. Minha ideia é a de que só podemos criar vidas melhores para nós se também criarmos emoções melhores.

Essa é uma das várias razões pelas quais rejeito a ênfase atual nas emoções "básicas", a ideia de que emoções são síndromes fisiológicas específicas, minimamente dotadas de inteligência e refinamento. Na realidade, argumento que tais emoções não existem, pelo menos entre os adultos humanos, a não ser uma pequena quantidade de exemplos, aparentemente claros mas embaraçosamente rudimentares que, de uma forma bastante arbitrária, escolhemos enfatizar em virtude da suposta universalidade e *hardwired* simplicidade. Porém por que as emoções mais primitivas ou as mais grosseiras deveriam ser mais "essenciais" à natureza humana do que as mais sofisticadas ou as mais refinadas? O que nos faz humanos é nossa imaginação emocional coletiva e capacidade individual de aprender e cultivar as emoções. Nem por um momento estou negando que existam respostas fisiológicas primitivas que podem, perfeitamente, ser mais ou menos universais à nossa espécie, mas o que nos faz humanos é nossa habilidade para sofisticar, refinar e suplantar tais emoções "básicas", o que não significa negar que, mesmo no contexto mais refinado e civilizado, essas emoções rudimentares possam ter um efeito poderoso e impressionante. No entanto, assim como o palavrão em uma peça, é sua raridade que é responsável por sua força. Uma continuidade de emoções grosseiras faz com que uma pessoa dificilmente seja merecedora de nossa companhia, sem que tenha a ver com bons modos.

Voltamos, mais uma vez, aos estoicos, os brilhantes e obstinados filósofos da Grécia e Roma antigas. Como já disse, foram os estoicos — mais claramente do que ninguém — que insistiram em que as paixões não deveriam ser confundidas com seus "primeiros movimentos", os sentimentos de alteração e excitação fisiológicas que se seguem imediatamente à percepção inicial de uma situação. A paixão em si é o que vem depois, uma "afirmação" desses sentimentos, como legítimos ou ilegítimos, sábios ou tolos. Portanto, para os estoicos, as paixões são julgamentos, e julgamentos podem ser verdadeiros ou falsos, sábios ou tolos, justificados ou injustificados, e não se limitam a ser dolorosos ou prazerosos, mas são decisivos para determinar exatamente como vivemos, quão virtuosos somos, quão felizes podemos ser. Até aqui, tudo bem, na minha opinião. Aí, porém, os estoicos fazem um movimento infeliz, segundo meu ponto de vista, embora seja esse movimento que lhes dê o nome. Ser "estoico" é manter-se forte diante da adversidade, mesmo da tragédia, e a estratégia dos estoicos foi a de evitar ser afetado ou, pelo menos, evitar a "afirmação" de sofrimento, ao se recusar a "afirmar" o que consideravam como apegos e investidas causadores de sofrimento.

Por exemplo, ficar com raiva pressupõe o julgamento de que o comportamento ofensivo de outros é algo para nos deixar incomodados. O bom estoico, porém, "não se deixará levar por isso". O que é uma ofensa, no contexto mais amplo das coisas? Do mesmo modo: ama-se uma mulher acima de todas, pode-se até sentir que "não se pode viver sem ela". Qual é porém a importância de uma mulher, no contexto mais amplo? E não se pode, realmente, viver sem ela? Dessa maneira, os estoicos aconselhavam evitar amor e casamento, filhos, bens materiais, ambição e carreira ou, pelo menos, tentavam distanciar-se dessas coisas. (A maioria dos estoicos, na realidade, casava-se e tinha filhos. Se eram maridos e pais amorosos, não sei. É interessante, no entanto, que tenha havido tão poucas mulheres estoicas.) Dava-se o mesmo em relação à vida pública. Alguns dos estoicos viviam virtualmente como ascetas, mas outros, sem dúvida, aspiraram ao auge do poder e o atingiram. Sêneca foi um senador romano, no governo de Nero. Marco Aurélio foi um dos últimos grandes imperadores de Roma. Lendo-os, porém, fica-se impressionado em como tentaram não se deixar afetar pelos conflitos e pelas traições à sua volta. Tudo isso é de fato extremamente admirável, mas o conselho deles de "não se deixar levar" pela tola vaidade dos nossos julgamentos sobre o mundo é algo que não posso aceitar em hipótese alguma. Falando mais filosoficamente, diria que os estoicos negam o status especial da subjetividade — de que uma mulher possa significar o mundo *para mim* — mesmo defendendo uma teoria subjetiva da emoção extremamente perspicaz: a emoção como julgamentos pessoais sobre o mundo.

Agora podem objetar contra todo esse esforço de análise, argumentando que não mostrei que emoções são julgamentos e, portanto, inteligentes, mas, em vez disso, mostrei que emoções, que são bastante primitivas, têm *pré-condições cognitivas*, ou seja, crenças etc., mas não são cognitivas. (Atualmente, um dos mais notáveis defensores desse ponto de vista é Jesse Prinz, que no livro *Gut Reactions*[1] nos oferece uma reconstrução inovadora da opinião de William James e faz do cognitivismo das emoções uma característica secundária, em vez de primária. A esse respeito também devemos mencionar Jenefer Robinson e seu livro *Deeper than Reason*,[2] embora ela tenha em mente outros objetivos, especialmente a expressão de emoções na arte e particularmente na música. Sem dúvida, uma visão "não cognitiva" das emoções tem um atrativo especial na compreensão da música, [isto é, música sem letra ou tema literário], um tema fascinante com o qual não tentarei lidar aqui.) Costumava pensar que isso era uma questão muito maior do que atualmente considero. Para começar, não penso que exista um significativo divisor de águas entre uma emoção e suas pré-condições, mas, principalmente, não parece importar se a emoção *é* o reconhecimento de (ou um engajamento com) um certo estado do mundo ou se reconhece que um certo estado do mundo é apropriado a um certo engajamento e, portanto, a uma certa emoção. Wittgenstein sugeriu que não reconhecemos uma emoção (ou seja, um sentimento privado), mas, ao contrário, identificamos uma emoção com base no contexto. Assim, não é o julgamento ou sentimento de violação que constitui a vergonha, mas, em vez disso, nós o chamamos de "vergonha" se acontecer em uma situação na qual a pessoa é merecedora de condenação. (Esse argumento foi convincentemente apresentado por Errol Bedford, em um dos primeiros importantes ensaios analíticos sobre emoção, "Emotions".) Tal visão tende a ignorar o ponto de vista da primeira pessoa (fenomenológico) — como fariam os neobehavioristas — e, em decorrência, não explica o fato de que uma pessoa *experimenta* vergonha. Reconhece, entretanto — de um modo que muitos filósofos e psicólogos "introspectivistas" não fizeram —, que emoções e contexto não são facilmente distintos ou separados. Entretanto, a vergonha não é simplesmente criada por observadores desinteressados. Inteligência emocional é inteligência *nas emoções* e não se resume à apreciação do nosso espectador sobre sua funcionalidade e significância. As emoções não são eticamente significativas apenas porque acontecem em situações carregadas de ética, mas porque são constituídas por julgamentos que são totalmente repletos de valor. Elas nos fornecem a orientação básica em relação ao mundo e a cada um de nós.

Notas

1. Tradução livre: *Reações viscerais*. (N. do T.)
2. Tradução livre: *Mais fundo do que a razão*. (N. do T.)

CAPÍTULO XIX Emoções, *self* e consciência

Na condição de seres humanos adultos, reflexivos e dotados de linguagem, não temos apenas emoções. Temos pensamentos sobre nossas emoções e novas emoções sobre nossas emoções. Nós as aprovamos ou desaprovamos. Ficamos orgulhosos ou embaraçados com elas. Podemos ficar com raiva de nós mesmos por termos uma determinada emoção (digamos, ficar com ciúme) ou por ficarmos emotivos quando havíamos decidido não ficar. Mesmo antes de desenvolver plenamente nossas habilidades linguístico-reflexivas, antes de formar pensamentos sobre nossas emoções ou avaliá-las, aprendemos a reconhecer que as temos. Nós as mencionamos, até publicamente: "Você está me deixando com muita raiva!", "Eu te odeio!" e "Eu te amo." Porém, mesmo quando não agimos assim, geralmente as identificamos para nós mesmos. Sabemos que estamos embaraçados. Sabemos estar tomados de admiração, quer apliquemos ou não aos nossos sentimentos os rótulos explícitos.

Animais e crianças não fazem isso. Nem mesmo têm essa capacidade reflexiva mínima. Para nós, no entanto, ela se tornou parte essencial da nossa vida emocional. Nossas emoções e experiência emocional incluem, de modo característico, nossos pensamentos sobre nossas emoções e nossas emoções sobre nossas emoções. É por isso que nossas emoções se tornam tão centrais para a ética, não só porque já trazem dentro de si estimativas e avaliações ou porque nosso comportamento emocional tende a ter consequências eticamente significativas, mas porque estamos continuamente estimando e avaliando nossas respostas emocionais. Como os estoicos ensinaram, anos atrás, nossas paixões podem começar com "primeiros movimentos" primitivos, mas só se manifestam inteiramente quando as "afirmamos" ou "negamos". E o que afirmamos e negamos não é apenas a emoção. É a emoção como uma reflexão do próprio *self*. Ela mostra ou denuncia quem a pessoa é. Desse modo, um homem fica envergonhado porque está com medo, apresentando-se, assim, como tímido ou covarde. Uma mulher orgulha-se do fato de ter ficado com raiva do supervisor que a vinha molestando e ter reagido. Isso muda a concepção que tem de si, passando a ser uma pessoa que "assume o comando". Antes mesmo de aprender a analisar, vivenciamos nossas emoções como profundamente indicativas do tipo de pessoa que somos. Nossas emoções nos tornam *autoconscientes*.

Ao longo deste livro, não disse muita coisa sobre o *self*, ou autoconsciência, pelo menos não muito diretamente. E, no entanto, o *self* e o senso de *self* permeiam virtualmente tudo sobre o que falei, desde as emoções mais "básicas" até nossos mais complexos julgamentos emocionais e engajamentos no mundo. Não significa que todas as emoções sejam *sobre* o *self*, nem que todas sejam de algum modo autoconscientes. Muitas de nossas emoções são a respeito de outras pessoas ou de uma situação, e nossas emoções podem ser altruístas, totalmente voltadas para os outros e podem engajar-se em tarefas que não envolvem interesse próprio. Como veremos, existe uma importante diferença entre as emoções autoconscientes e as que não o são. O *self*, porém, está implícito ou é conivente em praticamente qualquer emoção humana, mesmo as que são essencialmente síndromes fisiológicas ou programas de afeto. Desse modo, o neuropsiquiatra António Damásio especula que existem protótipos de *self* e autoconsciência em todos os seres vivos. Ao longo deste livro, vimos o *self* aparecer repetidamente, não só nas emoções obviamente autodirigidas, como vergonha, embaraço e orgulho — em que o *self* é claramente o foco —, mas também na raiva, em que não é o foco. No entanto, a raiva diz respeito a uma ofensa *ao self* e, portanto, envolve necessariamente um senso do *self* ofendido ou frustrado. Além disso, como vimos, a raiva frequentemente envolve estratégias para resgatar a autoestima nas quais o *self* desempenha um papel magistral ("como juiz e júri"). Da mesma forma, o *self* está profundamente envolvido no amor, mesmo o foco sendo o ser amado, uma vez que, segundo minha análise, o amor é estruturado como um *compartilhar de selves*: portanto, nesse sentido, tem muito a ver com o *self*, o que, insisto enfaticamente, não significa dizer que "todo amor é amor a si mesmo". Amor-próprio não é amor.

Mesmo se quase todas as emoções envolvem o *self*, não significa que sejam todas, explicitamente, a respeito do *self*. Às vezes isso é contestado, como veremos, pelos que insistem (de um jeito ou outro) em que todas as emoções são autocentradas. Entretanto, se e em que sentido as emoções *implicitamente* envolvem o *self* é uma questão mais sutil. Assim, na raiva o *self* está completamente envolvido, mas não é o objeto nem o foco de consciência, e na indignação moral o *self* pode não estar, absolutamente, em evidência, apenas a transgressão e o transgressor. O *self*, porém, como um juiz apontando o dedo, está claramente presente mesmo que não seja o foco e, aparentemente, nem esteja em cena. Se sinto orgulho do meu irmão, a emoção é bem explicitamente sobre meu irmão, mas, como David Hume assinalou no *Tratado sobre a natureza humana*, meu orgulho só faz sentido na medida em que percebo meu *self* em conexão com meu irmão. Assim também na fé, no assombro e na admiração pode ser que o importante para a emoção da pessoa seja a relativa *insignificância* do seu *self*; porém, também assim, o *self* está envolvido, não importando quão intensamente o foco possa estar no objeto da emoção (Deus, o herói da pessoa ou um indivíduo exemplar). No medo, existe a questão premente sobre o que a pessoa deveria fazer, assim como de que modo pode ser prejudicada, e apesar disso o foco do medo está no perigo, e não no *self*, em si, da pessoa.

Mencionei acima que existem teóricos que têm insistido (de alguma forma) em que todas as emoções são autocentradas. *Mea culpa*. No início do meu trabalho sobre emoções, arrisquei a hipótese empírica muito geral de que a estratégia final de todas as emoções era a maximização (ou manutenção) da autoestima. (Com isso desejava aperfeiçoar a sugestão anterior de Sartre de que todas as emoções eram uma forma de "comportamento de fuga", tentativas de proteger a reputação no confronto com um mundo difícil.) Recuei dessa hipótese excessivamente ousada que, hoje, vejo que torna todas as emoções demasiadamente autointeressadas e talvez até narcisistas. Passei também a abominar a noção de "autoestima" devido ao uso indiscriminado feito por educadores e gurus *psico-pop*. No entanto, ainda mantenho o que considero ser um *insight* central: todas as emoções dos adultos humanos, virtualmente por definição — por minha conta —, são mais ou menos autoconscientes. São engajamentos do *self* no mundo, por mais primitivo que seja esse *self*, mesmo quando o foco total das emoções parece estar voltado para outra direção, para o bem-estar de uma outra pessoa, para Deus, para a tarefa em que se está ativamente engajado. Nos seres humanos é isso que torna as emoções diferentes de julgamentos intelectuais e outros julgamentos "frios". Enquanto estratégias, estão preocupadas, entre outras coisas, com o bem-estar do *self* (sendo sobrevivência a condição mínima). Nesse sentido, a dramática estratégia da raiva não é tanto exceção quanto é o caso exemplar.

Questiono agora a minha hipótese anterior, fundamentalmente porque desejo reconhecer que somos pessoalmente motivados em nossas emoções não só em benefício próprio, mas em benefício de outros. Às vezes podemos até ser "abnegados", desde que isso signifique *submissão* total do *self*, e não sua ausência. Isso não torna as emoções nem um pouco menos pessoais. O *self*, porém, pode estar envolvido de maneiras diferentes. Pode estar submetido a uma causa maior ou, no amor, ser expansivo. Pode envolver e incluir outros selves e até fundir-se com eles. Podemos ficar com raiva — e, principalmente, moralmente indignados — tanto no interesse de outros como no nosso. Podemos tanto vingar outras pessoas como nos vingar. Sentimos simpatia e empatia por outros quando nós mesmos nada temos em jogo ou em risco. Portanto, enquanto o *self* está envolvido em praticamente toda emoção, isso não significa que todas as emoções sejam autocentradas ou egoístas. O que, porém, também emerge dessas considerações é a compreensão de que nas emoções o *self* não é uma substância única, como sugeriu Descartes em sua clássica reflexão sobre o *self*.

Embora ao menos implícito em todas as emoções, o *self*, no entanto, se apresenta sob aparências muito diferentes em nossas diversas emoções. Desse modo, Hume, apesar de negar o *self* cartesiano, argumenta que ideias a respeito do *self* tanto causam orgulho quanto são aquilo sobre o qual é o orgulho, mas se trata de ideias *diferentes*. A causa, diz ele, é o que fizemos (algum feito ou realização), mas a segunda ideia é sobre o *self* de modo mais geral. Uma vez que abandonemos a concepção excessivamente abstrata de Descartes, do *self* como uma "coisa pensante", e procuremos os vários papéis que ele pode desempenhar nas diferentes emoções, verificamos que o *self* pode ser o agente de uma ação em andamento, o agente de uma ação prévia, a vítima de alguma calamidade, a parte ofendida, o beneficiário de um ato ou situação, um inocente espectador, o agente ou a vítima (ou ambos), o beneficiado ou o ofendido (ou ambos) e, sem dúvida, pode estar emaranhado, de todas as maneiras, com outras pessoas. Esses vários *selves* são *o mesmo self*? O *self* que encontramos na vergonha e no embaraço é o mesmo que vemos na raiva? O *self* que, no amor, se funde com outro é o que se retrai na tristeza ou até no luto, mesmo quando o luto se segue ao amor? Quando Nietzsche (1966) defendeu a fragmentação do *self* ("uma comunidade de *selves*"), parte do que tinha em mente eram as compreensões muito diferentes que temos de nós mesmos quando em nossas várias paixões. Portanto, falar simplesmente de "o *self*" na emoção pode revelar-se extremamente simplista.

O que começamos a perceber, do modo como penso que Hume e certamente Nietzsche perceberam, é que, de uma emoção para outra, o *self* muda sua forma e até mesmo sua natureza. Não é como se houvesse um *self*, muito menos o que filósofos anteriores defenderam e atacaram como uma "alma-coisa" que entra nas nossas emoções. Os animais podem ter um senso rudimentar de *self*, de si próprios como ameaçados e desrespeitados, mas as pessoas — porque podem ser totalmente autoconscientes — têm uma gama muito mais ampla de emoções, mesmo no nível pré-reflexivo. É alvo de debates a questão sobre se animais podem ficar envergonhados, embaraçados ou orgulhosos (embora observando um *shepherd* alemão que acabou de se comportar mal, ou de fazer uma tarefa complicada, seja difícil para mim não pensar que podem), porém nas vidas humanas a existência e a importância de tais emoções são inquestionáveis. Elas são definidas em termos do *self*. Se faz sentido dizer que um cachorro da raça *shepherd* alemão pode ficar envergonhado, embaraçado ou orgulhoso, então também deve fazer sentido dizer que ele tem algum senso de *self*.

O que significa ter um *self* (e um "senso de *self*")? Mencionei que Damásio escreve, de forma ousada mas especulativa, sobre uma consciência central e um proto-*self* que existe mesmo no nível mais rudimentar de função cerebral e até nos organismos mais primitivos. Anos atrás, Lewis Thomas (1974) argumentou que até os organismos mais primitivos, fungos ameboides, por exemplo, têm um senso rudimentar de *self*, isto é, algum senso sobre o que são *eles próprios* e o que é *outro*. No entanto, sem ser tão especulativo, podemos dizer, com convicção, que animais (particularmente mamíferos e aves) que estão com medo têm algum sentido de vulnerabilidade e os que são agressivos têm algum senso de defesa. (Não se deve saltar para a injustificada conclusão de que animais que estão com medo estão com medo da morte ou que animais agressivos tentam matar o antagonista porque não têm conceito de *morte*.) A questão interessante aqui é: que conceitos, e particularmente que conceito de *self*, os animais precisam ter a fim de sentir emoções? A resposta, excessivamente cética, de que animais não têm conceitos, e portanto conceito de *self*, só desloca a questão um passo atrás, quando nos força a perguntar de que *senso* de *self* um animal precisa ser dotado para ter emoções (em que evitamos o frequentemente superintelectualizado conceito de "conceito"). É, no entanto, evidente que os animais têm algum senso de *self*, a partir do momento em que têm qualquer emoção que seja (certamente, só um ceticismo ininteligível ainda o nega.)

Entretanto, ter um senso de *self* não é o mesmo que ser autoconsciente. Há grande controvérsia a respeito da discussão sobre se, e até que ponto, animais têm autoconsciência, ou seja, um senso de si próprios *como selves*. Experimentos de observação do comportamento de chimpanzés e gorilas, quando se viam no espelho com a testa pincelada de tinta, parecem ser inevitavelmente falhos se os pesquisadores considerarem que autoconsciência limita-se a autoconsciência *visual*. Muitos animais parecem depender muito mais de um senso de olfato (notadamente menos importante na maioria das interações humanas, com exceção de perfumes e encontros no elevador e no metrô). Sem lidar, porém, com esse assunto espinhoso, podemos dizer com alguma clareza que os animais podem ter emoções e, portanto, algum senso de *self*, mas não sabem que têm emoções e consequentemente não são autoconscientes da mesma forma que os adultos humanos podem ser. Por outro lado, seres humanos adultos podem tanto reconhecer suas emoções (mesmo que possam identificá-las equivocadamente) quanto ser autoconscientes a respeito delas. Mesmo que biólogos, como Damásio e Thomas, estejam dispostos a estender a noção de individualidade a virtualmente todas as coisas vivas, desde que apresentem um mecanismo interno de sobrevivência, a centralidade do *self* na emoção humana significa muito mais do que isso.

Compreender as emoções como profundamente envolvidas com o *self* e seus interesses ajuda-nos a entender um outro aspecto das emoções que é geralmente mal-interpretado. De um modo geral, concorda-se com a tese de que as emoções admitem gradações. A pessoa pode estar ligeiramente com raiva ou com muita, muita raiva. Pode estar um pouco apaixonada ou "perdidamente" apaixonada. Pode estar um pouco embaraçada mas pode, também, estar muito embaraçada, até humilhada ou "mortificada". O que é, porém, essa *intensidade* de uma emoção? O que significa ser um pouquinho emotivo em oposição a muito emotivo? Geralmente se considera ser a intensidade de uma emoção o "calor" de uma emoção, como se uma pessoa que está com um pouco de raiva vá ficar um pouco agitada, mas uma pessoa que está realmente com muita raiva, ou furiosa, vá ficar bastante vermelha e sofrer de todos os tipos de intensificações fisiológicas (pulso e batimentos cardíacos acelerados, respiração difícil, suor abundante, câimbra, tensão muscular etc.), e tudo isso se manifestará em sentimentos intensos, uma experiência emocional particularmente intensa. A raiva é, portanto, considerada como mais ou menos intensa com base em "quão fortemente a pessoa sente". Entretanto, já sugeri que o grau de alteração fisiológica pode, às vezes, ser surpreendentemente independente da intensidade da emoção e, portanto, assim também as sensações que acompanham aquela alteração. Sensações como as do sistema nervoso autônomo podem ser produzidas de várias formas — em consequência do início de uma gripe, da ingestão de estimulantes ou suplementos vitamínicos —, mas a pessoa logo percebe que essas sensações não são, nesses casos, sintomas de emoção. Pessoas ficam enfurecidas com pequenos desapontamentos, mas por causa disso não dizemos que sua raiva é intensa. Algumas pessoas, mesmo com muita raiva, podem permanecer bem "frias" e controladas, talvez porque já antevejam algum arrasador ato de retaliação ou vingança. Nem por isso desconsideramos sua raiva. Mas, então, qual é a medida para a intensidade da raiva?

Diria que, na maioria das vezes, a medida da intensidade da raiva é *a seriedade da ofensa*. Esse não pode ser, no entanto, um julgamento "objetivo". Se assim fosse, a raiva irracional e a "reação exagerada" seriam incompreensíveis, já que a raiva seria sempre proporcional à *real* seriedade da ofensa, independentemente de como essa fosse determinada. Sem dúvida, ainda haverá controvérsias quanto a padrões éticos "objetivos", tais como se a seriedade da ofensa depende do estrago causado à reputação do agente ou ainda, segundo alguns moralistas, da origem, da prioridade e da importância da regra violada etc. Entretanto, o julgamento em questão é o julgamento do *sujeito* (ou "subjetivo") a respeito da seriedade da ofensa, isto é, *o quanto o sujeito toma a ofensa como pessoal* ou se de fato existe realmente alguma ofensa. Dessa forma, um insulto que causa pouco dano à reputação de uma pessoa pode, ainda assim, desencadear fúria se ela o tomar como uma questão pessoal e considerá-lo suficientemente ofensivo. "O quão fortemente a pessoa sente" refere-se, em outras palavras, à força e à convicção dos julgamentos componentes, não aos seus sentimentos corporais. Se uma ofensa é sentida muito pessoalmente e como muito séria, a raiva será intensa. Por outro lado, se uma ofensa não é de modo algum levada a sério, talvez porque o ofensor seja um velho adversário de quem se esperam tais comentários, ou talvez porque seja um impertinente, ou apenas um bêbado desconhecido, então a raiva será menos intensa. Em outras palavras, a medida de intensidade da raiva é o senso de vulnerabilidade e de dano ao *self* da pessoa. Dizendo de outro modo, a medida de intensidade é um julgamento ético — quão importante é a questão na vida da pessoa — e não uma amplitude fisiológica.

Naturalmente, os sintomas fisiológicos da raiva geralmente serão proporcionais à estimativa de vulnerabilidade do *self* e de dano a ele, mas não são esses sintomas fisiológicos que indicam a intensidade da raiva. O mesmo é verdade em relação à intensidade de outras emoções. Sensações como medo e estar com medo aumentam na proporção em que aumenta o senso de perigo e vulnerabilidade. (Por exemplo, a intensidade do medo vicário, enquanto se assiste a um filme, requer um tratamento especial. A pessoa teria de incluir a estimativa de perigo e vulnerabilidade dentro do campo de abrangência da sua "suspensão voluntária da incredulidade".) O amor é mais intenso quanto mais o *self* de uma pessoa se sente envolvido e próximo em relação ao *self* do outro. Os sentimentos (sensações) de amor também podem ser intensos, mas ninguém com algum bom senso iria querer medir a intensidade do amor apenas com base na intensidade do sentimento, muito menos na intensidade dos sintomas fisiológicos. Logo após ter *feito* amor, esparramada na cama e exausta, os sentimentos mensuráveis da pessoa podem ser mínimos, mas a intensidade da emoção, em outras palavras o que chamamos de *sentimento de amor*, pode estar no seu auge. A medida de uma experiência emocional tem muito a ver com até que ponto o *self* está engajado, com o grau em que a pessoa "a leva em termos pessoais" e com a importância do assunto.

"Levar em termos pessoais" refere-se não só aos julgamentos avaliativos na emoção, mas também à *autoconsciência reflexiva* ou ao que muitos teóricos iriam referir-se como consciência de "segunda ordem", consciência da consciência (da emoção). Portanto, a fim de compreender o(s) papel(éis) central(is) do *self* na estrutura das nossas emoções, é necessário explorar a vastíssima questão da consciência. O que significa, para uma emoção, ser consciente?

Há um sentido mínimo em que todas as emoções são conscientes, isto é, registram nossas sensibilidades e dão origem ao que se pode, de modo muito geral, chamar de "sentimentos", quer os notemos, quer não, quer prestemos atenção a eles ou não. Além disso, caracterizamos emoções como engajamentos no mundo e, portanto, podemos dizer que para que qualquer criatura tenha uma emoção, ela precisa engajar-se no mundo, ao menos percebendo o mundo e tendo alguma participação e algum papel no que acontece nele. Desse modo, minimalistas como Jeremy Benthan declararam que, mesmo que animais não pensem, eles sentem e, portanto, têm *interesses*. (Pedras, ao contrário, não têm interesses.) Na medida em que as emoções envolvem percepções ou têm algo em comum com elas, podemos chamá-las de minimamente conscientes caso envolvam ver, ouvir, sentir o gosto ou sentir, por exemplo, a carícia delicada de alguém ou uma leve dor na panturrilha. Se essas forem muito fracas, podem estar abaixo do limiar de sensação e não ser conscientes e, portanto, não contar absolutamente como sentimentos. Porém, se estiverem acima do limiar de sensação — e este é o ponto crucial —, não precisam ser notadas ou que se lide com elas. Desse modo, podem ser conscientes em um certo sentido mas não em outro.

Um exemplo conhecido, na psicologia, é a percepção subliminar, em que uma imagem surge tão rapidamente que o sujeito não parece, de forma alguma, percebê-la (e, se indagado, negará que o tenha feito), mas quando, em seguida, lhe fazem algumas perguntas relevantes, ficará evidente que ele realmente "registrou" ou viu a imagem. Assim também às vezes vemos coisas e não as notamos, mas, mais tarde, parecemos lembrarmo-nos delas. Foi demonstrado, por exemplo, por Robert Zajonc, da Universidade de Michigan, que percepções subliminares podem afetar nossas emoções. Por exemplo, nossa preferência por ideogramas chineses — que, em outras circunstâncias, seriam inexpressivos — aumenta simplesmente com base em exposição (subliminar) repetida e familiaridade ou em associação a imagens positivas (como um rosto feliz) (1980). O trabalho de Zajonc provocou muita controvérsia, especialmente devido a um prolongado debate com o "teórico da avaliação" Richard Lazarus. No entanto, o que emergiu e que, atualmente, é geralmente consenso foi a ideia de que há diferentes níveis de consciência, alguns dos quais envolvem reconhecimento (dos próprios estados mentais) e outros não.

Considerem o exemplo de Dan Dennett do que ele chama *rolling consciousness*,[1] quando alguém dirige por uma estrada conhecida enquanto absorto em uma interessante conversa (1991). Entretanto, a pessoa percebe, abruptamente, que está dirigindo quando algo desagradável acontece que demande sua total atenção (um carro aparece, subitamente, de uma estrada lateral ou um pneu estoura e o carro desvia-se para a esquerda). Não é que, antes, o motorista não estivesse prestando atenção — ele não saiu da estrada nem bateu em outro carro —, mas estava dirigindo no que expressivamente chamamos de "piloto automático". No entanto, quando agora ele presta atenção na direção, não é como se, de repente, estivesse fazendo uma coisa diferente. Nem está simplesmente fazendo o que fazia antes. Do mesmo modo, quando temos uma emoção e tomamos consciência dela, não é que agora estejamos sentindo outra coisa, mas não estamos simplesmente sentindo o que sentíamos antes. Uma das possíveis diferenças é que o *self* agora está em foco, enquanto antes não estava. (É por isso que Jean-Paul Sartre diz que o *self* só aparece na consciência reflexiva, mas que as emoções, em si, não são reflexivas.)

Ainda sem invocar alguma teoria da consciência, podemos dizer que, no primeiro sentido, simplesmente registrar as sensações, algum sentimento, deve (por definição) ser um ato consciente (às vezes chamado de "consciência de primeira ordem"), mas nos demais sentidos — notar, prestar atenção ou saber que se tem um determinado estado mental — nem todos os sentimentos ou as emoções precisam ser conscientes (todos agrupados como "consciência de segunda ordem"). No que dissemos até aqui, está claro que algo como um senso de *self* deve ser possível em um nível de consciência bem primitivo (quer seja ou não em fungos ameboides). Autoconsciência, porém, é uma forma estranha de se referir a uma variedade de tipos de consciência emocional que podem ou não ser possíveis em uns poucos animais que não usam a linguagem (embora fosse relativamente raro), mas é generalizado na emoção humana adulta. De fato, emoções autoconscientes podem não só exigir o uso da linguagem, mas o domínio de uma linguagem bem sofisticada que inclua (minimamente) um vocabulário de emoções e de *self* e uma forma de "situar" as emoções em nossa psicologia e em nossas vidas.

Jean-Paul Sartre fez uma distinção entre consciência "pré-reflexiva" e "reflexiva", para diferenciar dois tipos de consciência: inicialmente, do mundo, e, em segundo lugar, de nós mesmos. ("Primeira e segunda ordem" é usado no trabalho mais recente dos psicólogos Marcel e Lambie; outro modo de fazer a distinção é: consciência "fenomenal" *versus* "de acesso", feita pelo cientista cognitivo Ned Block.) Entretanto, Sartre percebe, imediatamente, que sua distinção entre consciência pré-reflexiva e autoconsciência reflexiva é simples demais e torna, então, o quadro consideravelmente mais ambíguo ao insistir em que, embora o "eu", o *self*, apareça apenas no nível reflexivo da consciência, uma espécie de versão do *cogito* cartesiano ("*eu* penso") deve aparecer mesmo no nível pré-reflexivo. Ele descreve, como um episódio típico de consciência pré-reflexiva, a experiência de "bonde a ser alcançado," claramente sem um "eu" (em oposição ao reflexivo "tenho de pegar aquele bonde"). É, no entanto, bem evidente que o "eu" está implícito no primeiro caso, mesmo que não seja pensado ou percebido como tal. Portanto, precisamos distinguir, ainda, entre "autoconsciência" e "reflexão", e entre diferentes tipos ou "níveis" de autoconsciência. Introduzo isso não para confundir uma questão que pode ter parecido clara, mas a fim de apreciarmos como nossas vidas emocionais são complicadas em relação a *self* e consciência, mesmo antes que cheguemos ao labirinto postulado por Sigmund Freud. Quero sugerir que a distinção de dois níveis é excessivamente rudimentar, sobretudo quando falamos de fenômenos tão intrigantes como a conexão entre emoções e o *self*. Autoconsciência e reflexão cobrem um amplo leque de capacidades claramente humanas. Talvez seja ainda mais dramático porque não afeta apenas nosso conhecimento sobre emoções, mas a natureza das próprias emoções.

No capítulo 10, mencionei que Maurice Merleau-Ponty, colega de Sartre, perguntou-se demoradamente se ao menos podíamos compreender como seria nossa experiência sem a linguagem (e como tinha sido, antigamente, quando éramos bebês). Ou como é a experiência não linguística animal. Como eu disse, trata-se de uma séria questão, porque não é como se pudéssemos, simplesmente, "descascar" os acréscimos feitos pela linguagem à nossa experiência a fim de ter, então, acesso à experiência "bruta" ou linguisticamente não processada. Nossa linguagem (ou, mais precisamente, os conceitos que temos porque usamos linguagem) permeia todas as nossas experiências, até as mais incipientes e inarticuladas. (A experiência limite seria algo como dor pura, ou sensação pura, mas, ainda assim, precisamos nos indagar se a experiência seria a mesma caso não a reconhecêssemos como dor ou como o tipo de sensação que era.) Assim, podemos calcular o que é raiva para um cachorro, um pássaro ou um macaco? Em certo sentido, certamente sim. Porém, em outro sentido, mais profundo, provavelmente não. A mesma pergunta pode ser reiterada em relação a pessoas de outra cultura ou (só para gerar confusão) pessoas do outro gênero. Essa é uma questão que vem nos perseguindo desde o início do livro: nossas emoções são, em certa medida, tanto moldadas quanto definidas pela linguagem (e as metáforas) com a qual as identificamos e descrevemos? A resposta é: "em certa medida, sim". Nossa linguagem, ou perspectiva, molda e define "em certa medida" não só nossas emoções específicas, mas também a forma geral de nossas vidas emocionais.

Isso significa que nossas emoções já são saturadas de reflexão e autoconsciência e não podem ser compreendidas de nenhum modo "pré-reflexivo". Creio que podemos ver, aqui, por que Sartre ficou tão agitado diante da sua reivindicação de que existe uma consciência pré-reflexiva bem separada da consciência reflexiva e por que seu ensaio inicial sobre as emoções, em que presumia essa distinção (e insistia que todas as emoções eram pré-reflexivas), foi insatisfatório. Conforme insistiu Merleau-Ponty, não existe separação nítida, mesmo em teoria, entre consciência pré-reflexiva e reflexiva. Nossas emoções já estão contaminadas por reflexão e autoconsciência. É apenas uma questão de quão rudimentares ou articulados são os conceitos que constituem nossos julgamentos emocionais e com os quais nós os identificamos e descrevemos. Logo depois de acordarmos ou de termos bebido um pouco demais, esses conceitos podem ser, realmente, rudimentares e quase nada articulados e a autoconsciência e a reflexão podem ser mínimas. E as emoções serão igualmente rudimentares e minimamente autoconscientes.

Porém, em um contexto estético, na poesia sobre amor, na vingança e no ressentimento profundos, os conceitos constitutivos de nossas respostas emocionais podem ser totalmente pensados, profundamente reflexivos e inteiramente autoconscientes. Tal reflexão e autoconsciência serão decisivas nessas emoções. Nosso senso de amor romântico é uma emoção totalmente reflexiva. As pessoas estão apaixonadas, celebram o conceito de amor e têm total noção quando estão apaixonadas. (É bem sabido que, às vezes, homens e mulheres "descobrem" que estão apaixonados, mas o ponto crítico é que o seu amor só é completamente concretizado a partir do momento em que identificam que estão apaixonados.) A noção de um amor puramente pré-reflexivo produziria pouco mais do que atração animal e algum senso de apego afetuoso. Importante? Sim, talvez até "básico", mas dificilmente objeto de literatura, poesia e música.

Tudo isso levanta sérios desafios à distinção excessivamente simples entre dois tipos ou "níveis" de consciência. Em primeiro lugar, a distinção em si é inaplicável a emoções humanas adultas, na medida em que todas as emoções são, em certa medida, reflexivas. Em segundo lugar, porém, creio que a própria ideia de dois níveis de consciência é pobre. No domínio das emoções reflexivas e autoconscientes existem muitas discriminações diferentes que podem e precisam ser feitas. Geralmente, distinguimos entre uma pessoa que está consciente, ou seja, ocupando-se de seus assuntos e afazeres, e alguém que se torna autoconsciente, isto é, que está vivamente ciente de como seu comportamento (ou aparência, ou modos) pode aparecer para mais alguém. Ou a pessoa pode examinar minuciosamente seus sentimentos, por exemplo, questionando se são ou não justificados em uma determinada situação. ("Tenho realmente motivos para estar com ciúme só porque ela está falando com ele?") É bem fácil imaginar alguém, talvez você mesmo, enrubescendo, agindo nervósamente e ficando embaraçado *sem perceber*. Quando um amigo chama atenção para isso, você fica realmente embaraçado, na medida em que sua emoção torna-se inteiramente autoconsciente. (Observe a diferença entre esses dois sentidos de "autoconsciente".)

Pode valer a pena notar que, pelo menos no inglês americano, dizer que alguém ficou "autoconsciente"[2] significa dizer que ficou ao menos levemente embaraçado, de modo que, quando ficamos autoconscientes do nosso embaraço, tendemos, portanto, a ficar *duplamente* embaraçados. (Em alemão, pelo contrário, *selbst-bewusstsein* sugere algo mais como orgulho ou autoconfiança.) Portanto, uma coisa é dizer que uma emoção é autoconsciente, no sentido de que seu objeto é o *self*, e outra é dizer que ela é autoconsciente no sentido de que a pessoa é reflexivamente consciente de que tem aquela emoção. Portanto, no segundo caso, mesmo emoções explicitamente autoconscientes, como vergonha, embaraço e orgulho, podem ser ou não autoconscientes. Em outras palavras, estamos falando, aqui, sobre um complexo sistema de discriminações, não de uma única discriminação.

Com quase qualquer emoção ou percepção, podemos fazer várias distinções entre meramente ter, registrar, notar, prestar atenção e compreender a emoção. Podemos acrescentar a isso os diferentes níveis e tipos de compreensão, desde compreender (emocionalmente) que "alguma coisa ruim parece estar acontecendo" até compreender (emocionalmente) exatamente o que é, como aconteceu, como apareceu, suas implicações e consequências e seu significado mais amplo. Eis uma rápida analogia (não necessariamente emocional): olhando de relance, sonolento, para o meu relógio digital junto à cama, às quatro da manhã, posso nem notar que horas são — embora, claramente, tenha visto. (Estava bem diante dos meus olhos abertos.) Ou posso notar a hora, nada pensar a respeito e imediatamente esquecer (ou será que nunca prestei realmente atenção?). Ou posso notar a hora, nada pensar a respeito, mas ser capaz de dizer a você — se você perguntasse — que horas são. (Isso pode ser considerado uma variação de percepção subliminar — notar, mas não prestar atenção realmente. Porém aqui também penso que há várias distinções, e não apenas uma.) Ou, quando olho, posso casualmente pensar que tenho de levantar dentro de três horas e meia. Ou posso entrar em pânico porque não vou dormir o suficiente. Ou posso começar a me perguntar como é que consigo manter meu emprego indo sempre tão cansado para o escritório. Ou posso começar a maldizer até o fato de ter de trabalhar. Ou posso começar a pensar sobre o modo curioso como, à noite, o tempo parece passar mais devagar. Ou posso refletir (como um filósofo) sobre o que Santo Agostinho ou o neo-hegeliano John McTaggart tinham a dizer sobre tempo. Em cada estágio dessa progressão, posso ter motivo para dizer que "estava consciente do tempo", mas isso teria significados e implicações muito diferentes.

Do mesmo modo, podemos estar conscientes de nossas emoções (ou nossas emoções podem ser conscientes) de várias maneiras diferentes ou em vários "níveis" diferentes. (Hesito em chamá-los "níveis" na medida em que isso sugere que são hierarquicamente ordenados, um "acima" do outro.) Em uma situação tensa, subitamente me dou conta (isto é, reconheço) de que estou aborrecido. Estou agitado, suando, tenso. Porém estava assim antes de notar que estava perturbado, e é evidente que minha perturbação emocional não começou só quando eu a notei. No entanto, agora que noto minha perturbação, não tenho certeza sobre o que está me perturbando. Lembro-me, então, de uma pequena discussão que tive com um colega quando saía do escritório e o modo como bati a porta, e dou-me conta de que devo estar zangado. Mas com o quê? Posso ou não ser capaz de identificar o motivo, dada a brevidade e aparente banalidade daquele encontro. Entretanto, recordo-me de confrontações anteriores, algumas das quais claramente ofensivas. Agora, então, compreendo minha raiva atual, não tanto em termos daquele breve encontro, mas em termos de uma longa história com aquela pessoa. Noto, como já fizera antes, que o comportamento daquela pessoa lembra, mais do que superficialmente, o do meu irmão mais velho: arrogante, menosprezador, superior. Tenho, então, de me perguntar, agora, exatamente do que — e de quem — estou com raiva. Fico me perguntando, será que estou mesmo com raiva ou estou apenas na defensiva? Agora estou tentando compreender, realmente compreender, minha emoção. Talvez comece a suspeitar de que existe uma explicação mais profunda para ter ficado perturbado e tento me lembrar do que meu psicanalista me disse, anos atrás. Porém, à medida que repasso na mente o encontro de hoje, começo a avaliar a insinuação e a ironia do que meu colega acabara de dizer e fico com mais raiva. Desisto da minha tentativa de compreender "mais profundamente" e me concentro mais atentamente nos detalhes do encontro. Quando começo a pensar em contestações possíveis (mas não feitas), fico ainda com mais raiva, até que (reflexivamente) percebo a bobagem da situação. Estou com raiva de um imbecil pretensioso, sei que não é bom para a minha saúde, sem falar da minha paz de espírito. Aí fico com raiva de mim por ter ficado com raiva e rio (um pouco) do absurdo dessa confusa reviravolta. Começo a refletir sobre como sou uma pessoa irritada e sobre como é difícil, para mim, relaxar; resolvo, então, fazer algo a respeito. (Nesse ponto, sento-me e começo a meditar ou, pelo menos, conto até dez.) Por fim, estou totalmente consciente da minha raiva, mas só agora, quando já está passando.

Esses diferentes níveis de reflexão ou diferentes tipos de consciência sugerem, também, diferentes papéis para o *self* na reflexão. Pessoas com um alto nível de inteligência intelectual podem compreender suas emoções em um certo sentido, mas não em outros. Pessoas com boa inteligência social podem compreender bastante bem quais podem ser os efeitos [da emoção] sobre outras pessoas e nas suas próprias relações, mas não compreender, teoricamente, o que está em jogo. Pessoas dotadas de aguçada inteligência estratégica — que podem parecer bem estúpidas quando se trata tanto do sentimento de outras pessoas como de qualquer preocupação teórica — podem, entretanto, compreender muito bem o que precisam fazer, quais as emoções estratégicas, que passos devem dar, que expressões precisam adotar e que medidas tomar a fim de conseguir o que querem. Dessa forma, uma pessoa com raiva pode compreender sua raiva em um sentido teórico bastante profundo. (Talvez seja um psicanalista, um neurologista ou um teórico da emoção.) Outra pode estar ciente principalmente das repercussões da sua raiva sobre os amigos, a família e até sobre a própria percepção de ser simpática. Uma outra pode tramar uma sofisticada vingança, vendo claramente o que precisa ser feito, mas pensando, apenas tangencialmente, sobre os mecanismos envolvidos em tudo isso.

Podemos ver, portanto, o quão intrincadamente a reflexão sobre emoção reconfigura as emoções e se combina e se mistura com elas. Sem dúvida, porém, não quero ignorar o fato de que também somos capazes de refletir com maior distanciamento, e é isso que explica tanto nossa liberdade quanto responsabilidade em relação a nossas emoções e a impressão errônea de que a razão (reflexão) é sistematicamente oposta a nossas emoções. É verdade que (às vezes) somos seres racionais que podem reagir e, eventualmente, controlar nossas paixões. Somos seres racionais na medida em que somos capazes de pensar, refletir e usar a linguagem tanto para caracterizar quanto para reconhecer nossas emoções, e isso significa que podemos, em certa medida, "desapaixonadamente" (ou, em qualquer caso, a um passo de distância) pensar sobre nosso próprio comportamento emocional. É especialmente o caso da reflexão retrospectiva sobre nossas emoções passadas e durante o curso de emoções que perduram a longo prazo. Pensando no passado, podemos ver o que *deveríamos ter* sentido ou *deveríamos ter* feito e decidir lidar com essas questões de forma diferente, no futuro. E nas torturas da raiva, da culpa ou do amor, podemos indagar: "Por que estou com tanta raiva?", "Por que deveria sentir-me tão culpado?" "Por que a amo tanto?" e tomar providências para examinar, explorar e, talvez, ajustar nossa emoção. Portanto, a reflexão realmente tem uma importante função que permite (quer a incluamos, quer não como parte da nossa experiência emocional) que ela questione e conteste nossas emoções e sugira vias emocionais alternativas. É nesse sentido que podemos, às vezes, distinguir nossas emoções da reflexão e reconhecer uma liberdade que é impensável em bebês e animais não dotados de linguagem ou, no tocante a isso, em pessoas relativamente irreflexivas que — pode-se dizer acertadamente — "não estão em contato com seus sentimentos".

Uma vez que tenhamos aprendido a refletir sobre nossas emoções e adotado a prática do automonitoramento, adquirimos um profundo senso de "livre-arbítrio". Como discutimos no capítulo 17, isso não significa que agora possamos sentir qualquer coisa que quisermos. Significa, entretanto, que podemos tomar decisões, resistir aos nossos sentimentos emergentes e combater nossas obsessões, mesmo que, na prática, não passe de fazer corpo mole e gritar "não! não! não!" até o fim. No entanto, a razão (reflexão) nunca é verdadeiramente desapaixonada e nunca está livre das preocupações e perspectivas do *self*. Nunca está, portanto, simplesmente em conflito com as paixões, mas, sempre, e por necessidade, aliada a, pelo menos, algumas delas. Desse modo, Nietzsche sugere que aquilo que chamamos razão é apenas mais uma paixão, às vezes a mais forte delas. No entanto, com uma concepção de razão e de reflexão mais modesta e remodelada — que não as considera nem como "faculdades" separadas nem como totalmente desapaixonadas, mas como essenciais à habilidade, *de certa forma* desapegada, para nos distanciarmos, caracterizarmos e questionarmos nossas emoções usando a linguagem —, podemos compreender uma das coisas que nos tornam mais humanos: o fato de que podemos nos tornar autoconscientes, refletir a respeito e descrever nossos sentimentos, tomar decisões e mudar profundamente nosso comportamento emocional. Essa é a fonte de nossa liberdade e de nossa responsabilidade por nossas emoções. E é por isso, não importa o que mais possamos conhecer sobre os mecanismos neurais das emoções, que precisamos assumir responsabilidade por nossas emoções e apreciar o papel central que desempenham na nossa ética e a extensão em que determinam boa parte de quem somos.

Notas

1. Tradução livre: consciência contínua. (*N. do T.*)
2. Em inglês, a expressão *self-conscious* é empregada tanto com a conotação literal (autoconsciente) como para significar "constrangido". (*N. do T.*)

CAPÍTULO XX

Experiência emocional ("sentimentos")

No capítulo 11, discuti a ideia de que emoções são sentimentos. Admiti que (de acordo com o uso corriqueiro) são desde que ampliemos muito a noção limitada de que sentimentos são, essencialmente, sensações. Alguns dos sentimentos envolvidos em emoções são claras sensações corporais (por exemplo, sentir-se enrubescido), como assinalou William James, mas muitos outros envolvem o corpo de formas mais interessantes, refletindo, por exemplo, tendências a agir ou um senso de vulnerabilidade ou agressividade. No entanto, entre os sentimentos envolvidos na emoção estão também sentimentos a respeito do mundo, pressupondo, portanto, intencionalidade. Assim, sinto meu amado como encantador, meu inimigo como odioso, meu *self* como vergonhoso. Neste ponto, porém, nos demos conta de que já havíamos esticado bastante a noção de sentimentos. Desejo expandi-la ainda mais, para incluir os sentimentos que são resultantes, mas também constitutivos, de autoconsciência e reflexão, considerando especialmente as "emoções sobre nossas emoções", que tão frequentemente são uma parte da nossa vida emocional. Aqui, a noção simplista de *sentimento* não é mais apropriada; portanto, em seu lugar, quero ampliar o tema para *experiência emocional*, em que experiências emocionais podem envolver sentimentos ou, pelo menos, incluem disposições para ter sentimentos, mas de modo algum limitam-se a eles.

Há muitos anos, tendo em mente William James, neguei que emoções fossem sentimentos porque considerava que os sentimentos a que James se referia — as sensações corporais que acompanhavam os sintomas fisiológicos de excitação emocional, entre eles pulso acelerado, respiração difícil, sudorese etc. — não eram, nem de perto, tão essenciais à emoção quanto os julgamentos sobre o mundo. É por meio de tais julgamentos, argumentei, que emoções são relevantes para a ética. (Sudorese e respiração difícil não têm significância moral.) Entretanto, tendo feito essa colocação, mais tarde recuei na minha insistência de que emoções não são sentimentos e vim a reconhecer que talvez as emoções, até mesmo necessariamente, envolvessem sentimentos. Quero agora explorar, profundamente, que *tipos* de sentimentos estão envolvidos na emoção. Não nego que sentimentos corporais do tipo que James assinala estão incorporados na emoção, mas penso que há muito mais acontecendo sob a forma de sentimento do que apenas esses. Ressaltei anteriormente que a palavra "sentimentos" cobre uma vasta gama de fenômenos, desde as sensações de James até intuições e emoções muito sofisticadas em toda a sua complexidade e inteligência. Também incluí uma ampla variedade de experiências emocionais, muitas das quais geralmente não seriam consideradas sentimentos. Hoje, vejo que o problema com a análise de James é que ela tem uma descrição muito empobrecida de sentimento. Ou melhor, reduz toda a riqueza da experiência emocional às singulares sensações dos sentimentos corporais mais primitivos.

Desde James, a própria ideia de experiência emocional tem passado por momentos incrivelmente difíceis na história recente tanto da filosofia como da psicologia, sem falar nos estudos de comportamento animal. Conforme observei antes, por quase meio século o behaviorismo ridicularizou toda referência a qualquer tipo de experiência como "não científica", "meramente subjetiva" e "indescritível", nas poucas ocasiões em que admitiu que poderia haver algo tal como experiência emocional. Entretanto, mesmo quando se aceita, sem questionar, o fato de que temos experiência emocional, pode-se descrever com alguma facilidade o que é a experiência, mas não é fácil descrever a própria experiência. Isto é, descrever a árvore que se percebe é claro. ("Tem mais de seis metros de altura, um tronco reto fora do comum com a casca marrom, folhas muito parecidas com agulhas etc.") Descrever, porém, a percepção da árvore é uma questão muito diferente, porque aí temos de levar explicitamente em conta nossa perspectiva, o modo como vemos a árvore, como ela nos parece, e isto pode ser extremamente difícil. É verdade que, de qualquer modo, descrevemos o mundo a partir da nossa perspectiva, mas raramente descrevemos ou explicitamos qual é a nossa perspectiva. Isto faz total sentido. Se, conforme insisto, todas as emoções têm intencionalidade, então a descrição de uma experiência emocional será, principalmente, uma descrição de *sobre* o que é a emoção, ou seja, sobre o mundo ao qual nossa linguagem é perfeitamente adequada. (Poucas pessoas aprendem a descrever suas experiências em si, em oposição a explicitar sobre o que elas são. Poetas se especializam nessa rara habilidade.) Donde a tentação dos behavioristas, cuja mente é voltada para a ciência, de descrever a situação no mundo (por exemplo, o aparato experimental) em termos dos fatos objetivos de "estímulo" e "resposta", já que (supostamente) nenhum deles tem essencialmente algo a ver com experiência.

Porém, como também insisti, aquilo sobre o que versa a emoção também precisa ser compreendido como subjetivamente percebido, isto é, de um ponto de vista da primeira pessoa. Vemos aí o absurdo do behaviorismo. Concordo com alguns dos meus colegas filosófos ao interpretar a subjetividade e a descrição da experiência emocional como uma descrição de "como é" ter uma emoção específica, em que a descrição de *como é* inclui necessariamente uma descrição do mundo *conforme experimentado* — ameaçador, ofensivo, encantador ou deprimente. Portanto, ter uma emoção não é apenas uma experiência, assim como "ver verde", que também pode ser indescritível, no sentido de que não pode ser descrita para alguém que não teve essa experiência (por exemplo, para um cego de nascença). Não é, tampouco, apenas mais uma outra descrição "objetiva" de objetos ou situações no mundo. A experiência emocional é mais bem-descrita em termos de como o mundo parece ser e de como é apreendido pela pessoa que está tendo a emoção.

Porém, a fim de analisar as muitas dimensões de experiência emocional, deixem-me começar com William James que corretamente identificou as sensações físicas como um de seus ingredientes. Pelo fato de ele ter relacionado firmemente essas sensações com a fisiologia, podemos especificar exatamente a sensação em questão. (Assim, o enrubescimento — quando os capilares da face se dilatam — é acompanhado do sentimento de "estar corando", sentindo calor etc.) Os exemplos de James tendem a focalizar o sistema nervoso autônomo, isto é, as questões de secreção hormonal, pulso e batimentos cardíacos acelerados, sudorese etc. Os atuais defensores das "emoções básicas" também tendem a enfatizar a importância desses processos fisiológicos básicos; portanto, para eles os sentimentos emocionais também são bastante restritos a simples sensações. Sentimentos causados pelo sistema nervoso autônomo são, certamente, sentimentos familiares na emoção, mas não são, de modo algum, seus únicos ou principais sentimentos, muito menos os ingredientes essenciais na experiência emocional.

No capítulo 11, sugeri resumidamente que as sensações envolvidas na experiência emocional não são todas, absolutamente, produto do sistema nervoso autônomo. Observei que James mistura vários tipos muito diferentes de sentimentos. Notem porém que, embora ele enfatize as experiências que são causadas pela ativação do sistema nervoso autônomo, a verdade é que (como nosso foco geralmente se fixa no objeto da emoção), na ocasião, geralmente nem mesmo notamos qualquer uma dessas sensações. Só *depois* de algum tempo de a emoção estar em andamento — ou depois que acabou — é que ficamos nitidamente conscientes de tais sensações. Imediatamente após escapar, por um triz, de um acidente na autoestrada, saímos para o acostamento e *então* notamos nossa respiração acelerada, o fato do nosso coração estar batendo fortemente, o suor na palma das mãos e a camisa ensopada de suor. Geralmente é só em uma breve pausa na raiva, em um rápido momento de reflexão, que notamos como estamos tensos, como nossos punhos estão cerrados, quão excitados estamos e — se estivermos próximos a um espelho — as contorções no nosso rosto. Na descontração do amor, a pessoa pode vir a notar os sentimentos cálidos desfrutados na presença do amado, mas, mesmo assim, seu foco estará totalmente no amado, e não nos seus sentimentos. Portanto, mesmo quando sensações do sistema nervoso autônomo estão envolvidas, elas podem desempenhar, na experiência emocional, um papel apenas marginal.

Entretanto, experiências produzidas pelo sistema nervoso autônomo são apenas uma pequena parte, mesmo que dramática e óbvia, do quadro (e cuja importância foi muito exagerada na teoria psicológica). Nos exemplos precedentes, pode-se distinguir, mesmo que pouco nitidamente, as respostas involuntárias do sistema nervoso autônomo e o tensionar de nossa musculatura voluntária. Isso não significa que o tensionar dos músculos, na emoção, seja sempre voluntário ou intencional. Na realidade, o atrativo da expressão facial na teoria psicológica contemporânea (assim como na vida real) é que essas respostas são, em sua maior parte, involuntárias, mesmo que envolvam a musculatura voluntária. Em realidade, a maioria de nós não pode produzi-las com exatidão, mesmo que tentemos (por exemplo, em uma aula de teatro ou ao simular uma emoção). James apresenta sugestivamente a observação de que podemos (até certo ponto) voluntariamente controlar nossas expressões faciais — por exemplo, podemos sorrir — e isso, por sua vez, modificará nossa experiência emocional. Penso que, aqui, James teve um precioso *insight*, mas a dimensão da experiência emocional que é causada por tal comportamento voluntário não deveria ser confundida com as experiências que se originam do sistema nervoso autônomo ou com as experiências que são causadas pelo tensionar, "involuntário" ou aparentemente automático, da musculatura voluntária. O sentimento que a pessoa tem quando sua face faz uma careta ou uma expressão carrancuda não é o mesmo tipo de sentimento que tem quando seu pulso se acelera ou sua face se tinge de vermelho. Todos esses, porém, são sentimentos que podem ser constitutivos da nossa experiência emocional em geral.

Apenas ocasionalmente estamos conscientes das nossas expressões faciais, e elas estão muito mais em evidência quando estamos envolvidos com outras pessoas. (Na realidade, pessoas que exibem expressões faciais elaboradas ou dramáticas, quando as observamos sozinhas nos dão a impressão de ser extremamente esquisitas ou excêntricas.) Entretanto, enquanto estamos envolvidos com outras pessoas, estamos geralmente atentos ao que está sendo dito ou feito, às outras pessoas, suas expressões faciais e o que significam, e não às nossas. Pelo fato de muitas vezes não as notarmos, geralmente não pensamos nas nossas expressões faciais como se manifestando em sentimento, isto é, como se estivessem contribuindo para nossa experiência. Pensamos nas nossas expressões faciais como estritamente "externas" e públicas e em nossos sentimentos como internos e íntimos. Porém, cada expressão emocional facial tem seu "sentir" distinto, não importando se o notamos ou prestamos atenção a ele. Uma expressão carrancuda é sentida de modo muito diferente de um sorriso, como sugeriu James, e um sorriso falso é sentido de uma forma bem diferente de um sorriso verdadeiro e espontâneo. Chorar porque se está triste é sentido de um jeito muito diferente de derramar lágrimas porque se está descascando cebolas. Fazer uma careta de repugnância é sentido de modo muito diferente de fazer uma careta de contrariedade. Tudo isso é muito sutil, mas está tudo dentro daquilo a que, vagamente, nos referimos como o "sentimento" que temos quando passamos por uma determinada emoção, uma experiência emocional.

Com tanto trabalho fascinante recente sobre a face e a expressão facial, é fácil perder de vista o resto do corpo. Não são apenas os músculos faciais que se tensionam de formas características; o mesmo acontece com os músculos do corpo. Assim, na raiva, a pessoa cerra os punhos; no amor, a pessoa se aproxima para acariciar ou abraçar o amado. Na vergonha, a pessoa esconde o rosto e, na tristeza, se retrai. Repetindo, frequentemente não temos noção do que estamos fazendo com nosso corpo, mas é um ingrediente essencial na nossa experiência emocional. Quando nos dizem, em criança, para "ficar ereto", não é só uma questão de como nos apresentamos ao mundo, da nossa "postura". Tem um efeito direto sobre como nos sentimos e como nos sentimos a nosso respeito. "Mantenha a cabeça levantada e o queixo para cima" é um bom conselho da teoria de James. Fará, de fato, com que você se sinta um pouquinho melhor em relação ao seu lugar no mundo. Entretanto, embora geralmente não estejamos conscientes do nosso comportamento corporal, pensem em como rapidamente (e, quase sempre, acertadamente) "formamos uma opinião" sobre os outros com base na postura corporal. Um homem de ombros caídos já nos fornece um aspecto de um perfil psicológico, uma confissão involuntária de inferioridade. Uma mulher que sente vergonha do próprio corpo e desconforto em relação à sua sexualidade tem uma postura específica (e, certamente, veste-se de maneira específica). O modo como se movimenta pode nos dizer muito mais sobre ela do que o que ela diz, e os sentimentos que tem a seu respeito podem, na realidade, estar muito mais evidentes nos sentimentos corporais que ela não nota do que nos sentimentos que ela nos relata de uma forma bastante abstrata.

As expressões relevantes e os sentimentos que elas causam têm a ver não só com nossa postura, mas com a maneira como nos movemos. Portanto, a cinestesia do corpo da pessoa que se movimenta e se desloca, a dinâmica do movimento, o modo do andar, o ritmo do caminhar, tudo é relevante e contribui para o tecido geral da nossa experiência emocional. Quando estamos alegres, pulamos sozinhos de contentamento. Um andar rápido é a marca de alguém "de bom humor" e dar uma caminhada andando rapidamente pode, de fato, fazer com que a pessoa se sinta bem, não apenas porque é um bom exercício (ou porque a pessoa sente que é bom fazer exercício), mas porque produz sentimentos vitais energéticos. Por outro lado, um andar arrastado, vagaroso e sem direção é uma dimensão importante da experiência de tristeza ou depressão. Isso não quer dizer, sem dúvida, que um andar arrastado e vagaroso seja sempre um sinal de tristeza ou depressão. Pode ser apenas uma expressão de descontração ou apatia. Isto é, no entanto, afirmar o óbvio: que raramente existe uma correlação ponto a ponto entre qualquer complexo segmento de comportamento — incluindo expressões faciais — e emoções. Os programas de afeto, as síndromes neuro-hormono-musculares que descrevi no capítulo 1, podem ser uma exceção, mas mesmo assim definem um conjunto muito limitado de comportamentos — e, com eles, um conjunto muito limitado de experiências. A maioria das posturas e dos ritmos das pessoas revela muito sobre elas, não apenas como se sentem no momento, mas como se sentem em relação a si mesmas, de um modo geral. Por mais variadas que sejam as expressões comportamentais, nossos movimentos e a dinâmica dos nossos movimentos fornecem um ingrediente importante na nossa experiência e não são, de forma alguma, como as sensações particulares (o sentimento do seu coração batendo, um sentimento de aperto no peito) de que James e os estoicos falavam.

Nessa conjuntura, gostaria de levantar uma séria questão sobre o fato de que floreamos nosso vocabulário fisiológico com metáforas tais como "sentindo como se meu coração estivesse a ponto de estourar" e mesmo "tenho um aperto no peito". A questão é sobre se nossas descrições metafóricas são baseadas em uma observação perspicaz relativa aos detalhes da nossa experiência (que então se transformam em um clichê automático para descrever tais experiências) ou de se, em vez disso (e até onde), nossa experiência emocional é, de fato, configurada e parcialmente determinada por essas descrições metafóricas. O modelo hidráulico, por exemplo, baseou-se em sensações prontamente identificáveis, ao menos em algumas emoções especiais (tais como raiva e entusiasmo). Porém metáforas como "explodindo" ou "a ponto de estourar" não são simplesmente descrições. Configuram e sugerem uma forma de sentir (e não apenas falar dela) nossa vida emocional. Portanto, tudo o que descrevemos até agora neste capítulo — desde as sensações produzidas pelo sistema nervoso autônomo até as experiências que são parte dos papéis e comportamentos encenados que escolhemos para nós — é processado por meio da linguagem quase poética que usamos para discutir e descrever nossa vida emocional. Em outras palavras, o que experimentamos em nossas emoções não é apenas o produto dos nossos sentidos, mas da nossa inteligência. O fato de que essa inteligência torna-se, rapidamente, congelada em banalidades automatizadas nada muda. O que experimentamos é o que nossa linguagem nos permite experimentar.

A maioria das expressões não consiste em contrações musculares imediatas, mas de ação mediada, que tem um objetivo e um propósito e que prossegue no tempo (mesmo que só por alguns momentos). Consequentemente, nossa experiência emocional não consiste só em sentimentos (filtrados por meio da linguagem), mas na contínua experiência de ação voluntária e, geralmente, deliberada. Sentimo-nos como *agentes*, como se estivéssemos fazendo alguma coisa, nos "expressando". Pode haver uma distinção entre a expressão de emoção que se segue imediata e mais ou menos automaticamente à emoção e os cursos de ação prolongados e deliberados que emergem "como resultado" da emoção. (Peter Goldie [2000], por exemplo, examina essa distinção em mais detalhes.) Não penso que essa distinção seja clara ou altere muito a noção de experiência emocional. Assim, a raiva imediatamente seguida de ataque (verbal ou físico) é, sem dúvida, um tipo de experiência, enquanto a vingança que pode seguir-se, durante meses ou até anos, ao incidente que alimentou a raiva é outra. Sugiro, entretanto, que a diferença é que, no segundo caso, a pessoa é consumida por pensamentos e planos, totalmente consciente da raiva, enquanto a do primeiro caso pode ter uma experiência praticamente mínima de "ter de fazer isto agora". Argumentaria, porém, que a experiência de procurar vingança e o eventual sentimento de satisfação são uma parte importante da raiva prolongada, assim como na raiva imediata a "tendência à ação" é um importante aspecto da experiência. Entretanto, talvez o que os dois casos nos mostrem é que uma parte essencial de ficar com raiva é a experiência de *querer fazer alguma coisa*; portanto, a experiência emocional da raiva é, em parte, a experiência de ser um agente — quer isso seja, quer não realizável nas circunstâncias — e, consequentemente, uma experiência de desejo, geralmente uma necessidade enorme que se sente de *fazer alguma coisa.*

O que quero enfatizar, agora, é que a experiência que se tem ao ter uma emoção não é, apenas, como costumava pensar, uma percepção do mundo embebida em valor. Envolve, também, essencialmente, desejo e ação e, portanto o corpo, mas o corpo em suas diversas dimensões. Os mecanismos primitivos identificados pelos teóricos das emoções básicas são parte da experiência, mas as expressões voluntárias e mais sofisticadas de emoção no comportamento também estão correlacionadas com várias experiências de lugar e postura, de aprumo e desequilíbrio, de movimento, de pressa e calma, de intenções e aspirações, de desejos e resultados antecipados. Nosso comportamento, mais diretamente orientado para a ação e até mesmo deliberado, também fornece um ingrediente crítico à nossa experiência emocional, uma razão extra para que não pensemos nas nossas emoções como essencialmente passivas. O desejo que se sente de fazer alguma coisa é uma parte de quase toda emoção (as possíveis exceções são algumas das emoções estéticas de que fala James, mas, mesmo aí, tenho minhas dúvidas. É difícil escutar uma peça musical emocionante sem sentir a necessidade de, por exemplo, balançar ou bater com os pés).

Estou, aqui, invocando a manifestação empírica do que o psicólogo holandês Nico Frijda chamou de "tendências à ação" e que ele considera como determinantes da emoção. Uma tendência à ação não é simplesmente o movimento de um músculo ou uma tensão muscular. Dirige-se, diretamente, a uma ação. Seria dizer muito falar "dirigida a um objetivo", mas pode-se pensar em tal movimento como uma versão modificada de comportamento dirigido a um objetivo. Assim, quando a pessoa cerra os punhos de raiva, é o primeiro passo em se preparar para socar alguém. No embaraço, os vários gestos de recuo e retraimento, mesmo se nunca chegarem ao retraimento real, significam, claramente, aprontar-se para tal. Portanto, a intenção de fazer alguma coisa, em caráter de intencionalidade, é uma parte da experiência emocional.

No entanto, o papel dos objetivos no comportamento intencional não está, de modo algum, claro. Não é necessário que um apaixonado esteja querendo fazer amor quando acaricia o amado, nem que um homem que cerre os punhos pretenda bater em alguém, mas o gesto *significa* alguma coisa e esse significado é captado na direção da ação. É importante, aqui, que não consideremos ser a intenção, em si, definida por um objetivo. Existem intenções que são apenas passos no caminho. Isso levanta questões interessantes sobre qual é o status desses objetivos que dão direção ao comportamento sem ser, propriamente, um objetivo. Um exemplo rápido, e não problemático, é a prática de um esporte só pelo simples prazer. A pessoa joga alguns *racks* de sinuca ou vai jogar boliche com um amigo sem tentar ganhar, mas há um sentido no qual mesmo o "simples divertimento" requer que o objetivo em vista seja jogar o melhor que se pode. De outra forma fica difícil dizer que a pessoa está jogando sinuca ou boliche. Na emoção, as tendências à ação também são assim. Expressam intenção sem estar necessariamente voltadas para realizar ação alguma em particular e a experiência da emoção reflete essas complexas intenções. Portanto, insistiria em que a experiência de ter uma emoção inclui tanto a experiência dessas truncadas preparações corporais para a ação, até esse "simples divertimento", como as expressões de emoção mais prolongadas e deliberadas, orientadas para um objetivo.

No entanto, quando falamos de experiência emocional, falamos principalmente de toda a dimensão de intencionalidade. Podemos ou não notar as diversas sensações e os diversos tipos de consciência que discutimos até agora, mas estamos quase sempre, em um certo grau, cônscios daquilo sobre o que versam nossas emoções. (Isto é verdade até quando não sabemos sobre o que elas são, quando o objeto da emoção é obscuro ou misteriosamente irreconhecível.) O centro da experiência emocional — e a linguagem com que descrevemos nossa experiência emocional — é definido pelos julgamentos que constituem a emoção. Podem argumentar que julgamentos, em si, não são, de forma alguma, experimentados, mas considero isso um detalhe. Experimentamos o mundo mediante nossos julgamentos, motivo pelo qual digo que nossas emoções são configuradas ou estruturadas por julgamentos. Assim, uma parte essencial da experiência de raiva é ter sido ofendido ou tido as intenções frustradas. Uma parte essencial da experiência de amor é considerar uma outra pessoa atraente e desejável, ser atraído por ela e, mais tarde, imaginar essa pessoa mais ou menos indispensável à própria vida. Uma parte essencial da experiência de luto é ter sofrido uma perda terrível porque se era (e é) ligado a uma pessoa que agora está perdida. Repito, cada uma dessas descrições não é simplesmente uma descrição de "itens no nosso mundo público", embora sem dúvida também se refira a eles. Entretanto, quem nos causa raiva, quem amamos ou alguém por quem nos enlutamos não é apenas uma pessoa no mundo, mas a pessoa na qualidade de *sentida* a partir de uma perspectiva típica da emoção e de quem sente a emoção.

O luto aponta para outra estranha característica da nossa experiência emocional, brevemente mencionada no capítulo 7. Em muitas emoções, parte da experiência não é o que está lá no mundo, mas o que *não está lá*. Desse modo, Platão coloca Sócrates descrevendo amor como uma "falta" e, sem dúvida, luto é exatamente isso, a terrível ausência de alguém que antes era tão próximo. Essa é mais uma razão para não confundir os objetos da emoção com os objetos que estão lá, realmente, no mundo (o que não significa negar o óbvio que — deixando de lado alguns dilemas ontológicos — ausências são reais no mundo). Deixem-me, porém, generalizar isso. Cada desejo, cada aspiração se define por uma ausência, ou seja, a ausência daquilo que se deseja ou a que se aspira. (Foi esse o argumento que Platão — por intermédio de Sócrates — apresentou no *Banquete*.) Nos meus primeiros trabalhos de psicologia filosófica, cunhei a desajeitada expressão *requiredness*[1] para me referir a tais experiências, sem saber, na época, que os psicólogos da Gestalt tinham se antecipado a mim, em uma ou duas décadas. O fato, porém, de que nossa experiência emocional pode ser tanto sobre ausências como presenças expande amplamente, mais uma vez, o escopo do que queremos dizer por "experiência", muito além do que é comumente pretendido por "sensações" ou "sentimentos".

De modo semelhante, uma experiência não é só uma experiência do presente. Mesmo se pensarmos na emoção como um processo ao longo do tempo, existe uma sedutora tentação para pensar em cada momento da experiência como um estado atual do mundo. No entanto, isso também nos dá um senso limitado e empobrecido de fenomenologia. Assim como uma emoção pode ser tanto sobre ausências quanto sobre presenças, do mesmo modo que cada emoção tem o que vários autores (alguns deles seguidores de Heidegger) chamaram de *background*, aspectos da emoção que não estão em foco ou conscientes, mas devem ser compreendidos como um ingrediente necessário para a inteligibilidade da emoção. (Encontramos essa noção na filosofia analítica de John Searle [1983] e na filosofia heideggeriana de Hubert Dreyfus [1990].) Como sugere a palavra, muito do *background* é histórico. Tem a ver com a história da situação, das pessoas envolvidas, do relacionamento, da emoção. Assim, não faz sentido falar de luto na ausência de um amor que já não existe e não faz sentido falar de raiva em uma situação em que ninguém tem interesse. Conforme temos dito, a pessoa fica com raiva porque suas intenções foram contrariadas ou frustradas ou porque foi ofendida, e essas intenções ou o senso de *self* fornecem o *background* contra o qual a emoção é inteligível. Isso também é parte da nossa experiência emocional, embora, dada a própria natureza, seja muito raramente visto desse modo.

Sem dúvida, é possível ter uma reação emocional (e, portanto, uma experiência emocional) na ausência de qualquer *background* de investimentos emocionais: a estimulação artificial de programas de afeto provocaria, indubitavelmente, uma dessas experiências, suficientemente real mas totalmente desprovida de significado. De fato, é por esse motivo que nem a chamaríamos de emoção. Os experimentos de Schachter-Singer, de 1962, fornecem uma ilustração dessas experiências sem significado. No experimento, injetava-se um estimulante nas pessoas (e lhes era dito que se tratava apenas de vitaminas) e lhes pedia que interpretassem seus sentimentos resultantes. Previsivelmente, resultou que as pessoas compreenderam suas experiências com base nas circunstâncias em que se encontravam. Entretanto, um grupo de controle relatou desconforto, mas nenhuma emoção. Não tenho dúvida de que tiveram uma experiência (agitação e excitação), mas não foi uma experiência emocional. Era desprovida de significado.

Todas as emoções são significativas e quase qualquer emoção com alguma significância envolverá um *background* de outras emoções. Um conjunto extremo, porém revelador, de exemplos envolve o *trauma*. Após um sério trauma, de guerra, estupro, abuso sexual ou um terrível acidente, a pessoa pode não se lembrar, absolutamente, da experiência ou, ao contrário, pode ter vívidos *flashbacks*, repetidos e confusos, mas poucas emoções de uma pessoa que tenha passado por um trauma podem ser adequadamente compreendidas sem levar em consideração o seu *background* traumático. Dizendo de outra forma, de um modo mais geral não se pode dizer que nenhuma emoção tenha qualquer profundidade sem referência a um rico *background* de experiências emocionais.

Creio que é isso que queremos dizer quando falamos que alguém tem "alma": que suas emoções são profundas e ricas em *background*. (Aqui, certamente, não existe presunção de algo agradável. "Alma" geralmente indica um *background* trágico ou desafiador, e não alegre.) Mais uma vez, teóricos extremamente rigorosos podem objetar que o *background*, por mais importante que seja para interpretar ou compreender uma emoção, não é, ele próprio, um objeto de experiência. Novamente, porém, não quero criar caso sobre isso. Uma vez que começamos a falar dos aspectos da experiência emocional que não são o foco de atenção ou inteiramente reflexivos, é muito difícil dizer o que está *na experiência*. Quanto do *background* da vida de uma pessoa apaixonada precisa ser consciente para que ela sinta luto? Quantos dos frágeis prolongamentos da autoestima da pessoa precisam estar evidentes a fim de se compreender sua raiva? Provavelmente basta dizer que a experiência emocional é ininteligível se não compreendermos o *background* de uma emoção. Isso é suficiente para se concluir que o *background* é parte da experiência emocional da pessoa.

Além do *background*, podemos discernir outra dimensão da experiência emocional, que eu chamei, um pouco desesperadamente, de *experiência estrutural*[2] (tentei fazer melhor, mas nenhum dos teóricos da área parece ter algum termo que seja mais adequado). Um bom exemplo de uma experiência estrutural simples é o que atualmente chamamos de experiência de *déjà vu*. O termo é relativamente novo, mas a experiência é bastante comum (embora seja muitas vezes confundida com alguma experiência de familiaridade). Nathaniel Hawthorne reclamava que não existia um termo para uma experiência que descreveu em 1863: "Estava assombrado e perplexo por uma ideia de que já tinha visto essa estranha cena [uma ampla cozinha em uma mansão senhorial inglesa] antes." Trata-se de uma experiência — não importa de que — que parece ser um eco ou uma repetição de uma outra que, no entanto, nunca parece ter existido. Sonhos são muitas vezes assim: a pessoa sonha com uma casa estranha mas aparentemente familiar ou encontra um completo estranho que parece ser um velho amigo. Alan Brown, professor em Dallas, reconstituiu a história das teorias do *déjà vu*, desde a ideia de que é causado pela fadiga — quando percepção e emoção estão fora de sincronia — até a teoria oposta de que o estado de relaxamento permite à imaginação nos pregar essas peças (2004). A ideia de que experiências de *déjà vu* nos lembram de sonhos esquecidos é uma óbvia possibilidade e depois de Freud a ideia de emergência de memórias reprimidas tornou-se outra possibilidade.

Atualmente, sem dúvida, as explicações preferidas têm a ver com pequenos maus funcionamentos cerebrais (pequenas convulsões) ou envolvem "duplo processamento". Sugere-se que o cérebro tem módulos distintos para memória e familiaridade e, embora sejam geralmente correlatos, ocasionalmente não o são. No entanto, qualquer que seja a explicação neurológica, a fenomenologia é fascinante. E o que ela indica é uma distinção entre o conteúdo de nossa experiência — *o que* está sendo experimentado — e a *estrutura* daquela experiência, o senso geral da maneira como aquilo se insere na nossa experiência. Outras experiências estruturais familiares incluiriam: sentir-se desconfortável e sentir-se ameaçado. Sem dúvida, quando nos sentimos desconfortáveis ou ameaçados, geralmente reconhecemos o objeto correspondente, algo desconfortante ou ameaçador, mas em raras ocasiões sentimo-nos desconfortáveis ou ameaçados por objetos totalmente inapropriados ou mesmo por nada em especial. A maioria dos alunos (e seus professores) já teve a seguinte experiência: certos de que têm uma ótima ideia, os alunos levantam a mão e aguardam, ansiosamente, ser chamados. No entanto, quando têm a oportunidade de falar, dão-se conta, embaraçados, de que nada têm a dizer. Não é que tenham esquecido o que queriam dizer (embora, provavelmente, essa seja a desculpa), mas, em vez disso, é como se tivessem o nítido senso de que tinham algo a dizer quando na realidade não tinham. Portanto, desejo sugerir que existe mais uma dimensão da experiência emocional que é geralmente misturada com o objeto da emoção mas que merece um reconhecimento independente. De fato, em meus momentos mais ousados (e no capítulo final) arriscaria uma suposição de que muito do que chamamos de espiritualidade é exatamente isso, uma experiência estrutural sem um objeto particular. Com os pés mais no chão, é o que acontece em muitos estados de espírito, especialmente aqueles que Heidegger considera de especial significância ontológica.

Entretanto, seguindo o capítulo anterior (e também Heidegger), vimos que uma experiência emocional não é nunca apenas a respeito do mundo. Sempre envolve, de um modo ou outro, o *self* engajado no mundo, o *self* com interesses e preocupações no mundo. Nossos explícitos julgamentos éticos tanto refletem como expressam nossa experiência (sempre em processo de avaliar) do mundo, nossos interesses e nossas preocupações. No capítulo antecedente, argumentei que as emoções estão — em papéis muito diferentes e sob diferentes aparências — ligadas ao *self* e a suas preocupações. Consequentemente, outras dimensões da experiência emocional têm a ver com esses diferentes papeis e aparências. Em algumas experiências emocionais (por exemplo, de raiva), sentimo-nos ativos e, mesmo que não exercendo o controle, pelo menos agressivos. Em outras experiências emocionais (por exemplo, de tristeza), sentimo-nos passivos e vitimizados. Assim, nossos sentimentos incluem nosso senso de engajamento, de atividade ou passividade. A raiva nos energiza, nos prepara para a ação. A tristeza dá, em parte, a sensação de fraqueza, e observamos, com algum desamparo, o mundo passando por nós. Algum senso de controle também é parte da nossa experiência emocional. "Apaixonar-se",[3] como a expressão indica, é em parte uma experiência de perda de controle. Ódio, pelo contrário, envolve muitas vezes um senso de poder (distinguindo-o, assim, de ressentimento, que não envolve tal senso.)

Às vezes, esse senso de controle é sentido, na experiência emocional, como algo semelhante a uma contracorrente. Quando ficamos com raiva, se tivermos sido bem-educados, uma parte da experiência emocional será a experiência de tentar se conter. Quando você fica triste ou deprimido, uma parte importante da sua experiência pode ser um tipo de atividade desesperada de animação, tentando fazer com que se levante e se envolva com o mundo. Finalmente, tudo isso envolve todas as formas de sentimentos sobre o *self*, não só autoestima, ou sua falta, mas amor-próprio e ódio de si mesmo, confiança e falta de confiança (geralmente ligada à situação específica), desajeitamento e graciosidade, generosidade e coragem, em oposição a mesquinharia e covardia, e assim por diante. Esses formam, muitas vezes, o centro dos nossos sentimentos e das novas experiências emocionais, e os sentimentos corporais que os acompanham parecem-se mais com a trilha sonora de um filme do que propriamente com um concerto, como muitos teóricos da emoção os considerariam.

Por fim, penso que deveríamos rejeitar a distinção entre razão, reflexão e pensamento, de um lado, e sentimentos, emoções e experiência emocional, do outro, um resquício da velha e gasta dicotomia "razão *versus* paixões". Dizer o que penso deveria ser óbvio: experimentamos pensamentos. E muitas, se não a maioria, das emoções humanas envolvem pensamentos. Dessa forma, insistiria em que incluíssemos *pensamentos* como ingredientes essenciais na experiência emocional humana. Pensamentos raivosos, ternos e humilhantes são, muitas vezes, a manifestação mais palpável de raiva, amor e vergonha, respectivamente. Porém, entre os pensamentos que constituem nossas experiências emocionais estão os que dizem respeito à emoção que experimentamos. Assim: fico embaraçado e isso provoca o pensamento "isto é tão embaraçoso", e em seguida uma emoção adicional, na medida em que fico embaraçado por estar tão visivelmente embaraçado, e isso, por sua vez, provoca o pensamento "Ah, não, agora estou *realmente* embaraçado!" Aqui seria difícil separar os pensamentos das emoções e, quanto a isso, também um pensamento do outro. Tudo isso, porém, é para insistir que a reflexão não é, na maioria dos casos, algo separado ou "acima" das emoções. Portanto, reflexão é *parte* da nossa experiência emocional. Não significa insistir que todas as emoções são reflexivas ou autoconscientes, nem sugerir que apenas os seres que podem ter pensamentos podem ter emoções. Não significa, também, negar que exista um tipo de reflexão mais ou menos "desapaixonada", que é bem distinta da experiência que temos de uma emoção ou estado de espírito particular que nos coloca na posição de sermos capazes de tomar decisões, e isso sem ficarmos imobilizados na própria emoção. (Voltaremos a esse tópico no último capítulo.) Significa, porém, dizer que nossa experiência emocional é rica e complexa e, muitas vezes, envolve a sofisticação e a inteligência que só podem existir com linguagem e autoconhecimento, mesmo que equivocado ou autoilusório.

Então, o que é experiência emocional? Penso que é o que James e outros estavam querendo circunscrever quando insistiam, com alguma razão, que uma emoção é essencialmente um *sentimento*. Espero, no entanto, que a esta altura esteja evidente que considero a experiência emocional muito mais do que isso. É um complexo de muitas experiências; sensações; várias formas de estar consciente do mundo, dos nossos corpos e das nossas intenções; e, também, pensamentos e reflexões sobre nossas emoções, tudo misturado naquilo que, tipicamente, é vivido como uma única experiência, mais ou menos unificada.

Notas

1. Literalmente, *requiredness* significa a propriedade de requerer, necessitar. Em português, na literatura sobre valores (incluindo a do gestaltista Wolfgang Köhler), o termo tem sido traduzido de várias maneiras: exigências, requisitos, necessidades. (*N. do T.*)
2. No inglês: *frame experience*. (*N. do T.*)
3. Em inglês, *fall in love* — literalmente, "cair de amor". (*N. do T.*)

CAPÍTULO XXI A universalidade das emoções: evolução e condição humana

Pelo menos desde Aristóteles, a procura por uma ética voltou-se para a questão da natureza humana, com base na sensata suposição de que, para os humanos, a vida boa deveria ser algo adequado aos seres humanos, a maneira como vivem, ao que desejam e aspiram e ao que os move. Mesmo aqueles que mencionariam uma "ética absoluta" governada por Deus estão bem cientes da necessidade de que os mandamentos devem ser apropriados a seres como nós, independentemente do que mais possam presumir a nosso respeito, acima e além dos nossos *selves* meramente mundanos. A questão passa a ser, então: o que é ser humano? E o que nos move, não apenas como cristãos, ou americanos, ou europeus de classe média, ou camponeses chinês, mas como seres humanos? Uma das formas de defender valores absolutos pode ser imaginando mandamentos impostos por um Deus que impera sobre todos nós — mesmo que discordemos veementemente sobre qual ou que ser possa ser esse. Um outro modo é descobrindo as emoções e motivações que todas as pessoas têm em comum, e essa procura por uma natureza humana acontece de forma bem separada de quaisquer preferências teológicas. No entanto, teologia e natureza se reúnem no que se chama, geralmente, de "teoria da lei natural", mais notoriamente formulada por Santo Tomás de Aquino.

Não surpreende, portanto, que muitas vezes se diga, tanto profunda como superficialmente, que as pessoas são "lá no fundo" — ou seja, em termos de suas "emoções básicas" — todas iguais. Todos tendemos a pensar assim quando dizemos chavões como "as pessoas são essencialmente iguais em toda parte". Assistimos a um bom filme sobre o Irã, o Sri Lanka, Los Angeles ou as selvas da América do Sul e, não importa quão diferentes possam ser, todas as pessoas parecem expressar ansiedades semelhantes e sofrer as mesmas perdas. Em toda parte, as crianças riem e brincam do mesmo jeito inigualável de criança. As invasões e transgressões são recebidas com raiva, perigos com medo, repugnâncias com repugnância, surpresas com surpresa.

Em 1954, o psicólogo Gardiner Lindzey resumiu o pensamento de muitos de nós quando escreveu que "emoções, como eventos psicológicos, são as mesmas no mundo inteiro." Atualmente, psicólogos contemporâneos como Paul Ekman (1984) e Carroll Izard (1977) fazem a mesma afirmação, com base em extensas comparações transculturais de expressões faciais da emoção e seu reconhecimento. Neurologistas como Paul MacLean (1980) e Jaak Panskepp (1982) fizeram a mesma afirmação com base na estrutura e nas funções comuns do cérebro, especialmente seus subsistemas mais "primitivos". Há muito tempo filósofos vêm fazendo afirmações semelhantes, com base apenas no senso comum e na observação cotidiana daquilo que, tradicionalmente e denotando um *viés* teórico, tem sido chamado "natureza humana". Costumes, leis, governos, casamentos e rituais de casais, maneiras à mesa e crenças religiosas podem variar, de cultura para cultura, mas pressupõe-se que emoções, pelo menos algumas emoções "básicas", sejam as mesmas, desde o Monte Abu e Bagdá até o centro de Cleveland, talvez com variações adequadas à cultura e às circunstâncias, mas com algum núcleo básico. Isso pareceria sustentar indícios de uma base universal para a ética, assim como para a defesa da tese das "emoções básicas".

É uma tese atraente, a de que, emocionalmente, somos todos iguais. Mas o que significa isso? Uma interpretação fácil, mas obviamente inadequada, é a de que todos têm emoções, ou seja, alguma forma de emoção, embora possam ser muito diferentes e também expressas de formas bastante diversas. Não é isso, entretanto, que se deseja expressar, já que a própria antítese da reivindicação de universalidade é a ideia de que pessoas diferentes e culturas diferentes têm emoções tão diferentes que não podem compreender-se entre si. O problema não é o Sr. Spock, que não tem emoções, mas os marcianos de Edgar Rice Burroughs, que têm emoções e expressões tão diferentes que nós, terráqueos, não podemos compreendê-los. Porém não é de marcianos que estamos falando, mas de seres humanos. É assim que sugerem, por exemplo, que a cultura japonesa é tão diferente das culturas americana e europeia que os japoneses têm emoções que não temos e vice-versa. Entretanto, nem mesmo isso desmente a tese da universalidade.

Não se trata da questão sobre se alguns povos ou culturas têm emoções que outros não têm (embora até mesmo isso seja contestado), mas sobre se existem algumas emoções que todos têm, independentemente de cultura ou criação. Mesmo aqui, porém, precisamos distinguir se todos tem as emoções em questão ou se têm a capacidade ou o potencial para tê-las. A segunda afirmação é muito mais débil e, novamente, de pouco interesse. É como dizer que qualquer um poderia falar chinês caso tivesse sido criado na China com pais chineses. Sim, mas a questão análoga seria sobre se todos, de fato, falam chinês, e a resposta é obviamente "não". Portanto. a tese da universalidade nem chega perto de ser tão clara como poderia a princípio parecer.

A afirmação mais discutível e interessante é a de que existem algumas emoções que todos realmente têm. Sem dúvida, precisamos fazer concessões em relação àqueles que, de uma ou outra forma, são emocionalmente comprometidos. No entanto, não seriam apenas aqueles com lesões cerebrais ou descendentes de Vulcano que podem ser considerados emocionalmente comprometidos. Se a tese da universalidade for verdade, então podem existir culturas inteiras que ou são emocionalmente comprometidas ou são emocionalmente mal compreendidas. Porque, pelo menos superficialmente, parece que a algumas culturas falta uma ou outra emoção básica. (Veremos alguns exemplos no próximo capítulo.) Aqui, gostaria de explorar a plausibilidade da ideia de que há pelo menos algumas emoções, mesmo que rudimentares, não refinadas, que todo mundo tem.

Uma das bases (mas não a única) para tal afirmação é a de que emoções são "eventos biológicos", como sugere Lindzey. Naturalmente ele fez essa afirmação no auge do behaviorismo e, portanto, teria sido muito difícil defender a ideia de que emoções pudessem ser outra coisa senão eventos biológicos. Entretanto, mesmo como eventos biológicos, as emoções podem ser as mesmas ao longo de toda a espécie (e, também, em animais superiores com cérebros semelhantes), mas podem não ser. Diferentes raças de cães, por exemplo, têm temperamentos muito diferentes em consequência da mistura de raças, isto é, da genética. Suas emoções têm bases biológicas, mas não são idênticas, mesmo dentro de uma só espécie. Entre os humanos, sabemos que as etnias diferem em sua constituição genética — por exemplo, na tolerância ao álcool e ao ácido lático. Da mesma forma, sabemos que culturas, famílias e indivíduos diferem em seu temperamento emocional e, embora muitas dessas diferenças sejam uma questão de cultura, experiência e criação, não podemos simplesmente concluir — como alguns fariam, numa atitude ideológica — que nenhuma dessas diferenças seja uma questão de biologia. Esse assunto permanece difícil e obviamente controvertido, especialmente no que se refere a questões sobre raça e gênero (ver Stephanie Shields, *Speaking from the Heart*[1]). Evitarei até questões "óbvias", tais como se as mulheres são mais sensíveis e protetoras do que os homens e se algumas etnias têm um talento mais "natural" para matemática ou esporte. Entretanto, etnia e gênero nos obrigam a modificar nossa pergunta. Na medida em que emoções têm base biológica, elas são, portanto, universais? E, inversamente, se as emoções são universais, isto prova que têm base biológica?

Responderia que, se as principais emoções têm bases biológicas, isto não significa que sejam universais e podem muito bem ser universais sem ter base biológica. Uma emoção pode ser universal devido às condições e circunstâncias comuns de vida humana, como por exemplo o fato de que todos precisamos de alimento e água, temos necessidades e desejos, nos ferimos, ficamos doentes e morremos, só nascemos depois que um homem e uma mulher tenham feito sexo e que ao menos um deles tenha estado perto de nós tempo suficiente para garantir nossa sobrevivência, e vivemos em grupos sociais. Isso é chamado, de forma um tanto dramática, especialmente pelos existencialistas, de *a condição humana*, e sozinha ela explicaria por que temos muitas emoções em comum, especialmente medo, raiva, tristeza, repugnância e alguma forma de afeição ou, pelo menos, um sentimento de dependência. As circunstâncias de vida são tais que todos enfrentamos perigos, sentimo-nos frustrados ou ofendidos por nossos companheiros, sentimos desapontamento e sofremos perdas, encontramos coisas repugnantes, sentimo-nos mais próximos de algumas pessoas do que de outras. Não precisamos de uma noção como a de "programas de afeto" para compreender a universalidade dessas emoções.

Entretanto, dado que as circunstâncias que constituem a condição humana (e, em certa medida, a condição dos mamíferos) vêm existindo por um tempo bastante longo, não é despropositado supor que algumas de nossas respostas (e muitas das respostas dos nossos primos mamíferos) tenham evoluído com outros traços herdados. Nos animais, a evolução produziu cérebros maiores e comportamentos mais complexos, afiliações grupais e rivalidades intragrupos, formas mais variadas de competição, fuga e agressão. Nos humanos, produziu cérebros ainda maiores, postura ereta, capacidade de falar e compreender linguagens e sociedades mais complexas. No entanto, "evoluíram com" é uma expressão traiçoeira. Não implica que nossas respostas, especialmente as emocionais, tenham sido "selecionadas" em virtude da adaptabilidade. De fato, não implica que alguma de nossas características atuais tenha sido "selecionada", em oposição a ser o resíduo da seleção natural que eliminou as criaturas ou seres humanos primitivos com características que não favoreciam a sobrevivência, como os homens de Neandertal, a quem, supostamente, faltava o poder cerebral dos rivais, os homens de Cro-Magnon. Entretanto, sobreviver com uma característica não significa sobreviver por causa de uma característica e universalidade e base biológica provam muito menos do que sustentariam alguns dos entusiastas da evolução.

Nossa disposição para a raiva, por exemplo, pode, na realidade, ser um subproduto de um senso mais geral de agressividade em resposta a violações de território. Agressividade é herdada e a capacidade para raiva vem com ela. O amor erótico pode ser uma variação, culturalmente refinada, de um senso natural de apego aos que estão mais próximos de nós, combinado com um desejo biológico de acasalar-se e reproduzir. (Entendo que é inegável que existe um desejo biológico de acasalamento ou de tentar as atividades que resultarão em acasalamento, mas não está absolutamente claro que exista qualquer desejo natural para reproduzir. Por exemplo, ao assistir a dois cães se acasalando, fica bem evidente que, apesar da intensidade das tentativas para fazer o que estão fazendo, há da parte deles uma considerável confusão sobre por que estão fazendo aquilo. De modo semelhante enquanto às vezes as pessoas fazem sexo com a intenção explícita de reproduzir, é escassa a evidência de que qualquer intenção desse tipo, supostamente inconsciente, esteja presente nos casos de sexo "casual".) Portanto, o fato de que podemos ter uma certa propensão inata para exibir determinadas emoções não significa que essas emoções, em si, tenham sido "selecionadas" pela evolução. Bem podem ser coevoluídas ou coincidentes, o que foi ilustrado pelo falecido grande paleontólogo Stephen Jay Gould, da Universidade de Harvard, por meio da comparação a "tímpanos" na arquitetura. Esses são formas que não foram desenhadas como tal, mas ocorreram naturalmente com o desenho de arcos nos edifícios góticos. Assim também podem existir traços do temperamento e da personalidade humanos que não foram selecionados mas que emergiram por meio da evolução.

De qualquer modo, não herdamos emoções em si da mesma forma que herdamos olhos castanhos ou azuis, por exemplo, ou polegares opositores. Não nascemos com raiva, envergonhados ou felizes. Como já disse, o que herdamos é a *capacidade* para ter uma emoção. A comparação é, de novo, que herdamos a capacidade para falar uma língua (embora já se tenha dito que isso, também, é coincidente com outros traços herdados). Não herdamos, porém, a capacidade para uma língua em particular. A língua que aprendemos depende de qual língua nos ensinam e que nos cerca. Isso não significa negar que existe uma capacidade inata para falar uma língua, como argumentaram Noam Chomsky e, mais recentemente, Stephen Pinker. No entanto, a ideia de que herdamos a *capacidade* para falar uma língua deixa muita margem para debates, na falta de um conhecimento muito mais detalhado sobre o cérebro, sobre o que é realmente herdado e quanto é aprendido. Assim também a ideia de que o que herdamos é a *capacidade* para ter uma emoção deixa muito espaço para discussão.

O que são essas capacidades emocionais? Talvez herdemos a capacidade de ser agressivos, mas aprendamos a ficar com raiva quando aprendemos o que significa ser ofendido. Talvez aprendamos a amar quando aprendemos a sublimar e transformar nosso desejo de companheirismo sexual. E aprender essas emoções depende muito, assim como a capacidade de falar uma língua, de crescer em um ambiente adequado e ser exposto a um e não a outro ambiente emocional. (Isso parece muito evidente em casais que reproduzem o relacionamento dos pais.) Sem dúvida, herdamos *alguma* capacidade, e é óbvio que se as pessoas têm uma emoção, elas têm a capacidade para tal. Entretanto, de modo algum se depreende daí que herdamos a capacidade de ter uma emoção específica.

Uma hipótese plausível, porém, é que algumas das nossas respostas emocionais que abrangem toda a espécie, se é que existem, podem ter sido o resultado de processos de seleção natural que eliminaram os que não apresentavam tais respostas. Criaturas desprovidas de medo podem muito possivelmente ter sido devoradas por predadores ou mortas por rivais mais fortes, de tal forma que sobreviveram apenas criaturas que sentiam medo (e agiam de forma correspondente). Criaturas excessivamente tímidas podem ter sido passadas para trás e sido impedidas de acasalar, de tal forma que a população foi progressivamente sendo constituída por criaturas mais agressivas (ou, pelo menos, machos mais agressivos). E, de acordo com o famoso estudo de Robert Axelrod, que discutimos em um capítulo anterior, seres humanos e outros seres que eram totalmente egoístas e viviam em grupo tenderam a ser evitados e, consequentemente, pereceram, enquanto outros que se deixavam explorar também pereceram, restando sobretudo os que cooperavam com os outros e estavam dispostos a punir os que se recusassem a cooperar. Isso não só explicaria a evolução da cooperação mas a evolução da punição — em outras palavras, tanto a evolução de simpatia e afiliação quanto a evolução da indignação justificada. Essas respostas emocionais gêmeas podem ser encontradas na maioria dos seres humanos e das culturas humanas (assim como em algumas culturas animais). Como tal, as exceções são impressionantes, por exemplo o infame povo IK[2] da África, descrito por Colin Turnbull, e os atualmente extintos morioris da Nova Zelândia, amantes da paz e de quem se diz terem sido exterminados pelos maoris, mais belicosos.

Essas são histórias extraordinárias e plausíveis. A difícil questão é saber se não são apenas lendas, "histórias do tipo foi-assim-que",[3] segundo Stephen Jay Gould. (A expressão "histórias do tipo foi-assim-que" vem das histórias sobre animais, para crianças, de Rudyard Kipling: "Foi assim que o leopardo adquiriu suas pintas", "Foi assim que o rinoceronte ganhou a pele que tem" e outras do gênero.) A respeito de qualquer característica de seres atuais, humanos ou não — desde que não seja claramente desadaptativa ou disfuncional (e às vezes mesmo apesar disto!) —, um contador de histórias talentoso pode criar uma lenda explicando como, ou sob quais circunstâncias, aquela característica pode ter se revelado adaptativa, pelo menos em uma certa época. Assim, o melhor e mais famoso contador de histórias evolucionista, Charles Darwin, explicou muitos traços comportamentais, incluindo algumas respostas emocionais, como "em certa época, úteis", significando que, embora não tenham mais uma função importante (isto é, adaptativa), em algum momento tiveram. Entretanto, mesmo que possamos fornecer uma história plausível para algumas emoções básicas, isso não é motivo suficiente para se concluir que essas emoções foram especificamente "selecionadas" como parte da personalidade humana biológica.

David Buss, por exemplo, tentou criar uma dessas histórias para o ciúme, o que provocou uma considerável agitação e oposição em relação tanto às suas hipóteses particulares como ao campo geral da "psicologia evolutiva" para o qual ele contribuiu. Ao mesmo tempo em que não desejo entrar nessa polêmica (Buss foi meu aluno e é, atualmente, meu colega e amigo), vou apenas expressar algum ceticismo diante da *especificidade* de esforços desse tipo. Não tenho dúvidas de que nossa constituição psicológica, em geral, é o resultado da evolução (como tudo ao nosso redor), ou seja, que sobreviveu aos obstáculos e ameaças que enfrentamos. No entanto, tenciono manter-me agnóstico sobre o fato de uma emoção específica, como o ciúme, ter se desenvolvido dessa forma. Somos, sim, seres que evoluímos, mas nem tudo à nossa volta é "produto" de evolução. Uma grande parte do nosso repertório emocional foi coletivamente aprendida no contexto de determinadas circunstâncias, dentre as quais apenas algumas são universais em termos de condição humana.

Isso significa ficarmos presos ao modelo de emoções básicas que tanto Peter Goldie como Paul Griffiths criticaram por ser um modelo "abacate" das emoções básicas, ou seja, um núcleo rígido de circuitos neurais *hard-wired* e uma cobertura de fruta macia e esponjosa representada pela cultura? Creio que não, e me aliaria a eles na rejeição a esse modelo. Nossa neurologia é absolutamente plástica e nossas emoções dependem tanto da neurologia do desenvolvimento quanto do ambiente, incluindo a cultura. Tendo isso em mente, deixem-me considerar uma forma bem diferente de compreender uma emoção básica. Podemos sugerir que uma emoção é básica se for central e, talvez, essencial a um certo modo de vida. Pode ou não ser baseada em um padrão neurológico especial e pode ou não ser central e essencial à vida humana em si, parte da condição humana. Consideremos as emoções de medo e raiva. Há, claramente, padrões neurológicos associados a essas emoções. No entanto, o que faz com que uma pessoa sinta medo ou raiva, e como isso é expresso, irá, seguramente, variar de cultura para cultura e de situação para situação, sem falar nos muitos refinamentos criados por amantes de atividades de risco e executivos manipuladores.

Apesar disso, algo como medo e raiva parecem "básicos" para a existência humana, mesmo que não possam ser explicados, em detalhes, com referência a padrões neurais específicos. Entretanto, nessa concepção de emoções básicas, fica claro que uma emoção (isto é, uma família ou "sistema" de emoções) pode, ainda assim, ser mais básica para uma cultura do que para outras. Desse modo, a raiva é uma emoção básica em Nova York, mas não (até recentemente) no Taiti. Ou seja, uma emoção é básica dependendo não apenas das origens neurológicas, mas da importância em um determinado contexto social. O fato de uma emoção ser universal deve-se à condição humana, não à genética ou à neurologia. Não tenho dúvidas de que cultura e biologia sejam o *yin* e o *yang* da nossa herança emocional. Porém, em nosso entusiasmo pelo *yang*, não ignoremos ou negligenciemos o *yin*, muito rico, com que precisamos trabalhar. A Dra. Stephanie Brown é uma psicóloga social na Universidade de Michigan que criou uma tempestade com um estudo cuja resenha, feita por John Schwartz, foi publicada no *New York Times*: "Os homens preferem casar-se com as secretárias, e não com as chefes, e a culpa pode ser da evolução." A ideia é a de que a evolução "programa" os homens para preferir companheiras com status inferior e menos ameaçador. Desnecessário dizer que houve um alvoroço de protestos públicos. Entretanto, no fim do estudo, a Dra. Brown admitiu: "Creio que jamais será realmente possível determinar que proporção de um comportamento é moldada pela história evolucionária e que partes são moldadas pelo nosso ambiente ou pela nossa cultura." Creio que podemos parar por aqui.

Notas

1. Tradução livre: *Falando com o coração*. (*N. do T.*)
2. Povo do norte de Uganda, também conhecido como Teuso. (*N. do T.*)
3. Em inglês, *just-so stories*, livremente traduzido como "histórias do tipo foi-assim-que". Como o próprio autor exemplifica, são histórias infantis que explicam como as coisas aconteceram, por que são como são: "Foi assim que..." (*N. do T.*)

CAPÍTULO XXII Emoções em diferentes culturas

Independentemente de algumas emoções serem universais, é bastante evidente que, ao menos nos detalhes, as emoções e a vida emocional variam de uma sociedade para outra. Basta viajar da Escandinávia para o Mediterrâneo, ou ir do centro de Boston para a Nova Escócia rural, ou de Miami para Tallahassee. Pense nas personalidades estereótipos da Dinamarca em contraste com as da Sicília, de Minnesota em oposição às de Los Angeles, da Austrália Oriental em relação às do Japão rural. Os contrastes aparecem ao longo de várias dimensões diferentes. Em primeiro lugar, há diferenças evidentes na intensidade geral das emoções ou, ao menos, na expressão manifesta das emoções. Isto pode dever-se, como já vimos, a diferenças na estimativa da importância de várias questões, como as relacionadas com a "honra". Pode dever-se, também, a regras de exibição muito diferentes, isto é, que tipos de emoção e de exibição são considerados adequados. Em segundo lugar, o repertório das emoções varia, pelo menos em ênfase e frequência, mas talvez também no aparecimento de novas emoções ou no que consideramos como emoções normais (até básicas) que estão claramente ausentes. Em terceiro lugar, as nuances das emoções (dentro das "famílias" de emoções) irão variar consideravelmente. Em quarto lugar, o que *causa* uma emoção pode também variar de cultura para cultura. Em quinto lugar, os modos de expressão e os contextos em que essas expressões são apropriadas diferem de acordo com os costumes culturais e as regras de exibição. Em sexto lugar, as emoções normalmente conduzem à ação e os tipos de ação apropriados são também, em parte, determinados culturalmente. Em sétimo lugar, existem várias expressões verbais de emoção e isso complica a natureza tanto da expressão quanto da emoção. Em especial, há a linguagem que se usa para relatar e descrever emoções, e não se pode simplesmente presumir que os vários termos que traduzimos de uma língua para outra se referem, exatamente, à mesma emoção, ainda que seja bem provável que irão referir-se a emoções que podem ser reconhecidas como da mesma família.

Deixem-me começar, porém, falando um pouco sobre a fonte mais óbvia, e geralmente superenfatizada, de diferenças entre culturas, ou seja, diferenças sobre o que *causa* emoções. Na realidade, essa é a menos interessante de todas as diferenças culturais. É, no entanto, intrigante e, muitas vezes, divertida. A psicóloga Carol Tavris (1982) relata a seguinte história:

> Certa tarde, uma jovem mulher sai de casa para pegar água no poço local. Caminha pela rua principal, conversando amistosamente com os vizinhos, enquanto o marido observa da varanda. Quando está voltando do poço, um estranho a faz parar e pede um copo de água. Ela lhe dá água e ainda convida o homem para jantar em sua casa. Ele aceita. O marido, a mulher e o convidado passam uma agradável noite juntos e, no fim, o marido apaga a luz e vai para a cama. A mulher também vai para a cama, com o convidado. Na manhã seguinte, o marido sai cedo para trazer o café da manhã para a família. Quando volta, encontra a mulher fazendo amor com o visitante.

Tavris pergunta: "Em que ponto, ao longo dessa sequência de acontecimentos, o marido ficará com raiva ou com ciúme?" Isso depende, ela diz, da tribo ou da cultura à qual pertence:

> Um marido da tribo dos índios Pawnee, há um século, lançaria furiosamente um feitiço contra qualquer homem que ousasse pedir um copo de água a sua mulher.
>
> Um marido Ammassalik Inuit[1] que deseja ser um anfitrião correto convida o visitante a ter relações sexuais com a esposa e sinaliza o convite ao apagar a luz. (O visitante pode ficar com raiva se o convite não for feito.) No entanto, um marido Ammassalik ficaria com raiva caso encontrasse sua mulher fazendo sexo com um homem fora das circunstâncias do jogo da luz — como na manhã seguinte — ou sem consentimento mútuo.

> Nos Estados Unidos, um homem de classe média ficaria com raiva de qualquer convidado que, mesmo cortesmente, tentasse seduzir sua mulher e da esposa que, embora hospitaleiramente, dormisse com o convidado.
> Um marido pertencente à tribo Toda, um grupo poliândrico do sul da Índia, consideraria a sequência inteira como perfeitamente normal, nada que justificasse criar um caso. Porém tanto um marido como uma esposa Toda ficariam com raiva de qualquer homem que tentasse iniciar um caso pelas costas do marido.

As diferenças nos repertórios de emoções podem ser compreendidas, mesmo que com alguma cautela, em termos de personalidades estereotípicas. Para evitar a acusação de incorreção política, desejo enfatizar, logo aqui, que estereótipos políticos e culturais não são apenas caricaturas impostas por pessoas de fora, insensíveis e até hostis. As pessoas *vivem* seus estereótipos. Começando pelo lugar onde vivo, o estereótipo de um texano — de temperamento calmo e educadamente reservado, pontuado por excessivas expressões de ruidoso entusiasmo e respaldado por uma inconfundível inclinação para a violência — não foi imposto por nova-iorquinos ou por Hollywood. Na verdade, segundo Molly Ivins, mesmo sem a estereotipagem feita pela pessoa de fora, a resposta texana típica é encarnar o estereótipo, exagerá-lo, chegando mesmo a torná-lo absurdo. (A colunista Ivins, de Austin e Dallas, é ótima nisso, relatando do seu jeito extremamente divertido a maneira como, quando começou a ir a Nova York, exagerou no sotaque e no guarda-roupa texanos.) No entanto, para deixar claro, um estereótipo é apenas um estereótipo. Não é um tipo ideal. Não é uma média ou uma generalização. Há muitos texanos (sou um deles) que não se enquadram absolutamente no estereótipo, mas isso, em si, não é um argumento contrário. Na realidade, ainda desempenho o papel da pessoa de fora, alienada, que se diverte e com um temperamento bastante discordante do estereótipo. Existe, entretanto, atuando aqui algo como um paradigma cultural, por intermédio dos modelos a serem imitados, da literatura e das atividades compartilhadas e até da psicologia do senso comum, que, devo dizer, tende a ser um pouco mais informal no Texas do que em outros lugares. Descrever um estereótipo emocional não é pintar uma imagem ideal nem retratar um cidadão típico, mas captar uma determinada constelação de tendências emocionais que são impressionantemente contrastantes com outras culturas e contrárias ao *background* de algumas concepções, geralmente limitadas, de "natureza humana."

Examinemos, novamente, a raiva. Mesmo na nossa cultura, a raiva não é a mesma de grupo para grupo. Em algumas subculturas mais preocupadas com moralidade (e uma subcultura pode ser tão reduzida quanto uma família ou comunidade étnica local ou tão extensa quanto uma comunidade religiosa do mundo inteiro), a raiva tende a ser expressa como indignação moral. Com já discuti em um capítulo anterior, a diferença entre raiva e indignação moral tem a ver com o componente moral básico da emoção. Por outro lado, em grupos mais individualistas, em que predominam autonomia e autointeresse e em que culpar outras pessoas é considerado como fraqueza, a raiva será, mais provavelmente, frustração com um mínimo de condenação e uma certa quantidade de humilhação. Em outros grupos individualistas, pode ser expressa como aborrecimento, que pode ser desprovido de consideração moral mas pode incluir um componente de condenação. Em outras palavras, as diferenças na emoção do tipo raiva terão muito a ver com a natureza do modo de engajamento com o mundo adotado por um ou outro grupo ou cultura. Em grupos que têm fortes convicções morais e uma tendência a condenar, a indignação parecerá "natural". Em grupos que têm um forte senso de autonomia e autointeresse, a frustração será comum, mas a indignação, rara. Em grupos que têm um forte sentido de "não interferir no outro", o aborrecimento será mais comum. Desse modo, por um lado, faria bastante sentido dizer que todos os três grupos ficam com raiva, mas em cada um deles a natureza da raiva é bem diferente.

Vamos examinar dois exemplos reais, contrastando-os com alguns subgrupos nos Estados Unidos. O grupo que pensei em usar como contraste envolve a subcultura americana formada pelos *commuters*[2] e pelos que dirigem nas rodovias interestaduais durante o horário de rush, nos quais a raiva é muito comum. Certamente, a forma da raiva irá variar. Alguns sentem indignação, outros frustração e outros simples aborrecimento. Entretanto, qualquer que seja a forma da raiva, ela é facilmente provocada, até a partir de pequenos inconvenientes e ofensas. Os dois exemplos ficam bem distantes — primeiro, dos polinésios do Taiti, e, segundo, dos utkuhikhalingmiuts ("utkus") inuit ou esquimós, do ártico canadense. Sobre os dois grupos afirma-se que "não ficam com raiva" ou, pelo menos, que a raiva é rara e não é facilmente provocada. (A ausência de trânsito é uma explicação apenas parcial.)

Essa afirmação sobre os taitianos foi feita já na época em que se tornaram conhecidos pelos europeus. Em 1770, durante a exploração do capitão James Cook às "Ilhas da Amizade", um de seus oficiais anotou no diário de bordo que os habitantes do Taiti "demoravam a ficar com raiva e eram rapidamente acalmados". Dois séculos mais tarde, Robert Levy, um antropólogo com formação psicanalítica, fez estudos sobre eles e chegou a conclusões semelhantes. Não é que os taitianos nunca fiquem com raiva, mas quando ficam sentem a raiva como indesejável e estranha a eles e não ficam com raiva com a mesma frequência e facilidade com que ficamos. Em outras palavras, a raiva não é uma emoção predominante naquela sociedade. (Aos potenciais turistas, devo avisar que não é o caso de uma cidade como Papeete, onde a influência europeia foi tão penetrante a ponto de os bares serem tão perigosos quanto em Marselha.)

Por que isso? Sem sequer insinuar possíveis diferenças raciais — em que os europeus acreditaram durante vários séculos —, podemos ser muito mais convincentes chamando atenção para suas culturas. Os taitianos vivem (ou viveram) em uma terra de fartura. Tinham poucos motivos para brigar sobre quem tirou o que de quem. Ficavam em uma ilha. Não enfrentavam guerras ou invasões sérias e recebiam poucos visitantes. (O capitão James Cook foi morto no Havaí, uma ilha maior que tinha um povo muito mais violento e que acabou sendo um estado dos Estados Unidos.)

Os utkus foram estudados pela antropóloga canadense Jean Briggs que, de forma significativa, intitulou seu livro sobre eles de *Never in Anger.*[3] Entre os utkus, raiva é uma verdadeira raridade. Briggs menciona que até em circunstâncias que consideraríamos insuportavelmente frustrantes ou ofensivas os utkus não ficam com raiva. Quando a maior parte de nós ficaria ressentida ou furiosa, os utkus ficam apenas resignados. A raiva não é só irracional; é tudo, menos compreensível. Segundo Briggs, nem mesmo há uma palavra própria para raiva. O termo utku empregado para se referir a raiva — por exemplo, no comportamento de antropólogas canadenses — é traduzido como "infantilidade." Briggs descreve, em detalhes realmente minuciosos, um dos anfitriões, um homem mais velho, de alguma distinção, que era conhecido pelo que, localmente, era considerado mau humor: mas sua raiva, provocada mais do que o habitual, era, entretanto, muito menos frequente, menos violenta e expressa mais reservadamente do que poderíamos esperar. Talvez "nunca com raiva" seja um pouco de exagero, porém, mais uma vez, é evidente que a raiva desempenha um papel muito menos importante na sociedade utku do que na nossa.

As diferenças culturais em repertórios emocionais dizem respeito não apenas a diferenças na "escolha" das emoções — o fato de que uma cultura encontra muita coisa sobre a qual sentir raiva, enquanto outra encontra relativamente poucas —, mas ao modo com que emoções são vistas na cultura, especialmente se são vistas com aprovação ou desaprovação. Evidentemente, os dois aspectos estão relacionados e se alimentam mutuamente. A raiva é tão diabólica na sociedade taitiana que as pessoas têm pavor de ficar com raiva. Quando uma cultura considera a raiva como perigosa e diabólica, como o povo do Taiti, segue-se, naturalmente, que as crianças sejam fortemente desencorajadas a ficar com raiva e sejam repreendidas ou punidas quando ficam; acontecimentos que incitem raiva são, sempre que possível, evitados; e a raiva, quando chega a surgir, não é fácil ou energicamente expressa. Por outro lado, atualmente em grande parte dos Estados Unidos — e concentremo-nos sobretudo na subcultura dos *commuters* e motoristas das rodovias interestaduais — a raiva é não apenas esperada, é valorizada apesar de seus perigos em uma sociedade em que a lei permite a posse de armas. É interessante, porém, que raridade de raiva e sua desaprovação não caminham exatamente juntas. Como acabei de mencionar, os taitianos demonizam a raiva. Falam o tempo todo a respeito dela. Nas observações de Levy, os taitianos "hiperconhecem" a raiva. São virtualmente obcecados a respeito. Por sua vez, falar sobre a raiva tem o efeito de amainá-la. É em relação a esse *background* que devemos avaliar o trauma da ocasional explosão de raiva assassina quando um homem "fica amouco". Por outro lado, entre os utkus podemos notar que a raiva é "hipoconhecida", raramente fala-se sobre ela e os utkus nem mesmo têm um vocábulo para expressá-la.

Por que, então, a raiva é tão rara entre os utkus? Foi sugerido que Briggs enganou-se quanto a eles; não é que não tenham raiva, mas, empregando-se a explicação freudiana, eles a reprimem. Ou, sem o aparato psicanalítico, sugere-se que a aparente ausência de raiva é, na realidade, resultado de um conjunto de regras de exibição que proíbe sua expressão. Essa pode ser uma sugestão plausível em relação aos japoneses, para quem a expressão de raiva é claramente regulada por considerações de status e conveniência social. No entanto, há pouca evidência desse tipo entre os utkus. O que realmente explica a ausência de raiva está bem no centro da nossa teoria "cognitiva" das emoções, emoções definidas em termos do engajamento com o mundo, e a raiva definida, pelo menos em parte, pelos conceitos de culpabilização e ofensa. Briggs descreve as condições, a linguagem e a visão de mundo dos utkus em extraordinários detalhes. A situação deles é bastante dura. Vivem em um clima rigoroso em que, a qualquer momento, podem ser surpreendidos por uma nevasca. Nesses casos, a única coisa a fazer é sentar-se e esperar a nevasca passar. Qualquer esforço poderá ser, provavelmente, fatal. O que é surpreendente é o fato de que os utkus não se culpam mutuamente pelas rigorosas circunstâncias. A ausência de culpabilização significa a ausência de raiva, pelo menos da maioria de suas formas. Podemos interpretar o mau humor do anfitrião de Briggs como aborrecimento ou frustração e, desse modo, defender uma tese muito mais leve, a de que a raiva, em si, é rara entre os utkus, embora algumas formas de aborrecimento e frustração possam ser, ocasionalmente, observadas. De qualquer modo, tudo que desejo defender aqui são as significativas diferenças entre culturas em termos dos repertórios de emoção, e não a diferença absoluta que poderia estar contida na tese literal "nunca com raiva". Os utkus compartilham conosco a capacidade para a raiva. O que surpreende é quão pouco essa capacidade é concretizada ou encorajada em sua cultura.

O *insight* de que, filosoficamente, aos utkus são ensinadas resignação e paciência em vez de indignação e raiva é, mais uma vez, a confirmação da sofisticação e inteligência das emoções. Suas emoções são uma forma de compreender e lidar com seu mundo difícil. Entretanto, voltemos aos *commuters* americanos. A maioria deles tem carros caros, de último tipo, capazes de desenvolver mais de 140 quilômetros por hora (embora poucos motoristas tenham efetivamente tentado, a não ser uma única vez, por curiosidade). Assistiram a comerciais de televisão nos quais aqueles mesmos carros são mostrados em alta velocidade, em algumas belas estradas no campo ou ao longo do litoral (dirigidos, é bom lembrar, por motoristas profissionais), absolutamente sem tráfico. Muitos dos carros enguiçados ou arrastando-se no engarrafamento a que os *commuters* estão expostos são "veículos utilitários esportivos", projetados, pelo menos em teoria, para desempenho *off road*. Os motoristas modernos estão com pressa, frustrados, impacientes, entediados, cansados de acordar muito cedo ou, então, depois de um longo dia de trabalho, sentindo-se com direito a uma viagem rápida, estimulante, desimpedida, exatamente como aquelas prometidas nos comerciais de TV. Esse senso de ter o direito, em oposição à dureza do mundo real, diz-nos tudo que realmente precisamos saber sobre o *background* cultural da raiva. Não generalizaria essa disposição para a raiva, além da subcultura do automóvel (e talvez algumas subculturas afins, como a dos sacrificados passageiros de companhias aéreas). Porém, onde quer que seja que encontremos um forte senso de ter o direito, provavelmente encontraremos uma forte disposição para a raiva. Deixo a vocês a tarefa de refletir até onde isso vai na sociedade americana.

Em uma cultura (ou subcultura), o repertório de emoções depende não só do *background* cultural e do ambiente, mas da forma como as pessoas falam e pensam sobre suas emoções. Na nossa sociedade, as conversas frequentemente tendem a se concentrar em afronta, inveja, ressentimento e, com um estado de espírito bem diferente, em amor romântico. Falamos pouco sobre luto e gratidão, embora em outras culturas essas duas emoções sejam a base de muitas longas conversas, sendo, portanto, emoções "básicas". Por exemplo, entre os kaluli de Papua-Nova Guiné, luto e gratidão constituem dois dos temas centrais de toda a cultura, enquanto — para ser bem específico — os homens americanos parecem sentir-se muito desconfortáveis diante de ambos. Há alguns anos, a psicóloga Shula Sommers (1984) fez uma extensa análise sobre atitudes em relação à gratidão, na sociedade americana e em algumas outras. Descobriu que, em particular, os homens americanos consideravam gratidão uma emoção humilhante e falavam pouco a respeito. Com frequência, após ganharem uma disputa esportiva ou política, podia-se escutá-los agradecer a Deus ou à mãe, mas agradecer a um colega ou a um subalterno é bastante embaraçoso, sugerindo que a pessoa não conseguiu a vitória por conta própria. Gratidão pressupõe tantos julgamentos sobre dívida e dependência que é fácil compreender por que os homens americanos, supostamente autossuficientes, não ficariam à vontade sequer para falar a respeito. De modo oposto, em Papua-Nova Guiné, onde interdependência e dependência mútua são naturalmente aceitas, expressões de gratidão são, portanto, altamente formalizadas. Assim também, como já vimos em capítulo anterior, os americanos sentem-se muito desconfortáveis diante do luto e restringem sua expressão, o mais possível, aos limites do funeral. Por outro lado, nas sociedades mediterrâneas e maoris, a expressão do luto é altamente ritualizada e o luto é um tema constante. Não quero julgar, aqui, e dizer que uma seja necessariamente melhor do que a outra. As diferenças, entretanto, são reveladoras e dizem muito sobre a identidade de uma cultura. (Por exemplo, *Schadenfreude*[4] é um exemplo de emoção que a maioria das pessoas tanto tem como reconhece, mas nunca nos preocupamos em criar uma palavra para ela, uma vez que não achamos que deveríamos aprová-la, de modo que precisamos importar um nome da língua alemã. Em inglês, também não existe uma palavra para "tristeza com a felicidade dos outros" e, no entanto, é uma emoção bastante familiar — Gore Vidal diz, em algum lugar, que, sempre que um de seus colegas escritores alcança um sucesso, uma pequena parte dele morre.)

No entanto, as diferenças culturais nas emoções vão além das diferenças em frequência e intensidade das emoções (ou famílias de emoção) que nos são familiares. Há, também, emoções que nos são desconhecidas, tanto no sentido de que não sabemos que existem ou como são quanto no sentido de que não as experimentamos. Duas emoções bastante discutidas e que são desconhecidas dos americanos e europeus são a emoção *amae* dos japoneses e a emoção *fago* dos ifaluks. *Amae* é uma emoção de "interdependência indulgente", de acordo com os sociólogos Herman Smith e Takaka Nomi, e — segundo um ilustre erudito japonês, Takeo Doi, e um grande consenso atual — é "decisiva para a produção e reprodução da cultura japonesa". É o que torna a criação das crianças japonesas distintamente diferente da concepção americana. Desde o começo, ensina-se aos bebês japoneses a importância da dependência e as recompensas emocionais do "agarramento"[5] e da segurança. Movida por um consenso cultural compartilhado, durante os dois primeiros anos de vida do filho a mãe japonesa não o deixa fora de suas vistas e, muito raramente, fora dos seus braços. A "criança mimada", segundo os japoneses, é uma equivocada concepção americana. De acordo com Doi, *amae* é a emoção básica japonesa, "mais universal do que os dois instintos de Freud, sexo e agressão". Segundo E.F. Vogel, outro erudito japonês, "a criança experimenta *amae* como um 'sentimento de dependência ou um desejo de ser amado', ao mesmo tempo em que a mãe sente, vicariamente, satisfação e realização por meio da superindulgência e superproteção da imaturidade do filho". O que também devemos observar é que — mais do que uma emoção que tanto a criança quanto a mãe têm — *amae* é a emoção que define o próprio vínculo mãe-filho. Isto se enquadra no panorama geral da emoção, que é de interdependência.

Segundo Hazel Markus e Shinobu Kitayama, a distinção entre independência e interdependência dá origem a um importante princípio organizador, ao se fazer comparações transculturais de emoção. Em sua maioria, as sociedades americana e europeias tendem a valorizar independência e autossuficiência, o que está refletido em suas emoções. As sociedades asiáticas, pelo contrário, tendem a insistir na interdependência interpessoal, e suas emoções refletem isso. Trata-se, sem dúvida, de uma grosseira supersimplificação, mas realmente capta uma importante dimensão de diferença cultural, mesmo que a maior parte das sociedades ocupe algo como um lugar intermediário nesse espectro. Por exemplo, a cultura americana tradicional é um complexo de autoconfiança individual e sensibilidades comunitárias. É difícil imaginar a história americana sem esses dois traços, não importa quanto fantasiemos, celebremos e superenfatizemos a imagem de "lobo solitário", do caubói ou do espião. De modo semelhante, a sociedade japonesa, certamente, é definida por extremas lealdades, quer seja de samurais para com os senhores, quer seja de assalariados para com as companhias, mas a excelência individual também é valorizada — desde que atue dentro da comunidade e não seja um pretexto para engrandecimento pessoal. Entretanto, compreender *amae* japonês sem dúvida requer, efetivamente, uma compreensão do poderoso valor do vínculo naquela sociedade, exatamente como compreender a raiva americana requer um reconhecimento do forte valor de "ter direito a".

Fago é traduzido como "compaixão/amor/tristeza" pela antropóloga Catherine Lutz (1988), que lida longamente com o assunto no importante livro *Unnatural Emotions*.[6] Os indivíduos apresentados no livro são o povo da ilha de Ifaluk, no Pacífico Sul (nas Ilhas Carolinas), e *fago*, segundo ela afirma, é a emoção decisiva e, nesse sentido, básica naquela sociedade. Vale a pena relatar a tese geral do livro. Lutz faz parte da geração de antropólogos que se rebelou contra a tese da universalidade das emoções e insistiu que, pelo contrário, tanto as emoções como a linguagem emocional são moldadas pela cultura e "socialmente construídas". Ela rejeitou a pergunta de James "o que é uma emoção?" e a substituiu por uma questão mais aberta sobre os variáveis papéis e funções das emoções em sociedades específicas. Rejeita, portanto, a ideia de emoções "naturais" e insiste em que as emoções são não naturais, o que não significa negar que, de alguma forma, são baseadas na biologia, mas significa principalmente insistir em que são, fundamentalmente, produtos culturais. Essa visão foi introduzida no início dos anos 1960 — diante de brados de indignação — pelo grande antropólogo americano Clifford Geertz: "Não só as ideias mas as emoções são artefatos culturais." A visão do construtivismo social, como uma visão oposicionista em psicologia, foi desenvolvida por James Averill e Rom Harré. Na antropologia, porém, a perspectiva do construtivismo social tornou-se a moeda corrente, tão evidente e inquestionável quanto a tese universalista se tornara entre os teóricos das emoções básicas.

Fago é o reconhecimento de sofrimento nas vidas dos ifaluks e sua insistência na bondade interpessoal diante daquele sofrimento. Segundo os ifaluks, a maturidade consiste sobretudo na capacidade de cuidar dos outros. Enquanto o foco da raiva americana é a agressividade do mundo, e até onde os outros podem ser culpados pela falta de sorte ou frustração da pessoa, o foco de *fago* é a fragilidade da vida e a preciosidade das conexões com os outros. Relacionamentos podem ser abruptamente rompidos. O amor não pode ser compreendido separadamente da perda. *Fago* é o reconhecimento e a tentativa de lidar com essa fragilidade e vulnerabilidade. De acordo com Lutz, é um vigoroso otimismo diante do sofrimento, amparado pelo senso de que o cuidado humano pode controlar as cruéis devastações do destino.

A combinação de compaixão, amor e tristeza nos soa (como, de início, para Lutz) como uma contradição. O amor, ela escreve, é uma emoção positiva e ativadora, enquanto a tristeza é negativa e desvitalizante. Já argumentei que essa noção de "valência" "positiva-negativa" é muito simplista para capturar a complexidade da maioria das emoções e, particularmente, de amor e sofrimento. Entretanto, o que Lutz precisava fazer para compreender os ifaluks era conseguir entender essa combinação, que para nós faz pouco sentido. Se pensarmos no amor como um entusiasmo generalizado, não compreenderemos *fago*. Apenas quando começamos a considerar o amor, mesmo na nossa sociedade, como um conjunto de apego e vulnerabilidade, ambos presentes na própria emoção, é que começamos a fazer algum progresso. No entanto, se Lutz está certa (e ela se esforçou durante bastante tempo para compreender a questão), *fago* não é diretamente traduzível para o inglês e a emoção não é facilmente compreendida por estrangeiros.

Existe uma considerável controvérsia envolvendo o que isso tudo significa, se *amae* e *fago* são, realmente, emoções diferentes ou se são as *línguas* japonesa e ifaluk que selecionam diferentes combinações de emoções que são, na realidade, universais e familiares para nós. Os teóricos da "construção social" tendem a defender a primeira tese, enquanto os teóricos das emoções básicas tendem a defender a segunda. Universalistas ferrenhos insistirão, até, que não existem termos relativos a emoções que não possam ser traduzidos e que os relatos, amplamente lidos, sobre *amae* e *fago* provam isso. Talvez não possam ser traduzidos palavra a palavra, como o inglês *anger* para o francês *colère* e o polinésio *riri*. São porém traduzíveis, respectivamente, como "interdependência indulgente" e "compaixão/amor/tristeza". Uma argumentação mais fraca é a de que podem não ser exatamente traduzíveis (na realidade, nenhuma palavra em nenhuma língua pode ser traduzida para uma outra sem que algo se perca), mas podemos, no entanto, nos "concentrar" no significado das palavras estrangeiras para as emoções e isso, por sua vez, permite-nos empatizar, pelo menos em certa medida, com pessoas que têm aquela emoção. Por outro lado, porém, os teóricos da construção social argumentariam que qualquer coincidência de emoções e termos sobre emoções não passaria disso, uma coincidência. Cada cultura "constrói" seu repertório de emoções e, mesmo que até possamos esperar que (devido tanto à condição humana quanto à fisiologia humana) muitas emoções acabem sendo similares, isso nada teria a ver com a universalidade das emoções. Uma concepção ainda mais frágil, que eu mesmo sugeri, é que biologia e cultura são o *yin* e o *yang* da vida emocional. Para mim, a ideia de que emoções são *apenas* biológicas ou *apenas* culturais é insustentável.

Mas ainda não respondemos ao desafio acima: se emoções exóticas, como *amae* e *fago*, são realmente diferentes ou se são as línguas que são diferentes e selecionam diferentes combinações de emoções. Acredito que haja uma boa razão para se pensar que existem inúmeros processos envolvendo inúmeras combinações e sucessões de emoções e nem todos têm nomes. De fato, pode ser, muito provavelmente, que a maioria não tenha nomes. Sugeriu-se que os nomes das emoções são usados principalmente em retrospecto, para racionalizar ou compreender aquilo que, de fato, era um complexo e confuso fluxo de respostas e experiências. Desse modo, resumimos a incrivelmente intrincada sequência de emoções envolvidas até no caso mais rotineiro de "apaixonar-se" e estabelecer um relacionamento para a vida toda chamando isso tudo de "amor", quando, na realidade, trata-se de um processo que pode incluir todo o repertório social de emoções, da raiva ao zelo. Da mesma maneira, resumimos a dinâmica interação de medo, ressentimento e raiva simplesmente chamando-a de "raiva", mas não podemos imaginar que isso seja um rótulo para um único e distinto "estado mental".

Venho argumentando o tempo todo que não há razão para pensar nas emoções como entidades psíquicas separadas. Para desinflar a imagem de infinitas emoções que sugeri, no fim do capítulo 18, deixem-me insistir que não existe um universo psíquico no qual flutuam milhões de emoções, a maioria delas inconsciente e não identificada. Essa imagem pode ser divertida, mas é absurda. O que é verdade, e onde os teóricos da construção social estão certos, é que cada cultura cria uma linguagem e um vocabulário para falar sobre emoção de acordo com suas necessidades e contingências e são essa linguagem e esse vocabulário que configuram o que podem parecer (dentro daquela comunidade linguística) entidades psicológicas separadas mas que, na realidade, são processos complexos, contextualmente definidos. Não é, porém, como se cada cultura criasse as próprias emoções. Ao mesmo tempo em que há um bom motivo para sermos céticos em relação à tese das emoções básicas, há também uma boa razão para sermos céticos a respeito das fortes reivindicações do construtivismo social. Independentemente de existirem universais fisiológicos, são o papel e a função de emoções particulares, nas circunstâncias particulares da existência de uma cultura (e de um indivíduo), que, com a biologia, determinam a natureza das nossas vidas emocionais.

Notas

1. Tribo habitante da costa ocidental da Groenlândia. (*N. do T.*)
2. "Pessoas que viajam diariamente entre a casa e o trabalho." Não havendo uma tradução direta em português, o termo será mantido em inglês em virtude da frequente recorrência no capítulo. (*N. do T.*)
3. Tradução livre: *Nunca com raiva*. (*N. do T.*)
4. Conforme já observado no capítulo 15, *schadenfreude* é um vocábulo alemão que significa "prazer experimentado diante do sofrimento alheio", "satisfação com a infelicidade dos outros". (*N. do T.*)
5. Aspas nossas. Em inglês: *clinging*. (*N. do T.*)
6. Tradução livre: *Emoções não naturais*. (*N. do T.*)

CAPÍTULO XXIII Felicidade, espiritualidade e integridade emocional

Be here now[1] era uma das ambíguas pérolas de sabedoria, nos anos 1960, mas, pelo menos em relação à felicidade, a nada levava. Conforme discutimos no capítulo 6, a felicidade nunca é momentânea; ela se estende necessariamente ao longo do tempo. Aliás, nossas emoções, em geral, raramente são momentâneas. Emoções são processos, e mesmo breves emoções levam tempo, referem-se ao passado imediato e antecipam o futuro imediato. A maioria das emoções tem muito a ver com a dimensão temporal. Envolvem memória e antecipação. Esperança e medo referem-se ao futuro, possivelmente até o resto da vida da pessoa. Raiva envolve o passado e muitas vezes o passado bastante remoto, que chega à infância. Amor verdadeiro pode não ser "para sempre", mas geralmente aspira a isso e se imagina sendo duradouro e infindável. Emoções não são apenas estados mentais momentâneos. São também o meio pelo qual transcendemos o momentâneo, talvez até o meio pelo qual transcendemos a nós mesmos.

Por outro lado, a formulação do *Be here now*! sugere algo muito importante que venho defendendo ao longo de todo o livro. É o que o meu amigo Sam Keen, o guru de Sonoma, chamou de *a vida com paixão*. É uma concepção da vida boa, que muitos admiram, mas poucos filósofos apregoam. Muitos filósofos, e entre eles Aristóteles e também muitos filósofos orientais, pregaram sobre felicidade e as virtudes, mas, com muita frequência, a concepção de felicidade considerada é bastante calma e tem a ver, principalmente, com ser um bom cidadão, uma pessoa agradável, e com apreciar a paz de espírito (*ataraxia*) e até uma falta de agitação apaixonada (*apatheia*). Em oposição, a vida com paixão é definida por suas emoções às vezes veementes, por seu engajamento entusiasmado, por suas ardentes buscas, grandes porém vãs ambições e afeições envolventes.

A vida com paixão é, às vezes, caracterizada (por exemplo, por Goethe, em *Fausto*, e por Kierkegaard e Nietzsche) em termos de frenesi, ambição exagerada, objetivos essencialmente insaciáveis e afeições impossíveis. É aquilo a que Nietzsche, particularmente, se referiu como um temperamento "dionisíaco", uma vida captada por metáforas dinâmicas, e não estáticas, noções de "energia", "entusiasmo", "carisma" e até mania. A vida com paixão abraça os valores do romantismo e a imagem do artista sofredor, porém às vezes maníaco. Ocasionalmente pode estar, também, sobrecarregada de desespero e *weltschmertz*,[2] mas provavelmente estará também animada por alegria e exuberância. Quero abrir espaço para algumas concepções "opostas" da vida boa, em oposição tanto à moralidade comum e a "ser uma boa pessoa" quanto à vida de puro contentamento e satisfação. Esta, sugiro, também é uma versão de felicidade, mas é radicalmente diferente daquilo sobre que falamos ao discutir a noção de Aristóteles, quanto ao resto convincente, de *eudaimonia* (estar bem).

A vida com paixão pode ser exemplificada pela imagem romântica do artista sofredor, mas não é absolutamente incomum na vida contemporânea. Os jovens, mundo afora, compreensivelmente preferem música com ritmos excitantes e, na sua vida diária, procuram a excitação de correr riscos e buscar emoções intensas. Mais tarde na vida também apreciamos entusiasmo e paixão. Demandamos (talvez tolamente) *charisma* aos nossos políticos e excitação às nossas vidas. Admiramos — e aspiramos a — uma vida com paixão e tratamos a paz de espírito e a ausência de paixão como meramente "relaxantes", uma folga na vida, nas demais circunstâncias, compulsiva. Pode-se, sem dúvida, ser inflexível e insistir em que uma vida assim nunca poderia ser feliz e certamente conheço e leio muitos críticos sociais e psiquiatras que sustentam essa opinião. No entanto, creio que uma visão mais liberal e realista é a de que as exigências de uma vida criativa e animada — ou qualquer vida que seja definida por difíceis e permanentes desafios — deixam evidente que devemos ampliar ou mesmo reconsiderar a noção de felicidade. Em oposição a Aristóteles e muitos dos seus antecessores e sucessores, a felicidade não é, necessariamente, uma vida de moderação e paz de espírito. Acredito, como Nietzsche, que se pode defender a ideia tanto de que a felicidade não é incompatível com agitação, sofrimento e infelicidade mas que até depende desses fatores quanto de que, ao contrário do que nos ensinaram a pensar, a felicidade não é a coisa mais importante na vida (ver Bellotti, 2004). De fato, até Aristóteles admitia que a felicidade podia incluir alguma dor, algum sofrimento e insucesso. Só que esses aspectos não podiam ser as qualidades decisivas de uma vida feliz. Tudo isso, porém, deve nos colocar a questão sobre o que é considerado como felicidade?

Para Aristóteles, como vimos, felicidade refere-se às características mais ou menos "objetivas" de virtude e sucesso, tais como gozar de boa saúde, estar bem de vida, ser respeitado pelos seus pares e ser bem-sucedido na profissão. (Para Aristóteles, isso seria bastante restrito a estadistas ou filósofos, mas podemos, certamente, ampliar a lista para que inclua todas as carreiras, todas profissões e todos os meios de vida em que estão engajados os cidadãos contemporâneos.) Atualmente, para muitas pessoas, a felicidade, ao contrário, está muitas vezes ligada ao simples sentimento de felicidade ou a apenas *sentir-se* feliz, uma experiência passageira que nada precisa ter a ver com realizações, virtudes, bem-estar, status na sociedade ou perspectivas de uma vida boa. O fracassado mais maldoso e patético pode ter sentimentos felizes, pelo menos ocasionalmente, e também sem dúvida tais sentimentos podem ser artificialmente induzidos por um grande número de drogas, fármacos, atividades e exercícios. (Não surpreendentemente, a sensação de êxtase[3] é produzida por uma droga que leva esse nome.) No entanto, entre o sucesso relativamente objetivo e o simples sentir-se feliz existe um rico espectro de opções que podem ou não incluir sucesso ou sentimentos felizes. Existe, especialmente, o que Ed Deiner e outros chamam de "bem-estar subjetivo", que presumivelmente leva em conta bons acontecimentos para a pessoa, no mundo, assim como seu bem-estar geral, e supõe uma boa dose de sentimento feliz, mas não depende inteiramente de algum deles. Existe, porém, um "segundo nível" de felicidade, além de ser bem-sucedido, sentir-se feliz e ter um bem-estar subjetivo, e esse nível consiste na reflexão de que se está feliz. Desejo argumentar que a reflexão é essencial à felicidade.

Dizendo de modo simples, ser feliz não é apenas estar bem engajado e sentindo-se bem. Requer, também, o reconhecimento reflexivo de que se está feliz. Argumentei que não se pode começar a entender a emoção humana adulta sem levar em consideração a poderosa habilidade de refletir sobre nossas emoções. Porém, como venho insistindo há algum tempo, especialmente nos capítulos 19 e 20, a reflexão não é um processo inteiramente separado das emoções sobre as quais refletimos. Quando refletimos sobre as nossas emoções enquanto acontecem, a reflexão torna-se parte da emoção. É apenas nesse processo emocional-reflexivo em andamento que uma emoção se torna totalmente consciente. Por exemplo, no capítulo 4, ao discutir o amor, argumentei que estar apaixonado envolve basicamente o reconhecimento *de que* se está apaixonado, e pode-se dizer que é o reconhecimento reflexivo que *completa* a emoção. Também na raiva, a constatação "Estou com tanta raiva!" não é um comentário ou relatório sobre raiva, mas uma parte importante da raiva. O mesmo acontece com a felicidade. A pessoa pode ter uma vida florescente sem pensar e ter um senso de bem-estar subjetivo, mas a felicidade humana adulta requer algo mais, o conhecimento de que se está realmente feliz.

Com essas considerações, sugiro modificar nossa declaração, do capítulo 6, de que a felicidade não é, propriamente falando, uma emoção. Podemos dizer que a felicidade é um tipo de "metaemoção", um contínuo julgamento avaliativo sintetizador sobre nosso ser no mundo. É um tipo de emoção abrangente que não se refere apenas a um aspecto específico das nossas vidas, mas às nossas vidas como um todo. Desse modo, a felicidade, como desejo considerar aqui, não é nem um sentimento, nem apenas uma questão de "bem-estar subjetivo", nem uma realização objetiva: é uma emoção a respeito da soma de todas as nossas outras emoções, da forma como se somam nas nossas vidas e da vida em que resultam. Isso cria exatamente o espaço de que precisamos para incluir e explicar a vida com paixão e as românticas noções de felicidade. A questão não é se apreciamos nossas vidas, ou mesmo se temos um senso de bem-estar subjetivo. É, sobretudo, uma questão de como avaliamos o curso de nossas vidas, dadas nossas aspirações e nossos valores, o que realmente queremos fazer ou realizar em nossas vidas. É muito semelhante à "afirmação" dos estoicos, que damos não só às nossas emoções específicas mas às nossas vidas emocionais como um todo.

Um artista, um escritor, um assistente social ou um empresário pode desfrutar apenas uns poucos e breves momentos de contentamento e satisfação (e talvez nem mesmo isso). No entanto, se está levando a vida que deseja e precisa viver, e compreende que a frustração é um aspecto essencial e talvez irremediável daquela vida, não vejo por que não possamos chamar essa pessoa de feliz. A pessoa pode estar, como o Sísifo de Albert Camus, vivendo uma vida de indubitável frustração (empurrando a pedra montanha acima, com grande dificuldade, para vê-la despencar, de volta, ao ponto de onde partira). No entanto, Camus nos assegura que devemos considerar Sísifo feliz, na medida em que ele, com entusiasmo, aceita a sua inútil tarefa e se dedica a ela. Camus compara, ainda, Sísifo a todos nós, e faço como ele. Uma vida com paixão pode estar sempre vulnerável ao desespero, mas não é uma vida de desespero. Tudo depende de como *encaramos as* coisas.

Isso não significa que uma pessoa possa viver uma vida de total sofrimento e fracasso e, ainda assim, ser feliz. A insistência do "quase objetivo" de Aristóteles permanece. O que pode ser considerado, porém, como uma vida de sofrimento e fracasso não é, de forma alguma, tão facilmente reconhecível como presumia Aristóteles. Considero que a crítica de Nietzsche aos gregos clássicos é perfeitamente correta quanto a esse aspecto, o de que, mesmo Aristóteles, quando vamos diretamente ao ponto, tinha uma visão claramente convencional sobre as paixões e nenhum apreço pela vida com paixão, por mais essenciais que possa ter considerado as paixões em geral. Há muitas formas de ser feliz, e ser um aristocrata filósofo grego é apenas uma delas.

A felicidade depende dos momentos (que podem ser abundantes ou escassos) nos quais vislumbramos nossa vida como um todo ou, pelo menos, uma parte substancial de nossas vidas, a partir da perspectiva, necessariamente limitada, de nossa experiência de vida atual. (Isso é o que Heidegger sugere com sua ênfase, um tanto mórbida, na *angst* ou no "ser-para-a-morte".). É essa reflexão sobre nossa vida como um todo que completa nossa felicidade. Certamente não quer dizer que apenas pensar que é feliz faz a pessoa feliz. (Esse julgamento emocional, talvez mais do que qualquer outro, está sujeito à autoilusão.) É preciso que todos os ingredientes, até algumas virtudes e realizações "quase objetivas" de Aristóteles, já estejam presentes. A felicidade, porém, é uma experiência composta, não apenas constituída pelos vários aspectos e pelas várias atividades da vida da pessoa, mas feita de um intrincado entrelaçamento de metaemoções e reflexão holista abrangentes.

É por meio dessa concepção de felicidade, como semelhante a uma superemoção que envolve tanto emoções quanto reflexão, que podemos, finalmente, compreender o conceito de *integridade emocional* a que vim me referindo ao longo da maior parte do livro. Como a palavra sugere, integridade tem a ver com "inteireza", e portanto integridade emocional tem a ver com a unidade da nossa vida emocional. Agora podem pensar que integridade emocional não passa de consistência emocional; no entanto, essa seria uma compreensão seriamente equivocada do conceito. Pode-se ser totalmente consistente quanto à vida emocional quando se é suficientemente obcecado ou fanático. Isso é exatamente o oposto do que tenho em mente aqui. Ficar obcecado com uma única emoção, cegamente e sem reflexão crítica, parece-me ser praticamente o oposto da integridade emocional. Integridade emocional não se resume a consistência na vida emocional da pessoa (em que, sem dúvida, o caso mais simples de consistência ou unidade é um ponto focal exclusivo, um único conjunto de crenças e uma única emoção). Integridade implica riqueza e profundidade, em vez de simplicidade. Por exemplo, o fanático religioso é alguém totalmente desprovido de integridade emocional.

Uma versão um pouco menos errônea do mesmo equívoco é a ideia de que a integridade emocional limita-se a coerência emocional, o que abre espaço para uma mistura muito mais ampla de emoções, mas é ainda muito limitada e não precisa incluir reflexão. Isso seria levar uma vida simples e sem conflitos (o que os estoicos chamavam de *ataraxia*), mas também é dramaticamente falho para dar conta do que a maioria de nós chamaria de uma vida plena e feliz. Os estoicos, porém, estavam totalmente certos sobre isso: integridade emocional (ou o que consideravam vida virtuosa) envolve, necessariamente, reflexão de segunda ordem, assim como sentimento de primeira ordem, e, de acordo com a concepção romântica da vida com paixão que defendi brevemente acima, gostaria de considerar um repertório misto, até conflituoso, de sentimentos, emoções e reflexões, incluindo insatisfação, autocrítica, descontentamento e dilemas éticos reais, isto é, escolhas e engajamentos impossíveis. Mais uma vez, gostaria de dizer que uma vida sem senso de conflito é realmente limitada. Por exemplo, apenas o fato de ser rico em um mundo que contém tanta pobreza deveria ser suficiente para garantir um desses tipos de descontentamento e conflito. Aqueles que negam ou racionalizam esse fato desagradável não têm, em consequência, mais integridade, e sim menos.

De fato, algumas das pessoas que destacaria como exemplares em inteligência emocional são aqueles raros médicos, executivos e políticos que desenvolveram a notável capacidade para "compartimentalizar", separando do resto de suas vidas a incrível pressão decorrente de uma posição de alta responsabilidade (enfrentar uma guerra como primeiro-ministro, tratar de vítimas em terrível estado depois de um desastre cataclísmico, defender nobres princípios contra uma oposição devastadora). Como se faz isso, não sei, mas significa que a integridade emocional de algumas pessoas que vivem as vidas mais gratificantes é, pela própria natureza, segmentada e dividida de forma dramática, e sua integridade depende — não é apesar de — dessa radical separação. Uma vida feliz, com integridade emocional, não é uma vida sem conflito, mas uma vida na qual a pessoa gerencia sabiamente os conflitos emocionais em conjunção com seus mais profundos valores.

Para alguns leitores ficará evidente que esse conceito de integridade emocional é uma versão do conceito existencialista de *autenticidade*. O que ele quer dizer (em Heidegger e Sartre, por exemplo) não é muito claro, mas certamente tem muito a ver com a concordância entre nossos engajamentos pré-reflexivos na vida e nossa perspectiva reflexiva mais ampla. No entanto, como também venho apontando, essa distinção é muito simplista e, portanto, a autenticidade também não pode ser uma simples correspondência entre o que sentimos (nossos engajamentos no mundo) e o que pensamos sobre nós e nosso ser no mundo. Sartre, em particular, faz o personagem que chama de "Paladino da Sinceridade" (em *O ser e o nada*) passar por maus momentos, porque (como fica evidente tanto nos romances e na atividade jornalística quanto na filosofia) ele tinha uma visão sombria quanto ao que é visto como sinceridade em seus concidadãos e que é mais frequentemente um disfarce para hipocrisia e má-fé do que uma virtude. Se pensarmos em sinceridade como uma simples "correspondência", existe bastante motivo para dúvida. Portanto, a autenticidade é muito mais bem-concebida como um dinâmico complexo de pensamentos, emoções e interações sociais (o "ser-para-os-outros", de Sartre) e, mais bem ainda, como integridade emocional, que não tem as implicações individualistas de autenticidade e contém em si tanto a ideia de virtude social quanto de individualidade existencial. Integridade emocional é essencial à vida boa, envolvendo plenamente tanto o nosso ser com os outros como nossa necessidade de viver de acordo com os nossos (e dos outros) valores. Contrariamente à tendência de alguns existencialistas, integridade emocional é tudo menos narcisista e dirigida para dentro. Ao contrário, diria que sugere um ideal de transcender a nós mesmos, ao nos permitir ser a pessoa que mais queremos ser.

Com isso em mente, deixem-me concluir mencionando outra metaemoção que envolve uma forma de transcendência ainda mais radical, a *espiritualidade*, que transcende o meramente pessoal ao levar em consideração nosso lugar mais amplo (ou mais modesto) no universo. Incorpora, portanto, muitas das emoções que constituem a felicidade, mas, em um importante sentido, transcende o *self* ou, mais precisamente, expande o *self* a proporções supra-humanas, talvez até cósmicas.

Amor e compaixão, embora sejam, seguramente, ingredientes na espiritualidade, são limitados pela especificidade. (Exatamente por esse motivo, Adam Smith argumentava que o amor não era uma virtude.) *Ágape* ou o "amor pela humanidade" é muito mais abrangente e o amor pela natureza toda é ainda muito mais abrangente. Esse tipo de amor, não tanto por uma pessoa específica, e compaixão, também não apenas em relação a uma pessoa ou a um grupo de pessoas específicos, é o que queremos dizer com espiritualidade. Independentemente do que mais possa ser, espiritualidade envolve essas paixões e, contrariamente às tradições espirituais na filosofia e no pensamento religioso que desvalorizam as paixões, eu insistiria em que a vida espiritual também é uma vida com paixão. Entretanto, não é "sem inteligência". Pelo contrário, como metaemoção, também requer pensamento e conhecimento. Consequentemente, não está em conflito com ciência e razão, mas aliada a elas. Em grande parte da história ocidental e, virtualmente, em toda a filosofia oriental, religião, filosofia, espiritualidade e sabedoria são profundamente interconectadas e inseparáveis. Mais uma vez, espiritualidade não está em conflito com pensamento e reflexão, mas depende deles. Com muita frequência, considera-se como protótipo de uma experiência espiritual o bem-aventurado desligamento que ocorre em uma "situação mística". Entretanto, sem sugerir aqui nada a respeito de tal momento, quero contrapor dizendo que a maior parte da experiência espiritual é inseparável do pensamento. Na realidade, em um dos meus livros, defino espiritualidade como "o amor reflexivo à vida."

Um pensamento, em particular, é essencial à espiritualidade e, não surpreendentemente, trata-se de um pensamento que também é uma emoção. É a emoção da *gratidão*. Na vida cotidiana, ser "ingrato" é considerado um grave vício, seja em uma manifestação isolada, seja como um duradouro defeito de caráter. Em todas as circunstâncias em que a gratidão é apropriada ou até obrigatória (desde ser bem-atendido por um garçom até ter a vida salva por um completo estranho), ser ingrato é um sinal, ou sintoma, de falta de caráter, não apenas uma ausência de generosidade, mas uma deplorável deficiência para apreciar o que os outros fazem por você. Ingratidão reflete a incapacidade de apreciar outras pessoas e, o que é pior, um rancoroso ressentimento em relação à própria vulnerabilidade e a recusa a admitir as dívidas para com os outros (veja-se Sommers, 1984). Barbara Fredericks (2003) argumenta, com razão, que a gratidão "amplia e constrói". Não é apenas uma visão "positiva" da vida. É uma forma de colocar em perspectiva a própria vida.

Desse modo, é ainda mais importante sentir gratidão pelo que nos é primordial, ou seja, nossas vidas. No fim de sua breve vida, Nietzsche (1992) expressou em uma de suas mais sinceras exclamações: "Como poderia deixar de ser grato pela totalidade da minha vida?" Isso apesar dos muitos sofrimentos e dores que passou, sem falar nas decepções em sua carreira e a máxima indiferença (e ocasional hostilidade) em sua aceitação pública. No entanto, uma das questões que sempre me intrigaram em relação a essa gratidão cósmica e que, com certeza, também incomodava Nietzsche, é *a quem* devemos ser gratos? Em termos de emoção, gratidão é definida, ao menos em parte, pelo "objeto", isto é, o recebimento de uma dádiva de algum tipo. No entanto o objeto (nesse caso, a totalidade da vida da pessoa) parece estar incompleto. Caso um grande amigo me dê um livro, não sou grato apenas pelo livro. Sou grato *a ele* por me dar o livro. Esse reconhecimento sobre quem é o agente da ação parece essencial à emoção. Entretanto, se espiritualidade não inclui uma crença em um Deus pessoal, como se pode, então, ser grato pela própria vida e todas as suas bênçãos? Nietzsche fala, de modo bem obscuro, sobre "afirmar a própria vida", mas isso parece realmente ignorar a questão. *A quem* ser grato pela própria vida? O filósofo cristão Robert C. Roberts não tem problema com essa questão, assim como a maioria dos cristãos, judeus, hindus e muçulmanos. Eu, porém, tenho, assim como muitos budistas. A quem, de fato?

Ser grato "ao universo" é uma resposta capenga para esse dilema. Personificar o universo resolve o problema de Deus, mas apenas deslocando a questão. Assim Camus, um ateu, povoa o mundo do seu herói Sísifo com deuses e deusas (contra quem pode protestar com "desprezo e rebeldia") que estão maldosamente se divertindo com a sua sorte. Entretanto, essa manobra literária é essencial ao próprio reconhecimento de Camus de que o universo não pode ser, como ele tão frequentemente reivindica, simplesmente "indiferente". (Na realidade, ele se revela quando faz com que seu anti-herói Mersault "abra o coração à *benigna* indiferença do universo", no fim de *O estrangeiro*.) Faz sentido, porém, ser grato *ao universo*? Posso imaginar o Dr. Roberts dizendo: "Não é, de fato, ser grato a Deus sem admiti-lo?"

Talvez se possa evitar Deus declarando ser grato "ao acaso" ou, talvez, "à sorte", como se pode ser agradecido na roleta ou na loteria estadual (certamente a pessoa não é grata ao cassino ou ao estado). Novamente, porém, o esforço parece manco. A questão, *a quem*, é de novo evitada. Não parece convincente construir um agente impessoal ambíguo a quem ser grato. Mas, então, estamos fadados a ser ingratos em relação à única dádiva que mais importa?

Pelo contrário, creio que a questão "a quem?" está mal colocada aqui. Deveríamos rejeitar o fácil salto da gratidão, como uma emoção social interpessoal, para gratidão cósmica pela totalidade da vida da pessoa. Isso pode fazer sentido para um teísta para quem existe algo semelhante a uma relação interpessoal com Deus (mas até Kierkegaard, o autor mais influente quanto a isso, expressa uma profunda ansiedade a respeito da peculiar unilateralidade dessa relação). Pode-se, sem dúvida, personificar o universo, como faz

Camus, mas creio que existe uma outra solução, mais radical, na medida em que separa totalmente a gratidão pela vida das emoções interpessoais. Trata-se, ainda, de gratidão, mas até torna mais claro a que se refere a gratidão interpessoal, que não significa simplesmente ser agradecido *a alguém*, mas ser apropriadamente humilde quanto ao próprio modesto lugar no mundo.

Em outras palavras, gratidão é uma emoção filosófica. É, em resumo, apreciar o cenário mais amplo e ter uma oportunidade de aí desempenhar um papel, por menor que seja. Nos relacionamentos, gratidão é ver uma ação ou transação específica como parte de uma relação permanente maior. Pensando assim, "abrir o próprio coração ao universo" não é tanto personificar o universo, mas refletir a respeito, assim como sentir e expressar uma gratidão cósmica, isto é, expandir a própria perspectiva, como insistiam os estoicos, de tal modo que se possa apreciar a beleza do todo e também estarmos absortos nos nossos limitados projetos e paixões pessoais. Isso é espiritualidade. Talvez seja a felicidade máxima e é uma expressão ideal de integridade emocional.

Notas

1. Tradução livre: "Esteja presente aqui e agora". (*N. do T.*)
2. Tristeza com os males do mundo, especialmente como expressão do pessimismo romântico. (*N. do T.*)
3. *Ecstasy*, em inglês. (*N. do T.*)

Bibliografia comentada

Deixem-me recomendar, em primeiro lugar, dois dos meus livros, para conhecimento de alguns dos textos clássicos na história e teoria das emoções e para leituras complementares sobre o existencialismo:

SOLOMON, Robert C., (org.) *What is an Emotion?* Nova York: Oxford University Press, 2004. Inclui textos selecionados de Aristóteles, Sêneca, Descartes, Spinoza, Hume, Darwin, James, Freud, Ekman, Lazarus, Frijda, Schachter e Singer, Sartre, Lutz, Nussbaum, De Sousa, Griffiths e muitos outros.

_______., (org.) *Existencialism.* Nova York: Oxford University Press, 2004. Inclui textos selecionados de Kierkgegaard, Dostoievsky, Nietzsche, Heidegger, Sartre, Camus e outros.

ARISTÓTELES. *Nicomachean Ethics.* Traduzido por W.D. Ross. Oxford: Oxford University Press, 1948. O texto clássico sobre ética, por um dos grandes filósofos.

_______. *Rethoric.* Traduzido por Jon Solomon. Em *What Is an Emotion?* Editado por Robert C. Solomon. Nova York: Oxford University Press, 2004. Seleções de três dos trabalhos de Aristóteles especificamente sobre a natureza da emoção.

ARNOLD, Magda. *Emotion and Personality.* Nova York: Columbia University Press, 1960.

AUSTEN, Jane. *Pride and Prejudice.* Nova York: Penguin Classics, 2002.

AVERILL, James R. *Anger and Aggression: An Essay on Emotion.* Nova York: Sproger-Verlag, 1982. Um excelente estudo, por um dos melhores teóricos da "construção social" da emoção.

AXELROD, Robert. *The Evolution of Cooperation.* Nova York: Basic Books, 1985.

AYER, A.J. *Language, Truth, and Logic.* Nova York: Dover, 1952.

BECK, Aaron T. *Anxiety Disorders and Phobias: A Cognitive Perspective.* Nova York: Basic Books, 1990. Um bom estudo sobre as várias formas em que o medo pode dar errado.

BECKER, Gavin de. *The Gift of Fear*. Nova York: Dell, 2000. Escrito por um especialista em segurança de Hollywood, argumenta que precisamos aprender a confiar nos nossos sentimentos de medo, porque podem nos impulsionar a adotar comportamentos que salvarão nossas vidas.

BEDFORD, Errol. "Emotions." Em *Essays in Philosophical Psychology*. Editado por D. Gustafson. Nova York: Doubleday-Anchor, 1963. Um dos importantes estudos iniciais sobre emoções na tradição analítica anglo-americana.

BELLOTTI, Ray. *Happiness is Over-Rated*. Lanham: Rowman and Littlefield, 2004. Um desafiador estudo que argumenta que felicidade *não* é a coisa mais importante na vida.

BENTHAM, Jeremy. *An Introduction to the Principles of Morals and Legislation*. Nova York: Hafner, 1948. A clássica introdução ao "utilitarismo" e a redução da ética a considerações sobre prazer e dor.

BEM-ZEEV, Aaron. *The Subtlety of Emotions*. Cambridge: Massachusetts Institute of Technology Press, 2000. Um livro rico e sutil, escrito por um dos principais psicólogos da emoção de Israel.

BHARATAMUNI. *Natyashastra*. Traduzido por M. Glosh. Calcutta: Granthalaya, 1967. Bharata viveu e trabalhou aproximadamente entre 200 a.C. e 200 d.C. Foi o escritor indiano mais original sobre artes e a autoridade original do sistema de *rasa*.

BLUM, Lawrence. *Friendship, Altruism, and Morality*. Londres: Routledge and Kegan-Paul, 1980. Um trabalho inicial na tradição analítica anglo-americana sobre a importância dos sentimentos na ética.

BRIGGS, Jean L. *Never in Anger*. Cambridge: Harvard University Press, 1975.

BROWN, Alan S. *The Déjà Vu Experience: Essays in Cognitive Psychology*. Nova York: Psychology Press, 2004. Resumido em "The Tease of Memory." *Chronicle of Higher Education* (23 de julho de 2004).

BUSS, David. *The Dangerous Passion*. Nova York: Free Press, 2000.

CAMUS, Albert. *The Stranger*. Nova York: Alfred Knopf, 1988.

CARROLL, Noel. *The Philosophy of Horror*. Londres: Routledge, 1990. Um maravilhoso estudo dos livros e filmes de horror e uma análise do que as pessoas gostam neles.

CHARLAND, Louis. "The Natural Kind Status of Emotion." *British Journal for the Philosophy of Science* (2002).

CSIKSZENTMIHALYI, Mihaly. *Flow: The Psychology of Optimal Experience*. Nova York: Harper, 1991.

________. "Reconciling Cognitive and Perceptual Theories of Emotion: A Representational Proposal." *Philosophy of Science* 64 (Dezembro de 1997).

DAMÁSIO, António. *Descartes' Error*. Nova York: Putnam, 1994. Estudo pioneiro em neuropsiquiatria que argumenta contra a separação "cartesiana" entre razão e emoção.

_______. *The Feeling of What Happens: Body and Emotion in the Making of Consciousness.* Nova York: Harcourt, 1999. Ousado trabalho que tenta desenvolver uma teoria do *self* e da consciência, começando pelo contexto das neurociências.

DARWIN, Charles. *The Expression of Emotions in Animals and Men.* Editado e apresentado por Paul Ekman, 1862. Reimpressão, Nova York: Oxford University Press, 1998.

DAVIDSON, Richard, H. H. Goldsmith, e Klaus Scherer, (orgs.) *Handbook of the Affective Sciences.* Nova York: Oxford University Press, 2002. Coleção bastante substancial de ensaios sobre as emoções, em especial a neurofisiologia e as ramificações médicas da emoção.

DAWKINS, Marian. *On Animal Suffering.* Oxford: Oxford University Press, 1980.

DENNET, Daniel C. *Consciousness Explained.* Boston: Little Brown, 1991. Original e atipicamente divertido relato sobre a natureza da consciência na ciência cognitiva.

DESCARTES, René. *The Passions of the Soul.* Traduzido por S.H. Voss. Indianapolis: Hackett Publising Co., 1989. Um dos clássicos ensaios sobre as emoções pelo importante filósofo francês.

DIENER, Edward. *Culture and Subjective Well-Being.* Cambridge: Massachusetts Institute of Technology Press, 2003.

DIXON, Thomas. *Emotions: The Invention of a Psychological Category.* Cambridge: Cambridge University Press, 2004. Audacioso novo estudo das origens do conceito de "emoção", em que essa categoria psicológica substitui as tradicionais concepções éticas e teológicas de "afetos e paixões".

DORIS, John. *Lack of Character.* Nova York: Cambridge University Press, 2002.

DREYFUS, Hubert. *Being-in-the-World: A Commentary on Heidegger's Being in Time, Division I.* Cambridge: Massachusetts Institute of Technology Press, 1990.

EISENBERG, Nancy. "Empathy and Sympathy." In *Handbook of Emotions.* 2ª ed. Editado por Michael Lewis e Jeannette M. Haviland-Jones. Nova York: Guilford Press, 2002, pp. 677-91.

EKMAN, Paul. *Emotions Revealed.* Reúne os pensamentos e as teorias de uma das figuras inspiradoras e mais importantes na psicologia do século XX sobre emoções, com ênfase na expressão das emoções.

_______. "Expression and the Nature of Emotion." In *Approaches to Emotion.* Editado por K.R. Scherer e Paul Ekman. Hillsdale: Erlbaum, 1984.

EKMAN, Paul, e Richard Davidson, eds. *The Nature of Emotion.* Nova York: Oxford University Press, 1994. Criativa coleção de questões e comentários feitos por muitos influentes cientistas sociais contemporâneos.

ELSTER, Jon. *Alchemies of the Mind.* Cambridge: Cambridge University Press, 2000. Excelente estudo sobre emoções e racionalidade, com alguns bons trabalhos históricos e um estudo detalhado das estratégias de racionalidade, especialidade do autor e assunto de muitos outros livros seus.

FACCIO, Peter. *Shakespeare* (fitas de áudio). Chantilly: The Teaching Company, 1999.

FRANK, Robert H. *Passion Within Reason.* Nova York: Norton, 1998. Um dos poucos livros sobre emoção por um excelente economista, argumenta que as emoções são uma dimensão pouco apreciada nos estudos econômicos.

FREDERICKS, Bárbara. "Gratitude, Like Other Positive Emotions, Broadens and Builds." In *The Psychology of Gratitude.* Editado por Robert Emmon e Michael E. McCulloug. Nova York: Oxford University Press, 2003.

FRENCH, Peter A. *The Virtues of Vengeance.* Albany: Suny Press, 1983. O autor defende a vingança, demonstrando sua predominância ao longo de nossa história e nossa literatura, e enaltece suas virtudes como essenciais para a moralidade e a justiça.

FREUD, Sigmund. *Introductory Lectures to Psychoanalysis.* Nova York: Norton, 1966. A clássica introdução à psicanálise pelo homem que a inventou.

FRIJDA, Nico. *The Emotions.* Cambridge: Cambridge University Press, 1986. Um estudo abrangente e muito perspicaz das emoções feito por um dos importantes psicólogos sociais da nossa época.

________. *The Laws of Emotion.* Mahwah: Lawrence Erlbaum Associates, Inc., 2006. O mais recente, abrangente e altamente perspicaz estudo das emoções por um dos mais ilustres psicólogos sociais.

GERSTEIN, R.S. "Capital Punishment: A Retributivist Response." *Ethics* 85 (1985).

GLADWELL, Malcolm. *Blink: The Power of Thinking Without Thinking.* Nova York: Little, Brown and Co., 2005. Best-seller argumentando que a intuição é, às vezes, melhor do que o raciocínio prolongado.

GOLDIE, Peter. *The Emotions.* Oxford: Oxford University Press, 2000. Excelente estudo de um filósofo e teórico literário britânico contemporâneo que discute o papel da narrativa nas emoções.

GOLEMAN, Daniel. *Emotional Intelligence.* Nova York: Bantam, 1995. O livro que tornou a expressão "inteligência emocional" parte da nossa conversa cotidiana. Um best-seller quando surgiu, despertou grande interesse a respeito do que estava acontecendo na pesquisa sobre emoções.

GORDON, Robert. *The Structure of Emotions.* Nova York: Cambridge University Press, 1987. Estudo da ciência cognitiva sobre emoções na tradição "analítica" anglo-americana.

GREENSPAN, Patrícia. *Emotions and Reasons.* Nova York: Routledge, 1988. Importante livro sobre emoções e racionalidade, levanta difíceis questões iniciais sobre as teorias cognitivas da emoção.

GRIFFITHS, Paul E. *What Emotions Really Are*. Chicago: University of Chicago Press, 1997. Audacioso e provocante livro, escrito de uma perspectiva biológica evolutiva e altamente desencorajadora das explicações cognitivas da emoção.

GUIGNON, Charles. *Heidegger and the Problem of Knowledge*. Indianapolis: Hackett Publishers, 1983.

HALPERN, Jodi. *From Detached Concern to Empathy*. Nova York: Oxford University Press, 2001. Livro importante e sensível de uma filósofa das ciências da saúde, tentando quebrar o modelo de distanciamento médico em favor de um tratamento mais empático dos pacientes.

HARRÉ, Rom. *The Social Construction Theory of Emotions*. Oxford: Blackwell, 1986. Introdução às teorias da emoção com base na "construção social" por um de seus principais criadores.

HEGEL, Georg Wilhelm Friedrich. *Phenomenology of Mind*. Traduzido por J.B. Baillie. Nova York: Cosimo, 2006.

HEIDEGGER, Martin. *Being and Time*. Edição revista, Nova York: Harper San Francisco, 1962.

HOCHSCHILD, Arlie. *The Managed Heart*. Berkeley: University of California Press, 1983. Estudo inovador na sociologia das pressões, tensões e forma de lidar das pessoas (por exemplo, comissárias de bordo de companhias aéreas) que precisam "gerenciar" suas emoções no trabalho.

HUME, David. *A Treatise of Human Nature*. Editado por L.A. Selbe-Bigge. Oxford: Clarendon Press, 1973. Um dos estudos clássicos sobre a natureza humana, por um dos importantes filósofos de língua inglesa. O livro II inclui um original estudo sobre as paixões e o livro III argumenta que a moral depende mais do sentimento do que da razão.

IVINS, Molly. *You Got to Dance with Them What Brung You*. Nova York: Vintage, 1999.

IZARD, Carroll. *Human Emotions*. Nova York: Plenum Press, 1977.

_______. "Emotion." In *Encyclopaedia Britannica*, XIIIth edition, 1982.

JACOBY, Susan. *Wild Justice*. Nova York: Harper and Row, 1983.

JAMES, William. *Principles of Psychology*. Nova York: Dover, 1890. Um dos grandes trabalhos na psicologia americana e livro texto de gerações de psicólogos no começo do século passado. Inclui um importante capítulo sobre emoção, que é uma versão ligeiramente revista do famoso ensaio abaixo mencionado.

_______. "Does Consciousness Exist?" In *Writings*. Nova York: Library of America, 1988.

_______. "What is an Emotion?" In *What is an Emotion?* Editado por Robert C. Solomon. Nova York: Oxford University Press, 2004. Esse ensaio forneceu a base para grande parte da pesquisa em emoção ao longo do século XX.

KEEN, Sam. *The Passionate Life*. Nova York: Harper, 1976. O autor, segundo suas palavras, "excessivamente educado em Harvard e Princeton", foi professor de filosofia e religião em "várias instituições idôneas", editor colaborador da *Psychology Today* durante 20 anos e, depois, um pensador autônomo, conferencista, coordenador de seminários e consultor.

KEEN, Sam. *Hymns to an Unknown God*. Nova York: Bantam, 1995.

KENNY, Anthony. *Action, Emotion, and Will*. Londres: Routledge and Kegan-Paul, 1963.

KOTCHEMIDOVA, Christina. "A Brief History of Cheerfulness: From Good Cheer to 'Drive-by Smiling.'" *Journal of Social History* (2005). Interessante estudo sobre a obsessão americana com "animação" e suas recentes origens e funções.

KÜBLER-ROSS, Elisabeth. *On Death and Dying*. Nova York: Harper and Row, 1975. Estudo clássico sobre a morte e o morrer, pela autora que trouxe à luz do dia, dos porões da filosofia e da medicina, essas preocupações.

LANDSMAN, Janet. *Regret*. Nova York: Oxford University Press, 2003. Estudo completo sobre a natureza do arrependimento como um processo dinâmico de comparação entre realidade e possibilidade.

LANE, Richard. *The Cognitive Neuroscience of Emotion*. Nova York: Oxford University Press, 1999. Boa introdução ao fascinante trabalho sobre emoção em andamento nas neurociências contemporâneas.

LAZARUS, Richard. *Emotion and Adaptation*. Nova York: Oxford University Press, 1994. Reúne os pensamentos e as teorias de uma das mais importantes figuras na psicologia das emoções do século XX, enfatizando o papel da avaliação e adaptação no processamento emocional.

LEARY, M., J. Landel, e K. Patton. "Motivated Expression of Embarrassment." *The Journal of Personality* 64, nº 3 (1996).

LEDOUX, Joseph. *The Emotional Brain: The Mysterious Underpinnings of Emotional Life*. Nova York: Simon and Schuster, 1996. Estudo ousado e original sobre medo e os detalhes do processamento neurológico.

LEVI, Robert. *The Tahitians*. Chicago: University of Chicago Press, 1975.

LEWIS, Michael, e Jeanette Havilland-Jones, (orgs.) *A Handbook of Emotions*. 2ª ed. Nova York: Guilford Press, 2000. Excelente coleção atual de ensaios sobre vários tópicos e aspectos da emoção e emoções particulares.

LUTZ, Catherine. *Unnatural Emotions*. Chicago: University of Chicago Press, 1988. Importante estudo antropológico sobre as preocupações transculturais na análise das emoções que o autor explica como primordialmente culturais (em vez de biológicas ou "naturais").

LYONS, William. *Modern Philosophy of Mind*. Londres: Penguin, 1996. Importante estudo filosófico das emoções como sentimentos, em termos de uma explicação causal-avaliativa.

MACLEAN, Paul D. "Sensory and Perceptive Factors in Emotional Functions of the Triune Brain." In *Explaining Emotions*. Editado por Amelie Rorty. Los Angeles: University of California Press, 1980.

MANSTEAD, Anthony S. R., Nico Frijda, e A. Fisher. *Feelings and Emotions*. Cambridge: Cambridge University Press, 2004. Excelente coleção de ensaios de um importante colóquio em Amsterdã, há alguns anos.

MENCIUS. *Mencius*. Traduzido por D.C. Lau. Nova York: Penguin Books, 1970.

MERLEAU-PONTY, Maurice. *The Phenomenology of Perception*. Nova York: Routledge Classics, 2003.

MILL, John Stuart. *Utilitarianism*. Indianapolis: Hackett Publishers, 1979. Clássica e popular introdução ao utilitarismo por um dos mais importantes filósofos ingleses do século XIX.

MILLER, William I. *Anatomy of Disgust*. Cambridge: Harvard University Press, 1997. Estudo, agradavelmente escrito, sobre a repugnância na literatura e na psicologia.

MORAN, Richard. *Authority and Estrangement*. Princeton: Princeton University Press, 2000.

MORREALL, John. *Taking Laughter Seriously*. Albany: Suny Press, 1983. Um dos mais sérios textos recentes sobre a filosofia do humor.

MURPHY, Jeffrey G., e Jean Hampton. *Mercy and Forgiveness*. Nova York: Cambridge University Press, 1988. Excelente estudo, sob a forma de debate entre dois influentes filósofos políticos, sobre as razões da vingança *versus* a virtude do perdão.

NEU, Jerome. *A Tear Is an Intellectual Thing*. Nova York: Oxford University Press, 2004. Abrangente coleção de estudos sobre tópicos e emoções individuais, incluindo ciúme, tédio e orgulho.

NIETZSCHE, Friedrich. *Beyond Good and Evil*. Traduzido por W. Kaufmann. Nova York: Random House, 1966.

_______. *On the Genealogy of Morals*. Traduzido por W. Kaufmann. Nova York: Random House, 1967. Um dos livros fundamentais, por um dos mais excêntricos filósofos modernos, no qual diagnostica-se grande parte da moralidade como uma expressão de ressentimento.

_______. *The Gay Science*. Traduzido por W. Kaufmann. Nova York: Random House, 1968. Outro livro fundamental, por um dos mais chocantes filósofos modernos, repleto de grandes *insights*.

_______. "Why I Am So Clever." In *Ecco Homo*. Traduzido por R.J. Hollingdale. Nova York: Penguin Books, 1992.

NODDINGS, Nell. *Caring*. Berkeley: University of California Press, 1984. Importante estudo feminista, dentro da tradição de desafiar concepções impessoais (masculinas) de moral baseadas em princípios, com preocupações conscientemente mais "femininas".

NOE, Alva. *Action in Perception*. Cambridge: Massachusetts Institute of Technology Press, 2005.

NUSSBAUM, Martha. *The Theory of Desire*. Princeton: Princeton University Press, 1996. Excelente estudo sobre os filósofos estoicos e suas teorias da emoção.

_______. *Upheavals of Thought*. Cambridge: Cambridge University Press, 2001. A teoria neoestoica da emoção, da própria autora, que inclui um substancial estudo da compaixão e análises da emoção em grandes obras literárias e musicais.

_______. *Hiding from Humanity*. Princeton: Princeton University Press, 2004.

OATLEY, Keith. *Best Laid Schemes: The Psychology of Emotions*. Cambridge: Cambridge University Press, 1992. Estudo das emoções, difícil mas original, de um ponto de vista da ciência cognitiva.

ORTONY, Andrew, Gerald Clore, e Allan Turner. *The Cognitive Structure of Emotions*. Nova York: Cambridge University Press, 1988. Importante contribuição para a análise cognitiva da emoção.

PANSKEPP, Jaak. "Toward a General Psychobiological Theory of Emotion." *Behavioral and Brain Sciences* 5 (1982), pp. 407-67.

PARROTT, W. Gerald. *Emotions in Social Psychology*. Nova York: Taylor and Francis, 2000. Boa coleção de escritos clássicos por influentes cientistas sociais.

PENNEBAKER, J.W., M.R. Mehl, e K. Niederhoffer. "Psychological Aspects of Natural Language Use: Our Words, Our Selves." *Annual Review of Psychology* 54 (2003), pp. 547-77.

PLATO. *The Symposium*. Traduzido por P. Woodruff e A. Nehamas. Indianapolis: Hackett Publishers, 1988. Um dos importantes textos de Platão, uma série de discursos sobre o amor (eros), alguns sérios e profundos, outros nem tanto.

PRINZ, Jessé. *Gut Reactions*. Nova York: Oxford University Press, 2004. Excelente livro e desafiadora ressurreição da visão de James sobre as emoções como sentimentos físicos produzidos por reações fisiológicas primitivas.

ROBINSON, Jenefer. *Deeper Than Reason*. Nova York: Oxford University Press, 2005. Um novo livro excelente, contestando a visão cognitiva das emoções em favor de sentimentos fisiológicos mais primitivos, com uma análise das nossas respostas emocionais diante de grandes obras literárias e musicais.

RORTY, Amelie, (org.) *Explaining Emotions*. Berkeley: University of California Press, 1980. Excelente coleção interdisciplinar, por uma importante filósofa.

RUSSELL, James. "Basic Emotions." *Phychological Review* (1993). Importante desafio ao atual trabalho sobre comparações transculturais das expressões emocionais.

SALOVEY, Peter, Marc Brackett, e John Mayer. *Emotional Intelligence: Key Readings*. Port Chester: Dude Publishing, 2004.

SARTRE, Jean-Paul. *The Emotions*. Nova York: Citadel/Lyle Stuart, 1948. Um dos primeiros estudos fenomenológicos sobre emoções e um ataque direto às teorias tanto de Freud como de William James.

_______. *Being and Nothingness*. Traduzido por H. Barnes. Nova York: Philosophical Library, 1956. Um dos grandes livros em fenomenologia e o texto central do existencialismo francês.

_______. *Nausea*. Traduzido por Lloyd Alexander. Nova York: New Directions, 1964. Uma boa crítica da visão amarga de Sartre sobre "realidade verdadeira" é o *Anti-Existencialism*, de Colin Wilson, parcialmente reproduzido em Robert Solomon, (org.) *Existencialism*. Nova York: Oxford University Press, 2004.

SCHACHTER, Stanley, e Jerome E. Singer. "Cognitive, Social, and Psychological Determinants of Emotional State." *Psychological Review* 69 (1962). Também em *What Is an Emotion?* Editado por R. Solomon. Nova York: Oxford University Press, 2004. Um dos clássicos experimentos em emoção, que contesta a teoria de James e insiste em uma dimensão cognitiva do reconhecimento da emoção.

SCHERER, Klaus, A. Schorr, e T. Johnston. *Appraisal Processes in Emotion*. Nova York: Oxford University Press, 2001. Fornece um esboço das ideias fundamentais e da história da noção de avaliação e faz uma revisão das premissas básicas, orientações teóricas e controvérsias.

SCHWEDER, Richard, e A. Levine, eds. *Culture Theory*. Cambridge: Cambridge University Press, 1984. Excelente coleção antropológica sobre o estudo transcultural das emoções, incluindo ensaios de Jerome Briner, Richard Schweder e Clifford Geertz.

SEARLE, John R. *Intentionality*. Cambridge: Cambridge University Press, 1983.

SHIELDS, Stephanie. *Speaking from the Heart: Gender and the Social Meaning of Emotion*. Cambridge: Cambridge University Press, 2002. Excelente estudo dos aspectos ligados ao gênero, nas emoções e na pesquisa sobre emoção.

SINGER, Irving. *The Nature of Love*. 3 volumes. Chicago: University of Chicago Press, 1973. Estudo clássico sobre a história e as origens do amor "romântico" contemporâneo.

SMITH, Adam. *A Theory of the Moral Sentiment*. 1979. Reimpressão. Nova York: Oxford University Press, 1976. Um dos primeiros estudos pelo grande economista, no qual argumenta que a ética se baseia em simpatia, um sentimento moral natural.

SOLOMON, Robert C. *About Love*. Lanham: Rowman and Littlefield, 1993, 2001. Uma elaboração da teoria do amor é, aqui, brevemente sugerida.

_______. *The Passions*. Indianapolis: Hackett Publishing Co., 1993. Originalmente publicado em 1976, meu livro inicial sobre emoções, uma forte afirmação da visão cognitiva ("emoções são julgamentos").

_______. *Not Passions's Slave*. Nova York: Oxford University Press, 2002. O primeiro volume de uma trilogia sobre a natureza das emoções.

_______. *The Joy of Philosophy*. Nova York: Oxford University Press, 2002. Um livro sobre o papel central das emoções (incluindo alegria) na filosofia.

_______. *Spirituality for the Skeptic*. Nova York: Oxford University Press, 2003. Estudo sobre espiritualidade, de um ponto de vista naturalista e, às vezes, cético.

_______. *In Defense of Sentimentality*. Nova York: Oxford University Press, 2004. O segundo de uma trilogia sobre a natureza das emoções.

_______. *Thinking about Feeling*. Nova York: Oxford University Press, 2005.

SOMMERS, Shula. "Adults Evaluating Their Emotions." *Emotion in Adult Development*. Editado por Malatesta and Isard. Nova York: Sage, 1984.

DE SOUSA, Ronald. *The Rationality of Emotion*. Cambridge: Massachusetts Institute of Technology Press, 1987. Um livro muito original e espirituoso sobre a relação entre emoções e racionalidade, incluindo um maravilhoso capítulo sobre riso e humor.

SPELMAN, Elizabeth. "Anger and Insubordination." In *Women, Knowlegde, and Reality*. 1ª ed. Editado por A. Garry e M. Pearsall. Winchester: Unwin Hyman, 1989, pp. 263-73.

SPINOZA, Baruch. *Ethics*. Malibu: J. Simon, 1981. Também em *What is an Emotion?* Editado por Robert C. Solomon. Nova York: Oxford University Press, 2004. Um dos primeiros grandes livros da filosofia moderna, por um brilhante e muito perseguido pensador holandês.

STEARNS, Peter N. *Jealousy: The Evolution of an Emotion in American History*. Nova York: New York University Press, 1989. Outro excelente estudo sobre as mudanças em uma perigosa emoção na história americana.

STEARNS, Peter N. e Carol Stearns. *Anger: The Struggle for Emotional Control in America's History*. Chicago: University of Chicago Press, 1986. Excelente estudo sobre as mudanças nas regras da regulação de uma perigosa emoção na história americana.

STEVENSON, Charles L. *Ethics and Language*. New Haven: Yale University Press, 1960.

STOCKER, Michael. *Valuing Emotions*. Nova York: Cambridge University Press, 1996. Excelente estudo sobre as emoções e suas relações com valores.

TAVRIS, Carol. *Anger: The Misunderstood Emotion*. Nova York: Simon and Schuster, 1982. Excelente estudo sobre a raiva, enfatizando tanto as diferenças culturais quanto a importância estratégica da raiva, especialmente no movimento pela liberação da mulher.

THOMAS, Lewis. *Lives of a Cell*. Nova York: Vikings, 1974.

THURMAN, Robert. *Anger*. Nova York: Oxford University Press, 2004. Estudo sobre a raiva, por um dos influentes eruditos budistas nos Estados Unidos.

TWAIN, Mark (Samuel L. Clemens). *Following the Equator*. Nova York: Harper and Brothers, 1912.

WALTON, Kendell. *Mimesis and Make-Believe*. Reimpressão. Cambridge: Harvard University Press, 2005. Original livro para explicar o fato de que temos emoções em relação a objetos fictícios.

WILLIAMS, Bernard. *Shame and Necessity*. Berkeley: University of California Press, 1993. Audaciosa tentativa de compreender vergonha e honra na sociedade antiga e as modernas diferenças entre vergonha e culpa.

WOLLHEIM, Richard. *On the Emotions*. New Haven: Yale University Press, 1999. Importante estudo sobre emoções, por um importante filósofo e mestre em estética do século XX.

ZAJONC, Robert. "Feeling and Thinking: Preferences Need No Inferences." *American Psychologist* 35 (1980), pp. 151-75.

Índice

Afetos, 88-9, 217, 219, 373
Ágape, 93, 111, 422
Alcibíades, 104
Alegria, 76-7, 141-42, 296-98, 308
Alighieri, Dante, 302
Alma, 245-46
Amae, 407-08, 411-12
Ames, Roger, 204
Amis, Martin, 172
Amizade, 94
Amor (romântico), 93, 359
Amor erótico, 391
Amor erótico, 93-8, 103-06. *Ver também* Eros.
Amor platônico, 103-04
Amor próprio, 348-49
Amor, 16-7, 93-107, 113, 128, 130, 215-17, 234, 282, 300-03, 310-14, 339, 348, 351-55, 377, 391, 409-10, 411, 422-23
Angstb, 75-8, 130
Animação, 126, 141-3
Ansiedade, 73-8
Apatheia, 415
Aquino, São Tomás de, 387
Aristófanes, 103-06,130,136
Aristofânicas, razões, 102
Aristóteles, 19, 24-5, 33, 42, 46, 69, 82, 87, 93, 126, 136, 140, 141, 144-45, 146,166, 213-14, 245, 246, 248, 255, 279, 281, 307, 327, 387, 415, 416-19
Arnold, Magda, 333
Arrependimento, 157-60
Ataraxia, 415, 420
Atitude intencional, 259
Austen, Jane, 101
Autenticidade, 421
Autoconsciência reflexiva, 355, 356, 358-62
Autoconsciência, 348
Autoilusão, 53, 182, 319-20
Autorrecriminação, 153-67
Autorrelatos, 247
Averill, James, 409
Axelrod, Robert, 51, 393
Ayer, A.J., 212, 331

Background, 378
Baudelaire, Charles, 52
Beauvoir, Simone de, 220
Becker, Gavin de, 57
Bedford, Errol, 343
Beefeater, 83
Behaviorismo, 210-12, 368
Beleza, 98, 103-04
Bem-estar subjetivo (enquanto felicidade), 141-47

Benevolência, 114
Benigni, Roberto, 298
Bentham, Jeremy, 283-84, 355
Bergson, Henri, 135
Block, Ned, 357
Briggs, Jean, 403-05
Brown, Alan, 380
Brown, Stephanie, 395
Brown, Thomas, 87
Buss, David, 179, 394

Camus, Albert, 75, 128, 148, 162-63, 419, 424
Cannon, W.B., 260, 333
Carisma, 416
Caritas, 111
Carroll, Lewis, 48
Casamento, 101
Catarse, 69, 281
Charland, Louis, 276
Chomsky, Noam, 392
Churchland, Patricia, 80
Ciúme, 113, 176-81, 302, 339, 394, 400
Clore, Gerald, 269
Cognitiva, virada, 333-34
Coleridge, Samuel Taylor, 84
Collins, Allen, 269
Commuters, 402-06
Compaixão, 111-21, 422
Compras, fazer, 294
Concessão, 99, 263
Condição humana, 390-91
Consciência, 251, 348-64
Construção Social, Teoria da, 409-10
Consumismo, 173
Contentamento, 419
Cook, Captão James, 403
Crença, 64-5
Csikszentmihalyi, Mihaly, 141, 145
Cuidar, 114
Culpa, 153-56, 159-64, 334-35

Dalai Lama, 112, 146
Damásio, António, 57, 66, 230, 268, 348, 351, 352
Darwin, Charles, 212
Davidson, Richard, 112, 146
De Waal, Franz, 212
Déjà vu, 379-80
Dennet, Daniel, 259
Depressão, 76-7, 299, 308-09
Descartes, René, 38, 88, 211, 235-36, 246-49, 253, 339-40, 350
Desejo, 239
Desmaio, 251-53
Dewey, John, 44
Diener, Ed, 145, 417
Diferenças culturais (e emoções), 400-12
Disposições, 67
Distância, a metáfora da, 337-38
Distração [desviar a atenção], 310
Dixon, Thomas, 87
Doi, Takeo, 440
Dor, 276, 283-87
Drives, 239
Dualismo, 248-49

Eisenberg, Nancy, 114
Ekman, Paul, 37, 40, 134, 254, 388
Embaraço, 154-60, 334, 360
Emocional
    estratégias, 43, 49-50
    experiência, 367-83
    integridade, 235, 325-44, 420-25
    inteligência, 265-6, 268-71, 333

julgamentos, 269-70
Emoções básicas, 34, 37-41, 57-8, 79, 112, 130, 281-83, 340-41, 370, 375, 389
Emoções positivas, 299. *Ver também* emoções negativas e positivas, valência.
Emoções
alvos das, 292-94
"básicas", 34, 37-41, 57-8, 79, 112, 130, 340-1
como estratégias, 307-09
como valores, 325-44
compreendendo as próprias, 267-69
e "narrativa", 241-42
e distância, 337-38
e evolução, 387-95
e individualidade [*selfhood*], 347-64
e integridade, 415-25
e pensamentos, 315-16
em diferentes culturas, 399-412
enquanto julgamentos, 325-44
"espectador", de, 83
gerenciando, 270
"hidráulicas", 233-42
"indescritíveis", 209-21
"inocentes", 157-59
inteligência das, 259-71
"irracionais", 99
irracionalidade das, 291-302
mito de que emoções nos acontecem, 307-20
mito do modelo hidráulico, 233-42. *Ver também* modelo hidráulico.
"na mente", 245-55
"negativas", 68, 127, 275-87
"positivas", 94, 107, 143-44, 275-87, 299
reconhecimento das, 266-67
responsabilidade por, 317-20
"sentimentos", 225-30
significado das, 325-44
"sórdidas", 171-87
universalidade das, 387-95
visão cognitiva das, 343
Emotivismo, 212-13, 328-30
Empatia, 115-21
Empédocles, 94
Engajamento (Engajamento no mundo), 131, 260, 326-27, 349-50
Engraçado, 134-40
Epicuristas, 142-44
Epicuro, 142
Eros, 93-97, 103-06, 114
Espiritualidade, 415-25
Estados de espírito [Moods], 74, 297-98
Estereótipos, 401
Estoicos, 133, 144, 146, 199, 214, 229, 240, 255, 291-92, 295, 309, 341-42, 347, 373, 420
Eudaimonia, 126, 141-48
Evolução, 385-96
Existencialismo, 25
Experiência emocional, 25-6
Experiências estruturais [*Frame experiences*], 379-81
Expressões faciais, 370-71
Êxtase, 141

Fago, 406-12
Felicidade, 77, 125-26, 141-48, 293, 415-25
Feminismo, 113-14
Fenomenologia, 201-02, 250-54
Fluxo (e felicidade), 141, 145
Frankfurt, Harry, 240
Frenesi, 416

Freud, Sigmund, 53, 69, 79, 95, 103, 136, 163, 196, 210, 226, 233, 236-37, 239, 246, 251, 316, 328, 380, 408
Frijda, Nico, 40, 276, 283, 375
Frustração, 46
Funcionalismo, 238-39
Fusão (no amor), 105-06

Gardiner, Lindsey, 388-89
Geertz, Clifford, 409
Gerstein, R.S., 185
Gladwell, Malcolm, 328
Goethe, 106, 416
Goldie, Peter, 37, 112, 374, 394
Goleman, Daniel, 265, 271, 284
Gould, Stephen Jay, 392
Gratidão, 406, 423-25
Greenspan, Patricia, 269
Gregg v. Georgia (Caso da Suprema Corte 1976), 186
Griffiths, Paul, 25, 38, 86-7, 197, 263, 394
Grosseria, 291-92

Hábito, 44-5
Hamlet (Shakespeare), 129
Harre, Rom, 409
Hawthorne, Nathaniel, 379
Hegel, G.W.F., 249-50
Heidegger, Martin, 74-5, 130, 245, 250, 378, 381
Hields, Stephanie, 390
Histórias "foi-assim-que", 393
Hobbes, Thomas, 111, 136, 140
Hochshild, Arlie, 318
Homero, 245
Horácio, 308
Horror, 81-5
Hume, David, 21, 88, 112, 166, 214, 226-27, 235-36, 248, 276, 327, 329, 349-50
Humilhação, 154
Humor, 134-40
Husserl, Edmund, 249
Hybris, 166

Ifaluk, a tribo, 407-10
Ik (Tribo), 393
Indescritíveis, mito de que as emoções são, 209-21
Indignação moral, 330
Indignação, 330-32, 402
Individualidade [*selfhood*], 347-64
Integridade emocional, 415-25
Integridade, 17, 20, 235, 326-44
Intencionalidade, 42, 229-30, 259-63
Intimidade, 177-9
Inveja, 171-76
Ira [*Rage*], 79-80
Irracionalidade, 99-100, 291-303
Irritação, 331
Izard, Carroll, 388

Jacoby, Susan, 186
James, William, 41, 44, 59, 63, 130, 210, 217, 226-29, 233-34, 251, 254, 260, 316, 327, 333, 367-74, 375
Japoneses, emoções dos, 407-08
Johnson, Samuel, 126
Julgamentos (emocionais), 269-70
Julgamentos avaliativos, 323-44
Justiça, 183-87
Justificabilidade, 43, 282

Kaluli, 406
Kant, Immanuel, 138, 184, 185, 249, 254, 263
Keen, Sam, 415
Kenny, Anthony, 261-62
Kierkegaard, Soren, 75, 138, 301, 416, 424
Kipling, Rudyard, 393
Kitayama, Shinobu, 408
Krugman, Paul, 173
Kuebler-Ross, Elizabeth, 131

La Rochefoucauld, 93, 220
Lazarus, Richard, 327, 333
LeDoux, Joseph, 41, 59-60, 64, 229-30
Leibniz, G., 98
Lelyveld, Arthur, 183
Levenson, Robert, 228-29
Levy, Robert, 403-04
Libido, 95
Linklater, Rick, 249
Livre-arbítrio, 363
Locke, John, 226, 248
Luto, 125-33, 377
Lutz, Catherine, 409-10

MacIntryre, Alasdair, 213
MacLean, Paul, 388
Má-fé, 320
Mal, 164-65
Malick, Terrence, 264
Maori, a tribo dos, 132-33, 393
Marco Aurélio, 342
Markus, Hazel, 408
Mayer, J.D., 266, 71
McCracken, Janet, 132
McTaggart, John, 361
Medo, 55-69, 278-79, 281, 394-95
Megalopsyche, 166
Mencius, 112
Mente, e emoções, 245-55
Merleau-Ponty, Maurice, 202, 358
Meursault (herói de Camus), 128, 424
Milgram, experimentos, 200
Mill, John Stuart, 147, 284
Mitleid, 114. *Ver também* compaixão, piedade, simpatia
Modelo hidráulico das emoções, 233-42, 269, 373
Monet, Claude, 202
Moran, Richard, 246
Morreall, John, 136-39
Morte, 73, 127, 352
 medo da, 73

Nagel, Thomas, 253
Narrativa, e emoções, 241-42
Neu, Jerome, 173, 315
Nietzsche, Friedrich, 24, 106, 114-15, 132, 142, 147, 182, 283, 315, 336, 351, 364, 416-19, 423
Noddings, Nell, 117-19
Noe, Alva, 319
Nomi, Takaka, 407
Nussbaum, Martha, 154

O *banquete* (Platão), 103-07
O *estrangeiro*, (Camus), 128
O *ser e o nada*, (Sartre), 131, 251-52, 320
Ódio [*hate e hatred*], 175, 263, 281-82, 335-36
Orgulho e preconceito (Jane Austen), 101
Orgulho, 153-57, 165-67, 279

Ortony, Andrew, 269, 275
Otelo (herói de Shakespeare), 179, 183

Paixões, 15-9, 153-61, 416-19
Pânico, 79-81
Panksepp, Jaak, 79, 388
Papa Gregório, 49
Pascal, Blaise, 16
Passividade, 307
Pathé, 19, 87, 213, 307
Pavor, 73-4
Pecados, 153
Pennebaker, James, 247
Pensamentos, 315-16
Percepção subliminar, 356
Philia, 93
Picasso, Pablo, 52
Piedade, 112, 114, 132
Pinker, Stephen, 392
Platão, 93-4,102, 103-06, 47, 213, 283, 308, 377
Prazer, 276, 283-84
Prinz, Jesse, 343
Privacidade, 253
Psicologia do senso comum [*Folk Psychology*], 195-98, 203-04, 209, 319, 401

Quine, W.V.O., 218

Raiva, 16-7, 33-53, 57-61, 67-8, 73-88, 234, 279-80, 281-82, 287, 299-300, 331, 337-40, 342, 348, 353-54, 373-74, 381, 395, 400-06, 411
Rancor, 174-76
reflexiva, 355,357
Regras de exibição, 254, 269
Remorso, 157-60
Repugnância, 85, 279
Resignação, 405
Responsabilidade, 18, 319-20
Ressentimento, 176, 182-83, 336
Riri, 410
Riso, 125-26, 134-40
Roberts, Robert C., 424
Robinson, Jenefer, 343
Rorty, Amelie, 86
Russell, Bertrand, 143

Safo, 103
Salovey, Peter, 266-71
Sartre, Jean-Paul, 47, 131, 140, 153, 163, 250-55, 307-08, 319-20, 237, 356, 421
Schachter, Stanley, 61-2
Schachter-Singer, experimentos, 378
Schadenfreude, 285, 407
Schoeck, Helmut, 173-74, 295
Schopenhauer, Arthur, 138-39, 143
Schwartz, John, 395
Seligman, Martin, 58, 299
Sêneca, 295, 342
Sentimento, 41, 225-30, 367-83
Sentimentos (mito de que emoções são) 225-30
Sentimentos inconscientes, 226-27
Sexo (e desejo sexual), 95-6
Simpatia, 111-21
Singer, Irving, 99, 263
Singer, Jerome, 61
Sísifo (herói de Camus), 419
Skinner, B.F., 210, 218
Smith, Adam, 111-14, 120, 184, 422
Smith, Herman, 407-08
Sócrates, 103-06, 147, 377

Sofrimento, 285-87,409
Sommers, Shula, 406
Sousa, Ronald de, 46, 121
Spinoza, Baruch, 88, 141, 146, 239, 248-49, 276, 283, 315
Status, 335
Stendhal, 97,106
Stevenson, Charles, 328, 331
Subjetividade, 292-94, 301, 354
Superioridade, Teoria da (do humor), 136-38

Taitianos, 403-04
Tavris, Carol, 400
Teoria da incoerência (do humor), 136-39
Teoria da sensação, 41
Teoria da Soliedariedade (do humor), 140
Teoria dos sentimentos morais (Smith), 112,184
Terror, 81-3
Thomas, Lewis, 351-52
Titchner, Edward, 113
Trabalho, 295
Tragédia, 68
Tratado da natureza humana, O (Hume), 21
Trauma, 378
Tristeza, 131, 410
Turnbull, Colin, 393
Twain, Mark, 158

Utilitarismo, 283-84
Utku, os, 403-05

Valência emocional, 275-87, 299
Valores, 325-44
Vendetta, 187
Vergonha, 153-57, 160-62, 262, 333
Verstehen, 112
Vidal, Gore, 407
Vingança [*revenge e vengeance*], 129,183-87, 374
Virtudes, 277-80
Vogel, E.F., 408

Walton, Kendell, 84
Williams, Bernard, 159
Wittgenstein, Ludwig, 218

Zajonc, Robert, 356
Zeus, 103

O texto deste livro foi composto em Sabon, desenho tipográfico de Jan Tschichold de 1964, baseado nos estudos de Claude Garamond e Jacques Sabon no século XVI, em corpo 10,5/14,85. Para títulos e destaques foi utilizada a tipografia Frutiger, desenhada por Adrian Frutiger em 1975.

A impressão se deu sobre papel off-white pelo Sistema Cameron da Divisão Gráfica da Distribuidora Record.